暴力

La violence

Michel Wieviorka
ミシェル・ヴィヴィオルカ
田川光照
訳

新評論

日本語版への序文

本書は、私がほぼ三〇年間にわたって時には正面から、時には間接的に暴力と取り組んだ研究の成果であり、普遍主義と形容されうるパースペクティブの一環をなしている。実際、本書で提案している諸々の分析、考え方、パースペクティブは、私の目には、一般的な射程を持っており、その社会がとりわけ直面している暴力形態がどのようなものであろうと、どの国の読者の関心をも引くものと思われる。

私の研究歴において、ヨーロッパ、ラテン・アメリカ、中東など世界各地（残念ながら日本は含まれないが）で実地調査を行い、また、とりわけ理論的な文献だけでなく歴史的な文献をも大量に読んできた。そしてそこにおいて、日本の経験は私の考察にとって有益であった。それはとくに、第二次世界大戦に関することと、太平洋戦争を彩ったアメリカ側と日本側双方の残虐行為に道を開いた偏見に関することである。おそらく、他のどこよりもそこからこそ、残酷、暴力のための暴力という、暴力においてもっとも理解しがたく、もっとも不可思議で、もっとも中心的なものを私は初めてはっきりと理解しはじめたのである。したがって、私がジョン・ダワーの『容赦なき戦争——太平洋戦争における人種差別』John Dower, *War without Mercy. Race and Power in the Pacific War* (New York, Pantheon Books, 1986)に繰り返し依拠しているのも偶然ではない。彼の本は、当時のアメリカの責任者たちと日本の責任者たちがどのようにして敵についての恐ろしいイメージを作り上げ、暴力のうちでももっとも極端なものの下地を作ったかを詳述している。その極端な暴力は、行為者たちの計算、戦略によっても、彼らのフラストレーションと攻撃性によっても、彼らの文化によってももはや説明されえず、私が反主体と呼ぶものに関係する。これは、快感原則とある種の快楽に関係する主体＝主観性のあの次元であり、被害者を、たとえば動物に還元することによって非人間化し、ある種の条件のもとで、とりわけ死の恐怖がいたるところに存在する場合に姿を見せるのである。

本書の日本の読者は、暴力についての古典的なアプローチ法に対する批判と、私には革新的と思われる諸提言、具体的な経験についての分析力を刷新する諸道具を、本書の中に見いだすであろう。実際、私の著作が目指そうとしているのは、いまあるがままの世界における暴力をよりよく理解することに貢献することである。いまの世界は、冷戦の終結、もっとも進んだ工業化社会の中心的な顔としての労働運動の衰退、国家と民族の位置と機能についての再検討を強いるグローバリゼーションという、大きな諸現象を伴っている。それにまた、賠償を求める被害者の出現や、さらに、メディアと、コミュニケーションの近代的テクノロジーとのいまや無視できない役割をも伴っている。これらの大きな変化と、それらが条件づける暴力形態は国によって異なるが、多くの点で、日本はそれらについて考察するための真の実験室であると私には思われる。

日本の視点から見れば、冷戦は完全に終わってはいない。日本はまだ、朝鮮民主主義人民共和国（北朝鮮）が具現する核の恐ろしい脅威（この脅威はまず第一に日本をねらっていると思われるだけに、また他方で日本はすでに原爆による外傷性障害を経験しているだけに、日本は二重に敏感である）に直面しなければならないからである。脱工業化社会時代への移行は、すでに三〇年も前になるが、日本にテロリズムの暴力（とりわけ赤軍とともに）*の激発や、ある一定の暴力が排除されない社会的闘争（たとえば、成田国際空港建設に反対して一九六〇年代半ばに動員された三里塚の運動を念頭に置いているのであるが）を引き起こした。また、被害者の問題は日本で繰り返し現れるテーマとなった。それは、過去に兵士たちを満足させるために売春を強制された朝鮮半島出身者をはじめとする日本軍「慰安婦」の問題であったり、より広く、植民地の記憶や日本のナショナリズムをめぐる論争であったりする。認知の要求だけでなく、とりわけ中国と日本との間でそれらの問題が引き起こす国際的緊張のいずれもが、過去の暴力行為を今日のテーマにしている。グローバリゼーションはテロリズムの新しい暴力形態を引き起こし、これについてはイスラム過激派が世界中で第一の関心事になったにしても、だからといってイスラム過激派が絶対的な独占権を持っているのではない。たとえば、一九九五年三月に東京の地下鉄であったサリンガスによるテロはひとつの教団、オウム真理教団によって実行されたのであり、この教団はテロリズムの新しい形態のグループ（そのテクノロジーにおいて近代的で、国際関係を織り成し、多くのエンジニアや技術者を動員し、宗教的次元と他の政治的次元とを結び合わせたメタ政治的計画によってもたらされる、等）に属する極端な暴力に走ったのである。他方で、日本社会はグローバリゼーションと結びついた諸問題、すなわち移民現象と、それと対になっている社会的、文化的、政治的緊張とが提示する諸問題から免れてはいない。それゆえ、二〇〇五年の一〇月と一一月にフランスで暴動の激発があり、庶民の住む「郊外」で三週間にわたって毎夜数百台の車が燃やされた時、日本のメディアは大きな関心を寄せ、ルポルタージュと分析を繰り広げた。それはひとえに、フランスの庶民街に住む移民をとりわけ害している社会的排除と人種差別に対する応答であるそのような暴力行為が、いつかは日本でも突発することが大いにありそうだからである。

＊「赤軍」は、「共産主義者同盟赤軍派」およびそれから派生した「日本赤軍」と「連合赤軍」を総称している。革命戦争を唱え革命には軍が必要であるとする赤軍派は「よど号ハイジャック事件」（一九七〇年）などを起こした。その後、一九七一年にパレスチナに拠点を移した赤軍派の一部メンバーは、「テルアビブ空港乱射事件」や一連のハイジャック事件などを起こし、一九七四年に「日本赤軍」を名乗るにいたった。一方、日本国内に残った赤軍派メンバーは、「京浜安保共闘」とともに「連合赤軍」を結成し、「リンチ事件」や「浅間山荘事件」（一九七二年）を起こした。

暴力は常に変化し、暴力に対するわれわれの眼差しもまた変化する。本書が書かれたのは、たとえばマドリッド（二〇〇四年三月）やロンドン（二〇〇五年七月）でのテロ、あるいはさらに英米のイラク戦争による最近の不幸とイラクの崩壊という、とくに重要ないくつかの出来事が起こる前であった。しかしながら、本書はそのような出来事についての理解を容易にするであろうし、また、たとえば都市の暴力、非行、犯罪といったそれほど華々しくはないが、いっそうわれわれの日常生活の中に組み込まれている諸現象についての理解をも容易にするであろう。われわれの諸社会が進歩するにつれて暴力は絶えず後退するはずだという進化主義者たちの夢想とは逆に、また、ベルリンの壁の崩壊とともに歴史が終焉し民主主義と市場が決定的な勝利を収めると告げたフランシス・フクヤマの予言とは逆に、暴力が構成する多形態の現象は消え去るどころではない。その現象はわれわれの近代性の中に組み込まれているのであり、社会的・政治的なさまざまな様態、宗教・文化を背にしたさまざまな様態、個人間や家族のさまざまな様態、犯罪のさまざまな様態、私的・公的なさまざまな様態において、その現象をよりよく知るための努力を重ねなくてはならないのである。本書は、そのための手がかりを与えようと努めているのであるが、それを評価するのはもちろん読者である。私が読者に望むことは、ひとえに、今日の世界の問題であると同時に、読者自身の社会の問題でもあり、読者が生きている世界の宗教・文化の問題でもある事柄についてみずから考察する際、本書で提示した分析道具を役立てていただきたいということである。

ミシェル・ヴィヴィオルカ

二〇〇六年一二月

●暴力／目次

第2章　暴力と国家　51

凡例

一　原文の《　》は「　」で表記し、（　）および" "はそのまま用いた。

二　原文のイタリックは、書名については『　』でくくり、その他については傍点をつけた。

三　原注は（1）（2）…と本文にアラビア数字で入れ、巻末に送った。

四　訳注は、ごく短いものについては、〔　〕でくくって本文の中に組み入れ、それ以外については、（一）（二）…と本文に漢数字で入れ、巻末に送った。なお、原注に関する訳注は、各原注の中に〔　〕でくくって組み入れた。

五　巻末に送った訳注は、事件、出来事、組織名に関するものを中心に付けた。

六　本書で重要な概念である sujet（主体）に関係する名詞 subjectivité と形容詞 subjectif は、文脈に応じて、前者については「主体性」「主観性」「主体＝主観性」と訳し、後者については「主体的」「主観的」「主体＝主観的」と訳した。

七　同じく sujet（主体）に関係する subjectivation は「主体化」または「主体形成」と訳し、désubjectivation は「主体破壊」と訳した。

八　事項索引は原書にはないが、邦訳書のために訳者が新たに付けた。

暴力

アラン・トゥレーヌに

謝辞

本書は長年にわたる研究の成果であり、その間に知的ならびに実際的な面で私が受けた恩恵は数えきれないほどに思われる。ここでは、もっとも決定的で、かつ私の研究環境にかかわるもののみを挙げるにとどめる。本書を捧げるアラン・トゥレーヌに恩恵を受けていること、そして彼が創設し、今日私が率いている社会学的分析介入センター（ＣＡＤＩＳ）のメンバーたちに恩恵を受けていることを述べることは、私にとって喜びである。中でも、ジャクリーヌ・ロンジェリナは非常に得難い協力者であり、彼女がいなければ私の研究生活はどうなっていたか、またどうなるのか、想像さえできないほどである。ジョスリーヌ・オアナは資料を集め、本書の最終稿をまとめる手伝いをしてくれた。彼女に感謝する。また、手厳しい校正者として原稿を読み直してくれたクリスティーヌ・ブランシャール＝ラトレトにも感謝の意を表する。

社会科学高等研究院で私のセミナーを受講する学生たちは、刺激的で忍耐強い話し相手であり、本書で展開された考えを私は少しずつ彼らにゆだねた。ファラド・コスロカヴァール、イヴォン・ル・ボ、エルヴェ・ル・ブラ、アネット・ヴィヴィオルカは本書の最初の原稿を読み、数多くの訂正と修正を示唆してくれた。私は諸君に多くの恩恵を受けている。

はじめに

近代性が人類の歴史におけるひとつの発展として、すなわち理性の進歩と伝統や蒙昧主義の後退として位置づけられるならば、暴力に関する二つの主要な捉え方がほとんど必然的に姿を現すことになる。そのひとつは、暴力に絶大な正当性を認め、いざという時には暴力が革命的役割を果すものと考える。そして、フリードリッヒ・エンゲルスが言ったように、「暴力は、マルクスの言葉を借りれば、新しい社会をはらんでいるあらゆる古い社会の助産婦であるということ、暴力は、社会運動が自己を貫徹し、そして硬直し麻痺した政治的諸形態を打ち砕くための道具であるということ」[1]を期待するのである。二つ目の捉え方は、逆に、理性が重きをなすにつれて暴力は後退するしかないと考える。この捉え方は豊かな社会・歴史学的アプローチを活気づかせており、その例はノルベルト・エリアスの重要な作品に見られる。彼は、ルネッサンス以来ヨーロッパ人たちが自分たちの暴力を内面化し、抑制し、したがって減少させることを学んだ文明化のプロセスを再構成するのである[2]。また、この捉え方は、いっそう経験的であまり野心的ではない諸研究の主導的原理にもなりうる。その例がジャン＝クロード・シェネの研究である[3]。彼は、暴力行為の純粋で単純な減少を、数値化されたデータを拠り所にして長期間追い続けることを提案している。

しかし、二〇世紀の大きな歴史、すなわち戦争やジェノサイド、その他の大量殺戮の歴史を見るにつけ、また、たとえば非行〔青少年犯罪、軽犯罪〕の数が西洋社会では第二次世界大戦の終結以来ほとんど一貫して増加しているような状況を見るにつけ、現代世界で暴力が一般的に後退しているというイメージをわれわれは受け入れることができない。しかも、そのように促されること自体、今日のより大きな状況の一側面をなしている。すなわち大きな状況を見れば、世界のいたるところで見られる労働運動とその「大きな物語」[一]の衰退、神の回帰、あるいは民族主義の高揚によって、進化主義の考え方を清算するようわれわれは日々促されているのである。われわれは今日の近代性の中に、経済的および政治的進歩のレール上で民族と国民が多かれ少なかれ勝ち誇って前進する姿をもはや見いだしえない。ある思想家たちは、われわれはもはや近代ではなく、ポスト近代の中に生きているとさえ考えており、またある人びとは、「多種多様な近代性」[4]という考え方を擁護して、すべての社会を同じひとつの地平で捉えることも、「ひとつの最善の道《ワン・ベスト・ウェイ》」あるいは前進するための唯一の道という考え方に立つことも拒否している。そして、近代性あるいは現代のポスト近代性について熟考しようとするほとんどの人びとにはひとつの共通した考え方が見られる。それは、アラン・トゥレーヌがきわめて的確に表現しえたもの[5]、すなわち、現代を特徴づけるものはたんに理性の進歩などではまったくなく、それよりもむしろ、宗教的なものを含む文化的アイデンティティや情念から理性を切り離してしまう分離状態にあるという考え方である。

　このパースペクティブにおいては、暴力が後退する特別な理由は何もない。それどころか、暴力は無数の空間の中に現れて広がりうるものとなる。それだけでなく、理性の傍らにおいても現れうる。この時暴力は、行為者たちによって動員される道具となり、彼らの目的を成就させるための資源や手段となる。また、アイデンティティや宗教の傍らにおいても現れうる。この時暴力は、時には無制限に、それらから生じる要求や熱望を伴って姿を見せることになる。暴力はさらに、近代性を構成する二分された領域（精神と肉体、理性と情熱、行為と存在、道具性とアイデンティティ、普遍と特殊など、どのようなものであろうと）の連結を日ましにますます困難にしている空隙の中に自らの居場所を見いだす。

　現代の近代性を、あるいはポスト近代性を分裂や分離の観点で検討すればするほど、暴力の問題に取り組むことはますますわれわれ自身を引き裂きかねないものとなる。実際、それに取り組む時には、一方では経験的なものを含めた暴力の客観性、合理性、事実性を、極言すれば計算可能な諸形態（たとえば、ひとつの戦争あるいはテロによる被害者数、非行や犯罪の統計）のもとで検討しなければならない。それと同時に他方では、それぞれの個人、集団、社会によって主体＝主観性というものがどのように感じ取られているのか、あるいはどのように体験され、観察され、表象されているのか、さらにはどのように要求されたり甘受されたりしているのか、そのことを通して主体＝主観性の重みを認めねばならない。このパースペクティブの二重性は無視できないものである。とりわけそれは、暴力の定義という目論見を困難にするのである。たとえば、暴力を客観的に定義するならば、個人や個人集団の肉体的、知的、道徳的完全さ〔無傷さ〕に対する力による攻撃であるとすることも可能であろう。(6) しかしこのような定義は、暴力の行為者や被害者、さらには観察者の個人的あるいは集合的な主体＝主観性の問題をなおざりにしていると、たちまち反論されるであろう。暴力的と呼ばれるものが、時と場所、あるいは個人や集団しだいで大きく変わりうることを知らない者がいるだろうか。客観的視点とか客観化する視点というものは、厳密な意味で普遍主義的なパースペクティブに属している。この視点は、すべての人びとに、どこでも当てはまると主張するからである。逆に主体＝主観的視点というものは相対主義に属している。この視点は、どこで誰が述べるかによって変わりうるからである。ここでわれわれは知的分裂の危険にさらされていることに気づく。現代の特性とは、分析を麻痺させたり覆したり、あるいは暴力による挑戦に対抗しにくくなったり、さらにはその対抗が反生産的なものになったりするおそれが存在するこの種の分離に、われわれが絶えず直面していることなのである。これについては、とりわけメディアとの関係で第4章で論じるつもりである。

暴力という広大な領域を探求するにあたり、われわれはまず、その多様性を認めねばならない。実際、暴力という言葉は無数の現象に適用され、個人的、集合的なあらゆる種類の出来事や行動（非行、犯罪、革命、大量殺戮、暴動、戦争、テロリズム、ハラスメント、等）を形容する。とくにその適用範囲は、物理的諸次元だけでなく道徳的諸次元をも含めるかどうかによっても、あるいは、ピエール・ブルデューに従って、そこに象徴的暴力概念を導入するかどうかによっても、ほとんど無限に広げうる（象徴的暴力とは、強力な支配力を持つシステム、国家、あるいは行為者たちが行使する類のもので、被支配者たちが自らを解放して支配者になりたいと思う時には前提として必要となる諸カテゴリー〔たとえば搾取者と被搾取者というカテゴリー〕さえ考え出すことを許さない暴力のことである）。(7) 本書は、二、三の特定の暴力形態を対象とするのではなく、何よりも暴力の物理的諸形態や、とりわけ殺人的であることが明らかなその諸形態に関心を寄せている。筆者は、すでにこの分野での現象（テロリズム、「都市の暴力」、人種差別）についていくつかの研究を行ってきたが、本書ではよりいっそうその理論的な側面に挑戦しようと思っている。すなわち、首尾一貫して練り上げられた分析道具の全体を示すことによって、暴力そのものの問題と取り組み、暴力が出現し展開する論理を理解しうる（したがっておそらくは暴力に立ち向かいうる）ようにすることである。

しかしそれらの分析道具は、道具さえ揃っていれば道具箱を自由に使えるかのように、たんにひとつずつ提示され、検討されるのではない。というのも、本書は、暴力研究に長年携わってきた筆者にとって、ひとつの総括として位置づけられるものだからである。一九六〇年代あるいは七〇年代以来われわれは新しい時代に入った。この時代の暴力を理解するためには、古典的なアプローチのみならず、暴力について考え、暴力に取り組む新しい様式をも動員することが求められているし、またそうしなければならない。暴力には不可解な側面がある。それは、七〇年代や八〇年代の思想界において提示されていたような諸説明には決して還元されえない性質のものである。今日の暴力が持つ奇怪さは、文学や、時には大ジャーナリズムが取り上げる時には大きな効果を生むが、暴力現象そのものをいっそう耐え難いものにしている。結局、この奇怪さこそが、暴力現象をもっともよく定義するものであり、また本書の展開において立ち向かうべきものなのである。本書ではまず第一部で、なぜいま新しいパラダイムの練り上げが必要なのか、第二部では、古典的論証がいかなる理由で有益で、また不十分なのかを示したうえで、最後の第三部では、行為者の主体性と、その中で暴力が構成される時の意味の喪失あるいは過剰のプロセスに焦点を当てながら、独自のアプローチを展開することになる。

第一部　新しいパラダイムに向けて

第一部序

暴力は、歴史的な歩みごとに「総覧」[8]を織り成す暴力そのものの具体的形態においても、暴力についてのイメージにおいても、時代によって異なる姿を現す。この考え方はいまだ基本的なものである。そしてこの考え方がもっとも完全なものとして表現されるのは、ある特定の時代における暴力の定義にしたがって、暴力と、暴力が生じる脈絡の一般的な諸特徴とを、ひとつの論証の中で同時に統合しえた時である。したがって、ある歴史的局面によっては、「暴力についての新しいパラダイム」[9]を語ることによって、暴力現象と暴力表出の諸条件とに関するすべてを新たにまとめ上げるという作業が正当化される。このパースペクティブにおいて暴力を概念化するには、暴力の発現形態、その行為者たちの存在、暴力が目指しているもの、暴力に関する世論やメディアの言説、暴力に対する政策、暴力に適用される法律や社会科学的アプローチなどを考慮せねばならない。

われわれは、今日、新しいパラダイムを使って暴力を考えねばならず、したがって暴力の問題に取り組むことを可能にする理論的道具立てを刷新せねばならない。そして、分析の諸カテゴリーを作り出し、あるいは少なくとも刷新するためには、以前の諸カテゴリーを適応不能か不十分、ないしは二義的なものにし、地球的、国際的、社会的、地域的、個人的なあらゆるレベルから、われわれが生きる世界全体の風景をしばしば目まぐるしいリズムで変えてきた大変化の持つ重要性を、まず最初に認識しておかねばならない。

われわれは一九六〇年代から出発する。六〇年代は、多くの点で新しい時代への移行を示した時代であり、国際的レベルではベトナムでのアメリカ合衆国による戦争によって、また多くの社会の中では政治的、社会的、対抗文化的なさまざまな運動（その凋落がテロリズムの道を開くことになる）や多数のゲリラによって、そして西洋社会では非行の持続的な急増によって印しづけられる。六〇年代はまた、暴力に対する新しい眼差しによっても印しづけられる。それはとりわけ社会内部の歴史的、社会的次元での暴力現象がジョンソン政府〔一九六三―六九〕によって発見されたかのように見える〔後出、九五、一五〇頁参照〕アメリカ合衆国でそうであった。さらにこの時代は、政治的暴力という重要な経験や、暴力に味方する一部の知識人たちの社会参加《アンガージュマン》、それに多くの革命イデオロギーによっても特徴づけられる。この六〇年代は、今日でははるか遠い過去となり、もはやわれわれは別の時代を生きている。しかし、今日の暴力のいくつかの要素は、すでに六〇年代末には輪郭としてできあがっていたものなのである。

第1章で展開される最初の確認。われわれはいまや、工業化社会のレベルでは労働運動の歴史的衰退によって、また国際関係のレベルでは冷戦の終結によって、われわれの集合的生活[二]を組織化していたこの二つの大きな紛争の孤児となっている。この二重の消失の結果は非常に重い。とりわけ、この二重の消失は、長い間明らかに有効であった考え方を問題化するよう、われわれを促している。つまり、暴力は、紛争の延長であるよりも紛争の反対なのではないか、という問いである。

第2章の基盤となる二番目の確認。経済のグローバル化と市場の拡大とともに、暴力自体が「グローバル化」しているが、一方で国家は、衰弱しないまでも、少なくとも実践的側面だけでなく理論的側面においても合法的暴力を行使する独占権を失っているように思われる。「ポスト・ヴェーバー的」国家への移行は、多くの結果をもたらす。そこにおいて暴力は、一方では政治以下的《アンフラ・ポリティック》かつ経済的な諸形態と意味作用を、他方ではメタ政治的かつ宗教的な諸形態と意味作用を、以前よりもさらに多く帯びることになり、本来政治的なものであった暴力が目指すものは国家権力の奪取ではなくなっている。そして、脱制度化と個人主義の高揚がそれらの進展を強調することになる。それゆえこの章では、暴力がやり玉にあげる国家と政治的・道徳的秩序だけでなく、暴力の行為者たちの主体性をも検討することになる。

第3章に充てられた三番目の確認。一九六〇年代末になると、それまでの公的議論の中からは明らかに見えにくかったあるひとつの姿がはっきりと現れるようになる。それは、個人としても集団としても現れてくる被害者の姿である。この出現によってわれわれは、暴力によって傷つけられる主体としての被害者が暴力によってどのような衝撃を受けているのか検討するよう促されることになる。暴力は、それによって害を被る人びとの肉体的・精神的完全さ〔無傷さ〕を荒廃させ、あるいは破壊し、その人びとの主体形成能力に打撃を与える。したがって、暴力は、行為者側にありうる計算（道具的暴力）にも、危機的状況に対する反応というイメージにも帰着されえない。そして、暴力の被害者が個人的主体として打撃を受ける以上、暴力はその行為者の主体性をも巻き添えにしている、という仮定を立てていけない理由はない。被害者たちが公的空間〔公的議論の場など〕に姿を見せるということはセンセーショナルな新事実であり、六〇年代および七〇年代に支配的であった諸カテゴリーを用いて考えるのとは別のやり方で、暴力について考えるようわれわれに要請するのである。

最後に、四番目の確認対象であるメディアは、テレビを筆頭に、社会一般の経験と私生活の分岐点でいまや非常に大きな位置を占めているので、戦争であれ、テロリズムであれ、犯罪であれ、青少年非行であれ、暴力がどのように作動し作用するのかを理解するには、この存在に関する考察を介入させることも必要となる。しかし、あまりにも性急に、暴力の責任をメディアに負わせる皮相な考え方はしないようにしよう。

第1章　暴力と紛争

工業化社会における生活が、労働運動と職場の長との間の根本的な紛争（階級闘争）に基づいて組み立てられていた時代、また世界中の国際関係が、冷戦を作り上げた二つの陣営による重大な対立によって重層的に決定づけられていた時代、暴力の空間は今日ではもはや必ずしも通用しなくなった諸特徴を示していた。というのも、いまや「社会」という概念自体が疑わしく思われるほど、紛争の構造化という主要原理が欠如しているからである。多くの国にとって「脱工業化」という形容語は、「工業化」という形容語と同じようにほとんど廃語となっており、今日ではむしろネットワークという言葉やグローバル化経済という言葉に取って代わられている。そして国家の役割は、極端な行動を回避する術を心得ていた二つの超大国（アメリカ合衆国とソビエト連邦）の対峙の下で条件付けられることもなくなった。

しかし、この見方を展開する前に、両義性を強調しておかねばならない。実際、この見方は社会学と歴史学という二つの領域を結びつけている。したがってこの見方が適切なものであるならば、それは社会学的価値と歴史的射程とを同時にあわせ持っておらねばならない。実際、この見方は、一方ではわれわれに次のことを認めるよう要求する。すなわち、それは社会学的な視点であるが、暴力と紛争は一対のものであるよりは、むしろはっきりと異なる、さらには相反する、二つの論理に属しているということである。また他方では、この見方は歴史的な総括をわれわれに提示する。すなわち、工業化社会での異議申し立て役という高尚な顔を持っていた労働運動の衰退と冷戦の終結とともに、暴力は、大きく拡大した未曾有の規模、形態、影響力、広がりをまとうにいたったということである。

暴力概念についてはすでに序で取り上げたので、[10]ここで立ち戻る必要はない。一方、「紛争《コンフリ》」概念については、ここでわれわれの理解を明確にしておくことが間違いなく有益である。というのも、この言葉は、普通に用いられている他の多くの用語の場合と同様に、たちまち不明瞭になるからである。それほどこの言葉は、社会的、政治的なものだけでなく、個人間や心的装置の内部に属するもの〔葛藤〕にいたるまで、さまざまな状況や経験を指し示す。われわれは、この紛争という言葉を限定された意味で用いることにする。すなわち紛争とは、二人の個人、二つの集団、二つの集合体が同じ空間内で対立することである。そして、その各々の目標あるいは展望は、対立者や対立関係を抹殺することではなく、むしろその関係を変えたり、少なくともその関係において自分の相対的立場を強化することである。紛争とは、そのような対立する二者の不均衡な関係の意味として捉えられる。

狭くはあるがこの定義が受け入れられれば、紛争とは断絶の反対概念となる。断絶においては、二人の個人、二つの集団、二つの集合体は決別し、その場合に当事者が考えるのは、最良の場合でも互いに距離を置き無視すること、最悪の場合には相手側を破壊することだけとなる。したがって、本書で採られたパースペクティブにおいては、紛争は戦争ではない。ともかく、戦争が、クラウゼヴィッツの有名な警句に現れる「異なる手段による政治の継続」[三]ではなく、敵の殲滅を目指すものである限り、紛争は戦争ではない。われわれが採用する紛争概念は、いくつかの点ではゲオルグ・ジンメルが提案している概念に近い。ジンメルが紛争に見ているのは、「相互に分散しようとする分極化にたいする匡正運動なのであり、なんらかの統一に到達せんがための方法」「対立するものの間の緊張の解消」なのである。[11]しかしながら、その他の点で、われわれの紛争概念はジンメルの概念とは距離がある。それは、ジンメルが紛争における暴力を完全に除外しているからではなく、むしろジンメルにおいては、紛争が導く「統一」は対立者の一方の破壊を経由しうるからである。もっともこの社会学者は、今日われわれがそうしているように、紛争を暴力から区別しており、たとえこの二つが時に混同されることがあっても、それらを分離しているものについて熟考するよう、われわれを促している。実際、ジンメルは、ある種の紛争（「たとえば盗賊やあるいは無法者とその被害者たちとの間の」）は暴力以外のものをすべて除外しているように見えると説明しつつ、次のように述べている。「そのような闘争がまったく破壊のみに終るとすれば、それがひれつな殺人のような極限状態に接近することはいうまでもない。ここでは統一的要素といった付加物は、いわばゼロとなっているのである。これにたいして、なんらかの思いやり、すなわち、暴力の限界が認められるやいなや、すでにそこには社会化の契機が、たとえたんに暴力を手びかえるというだけのものにすぎないとしても、あらわれているのである[12]。」

ある種の紛争は永続的ないし構造的であり、あるいは構造化を促すものである。また、それほど持続的ではない他の紛争は、変化を伴ったり、流動的であったり、多かれ少なかれ迅速に解消されることすらある。ここで提案しているパースペクティブにおいては、紛争が対立させるのは、カール・シュミットによる思想的アプローチが主張するような敵同士ではなく、むしろ相反する二人の個人、二つの集団、二つの集合体がその関係を制度化し、行為者間における絆の維持と対立とを結合させうる交渉規則、あるいは様式の樹立によって関係安定化を図りうる対立者同士である。紛争においてはすべてが交渉可能なのではない。制度化こそが紛争関係を解消へと導きうるのであり、そこには常に暴力の空間あるいは可能性が存在する。しかしながら、われわれの基本的な主張は、全体において、紛争は暴力と一体化しないだけでなく、概して暴力の反対者になる傾向がある、ということである。すでに断絶、純粋な力関係によって暴力が出現している事態でない限り、暴力の介入は、議論を開くよりも閉ざし、たとえ不均衡なものであれ、論争、やり取りを困難なものにし、断絶あるいは力関係だけにいたらせる。

一　労働運動の経験[13]

工業化時代を通して、その受け皿となった社会は労働者の異議申し立てによって突き動かされてきた。その異議申し立ては、しばしば、ひとつの同じ一般的な対立原理、すなわち中心をなすひとつの紛争に属してきた。紛争は、異議申し立てをする行為者たち自身が強い力を持ち、持続的に自らを組織し、闘争を組み立てて、交渉によって要求を受け入れさせたり政治的な圧力をかけえただけに、いっそう暴力的なものではなかった。だからといって、別の社会的関係を建設するという、それなりにラディカルで壮大な計画を放棄するものでもなかった。したがって本節ではまず、ポスト近代の思想家たちの表現に従えば、近代性の「大きな物語」のひとつを作り出したそれら異議申し立ての意味と射程を簡単に再確認しておこう。

a　労働運動の頂点

労働者の意識は、自ら仕事の主導権を握ったり生産物を管理することが禁じられ、あるいは困難にされているために、その苦しみとしての喪失感あるいは剥奪感に由来している。この意識は、ひとつの企図、すなわち別の社会への呼びかけをもはらんでいる。またこの意識は、不幸な主体性の表明であると同時に、未来に自己を投影する能力、いまこの場に存在するパースペクティブとは別のパースペクティブを作り出す能力をも表わしている（この意識は、明るい未来を想像することができる）。

この能力は、とりわけ熟練工たちによって獲得される。彼らは、ひとつの仕事、技量、専門化から肯定的な信条を得ることができるので、相当な誇りと、ひとつの役割、社会的有用性への自負を持っている。同時に、尊敬に値するという確信や、自負に背かないという確信も持っている。それゆえ、彼らはむしろ交渉に傾きがちである。他方、拠るべきものが何もない非熟練工たちは、熟練工たちよりもいっそう明日のない反抗、怒りの爆発に導かれる。一九六〇年代中頃にアラン・トゥレーヌが示したように、またその二〇年後に彼とともになされた研究が確証したように[14]、労働者の意識が最大の統合と最高の行動能力を見いだしたのは、熟練工たちの誇り高い意識と非熟練工たちのプロレタリア意識とが出会い[四]、とりわけテーラー・システムの導入によって両次大戦間期から一九七〇年代までの産業を支配した大企業においてそれら二つの意識が結びついた状況においてであった。

この期間は、濃密な社会生活とともに強力な労働者共同体が存在していた時代である。また、労働運動とその闘争に基づいて、政治生活の諸形態や連合組織、理念や社会にかかわる議論が形成されていた時代である。この時代、暴力は、少なくとも、そのもっとも重大な形態、すなわち故意に人命を奪う形態を社会的行為の一様式としては持たなかった。ストライキが激しさを増し長期にわたることもあれば、企業内で緊張が高まったり、言説が攻撃的になることもあったが、殺人にいたるような暴力は、乱暴な弾圧に直面した行為者たちによってでさえも、用いられる手段ではなかった。

b　工業化時代の終焉

すべてが変わったのは、一九七〇年代初めに訪れた北アメリカと西ヨーロッパにおける工業化社会の終焉によってであった。もっとも、この終焉は、工業の消滅を意味するわけでも、少々性急に予告されたようなテーラー・システムの完全な崩壊を意味するわけでもなかった。実際、テーラー・システムの諸原理は一部の企業の活力をいまなお導いている。その終焉が意味するのは、とりわけ、労働運動と職場の長との間の対立関係にとっての中心が喪失したということである。

それまで、この両者間の紛争は、集合的生活全体を照らし出し、農民、都市住民、大学人、消費者等の闘争といった他の社会的闘争にも意味を付与し、左右の政治的対立の土台となり、知的生活を活気づけていた。またその紛争は、国際関係の延長であり、労働者階級の立場を標榜する東側と、資本主義の支配を具現する西側とを対立させるイデオロギーの延長でもあった。労働運動は強大であればあるほど体制内で地位を得た。とりわけ社会民主主義の形態においては、多くの国で暴力なしに権力を握ることに成功した。二〇世紀後半の西側諸国で暴力と政治的漂流を導く要因となったのは、工業化社会内部でなされた構造的な紛争ではなく、むしろそうした紛争構造の破壊である。この構造破壊が超制度化《イペル・アンスティテュショナリザシヨン》の諸形態や労働組合運動における官僚制化の諸形態を助長した結果、労働組合運動に見放された労働者が怒りを爆発させることになった。構造破壊はまた、極左のテロリズムに通じたり（これについては後で立ち戻る）、多かれ少なかれ人種差別主義的な民衆運動とその指導者の躍進にいたったりもした。しかし、大きな集合的暴力を伴わずに、構造破壊が意味した政治の空隙を埋めることもできた（アメリカ合衆国のロス・ペローからイタリアの北部同盟まで、フランスの国民戦線からロシアのウラディミル・ジリノウスキーにいたるまで）[五]。工業化時代の終焉は、とりわけ、労働組合運動を深刻な危機にいたらせ、ドイツやスカンジナビアのようにそれが大きな活力を持っていた国を含め、職業関係の諸システムに非常に大きな機能障害を引き起こした。また、その終焉は空間を特徴づけ、都市の解体現象を生み出す原因となり、多くの庶民街を苦境に陥れた。たとえば、アメリカの大都市における黒人の「超ゲットー」[六]やフランスの大都市における郊外地域の場合がそうである。前者は、それ自体衰退しつつある大工業の申し子であり、ウィリアム・ジュリアス・ウィルソンによってみごとに研究された[15]。後者の郊外地域は、共産党によって掌握され組織された「赤い郊外」[七]でなくなることによって憎しみの舞台（この憎しみのテーマは、カソヴィッツ監督の出世作となった映画のタイトルになっている[八]）となり、また八〇年代中頃にはフランソワ・デュベによって描かれたガレー船[九]の若者たちの怒りと激高の舞台となった[16]。

　このような脈絡において、労働者たちは、脱工業化、職の喪失、失業、追放、あるいは不安定といったものの打撃を自ら被るか、そうでなければその打撃の苦悩に満ちた証人となる。それまではいかに搾取され支配されていようと自分自身の肯定的なイメージを持ちえたが、その手がかりさえもいまや失われるのである。そうなると彼らはしばしば意気消沈し、内向的になり、行動しえなくなる。そして彼らの子供たちもまたこの状況の犠牲になるなら、社会的存在感の消滅という同じ無力感を体験し、より容易に社会的暴力に移行しやすくなる。西欧のいくつもの社会、とくに工場閉鎖や雇用削減をまともに受けた庶民街において、都市の暴力という若者の行動は、工業化時代を特徴づけていた中心的な労使紛争が衰退してしまったことに多くを負っているのである。

　そこでの暴力は、比較的古典的な形の非行や犯罪と、社会的不正という感情的表現とを、時にはもつれたやり方で結びつける。一九八〇年代から九〇年代にかけてイギリスやフランスの都市で起こった暴動、あるいはスキンヘッドたちの激しい人種差別は、多くの点でこの労使紛争の解体に従属している（人種差別という暴力は、その行動様式自体があらゆる内容と切り離されていること、労働者が持つ社会的な実際上のあらゆる職務と切り離されていることを明らかにする)。

　ここで、慎重に含みを持たせておく必要がある。すなわち、こうした指摘があるからといって、社会的あるいは政治的暴力を古典的な工業化時代に特有な社会的諸関係の衰退に直接あるいは唯一関連づけてしまってはならない。社会的変容と暴力との関係は、自動的でも直接的でもないのである。この脈絡で暴力が出現する場合、暴力はいくつかの媒介を介入させて考えられねばならない。つまり、暴力は下降する社会の不安定や危機によって必然的、直接的に出現するのではないのである。実際、二〇世紀の最後の二〇年間におけるフランスやイギリスの庶民街、あるいはアメリカの大都市での暴動は、失業に対する抗議よりも、警官の過剰行為や不公正な司法判断を契機に発生している。たとえば、一九九二年にロサンゼルスで、黒人のロドニー・キングが警官たちに殴りつけられる現場の様子が撮影されていたにもかかわらず、白人で構成された陪審員団によってその警官らが無罪とされた時がそうである[10]。若者の激高と憎しみは、たしかに社会的困難を背景にしてさまざまな都市空間で表明されはしたが、それらはまず、自分たちは社会的に認められておらず公正に扱われていない、人種的・文化的に差別を受けているという強い意識に起因しているのである。それと対称的に、失業と貧困は、旧ソ連諸国に起こったような急激な社会の崩壊の現れである場合[11]も含めて、直ちに、直接的に社会的暴力へと帰着することはない(このことは、マリーエンタールの失業者たちについてのラザースフェルドの研究[17]以来、よく知られている)。さらに、失業と貧困は無気力の中でさまざまなフラストレーションをも生み出すが、そのフラストレーションがしばらく続くと、場合によっては次のようなものを受け入れやすくする。それは、人種差別や反ユダヤ主義的な憎しみに満ちたイデオロギー、急進的政治路線、すなわち過去においてはドイツにおけるナチズム、今日では旧ソビエト側諸国におけるもっともスターリン主義的な諸形態での共産主義回帰への呼びかけや、西欧の多くの国におけるナショナル＝ポピュリズムあるいはナショナリズムである。

　労働者と経営者の紛争が構造化の働きをする能力をすっかり失った時から、支配関係の中に組み込まれた行為者たち〔労働者〕の文化とはまったく異なる文化が、とくに若者たちの間で確立されていく。実際、彼らにとって重要な位置を占める諸価値とは、自分の活動の成果、自分にとって価値ある労働の成果を他人に独占されてしまった人びとが持つようなそれではなくなった。社会に大きく役立っているというあの意識、あるいは、自分の労働と生産物に対する管理権がすっかり奪われているというあの意識さえもはやない。それどころか、無用の人間だとはいわないまでも、少なくとも、社会の外に置かれ、社会の諸価値に近づくことが禁じられているという意識に支配されているのである。そこに広がっている文化は、勝ち組《ウィナー》・負け組《ルーザー》という一対によって定義される。すなわち、そこにおいては、勝ち組となって、負け組を取り巻く軽蔑を回避できるかどうかが問題なのである。ラテン・アメリカでよく用いられている表現でいえば「使い捨て」の人びと、すなわち締め出された人びとの一部は、零落に対する強い不安を抱くだけでなく、自負心の欠如あるいは喪失の意識の下で、自分は社会的に無用でほとんどお払い箱なのではないのか、といった思いに陥ることもある。構造化の働きをする紛争が消滅する時、個人は拠るべきものを失い、実存的な挫折と困難の責任を自分自身にしか嫁せなくなってしまうおそれさえある。相対すべき対立者がいないため、集合的生活の中で無に等しくなった自分の役割を価値あるものにすることができなくなってしまうのである。このような脈絡においては、暴力は労働者の文化の中でよりもはるかに発生しやすい。労働者の文化においては、支配と搾取の体験が、あるいは支配され搾取される側に属しているという意識さえもが、社会的有用性の意識と一体化していた。

　紛争の解消は、個人を社会から切り離し、各人が個人的困難として体験する試練の洪水へと押しやる。そして、人から軽蔑されないような身の処し方を、アーヴィング・ゴッフマンの言葉に従えば「面子」を、すなわち体面を常に気にするよう個人に促す。紛争の解消は、こうして社会的支配の問題をパーソナリティとそのもろさの問題に置き換え、現実のものであれ、たんなる印象にすぎないものであれ、軽蔑に対しては暴力で応えることを助長する。憎しみや憤怒を増大させている庶民街の若者による暴力、とりわけ学校内でのさまざまな暴力行為に関する今日の諸研究[18]からは、その大きな教訓のひとつとして次のことが引き出される。すなわち、暴力行為は、恨みの現れ、自分が認められていないという意識の現れであり、おそらくもっと根本的には、対立者、支配者、搾取者との関係で自分自身を定義しうるような社会的関係がないために、自分の存在を確たるものにできない現れなのだということである。このことから、紛争と暴力は対立すると断言しうると同時に、その対立を考えるためには、あまりにも初歩的、直接的、決定論的な論証で満足してはならないと言いうる。それほど、中間的で媒介的な次元が大きく作用しているのである。

経営者と対決する労働運動のような、大規模で中心的な役割を果たす紛争が集合的生活と公的空間を構造化していた時には、非行に走りがちな青少年集団などによって都市で発生していた暴力は、比較的甘受されうる光景であった。しかし、それ以前の段階、つまり問題の紛争があまりにも新しく、十分形成されていないがためにまだ知覚されていなかった時には、このような光景はそれほど甘受されるものではなかった。また同様に、それ以後の段階、つまり問題の紛争が中心的役割と重要性を失ってしまった時にも甘受されないものとなった。たとえば、七月王政下[三]のパリで労働運動が誕生した時、ブルジョワジーが大衆行為者たちを認識する際に、危険な階級と労働者階級とをどのように混同していたかを明らかにしたのはルイ・シュヴァリエである[19]。同様に、二〇世紀初頭の都市に登場した若いごろつき集団「アパッチ族」を研究し、有意義な指摘を行ったのはレジ・ピエレやミシェル・ペロである[20]。ピエレらによると、アパッチ族は、集団とは認めがたい庶民の青少年層に属しており、その層が不安を与えても、政党も労働組合も本気で彼らのことを気にかけようとはしなかった。アパッチ族は、「都市組織を膨張させ、民族、地域にひびを入れ、男女を分離する」新しい工業化の産物であった。当時、「いわゆる伝統的な社会では、若者たちは固有の存在様式と参加様式を持って」いた一方で、この世紀の転換期に、庶民街では「常に再生を繰り返しながら長期間存続してきた自主管理の工業形態が、工場の厳格さを前に衰退する[21]」状況にあったのである。その後、庶民街が政治的にも社会的にも構造化された「赤い郊外」になった時、同種の非行はそれほど不安を与えるものではなくなっていった。

反対に、労働者街が崩壊し、多かれ少なかれ労働運動と結びついた組合や政治や結社のネットワークが衰退・消滅する時、暴力は、その深刻さが以前と同じかあるいはほとんど同じであっても、はるかに耐え難く危険なものとして感じ取られるようになった。紛争行為の積極的原理に由来する社会生活の手がかりが崩れ、確立した社会生活の諸形態が解体する時、ごくわずかな攻撃性の徴候が現れただけでも、風俗壊乱、恐怖、脅威にさらされているという強い意識を目覚めさせたり際立たせたりするのである。

古典的社会学は、しばしば、近代的個人主義と、それから生じるアノミー(三)や暴力の危険といった害を、伝統とか古い秩序の崩壊に結びつけた。そして、古典的社会学は、資本主義的工業化によって引き起こされる社会破壊を強く心配した。というのも、その工業化の中に共同体、文化、秩序の全般的な破壊の主要な原因とはいわないまでも、少なくとも重大な危険要因を見たからである。二〇世紀の最後の三〇年間、われわれは、非常に多くの不安を与え続けたこの工業化社会の末期を生きてきたのである。そしてそこを抜け出る時、われわれは紛争関係を失った。いまこそ次のことを認めるべき時である。紛争関係は、たしかに、危惧される不平等と不公正に満ちたものではあったが、一方では個人主義の欠点や害に制限を加えたり、個人や集団が暴力に走ることのないよう引き留めもしていたのであった。

そこに、社会学の重要な教訓がある。トクヴィルからデュルケームにいたるまで、一九世紀の思想は、社会哲学と政治哲学のさまざまな学派を経由しながら、暴力、アノミー、無秩序が工業や分業とともに出現し、広がるという考えに苦しまされた。ところが、今日では、工業化時代に中心的な役割を担った紛争の消滅こそが、この種の問題を提示する。紛争の削減は、一方では暴力を引き起こすとともに、他方では社会生活への手がかりが失われたという全般的な意識を引き起こし、その意識が暴力に対する不安をかき立て、際立たせるのである。個人主義の強迫観念は近代工業の出現とともに現れ、最悪の危害の責任を近代工業に負わせた。またこの強迫観念は、近代工業の終焉とともに、遅ればせに、現代人の孤独と虚脱感を強調するといった以前とは異なる視点を持つテーマ研究として再び出現し、紛争の中心的原理を欠いた（一時的に過ぎないかもしれないが）新しい時代の到来を印しづけている。

c 紛争の上流と下流——極左のテロリズム

これら最初の考察をたどれば、労使紛争の空間、すなわち労働運動と雇用者との対立空間が縮小するように思われるだけに、暴力の空間の方はますます広大なものとして現れる。ここでの暴力は、紛争の弱さを表現している。より正確には、次に示す主な三つのケースが典型的なものとして指し示されている。

まず、紛争が生まれつつある状態にはあるが、いまだ十分に形成されておらず、敵対者双方の間でも市民社会の間でも、いまだそれとして感じ取られていない場合。二つ目は、逆に、紛争が危機段階、構造破壊段階、あるいは歴史的衰退段階にある場合。そして三つ目は、紛争の上流〔前段階〕と下流〔後続段階〕で先の二つの論理が結びついている場合、すなわち二つの異なる労使紛争が具体的な同一の経験の中で共存し、そのうちのひとつは、生まれつつあるがなかなか形成されない状態にある一方で、もうひとつは、衰退しつつあるが最後の高揚を生きている場合である。

極左のテロリズムは、これら三つの典型的なケースについての申し分のない例証となる。一九世紀末のフランスにおける一八九二年から九四年にかけてのアナーキストの場合は、テロリズムは空洞の中で、すなわち紛争の上流で、出現しつつある紛争の弱さを表現するものとして、社会的行為者が間もなく誕生することを予告し、実際に動員可能な組合運動の形成に先行していた。しかしこの「テロの時代」は、歴史家ジャン・メトロンが言ったように、フランスで初めて組織された大きな表現、すなわち直接行動の労働組合運動（革命的サンディカリズムあるいはアナルコサンディカリズムとも言われる）が労働取引所《ブルス・デュ・トラヴァイユ》や労働組合にはっきりと姿を現したその時点で、まさに終わっているのである。(一四) そして同時に、過激だが決して人命は奪わないさまざまな行動形態（怠業、ボイコット、等）を放棄することなく、テロリストの暴力と明確に一線を画すことが、この労働組合運動の大きな懸案となった。

これと反対に、一九七〇年代から八〇年代にかけては、多くの西洋諸国のみならず日本でも、社会運動の上流ではなく下流において、極左のテロリズムが転倒した形態で(22)、労働運動とその模範としてのマルクス＝レーニン主義イデオロギーの終焉を表現することになる。その首謀者たちは、もはや衰退し、集合的生活の全般的な行動計画に意味を付与しえなくなった行為を、歴史的な照準において最高水準に維持しようと試みた。ここでの暴力は、労働者プロレタリアートによる権力奪取や階級闘争についてこれ見よがしに語るテロリストたちと、彼らの言説にはもはや大した意味を見いだせなくなった労働者たちとの間に溝ができていただけに、ますます過激で際限のないものとなった。

最後に、イタリアにおける極左テロリズムの経験であるが、ここでの暴力は、中心を失った労働運動の炎をますます不条理なやり方で持続させるといったイメージにとどまらない。というのも、「赤い旅団」や「プリマ・リネア」(一五)など、一九八〇年代初頭のイタリアで起こったより常軌を逸したテロリズムへの熱狂は、『カマラードＰ・38』(一六)遊びを夢見、新しい感性と要求を持った「無党派急進主義」の青少年層が抱く欲望にも多くを負っていたからである。実際、これらの若者文化はイタリアが脱工業化時代に入ったことと対応しており、新しい期待と紛争に満ちている。すなわち、女性運動、ホモセクシャル運動、環境保護運動、学生運動など、あまりにも小規模なために自立的活動として確立されず、当時のイタリアの制度システム（いかにそのシステムが「議院外の」左翼に開かれていようと）の中で政治的な出口を何も見いだしえなかった運動がそれである。ここには、かつての社会運動の衰退が重くのしかかった「下流」のテロリズムと、新しい社会運動がいまだ形成されずに行為者のぼんやりとした切望によって覆われた「上流」のテロリズムとの結合が見られる。したがって、アラン・トゥレーヌが言うように、「運動の概念は暴力の概念とはっきり区分されなければならない。」(23)

二　冷戦の終結

労働運動の歴史的衰退が明らかになった年代は、これまた重要なひとつの現象が起こった年代よりも、ごくわずかに先立っているだけである。その現象とは、ゴルバチョフの名に結びつき、またベルリンの壁の崩壊（一九八九年）という象徴的な事件で確認されることになった冷戦の終結である。ここでも、暴力と紛争は、その隣接関係ではなく、対立関係によって感じ取られずにはいられない。

半世紀近くにわたり世界を構造化していた地政学的紛争、すなわち冷戦は、実際、ソビエト連邦とアメリカ合衆国との重大な対決として現れていたが、時には極度な緊張を伴いながらも、それでも両国間の直接的な軍事衝突にはいささかも帰着することのない紛争関係を継続させた。この紛争関係は、二つの超大国間を戦争にいたらせることなく、せいぜい、限定された地域での衝突を招くにとどまり、その意味では、二つの超大国は軍事衝突を避けるための術を常に心得ていた。両国の敵対関係はしばしば非常に大きな影響力を持ったが、比較的迅速に休戦へといたった朝鮮戦争を別にすれば、その時代を通じていかなる重大な暴力の原因にもならなかった。両国の敵対関係がベトナム戦争を世界大戦に変えることはなかったのである。もちろん冷戦が局地的な緊張と暴力をあおることはあった。しかしそれは、現地の平穏が一方の超大国に都合よく働いている時に、そこに緊張あるいは先鋭化のカードを切ることがもう一方の超大国にとってメリットになりえたからにすぎない。むしろ冷戦は、ある種の状況下で極端な方向に暴走したり移行したりすることを回避させ、戦争あるいは暴力の論理に深く突き進むことを各国に禁じた。「どんな局地的紛争であれ、二つの大国間の力関係に影響を及ぼしうるものであるから、両国はその展開に無関心ではいられなかった(24)」とジャン＝ピエール・デリエニックは書いている。

一九八九年以降の世界の状況を眺めれば、そのことが経験的によく理解できる。すなわち、いくつもの新しい断層線が現れてくるのである。冷戦の終結以来、内戦は別の性格を帯びはじめた。新しい状況は暴力の民間化を許し、そのもとで暴力は道具的、経済的役割を果たすこととなる。新しい状況はまた、アイデンティティに関わる暴力の波及を許すこととなる。これはユーゴスラビア（この国の軍隊は冷戦時代には国際社会の安定の一要素となっていた）の分割の際に、民族浄化の蛮行がなされた殺戮戦に見られるとおりである。さらに、ソビエト連邦の構造破壊と、小さな規模とはいえ旧ユーゴスラビアの解体は、武器の商取引を開花させ、戦争や内戦、テロリズム、組織犯罪、非行に武器を供給し、あたかもウィルスのように武器を拡散させた。近年のフランスで、もし組織犯罪だけでなく非行さえもが、その形態を一変させ、あらゆる武器の入手をますます容易にすることで支えられているとするならば、それは、部分的にはこの新しい状況によるためだと言える。

冷戦の終結は、それまで抑止力の考え方に結びついてきた核兵器の面からも、新しい時代に入ったことを印しづけた。実際、冷戦下の核抑止力は、アメリカとソビエトの二つの超大国をはじめ、国家間の諸関係全体を構造化していた二極化の世界に、理性をもたらしていたのである。核は三〇年の間、秩序を意味した。すなわち、二つの大国同士だけでなく、その両国の同盟国あるいは従属国も含め、あらゆる紛争において一定の抑制効果を果たしたのである。しかし、いまでは反対に、核は、地域的にも、局地的にも、世界的にも不安定をもたらし、重大な危機の象徴となり、責任ある大国間の戦争という想定ではなく、テロリズムや「ならず者」国家の軍事介入を想定した脅威を意味している。ピエール・アスネールが的確に述べているように、核兵器は「秩序の極端な例などではなくなり、グローバルで拡散した諸問題と、それを管理・コントロールする責任を負った諸機関の部分的で専門化した性格との間にできた溝を指し示す極端な例になった(25)」のである。ここで、次のように付け加えたくなる。すなわち、ソビエトのシステムの崩壊と冷戦の終結とともに生じた核の拡散、あるいは核武装したテロリズムの危険といった今日の諸問題に、たとえ部分的にであれ有効に機能しうる機関とは一体何か、それがよく分からなくなっている状況にある、と。

冷戦時代には、核は多国家間での戦争を起こりにくくし、部分的にではあるが、きわめて現実的な形で暴力を制御していた。そして、核は二極対立の原理と結びつくことで、二つの超大国のみならず、程度の差はあれその傘下で大多数派をなしていたすべての国家に対しても、極端な暴力にいたることを禁じていたから、地球規模での秩序を保証するものであった。仮に、たとえ局地的なものであれ、ひとたび均衡が崩れていたなら、緊張の激化を招いていたことであろう。今日、地球はこうした核の秩序の下にはないが、フィリップ・デルマの表現を借りれば(26)、ポスト核時代に入っているわけでもない。むしろ、「低強度の」と専門家たちが言う局地化された紛争と暴力が、ますます空間にとらわれずに現れる状況にある。しかも、それらが大規模な蛮行にいたらないようにするための手立てを見つけることもますます困難になっている。ルワンダと旧ユーゴスラビアでの大量殺戮は、おそらく、そのような蛮行の最初の表現にすぎない。

冷戦の終結それ自体は、重大な暴力行為を伴うことなく、多くはソビエト体制の衰弱と解体によって成就した。したがってその終結は、全体としてはほとんど暴力的なものではなかった。せいぜい、カフカス地方や、その後のチェチェン地域で生じたように、旧ソビエト帝国内部での局地化された暴力行為を結果として引き起こしただけであった(二七)。

冷戦はまた、一九五〇年代から八〇年代にかけてのさまざまな暴力経験の決定因や意味作用を覆い隠す要因としても作用した可能性がある。とりわけ、それ以後になって目新しく思われるようになったもの（それは局地的な現場にいる行為者たちの役割が形づくる諸要因の重要性であり、遠く離れた外部から受ける影響の重要性ではもはやない）

は、実際には、当時も覆い隠されていたわけでなく、はっきりと知覚されていた可能性がある。しかし、この仮説に注意を払おうとする分析者たちでさえ、その結論は、著しい変化は冷戦の終結によってもたらされたというものである。(27)

冷戦の終結は必然的により多くの、より重大な暴力行為の様相だけをもたらした、と言うとすれば、それは不当であろう。しかし、冷戦終結が、それまで縮小あるいは不在化されていた暴力空間を開くのに好都合な諸条件を作り出した、と言うとすれば、それは正当である。

三　限定された紛争

冷戦が作り出した重大なマクロ歴史的現象や、労働運動の全体像、あるいはその運動を主人公とする「大きな物語」といったものだけを考察対象にするのではなく、もっと限定された諸状況、少なくともフランスで生じているような都市の暴力現象なども検討に加えることで、われわれの包括的な社会学的論証を基礎から広げることが可能である。たとえば、一九八三年にマルセイユやリヨンの郊外で組織された「人種差別に反対する平等のための行進」(一八)がある。この行進はたとえ見るからに過激化しそうな規模であったとしても（実際には非常に小さかった）、何よりもまず非暴力的な圧力として組織されたのであり、その精神においては五〇年代から六〇年代初頭に行われたアメリカ合衆国における公民権運動(一九)に匹敵するものであった。フランスでのこの運動は、暴力を排除し、暴力の反対側に位置し、むしろ暴力の敵対者でさえあった。そして、その平和的な抗議と民主的要求は政府当局によって聞き入れられることとなった。というのも、国家元首フランソワ・ミッテランが行進のリーダーたちを大統領官邸に迎え入れたからである。しかし、その後その活力は続かず、行進によって芽生えた希望は消え失せた。とくにリヨンの郊外では、自分たちの要求は認められることも聞き入れられることもないという怒りと意識から、多くの暴動や過激な行為が発生することになった。若者たちのこの絶望は、もはや非暴力的な権利要求を行うための政治的通路が閉ざされてしまったという事実からきている。たとえば、ヴォー＝アン＝ヴァン（一〇）では、暴動、乱闘など、憎しみによる都市の暴力が八三年の行進前後に発生したが、これは、庶民街の若者の期待を紛争化しえない大きな欠陥を示唆している。一方、リヨン郊外のこの小さな町で起こった九〇年の大暴動（一一）（この大暴動は、その時期としては全国レベルでもっとも重大なものと見なされている）では、その後、諸団体の結成や強化がなされ、「アゴラ」（一二）などの支援組織によって、若者の暴力を社会的・政治的紛争に変える道がはっきりと選ばれた。以後、市当局との関係は時には大きな緊張を伴うこともあったが、もはや暴動とか、人や財産に対する攻撃などとはまったく無縁なものになっている。

　このような経験に見られるように、程度の差はあれ、暴力の後には制度化された紛争行為が起こるということから、ひとつの仮説が導入されることになる。この仮説は逆説的に見えるかもしれない。しかし、あまりにも単純な決定論的論証は性急な偽りであることをわれわれに思い出させるものである。その仮説とは、暴力は、紛争を創出する要素、その出発点、行為者たちを組織する最初の条件になるというものである。実際、ある場合のある行為者にとっては、たとえば暴動のような暴力場面に参加することが、抑圧によってほとんどあるいはまったく明確化できなかった主体性とか、不安あるいは不幸であるために表出されなかった主体性をはっきりと表に出す秘儀伝授の瞬間となる。実際、いわゆる「危険な郊外」の若者から往々にして現地で打ち明けられるのは、警察の「不手際」が原因で発生した暴動に軽い気持ちで思わず参加したことがきっかけで、政治意識を持ったり、団体生活に参加するようになった（さらに場合によっては、イスラムを知った）ということである。

　このことを改めて考慮すれば、暴力と紛争が対立するという考え方には、したがって、含みを持たせねばならない。さらに、暴力と紛争は、上で述べた逆説におけるよりも、はるかに直接的に結びついていることもある。それほど、状況次第では紛争が過激になったり、暴力が道具的な次元に限定されて、行為者たちの計算（自分にとってそれを有効な資源とする）に還元されたりするのである。それゆえ、暴力と紛争が矛盾するという考え方は、一般的な理論や絶対的な規則とはなりえず、分析の一道具、すなわち研究者がプロジェクターを利用するように、これこれの具体的な経験を照らし出す時に利用する仮説なのであって、実際の結果は事例ごとに異なりうる。

ところで、暴力と紛争が矛盾するという社会学的道具立ての妥当性は、知的・政治的生活の大きな指標となった、暴力についての二人の思想家を比較することで、確固たるものになるように思われる。そのひとりはジョルジュ・ソレル[二三]で、彼の『暴力論』は労働運動に大発展をもたらしたテキストとして知られる。もうひとりはフランツ・ファノン[二四]で、彼は植民地解放闘争時代の大物である。

四　ジョルジュ・ソレルに反して、フランツ・ファノンとともに

暴力と紛争に関する膨大な文献の中で、ジョルジュ・ソレルとフランツ・ファノンのそれは、ともに明確な政治的態度をとったことで、しばしば結びつけられている。それは主として、二人とも、暴力を考えるにあたっては行為者の主体性に関心を寄せているからである。そして、彼らを近づけることが不合理でなければ、とりわけ重要となるのは、逆に何が彼らを引き離しているのか、それをわれわれの関心事である固有の論点（もちろんどちらともわれわれの論点に還元すべきではないだろうが）において理解することである。

a　ジョルジュ・ソレル

ジョルジュ・ソレルを、ハンナ・アーレントはマルクス主義と生の哲学（ベルグソン）との混ぜ合わせだと糾弾し[28]、ジャン＝ポール・サルトルは「ファシスト的饒舌」だと非難したが[29]、ソレルにとって、暴力は異議申し立ての行為者を創設するものであった。彼によれば、暴力のおかげで行為者は「労働組合主義《トレード・ユニオニズム》」、すなわち交渉中心の労働組合運動に崩落したり陥ったりせずにすむ。また彼によれば、行為者を創設するものである暴力は次の二つの力を発揮する。ひとつは労働者の暴力で、この暴力は行為の改善と一対になって、行為に「異常な効力」をもたらすことができる。

もうひとつはブルジョワジーの暴力で、この暴力はブルジョワジーに支配者としての行為者の使命を引き受けさせ、「好戦的性質」を資本主義に取り戻させる。暴力に訴えることで取り戻されるブルジョワジーの活力に言及する一方で、「もはや時間の問題」にすぎないブルジョワジーの消滅に言及するというソレルに見られる矛盾は脇に置くことにしよう。また、いくつかのソレル読解が呼び起こす論争についても脇に置くことにしよう（そこでのソレル読解とは、彼のさまざまなテキストの中に、彼の有名な『暴力論』が非常に明瞭に語っていることとはまったくあるいはほとんど相反したものを見ようとするものである(30)）。

ここでわれわれが関心を寄せているパースペクティブにおいて重要なのは、ソレルが、暴力の活用に基礎を置く集合的主体の理論を提示していること、しかも、異議申し立て側と支配側双方の行為者の視点からだけではなく、両者を結びつけると同時に対立させる関係性の視点からも考察していることである。ソレルはまた、さらに突き進み、暴力を背にした紛争の性質を、文明全体にとっても有効であるかもしれない命題と結びつけている。事実、彼はこう書いている。「暴力は、かくして、極めてうるわしく、また極めて英雄的なものとして現われる。文明の本源的利害に奉仕する。（……）それは、世界を蛮行から救うことができる(31)」と。

しかしながら、実際には、工業化社会における社会運動や構造的紛争に適用されたこの理論化は受け入れ難い。フランスにおいては、ソレルが著述していた当時からすでに、この理論化は歴史的に適応できないことが明らかになっていた。すなわち一九世紀末には、革命的サンディカリズムは社会的な暴力からも遠ざかっていたのである。そしてソレルのこの考え方は、依然として超過激な直接的行動を標榜していたこの革命的サンディカリズムが一九〇八年の大胆なゼネストの大失敗によって挫折し（これについてはジャック・ジュリアールが非常に詳細に述べている(32)）、さらに、労働運動が第一次世界大戦の際の激変によってアナルコサンディカリズムから遠ざかるとともに崩壊していたのである。

より一般的には、第一次世界大戦後の労働運動がそうであったように、行為者が強力で有効な、組織された集合行為を構築するや、交渉や制度化がその行為者をたじろがせるようなことはなくなる。たとえ交渉や制度化の内容が行為者の目指すものとはまったく異なるものであったとしても、そうである。両次大戦間から一九七〇年代までを通じて、労働運動は時には長く過酷な闘いを形成してきたが、全体として暴力の空間を閉ざしながらであった（労働運動史を見れば、暴力は運動の弱さ、危機、構造破壊を常に印しづけるものである）。したがって、ジョルジュ・ソレルのアプローチは、社会運動、すなわち彼の時代に現れつつあった紛争にひとつのイデオロギーを提示することはあっても、定着し構造化された関係としての紛争を考える手がかりにはまったくならない。このことは、ハンナ・アーレントがソレル批判において次のように手厳しく書き記していることである。「問題は、労働者は労働条件と生活条件が満足の行く水準に到達したとたんに、プロレタリアでありつづけて革命的な役割を演ずることを断固拒否するようになることであった[33]。」

b　フランツ・ファノン

それに対して、暴力が支配者側の行為者と被支配者側の行為者との紛争関係を形づくる論理において、もはや後者の行為者を特徴づけるものとはならず、むしろ両者の断絶の論理から生じるものとして想定される時、すべては変わる。異議を申し立てる側の行為者が、対立者との関係の中で闘いを展開しようとせず、そこから離れようとする時、あるいは対立者の顔が敵の顔に取って代わられる時、暴力は避けて通ることのできない行為の一側面となりうる。

晩年のフランツ・ファノンの思想、すなわち『地に呪われたる者』（彼が死んだ年の一九六一年に出版された）を執筆した当時の彼の思想は、この点でわれわれの注意を引くに値する。たしかに、彼の分析の一部には行き過ぎがあり、また、たとえばルンペンプロリタリアートを都市における革命の前衛として描く時、論証を目的とするには語り口が少しレトリックに頼りすぎるところも往々にして見られる。しかし、植民地化の善悪二元論的世界において、植民地被支配者は非人間から人間にならねばならず、そのためには暴力を経由するとファノンが説明する時、論証は大きな力を持ってくる。植民地解放の暴力は、ファノンにおいては行為者を創り出す。すなわち、自らの生の主体としての人間存在を創り出す。これは、『地に呪われたる者』の序文でサルトルによって取り上げられ[34]、過激化されたたテーマである（「植民地化されて『物』となった原住民が、自らを解放する過程そのものによって人間になる」）[35]。ファノンにとって、原初の暴力は圧制者の暴力である。圧制者は、植民地被支配者を搾取し、支配し、排除するだけでなく、その言語、文化、歴史の面で被支配者を否定し、軽蔑する。一方、植民地被支配者の暴力は、解放をもたらすものであり、アリス・シェルキが言うように、「隷属状態からの脱却を行為に」移し、疎外に決着をつけ、「恥辱と主体破壊の経験を」覆すものである[36]。

外国による支配、あるいは植民地主義という状況下でも、暴力が変化の主要な作用因となることなく独立国や主権国家が形成されるという出来事が歴史上起こった。つまり、ファノンのアプローチがより有効なのは、おそらく、行動の出発点、すなわち植民地化に決着をつけるという植民地被支配者の決断、被支配者自らが主体となるという自覚に対してであって、その結果として形成された非植民地化運動や解放運動から生じる武装した暴力に対してなのではない。また、歴史がわれわれに教えてくれるのは、それらの運動が今度は圧制の力に変わり、極端な場合には専制国家に変わりうるということであり、これはファノンがとくに敏感に扱ったテーマである。したがって、ここでもまた、論証のひとつのタイプを有効な一般論として絶対化してはならない。暴力は、断絶の様態として、その種の状況の中に場所を見いだすこともありうるが、いつも出現するわけではなく、絶対的な決定論に従うことはないのである。

紛争が不可能なところで、紛争の扱いえない部分が中心を占め、分裂、すなわち共通の政治的・社会的空間から外に出ることが焦点となり断絶しか展望が見えない時、暴力は創設者になりうる。そうファノンはわれわれに言うのである。ファノンが言うように、暴力は実際に多くの状況において解放の可能性を直接的にもたらす。分離〔独立〕は、解放を求められる側の人びとにとっては容認し難く、解放を要求する側の人びとにとっては死活問題であるだけに、暴力はますます解放の条件に思われる。しかし、ここでファノンを参照することからいったん離れて、暴力は変化の唯一無比の様態ではないことに注意しよう。たとえば、暴力とは逆のもうひとつの選択肢を対置し、はっきりとその選択を要求することもできる。すなわち、非暴力である。この選択肢は、それを採用する異議申し立て側の行為者たちにとっても、彼らが対峙する側の人びとにとっても、また多くの場合異議申し立ての運動そのものにとっても、人間的、政治的、戦略的に計り知れないほどの長所を含んだものとなる。この選択が可能なのは次の場合に限られる。それは、分離への期待が大勢を占め、運動とカリスマ的なリーダーとの間に全幅の信頼関係が成立し、そこから断固たる倫理的表明がなされうる場合である。同時にまた、たとえば対立者の側に民主主義的ないし人道主義的な考え方が存在しているとか、対立者側が運動の行為者たち（本来の意味での行為者たち）に代わる外部からの圧力に押されて揺るがされる可能性もなければならない。

構造的社会関係と暴力とを結びつけるソレルの思想、そして暴力を植民地関係の解消に結びつけるファノンの思想、この両者を関係づけることで強化されるのは、先に定義した狭義の紛争の否定が暴力であるとするわれわれの考え方である。したがって、この二人の思想家の近さよりも、彼らを隔てる距離こそが強調されねばならない。この距離がなくなるのは、ソレルにおいて労使紛争の観点自体が捨てられる時だけである。それは、革命的断絶（これは、改良主義的社会主義を嫌悪していたソレルの著作に広く見られるテーマである）を呼びかけたり、国家的、社会的、政治的なもののファシズム的融合への支持を呼びかけたりする時に起こる。知られているように、ソレルは晩年に（一九二二年に死んだ）とりわけボルシェビズムに興味を引かれ、レーニンの大賛美者となったが、その前には、一九一〇年代の「新右翼」にある程度の共感を抱いたこともあれば、後に彼の思想はムッソリーニをはじめ一部のファシストに影響を与えもした。しかし、これは別の話である。

第1章結論

われわれは、ひとつは労使紛争（階級闘争）、もうひとつは地政学的・国際的紛争（冷戦）という二つの大きな紛争の申し子である。そして、二〇世紀末を印しづける新たな歴史的情勢下で、暴力の空間は大きく開かれ、一新されたように思われる。

それでは、構造的紛争、構造化する紛争がなくなったために、われわれは、抑えの利かない個人主義とさまざまな民族分離主義の台頭とを背景に、暴力が蔓延する世界で生きることを余儀なくされているのだろうか。ある人びとは、われわれは上述のような基本的な紛争をもはや経験することがないか、あるいは間もなく経験することがなくなるだろうと見なしている。たとえばアイリーン・タヴィス・ソムプソンが主張するように、われわれは「純粋な」個人主義に支配された社会に入ったのであり、「ひとつの紛争モデルから、個人が社会にカプセル詰めされるもうひとつ別の紛争モデルへ変化(37)」してしまったということになる。一方、他のより多くの人びとは、時代は文化的、社会的な細分化の中に、あるいは不平等の形態と支配類型の増大(38)（したがって紛争の源泉と形態の増大）の中にあると考えている。このパースペクティブでは、紛争は消えずに拡散し、多様化し、多数の対立として勃発する。その対立はいずれもが常に意味を担っているが、そこに何らかの統一あるいは中心を見いだすことは、少なくとも簡単にはできない。この場合、紛争は、集合的生活全体にとって有効となる上からの構造化の原理を提供しえない。それでも紛争は、無数の状況において暴力の空間を限定しうるのである。

しかし（ここでもまた、あらゆる一般化に対していつも非常に用心深かったゲオルグ・ジンメルの精神が見いだされるが）、「暴力と紛争は対立する」という絶対的な法則は作らないようにしよう。そして、細かな違いを捉えるセンスを持って、現実の複雑さを認めるようにしよう。完全に制度化された紛争と、もっとも抑えの利かない暴力とを結ぶ軸の両極の間には、ぼんやりとして不確かな、紛らわしく見分けにくい、果てしなく多様な状況が存在している。そうした状況の中では、紛争関係にある対立者同士の間で暴力が排除されていないばかりか、その暴力が紛争を沈静させることさえある。しかるべき分析によって区別しなければならないこの二つの論理が、対立し激突するだけでなく、出会い、助けあえるというのは、不条理なことではない。紛争は憎しみを禁じないし、紛争の解決は必ずしもそれまでの対立の意味を汲み尽くしはしない。激高あるいは怒りに変わるかもしれない諸次元、期待、情念を脇に置いておくことが、常にありうるのである。暴力は、紛争の周辺部で発生する。すなわちジンメル風に言えば、紛争が当事者間の「統一」を保証することに効果がなく無力なところで発生する。暴力はまた、憎しみあるいは解消しえない敵意が行為の中心になる時に発生する。しかし根本的には、暴力と紛争は、相補的であるよりは相容れない別々の領域に属しているのである。

第2章　暴力と国家

一　国家は問題の中心か？

暴力を分析する際にはレベルを区別することが古典的なやり方である。たとえば一九六〇年代には、ピエール・アスネールが三つに区別することを提唱していた。ひとつ目は国際システムのレベルである。これは当時の彼にとって、「抑止力の二極均衡、そしてヨーロッパでは二陣営の領土分割[39]」を指すものであった。二つ目は国内および外交上の懸案を抱える国家のレベルである。そして三つ目は、国家内で政治的システム、構造、活力を持つ社会のレベルである。この区別は、われわれ自身、七〇年代と八〇年代のテロリズムについての研究で利用したもの[40]だが、今日ではまったく通用しないというわけではない。とはいえ、この区別は国家を問題の真の核心に据えたものであるから、その妥当性は問われはじめている。すべてを、あるいはほとんどすべてを国家に帰着させることができなくなっている現在、われわれはその著しい諸変化のために、分析の諸カテゴリーを一新せざるをえなくなっている。

国際的レベルで暴力について考えることは、最近までの古典的やり方では、暴力を含みうる国家間の関係について考察することであり、根本的には国家間の戦争と平和を、あるいはレイモン・アロンが彼の主著で述べたように[41]、国民間の戦争と平和を考えることであった。一方、国家のレベルで暴力を分析することは、まず何よりも、国家権力を手に入れようとする政治的行為者たちの企て、たとえば内戦や革命行動に関心を持つことであった。あるいはまた、植民地状態や属国状態から独立国家を創り上げるにいたる歴史的プロセスを取り上げることであった。そして、国家内の社会のレベルで暴力について考察することは、国家（後で言及することになるマックス・ヴェーバーの有名な言葉を借りれば、国家が暴力の正当な独占権を持つと見なされているからにすぎなくても）を基準枠とする行動を対象とすることであった。この視点から見れば、国家以外のものによる暴力の出現はすべて、国家が持つ暴力の独占権に異議を唱えたり、それをやり玉にあげるものだということになる。

近代の知的伝統、また古典的な政治学、法学、社会科学において、暴力の問題は、たとえ暴力が国家に限定されないことが明らかであっても、国家の問題と不可分に結びつけられている。このパースペクティブは近年まで思想界を支配し、暴力の具体的諸現象は一般的に国家の枠内で把握されてきた。この枠組みは、ピエール・アスネールの高いレベル（国際的レベル）と低いレベル（社会的レベル）という有益な区別によって補完されはしても、疑義を差し挟まれることはなかったのである。

しかしながら、この視点はもはや十分なものではない。あるいは、ますます不適当なものになっている。実際、一九七〇年代以来ひとつの大きな変化が起こったが、そのことは現象のあらゆるレベルで知覚できるのである。たしかに、暴力と国家は緊密な諸関係を持ち続けてはいる。しかし、分析を完全にそれらの関係の枠内に押し込むことはもはやできない。いまや、別のパースペクティブを開かねばならないのである。

二　大混乱

すでに見たように、冷戦の終結まで世界は東西の二極対立によって根本的に構造化されていた。そして、とりわけ労働運動の制度化のおかげで、国民国家は政治的生活、経済的・社会的生活、それに文化を組織し統合した様式として現れていた。

国家間の諸関係に関しては、紛争行為という中心的原理が秩序づける地球のイメージに代わって、また国家に関しては、政治、経済、文化の調和と統合を保証できる国家のイメージに代わって、他の諸々のイメージが現れた。それらが強調するのは、もはや大きく二分する考え方ではなく、互いに対立する別の二つの考え方である。そのひとつは、世界は全般的に統一されつつあるというもので、経済面ではグローバル化の直接的な影響下に統一が進み、文化面でも同じグローバル化の結果として統一が進んでいる、というものである。このグローバル化は、北米の主導権のもとに世界中に同じ文化財をもたらすと見なされたり、あるいは、超大国（ソビエト連邦）と紛争関係にあったアメリカ合衆国がもはや競争相手のいない「超強大国」になったことを考えれば、政治的統一さえもたらすかもしれないと見なされる。極端な場合には、ベルリンの壁の崩壊後にフランシス・フクヤマがある著書[42]の中で主張して物議を醸したように、地球は「歴史の終焉」、すなわち民主主義と市場の普遍化の時代に入ったと見なされる。一方、考え方のもうひとつは、世界は文化的・社会的細分化の論理によって支配されているというもので、この論理は、野蛮で乱暴な市場の力によってますます無力化される国家を背景にして拡がっている、というものである。

このように、一九九〇年代からグローバル化という概念が大きな位置を占めるようになった。この概念が指し示しているのは、貿易の自由化、資金の流れの国際化、それに新技術の開発者たちと資本が一体となった地球規模の戦略である。しかし、この概念そのものだけでなく、とりわけ予想されるその結果についても、ひとつの論争が持ち上がった。グローバル化は、国民国家に直接影響を与えると批判されたのである。すなわち、国民国家の主権や、有効な経済政策を展開する指導者たちの能力を巻き添えにして、国民国家を弱体化させるというのである。ところで、古典的な領土国家が衰えることになれば、ガッサン・サラメが説明するように[43]、領土国家ともっとも直接的に結びついた暴力形態である国家間の戦争もまた重要でなくなる。そして、たとえば内戦や民族間の大量殺戮といった別の形態が幅を利かせることになる。実際、現代世界におけるそれら形態の多発によって、世界はますます暴力的でなくなり、蛮行が後退し続けるであろうというユートピアは、日ごとに否定されているのである。

自由主義《リベラル》的なグローバル化はまた、社会的、文化的にも悪影響を及ぼすと批判された。すなわち、グローバル化は不平等を大きくし、アイデンティティを弱くして、それらのあるものを共同体の奥底や収縮したナショナリズムへと押しやり、またあるものを（あるいは同じものを）過激さや攻撃性に押しやるというのである。

これらの政治的、社会的、文化的批判は、異議申し立ての行為者たちによってなされた。彼らは、初めのうちはグローバル化に対する反感を表明するにすぎなかった。しかしその後、明確にその新自由主義《ネオ・リベラル》的な性格をはっきりと告発するようになり、もうひとつ別のグローバル化のために、対案提示と「もうひとつのグローバリゼーション」[二五]の呼びかけを次第に行うようになった。異議申し立て者たちは、とくにダヴォス会議[二六]で財界のエリートたちが顔を合わせる際には、彼らの傲慢さを強調したり、国際経済の調整の仕方を問題にしてきたが、とりわけシアトル（一九九九年）での、ついでポルト・アレグレ、ジェノヴァなどでの大きな集まりの際[二七]には、ついに根本的な問題点を明らかにするにいたった。すなわち、「グローバリゼーション」と呼ばれるものの背後には、とりわけ空隙もまた存在し、大きな混乱が見られるということである。つまり一方では古い世界秩序の衰退が見られると同時に、他方では国家の組織と統一形態の衰退、それに一九七〇年代までそれらと結びついていた発展路線の衰退が見られるという混乱である。この混乱は、地球が経済の力だけに委ねられているように思われていた時代が終わってからも、アメリカ合衆国などに見られるように、国家の回帰を排除してはいない。合衆国は、二〇〇一年九月一一日のテロの結果好戦的国家になったが、それがテロに対してだけでないことは、二〇〇三年三月にイラク戦争で見られたとおりである。

この脈絡において、グローバリゼーションという言葉は、今日考えねばならないのは暴力についてであるということを、結局のところ混乱したやり方で示すことになった。実際、国際的大混乱は、一部の国家を暴力と好戦主義の道に突き進ませる可能性がある（北米政府のプロパガンダによって告発された「ならず者国家」には、批判的知識人ノーム・チョムスキーの言葉どおり、アメリカ合衆国自身をも加えるべきかもしれない）。古典的な国家統一形態の消滅と結びついたこの脈絡は、国家と国民の内側で、あるいはそれを越えて、一部の行為者たちをハンス＝マグヌス・エンツェンスベルガーが「分子的〔細分化された〕[44]」暴力と呼ぶものに突き進ませる。あるいは、結局のところはメタ政治的、宗教的で、戦争による政治の延長という単純な考え方では捉えきれない戦闘に入り込ませる。たとえば、二〇〇一年九月一一日以来、ビンラディンというひとつの名前が象徴しているグローバルなテロリズムの場合がそうである。

このように、往々にして暴力は、文化的アイデンティティを背にした集団をグローバル化した経済への抵抗者として登場させる。暴力はまた、逆に、アイデンティティをグローバリゼーションに参加させ、その中で自分を見失ったり自己解体することをなくさせる手段でもありうる。防衛行動、抵抗、あるいはグローバルな近代性に参加しようとする反撃行動のいずれについてであろうと、また、行為者が近代性のこれこれの側面と交戦状態になろうと、近代性と縁を切ろうと、あるいは近代性の中に自分の位置を見いだそうと、重要なのは次のことを見ることである。すなわち、暴力行為を考える拠り所となる枠組みは必ずしも国家ではなく、それよりもっと広く、ビンラディンのテロリズムのように地球規模でありうる（場合によっては狭く局地化することを、彼が禁じられているわけではまったくない）ということである。

現代世界における社会的・文化的亀裂は、諸国間の国境線とは別の線を描き、必ずしも国境線内にのみ現れるのではない。亀裂は、国や地域全体（「内側《イン》」）を強化し、それらを他の国や地域（「外側《アウト》」）から分離することがありうる。この場合の亀裂は、もっとも発展した国や地域の内部でも非常に強く作用する。また亀裂は、民族離散現象の様相を帯びることもある。この場合の行為者たちの要求は、これこれの国家内にとどまらず、いくつもの国家の政治空間にも入り込まねばならないこともある。このことは、アミット・ボザルスランが分析したように[45]、クルド問題[六]に見られるとおりである。あるいはまた、亀裂は宗教の飛躍的発展に対応することもある。その代表例がイスラムであり、その分布地図は、国家の地図、あるいはより広い文明圏の地図と一致しなくなった。なぜなら、イスラムはヨーロッパにもアメリカ合衆国にも存在するからである。さらにこのことは、文明の「衝突」に関するサミュエル・ハンチントンの基本的な説がやや狭く思われる理由のひとつでもある。というのも、彼は、民族離散と結びついた文化的アイデンティティや、イスラムのような宗教がまさに西洋社会の中に存在し急増していることを、過小評価しているからである。

ここで、もう一歩進めて次のような考察もできる。すなわち、経済の自由主義的グローバリゼーション（この概念にはしばしば社会的・文化的細分化の面で予想される諸結果が含まれる）と呼ばれる大きな混乱は、暴力のグローバリゼーションあるいはグローバルな暴力に、すなわち、実際は局地的であると同時に地球規模のものでもありうる現代の諸々の暴力形態の急増に、貢献しているということである。たとえば、現代社会において、アルジェリアからパキスタンまで、あるいはヨーロッパを経由してアメリカ合衆国からインドネシアまで、イスラム過激派と結びついた暴力行為はいくつものイメージを同時に与えている。すなわち、領土を越えたネットワークによる、あるいはネットワークのネットワークによる行為というイメージ、世界のあるべき姿に関する政治＝宗教的展望のイメージ、善の悪に対する情け容赦ない戦闘のイメージ、さらにまた、たとえばある一地域の政治的・経済的統制といった、非常に具体的な領土問題に対する局地的な闘争（これは、場合によってはわれわれを、権力の奪取や独立国家の建設、あるいはある特定の国家に対する政治的圧力といった国家に関わる古典的な企図へと連れ戻す）のイメージである。これらの暴力行為は、二〇〇一年九月一一日のテロ攻撃で見られたように地球規模の影響力を持ちうると同時に、一方では局地的なために限定された影響力しか持たないこともありうる。したがって、どのような国家であれ、一国家の枠内だけで暴力行為について考えることは許されないが、だからといって、国家の枠組みに依拠することが無効になるわけではない。ビンラディンのグローバルなテロリズムが地球規模の宗教的・政治的領域での企てであるにしても、それはまた、たとえばサウジアラビアのような一部の国家の政治的未来に関わる戦略的計算に関係していることも間違いないのである。

同様に民族離散は、犯罪経済〔犯罪行為により支えられる経済〕の領域や武装闘争への支援において重要な役割を果たしている（この役割は新しいものではないが、アリーヌ・アングスチュールとヴァレリー・パスカルが「ネットワーク化現象」[46]と呼ぶものを通して際立たされ、強化された)。そして、武装した暴力が民族離散の中から出現するならば、それは結局のところ、ある特定の国家に政治的圧力をかけたり、その国家を巻き込む戦闘に参加するためでありうる。たとえば、一九八〇年代から九〇年代にかけて、クルド人の暴力が現れたのは往々にしてトルコ以外のところ、たとえばドイツのクルド人移民の間である。それは、ＰＫＫ（クルド労働党）[二九]にとっていっそう有利な力関係を創り出すためであった。また、アルメニア人の民族離散は、七〇年代中頃から八〇年代初頭までＡＳＡＬＡ（アルメニア解放秘密軍）[三〇]の中に姿を見せたが、この組織のネットワークは無差別テロ（一九八三年七月のオルリー空港テロ）を実行するまでにいたった。

したがって、暴力のグローバル化は、諸国家の国際システムの枠組みや、場合によっては起こりうる国家間の軍事紛争の枠組みにはごく部分的にしか当てはまらない現象であると考えねばならない。

三　国家権力を奪取すること、一国家を創設すること

同じ一九八〇年代から九〇年代にかけて、もうひとつの著しい変化が政治的暴力と国家の直接的関係において起こった。

a　極左、極右、民族《ナシヨン》

第二次世界大戦が終わってから八〇年代までは、世界中で政治的暴力が、そして時にはその極端で過激化した形態である極左、極右、あるいはナショナリストのテロリズムが大きな役割を果たしていた。西洋諸国、とくにヨーロッパでは、前章で見たように、労働運動の歴史的衰退の結果、労働者たち自身の期待からますます切断されるようになったために、ますますこれ見よがしに労働運動を標榜し続ける集団が台頭することになった。そしてその時期の終

わり頃になると、マルクス＝レーニン主義のさまざまな変種から、(三〇)革命を主張してテロリズムに向かう勢力（イタリアの赤い旅団、ドイツ赤軍、(三一)フランスのアクション・ディレクト、(三二)等）が生み出された。極右についても、小集団や、場合によっては秘密任務にかかわるネットワークによって暴力的行動計画が立てられることもあった。その行動計画は、イタリアのネオ・ファシスト党の変化(三三)やフランスの国民戦線の成功といったものによって二〇世紀末に実現した急進右翼の制度化とは、大きくかけ離れたものであった。

極左や極右の政治的暴力の時代は、少なくとも今のところ、大筋において終わった。だからといって、赤い旅団の亡霊が周期的に出現するイタリアに見られるように、活動の再燃が考えられないわけでもなく、そのような現象にとって好都合な空間と条件を提供する新しい時代の到来さえ考えられないわけではない。将来マルクス＝レーニン主義のイデオロギーと暴力が回帰する可能性を否定してはならない。二〇世紀末にＥＰＲ（人民革命軍）(三四)のゲリラが出現したメキシコで見られたように、マルクス＝レーニン主義のイデオロギーから暴力が影響を受けて回帰したり、二一世紀初頭に「輝く道」(三五)が再登場したペルーや、変質した形態においてではあるがマルクス主義を主張し続けるゲリラが存続しているコロンビアに見られるように、多くの点で六〇年代あるいは七〇年代を思わせる動向の中に暴力が組み込まれて回帰するかもしれないのである。

五〇年代から七〇年代にかけての政治的暴力は、たんに右翼や左翼に目立っただけでなく、民族《ナシヨン》の理念に関係する意味作用をはじめ、右翼と左翼の対立とは多かれ少なかれ無縁な意味作用に対応することもありえた。実際、二〇世紀後半に見られた大きな現象は民族解放闘争の増加である。それらは、場合によってはマルクス＝レーニン主義のイデオロギーと結びつき、時にはゲリラの形態を取ったが、闘争が成功した時には新国家や新体制を誕生させた。

民族の大義と結びついた暴力は、現代世界においても相変わらず重大な現実としてあるとはいえ、地球規模で見れば、もはや五〇年代から七〇年代にかけてそうであったほどには重要なものでなくなっている。多くの経験において、ナショナリズムは、諸大国での場合も含め、今日でも以前と同様に、大きな力に対応しうるが、もはや暴力による集合的解放の企図と結びつくことはない。このナショナリズムは、人口の一部をなす階層の表明、すなわち、自分たちの社会的・文化的存在に不安を抱いていたり、他の貧しい階層を自分たちの地域の発展に対する障害であると見なして距離を置きたいと望んだりする階層の表明としてある。今日、このナショナリズムは、フランドル地方のフラームス・ブロック[三六]、イタリアの北部同盟、オーストリアのFPO[三七]、フランスの国民戦線などに見られるようにヨーロッパ中で観察される。このナショナリズムはたいていの場合、ポピュリズムと極右のあり方との間で揺れ動き、全体として、暴力の緊張を高めるものとしてではなく、その緊張に対する防波堤として現れている。というのも、それが民主主義の中で政治的行為の基盤になればなるほど、ますます敬意を払われるものになる必要があるために、暴力を行使したり支持することから遠ざかるからである。とはいえ暴力は、ナショナリズム運動のらち外で動く階層の中や、危機的な局面においては、ナショナリズムと結びつきうる。その場合、暴力は彼らの主張を過激化させ、本来のナショナリズムよりもいっそう民族主義的で過激な様相をたちまち帯びることになる。そして、この場合の暴力は、外国による支配や植民地主義の諸経験におけるように一民族《ナシヨン》の解放を保証しようとするものではないので、むしろ、民族を外からの脅威や影響から保護し、民族の統一性を損なうすべてのものを一掃しようとする腐心の現れとなる。

　しかし、現代の進展を一方通行のプロセスというイメージに還元しないようにしよう。また、民族（民族についての歴史家エリック・ホブズボームは、民族は時代遅れの現実であると述べているが[47]、それは間違っている）も、あるいは一国家における民族の表明と自己実現が要請する暴力も、葬り去らないようにしよう。相変わらず現代世界の大問題のひとつである近東でのイスラエルとパレスチナ人との対立を見るだけでも、民族と暴力が持つ関係の歴史的衰退という見方はすっかり否定されるのである[48]。一方、国家権力の奪取や独立国家の創設を目指す行為者たちが生み出す決定的な暴力形態のイメージについては、彼らが統制しようとする国家のあらゆる属性とともに、後退し重要でなくなった。このことからもまた、暴力に関する考察に際して、もっぱら国家との関係の中で考えたり、国家との関係を重視して考えるのではなく、別の視点に依拠することが許される。ただし、暴力と国家というパースペクティブは歴史的に禁じられているわけではない。

b　アイデンティティの台頭

第二次世界大戦後に支配的であった極左、極右、それに（慎重に繰り返そう）ナショナリズムによる政治的暴力の表現が弱まると同時に、新しい暴力の出現が前景を占めるようになった。すなわち、アイデンティティ、とくに民族と宗教にかかわる暴力の出現である。アイデンティティは、ある場合には、経済的・政治的目的を達成するために時には暴力的に動員される資源として現れる。またある場合には、むしろ、民族浄化や大量殺戮の様相を帯びた限りない蛮行の土台となるように思われる（この民族浄化や大量虐殺は、憎しみと残酷に満ち、そこで賭けられているものは古典的な政治的・経済的なものをはるかに超えている）。

文化的、宗教的、民族的、地方主義的等のアイデンティティの表現は、一般に、昔の意味作用を取り戻すかのように、伝統、すなわちずっと以前に確立された諸形態が、近代性の進歩にもかかわらず現代世界の中に新しい可能性を見いだして、再出現し、表現され、回復されることと対応している。実のところは、実際に伝統的、さらには原理主義的な様相を帯びているとはいえ、それらのアイデンティティは本質的に最近の歴史的構築物にほかならない。自然なものではまったくなく、古くからのアイデンティティにかかわる素材を再利用して「細工された」ものである。再生産というよりは生産されたものであり、伝統品ではなく発明品なのである。[49] したがって、場合によっては起こりうるアイデンティティの暴力は、どのような仕方で出現しようと、過去の何らかの遺産というイメージには還元できない。だから、「先祖伝来の暴力の再出現を嘆くのではなく、この種の暴力を生み出し、テロリズムもまた一部をなすその固有の結果を生み出すのは、われわれの近代性そのもの、われわれの超近代性であることを見なければならない」[50]と、ジャン・ボードリヤールが言うのは正しいのである。

ところで、ある場合には、これらのアイデンティティの暴力が、権力奪取や国民国家創設の企図あるいはユートピアに関係しているとすれば、つまり、たとえば宗教への依拠が、それが伴っていたり掻き立てたりするナショナリズムの枠内に組み込まれ、あるいは、根本的には一国家内の政治戦略の一環として宗教が考えられているとするならば、他の場合には、行為者の企図や目的が〔政治の〕こちら側あるいはあちら側で作用しているように思われる。それゆえに、われわれは政治的暴力の概念を再検討せねばならない。

四 政治的暴力から政治以下的、メタ政治的暴力へ

最近まで暴力は政治のレベルで意味づけえた。今日では、その意味づけはまだ政治と関係づけられることはあっても、たえずそれから遠ざかっている。下部では、民間化によって、したがって政界とある程度の距離を置くことによって（これが政治以下的暴力である）遠ざかり、上部では、善、神聖という上位の原理に政治を従属させる宗教的諸次元を行為にまとわせることによって（これがメタ政治的暴力である）遠ざかっているのである。

a 政治以下的暴力

一九八〇年代以来、とくに国家が強力に統制・統率していた国々で増加した経済の民間化は、暴力の民間化を大きく助長し、暴力が持つことのある政治的性格は弱くなっている。実際、暴力の首謀者たちが関心を寄せるのは、国家権力の奪取でも政治システムに入り込むことでもなく、むしろ国家を近寄せずに経済活動を行うこと、つまり麻薬、盗品、子供、臓器などの密売を行うことなのである。

今日の有り様は驚くべきものである。ゲリラが変貌して、麻薬密売に加担しうる領土ではマネージャーとなったり、コロンビアに見られるようにそれを専有したり、あるいはまた、いかなる面でも国家に従属せず、税金も、サービス税の類いも、関税も払わずに、それ自体は非合法のものではない資源を開発したりしている。また別のゲリラ、あるいは同じゲリラは、石油収入から自分たちの取り分を機会さえあれば徴収する。[三八] テロリズムと対抗テロリズムの悪循環に陥った行為者たちは、九〇年代および今世紀初めのアルジェリアに見られるように、恐るべき密売人として姿を見せる。彼らにとって、金もうけのほうが、希望を見いだせなくなった政治的企図よりも重要になったのである。こ

れが、アルジェリアでの武装闘争に関する検討が示唆することである。この武装闘争においては、さまざまな出来事がイスラム主義〔イスラム原理主義〕集団同士の紛争や、それら集団と軍隊間の紛争に関係しているが、これら紛争の原因は、強奪や密売の地域的な独占権、それに、非合法な物資だけでなく食料品のような通常の製品をも扱うことのできるトラベンド(三九)を我がものとすることにある(51)。またマフィアやその同類は、とくに旧ソビエト帝国と旧ユーゴスラビアなどで成長し、自分たちの利益を守り拡大するために武器や兵器に頼りうるようになった。彼らは、国家が彼らに干渉しすぎたり、彼らと十分に距離を置かない場合には、国家を攻撃することさえできる。九〇年代初頭に国家の要人たちが暗殺されたイタリアの経験(四〇)は、この点で重要な事例である。一方、たとえばブラジルのようなところでは、七〇年代には政治動向に応じて非常に限定された誘拐が行われていたが(四一)（二〇〇〇年代にはこの現象は大幅に減少した）、その後に広がった誘拐の目的は完全に卑劣なものとなった（この指摘は、その他多くの非合法で乱暴な資金強要の実行にもあてはまるかもしれない）。

暴力の民間化は退廃を経ることがありうる。それは、武力、警察、軍隊の合法的な発動権を握る人びとが、自分たちの武器と無処罰〔処罰されないこと〕を乱用して金もうけのためにそれを利用する場合である。この暴力の民間化は必ずしも野蛮、ジャングルの掟を意味するのではない。しかし、極端な場合にはそれに近づく。というのは、そのように流用され民間化された武力を行使する行為者たちは、自分の利益や権力に対立するように思われる者がいれば、誰に対してであれ多かれ少なかれ野蛮な行動によって恐怖を与えうるからである。暴力の民間化と、武装した集合的行為者たちによる経済活動の増大からただちにもたらされる結果のひとつは、無処罰を最大限に利用して実行されるさまざまな略取形態が民間人を情け容赦なく襲うことである。さらにもうひとつの結果は、出発点が政治的なものであった場合も含めて、組織犯罪が好都合な条件下で発展するには一定の政治的平穏を必要とすることである。たとえばマフィアやギャングは、自分たちの支配下にある縄張り内での社会的、政治的な抗議行動を容認しようとしない。というのも、そのような行動はメディアの注意を引いたり、公権力の介入を引き起こしたりしかねないからである。それゆえフランスの庶民街において、外見上はもっとも静かな市街が往々にしてもっとも平穏なものとはいえず、密売人や組織犯罪の支配下に置かれた市街ということになる。

政治的暴力から経済犯罪への移行は、経済活動が活発な地域だけでなく、荒廃した領土でも起こりうる。このことについては、ジャン＝クリストフ・リュファンが次のように指摘している。「強大国の撤退と、戦争で荒廃した多くの国の経済的破綻とによって、ゲリラの運動は、それ以前には習慣的に控えめに抑えていた行動を公然と大規模にとるようになった。（……）九〇年代のゲリラは、正真正銘の交換経済、さらには生産活動に基礎を置く傾向がある。（……）冷戦の終結と結びついた国際的脈絡の変化は、これらの新しい紛争供給メカニズムを無から作り出したのではない。しかし、その変化が、それまでは周辺的なものであったいくつかの実践を一般化することに貢献したのは確かである。」(52)

さらに別の領域を見ると、政治以下的暴力は、民主主義国家における人種差別現象や外国人排斥現象が持つひとつの特徴でもある。人種差別、外国人排斥、あるいは反ユダヤ主義のイデオロギーを持つひとつの極右政党が発展する時、その政党は、あからさまに暴力行動に頼ることもできなければ、暴力行動を認めたりそれと手を組むこともできない。たとえばフランスの国民戦線は、一九八三年に小集団の状態を脱して以来、公的空間と民主主義の政治領域に入って体面を気にしなければならないがために、暴力が許されない政党になったのである。民主主義国において、人種差別の暴力は政治の境界付近に現れうるが、逸脱の限度を超えており、政治以下的なものでしかありえない。つまり、本質的にハラスメント（「人種ハラスメント」とイギリスでは言われる）、あるいは突発的な行動にとどまり、いかなる政治的行為者も責任を負えない犯罪を伴う場合もあるのである。

しかし、政治以下的暴力を政治の衰退・退廃や政治領域の閉鎖に還元することはやめよう。実際、暴力はまた、非行や犯罪行為とより政治的な暴力との間で揺れ動き安定できない行為者のためらいの現れでもありうるし、むしろ前政治的形態であって、結局はまさしく政治的レベルに達しうる過程の始まりを指し示していることもありうる。たとえば、一九八〇年代初頭には、ミラノの多数の若者は非行と極左のテロリズムとの間で揺れ動いていた。(53)ブラザヴィルの落後した若者たちの場合は、民兵に属しながら時期によっては武装集団に属する諸集団を作っている。(54)(四二)あるいはまた、アメリカ社会の「落ちこぼれたち」の社会的憤怒がはっきりと恨みに変わって、人種差別主義・反ユダヤ主義で連邦政府や国連のような国際組織に敵意を抱く極右軍団を成長させることもありうる。(55)最後に、ある種の暴力形態が持つ政治以下的性格は、一種の破綻を指し示すこともある。破綻の結果、ある状況においては政治以下的形態で暴力が発生すると同時に、その暴力がまったく別の意味から生じているにもかかわらず高度に政治的な意味づけがなされる。たとえば、二一世紀初頭のフランスでぶり返している反ユダヤ主義的行為は、政治行動に結びついているとはほとんど思えないにもかかわらず、その一部はイスラエル・パレスチナ紛争とパレスチナの大義への同一化によって形相が与えられているのである。

b　メタ政治的暴力

長い間、近代性は、進歩と理性のイメージに結びつけられ、伝統の後退のイメージ、個別的な、とくに宗教的なアイデンティティの後退のイメージに結びつけられてきた。このパースペクティブにおいて、暴力はたしかに消滅するものではないにしても、暴力もまた理性に結びつけられるべきもの、あるいは後退すべきものであった。したがってまた、少なくともそのもっとも決定的な現れ方において、表現あるいはアイデンティティにかかわるものであるよりも、道具的なものになるか、さもなければ弱まるべきものであった。

実際には、現代の展開がこの展望を完全に否定している。そして、道具的暴力が重々しい現実としてあるにしても（このことについては本書の第二部で立ち戻ることにする）、二〇世紀末以来重大となっている事実は、暴力が文化的あるいは宗教的アイデンティティの高揚とともに生じうるということである。しかもこの現象は、結局はメタ政治的であるという重要な特徴を常に呈しうる。すなわち、政治を超えてしまって、交渉不可能で妥協を許さない様相、絶対的なものに属する宗教的、倫理的、あるいはイデオロギー的な射程を暴力に与える意味作用の媒体となる。この場合、暴力には限界がなくなる。暴力が目指すものは行為者にとって死活にかかわるものであり、極端な場合には、行為者は自分が完全に受け入れようとしている過剰な意味のために自分自身の命をも犠牲にし、自己破壊をもいとわないほどである。

メタ政治的暴力は非政治的なものではなく、行為者が目指す目標となっているのである。その目標たる暴力の中で、文化的な言葉、とくに宗教的な言葉によって定義され、いかなる譲歩をも許容しない諸次元に、政治的諸次元が結びつくと同時に従属しているのである。

一九八〇年代を通してポスト近代性に関する数多くの言説を生み出させた近代性の危機は、この種の暴力にとって非常に好都合である。というのも、そこにおいて、政治タイプの関係空間には無縁なアイデンティティにかかわる意味作用の現れは、行為者たちの動員が近代性からくるフラストレーションによるだけにますます先鋭な形態をとるからである。国際間の通信が、瞬間速度で、しかももっとも辺鄙なところまで、西洋流の幸福のイメージを広げる時、あるいは物資や文化財の消費が、テレビや、実際には入ることができない商店のショーウィンドーで目にする日常的な光景である時、そして金銭や、科学と進歩の成果が手の届く範囲にあるかのように輝いているにもかかわらず、それらを手にすることが拒絶されていたり、その機会が失われている時、深刻な社会的不公正、どうしようもない不平等、大きなフラストレーションを被っているという意識が、宗教的価値、信条、信仰といったものに昇華しうる。その時、さまざまなシナリオの中でもとくに次のようなことが起こるかもしれない。すなわち、暴力が行為者を支配し、政治的企図に動員するが、その企図においては、アイデンティティが手段となり、政治が上位の原理、つまり神あるいはもっとも神聖な善の要請に従属するという事態である。七〇年代から八〇年代にかけてのイスラム主義者の大動員はこの論理に属しており、宗教の支配下で政治と宗教が融合されている。その大動員は、極端な様相を呈し、度を越して突き進み、新たな展開を見せることがあり(四三)、たとえば、命をかけた殉教主義の姿をとることもありうる。このことは、すでに八〇年代に、イランのバシジの若者たちに関するファラド・コスロカヴァールの研究によって明らかにされたが(56)、その殉教主義は、もはや宗教的なユートピアが持っていた希望に結びついたものではなく、失望と、それに相関した意味の喪失とに結びついた自己破壊である。その大動員はまた、より「冷たい」殉教主義にもなりうる。この殉教主義は、宗教生活の経験とはほとんど関係がなく、「グローバルな」テロリズムに最大の効果をもたらすもので、アメリカ合衆国で起こった二〇〇一年九月一一日のテロで表面化した。どの場合にも、殉教主義は絶望に満ちているように思われる。そして、もし絶望が政治を超えたところに暴力を布置するのであれば、また、もしこの暴力の布置が信仰によって容易になるのであれば、信仰は不可欠な条件とは言えない。たとえば、イスラエル領土にテロ攻撃をしかけるパレスチナ人行為者たちの中で、テロで自らの命を絶つ者の一部が標榜するのはイスラムではなく、パレスチナ民族や世俗的な政治勢力なのである。

メタ政治的暴力は、満たされない社会的要求にその繋留点を見いだしうる。それゆえ、イスラム主義がもっとも過激な諸次元において見せる顔は、社会的に上昇しうると思ってやって来た大都市に裏切られた離農農民たちによって、あるいは、自分の困難を社会的運動に変えたり、その運動を真に生かしたりすることのできない収奪された人びとによって示される社会的な顔である。たとえばレバノンのヒズボラは、「収奪された者の運動」（これが、七〇年代中頃にムーサ・サドル師が結成し、師が失踪するまで率いていた運動の名前であった）が変化する中で輪郭が作られたのである[四]。

メタ政治的暴力はまた、一時は近代性に参加できると思ったことのある個人や集団、あるいは実際に近代性に参加した後、それから締め出された個人や集団の過激化をも源としている。彼らは進歩の犠牲となった余計者であり、大きな不公正のせいで落ちぶれたという意識を持っているのである。さらにメタ政治的暴力の源は、教育あるエリート、技師、医者などの人びとが抱く確信、すなわち自分が生きている社会では自分の渇望する職業的・個人的成果は実現しえないという確信の中にもある。日本の科学者たち、しかもその多くは水準の高い科学者たちが、九〇年代初頭にオウム真理教に入信する道を選び、教団とともに極端な暴力行為に走ったのがその例である[57]。

これらの源は、容易にそれら同士で結びついたり、他の源と結びついたりする。社会的な憤怒、フラストレーション、怒りが、民族的なものではなく宗教的な企図に変貌し、いかなる政治的企図も現実的に与ええない宗教的希望によって引き受けられる時、行為者はもっとも過激な暴力行為へと向かうことになる。この時、その暴力行為は、場合によっては、真の政治的手腕をもって行動するリーダーや組織によって資本化〔手段化〕あるいは方向づけがなされたり、さらには操られたりする。

現代の近代性から生み出されるこのようなタイプの暴力の中に、伝統的な行為者たちに由来する抵抗の形態を見いだそうとするのは誤りである。メタ政治的暴力には、結局は過剰となる意味が詰め込まれている。このためにメタ政治的暴力は、たとえうまい具合に政治の中に位置を占めることになっても、とくに権力の座についた場合には、政治からはみ出すのである。イラン革命の時がそうであったし、カブールで数年間権力の座についたタリバーン(四五)の場合もある意味でそうであった。

五　個人の暴力

一九六〇年代あるいは七〇年代以降、どの社会も変わり、社会を構造化していた階級紛争が衰弱した。それ以来、「ポスト」という言葉でぎこちない語彙が広がった。その言葉でひとつの時代が終わったことを示しながらも、新しい時代を真に名付けることはいまだにできないでいる。いわく、ポスト工業化、ポスト民族主義、ポスト近代、ポスト植民地主義、等々である。そして、もっとも決定的な変化の多くが、国によって異なりはするものの、暴力について考えるようわれわれを促している。まさに社会的な生活の枠組みが国家によって与えられるとは限らなくなってきたという事実を考慮に入れながら、考えるよう促しているのである。公的制度を見れば、ここでもまた国家の枠組みの衰退がまず最初にはっきりと目に付く。

a　脱制度化

秩序や安全、社会的適応化（学校）を担うものであれ、あるいは福祉国家を具現するものであれ、社会的絆を保証する諸制度の後退と弱体化が世界のいたるところで認められる。とりわけ、主要な公的制度が確立・強化されるとともに、労働運動が制度化されていたかつての工業化社会で、脱制度化は、往々にして新自由主義の結果あるいは成功であると解釈されている。新自由主義は以前ほど国家を必要とせず、事実上とくにイデオロギーの代わりになることで発展したからである。しかし脱制度化は、実際には、社会的、経済的、政治的、あるいは文化的約束を守る使命をますます果たせなくなった諸制度における固有の困難に多くを負っている。この現象がもっとも大きく見られたのは、東欧、かつてのソビエト社会においてである。そこでは何よりも、企業においてあらゆる種類の保障と安全が組織されていた。企業は、あらゆるものを包含するグローバルな社会的制度と呼びうるものであった。すなわち、雇用はもちろんのこと、住居、医療、小学校、レジャー、スポーツ、基本的な消費などを包括していた。しかしこのモデルは崩壊し、その後に諸々の社会的事件を残した。その中でナショナル＝ポピュリズム、次いで新共産主義が一時期政治的糧を見いだしたのである。

　諸制度の衰退は重大な政治的、経済的現象であるが、これは、社会的絆の崩壊の要因、ロベール・カステルの言葉に従えば、脱退の要因である。それはまた、権威の危機と対になった文化的現象でもある。そして、もはや権威が存在せず、まさしく制度を介してすべての人に課せられる規範と規則が存在しなくなれば、暴力の条件が拡大し、暴力は非行や犯罪として知覚される諸形態のもとで行使されることになる。

b　近代的個人主義の進歩

　近代的個人主義は、栄光の三〇年[四六]が終わって以来大きく進歩した。それは二つの論理を結びつけているが、その両者とも、場合によっては暴力の現代的諸形態に影響を及ぼしうる。一方では、近代的個人主義は欲望に立脚しており、各人は近代性に個人的に参加し、きわめて多様な方法で金銭、消費、直接的な快楽、さらには職、教育、あるいは健康を手に入れたいと思っている。そして他方では、近代的個人主義は創造性に満ちており、各人は自分自身の生き方を設計し、自ら選択、社会参加、所属を決定したいと思っているが、それも、伝統や、集合的生活あるいは特定の集団の規則や規範によって強制されずにそうしたいと思っている。個人的主体は、大いに集合行為に参加したり、文化的アイデンティティの選択を行って、それに打ち込むことができる。しかし、それに完全に従属したり服従したりすることはなく、抜け出したり手を引いたりする選択もまたなしうる。

個人主義の持つこれら二つの次元は新しいものではないことを、付け加えておこう。エミール・デュルケームが世俗の様態に属する個人と、彼の目には神聖なものに属する人格とを区別する時[58]、その二つの次元が暗示されていると言いうるのである。

個人主義の高揚は少なくとも二つのやり方で暴力を助長する。まず一方で、暴力は、合法的な目的を成就するための手段、それ自体は非合法でも唯一あるいは最良の手段として現れうる。ロバート・マートン[59]が彼の時代にまさしく明らかにしたことは、犯罪と非行はまったく順応主義的な人びとの行為でありうるということである。つまり、たとえば彼らは金銭を得たいと思っている。このこと自体はわれわれの社会において非合法なことではまったくない。しかし、そのために彼らは盗みを行うのである。西洋諸国では、一九五〇年代以降に見られる非行のいくつかの形態、とくに略奪のほとんど規則的な増加と、消費社会の発展との間にある関係を追うことは難しくない。ここで、暴力が非行に伴う時（いつもそうだということではない）、暴力は、とくにメディアがかき立てる欲望を、また、その光景がいまやグローバル化した大量消費の誘惑を指し示している。そして他方で暴力は、禁じられた、不可能な、あるいは痛めつけられた主体性の表現でありうる。また、自分自身で選択を行い自立した主体を形成するための具体的な能力を奪われた個人が、その不可能性をくつがえす状況からも生じうる。この転覆は、往々にして遊び的であると同時に破壊的な外観を帯び、その時暴力は、ダヴィッド・ル・ブルトン流に言えば[60]、「危険を冒す情熱」によって形相を与えられる。この情熱は極端な場合には神明裁判的〔自らの肉体を賭けて正当性を主張すること〕あるいは自己破壊的なものになることがある。これは、システムや状況によって作り出された不可能性、すなわち自分自身の生き方を決める行為者となることの不可能性を自分自身に反転させたものである。ここでの暴力は、意味の追求と産出であり、以前は文化や制度によって与えられていたものを自分自身で生み出そうとする努力である（このことは、先の問題すなわち制度の危機にわれわれを送り返す）。暴力は、場合によっては死にいたるまでも自分自身の投影でありえ、あるいはまた、不幸な主体性の印し、つまり、自分が否定されていると感じ、自分の場所を見いだせない、そのような生き方を続けることへの個人の拒否でありうる。

グローバリゼーションの進展は、上で区別した二つの次元において、個人主義に関係するすべてを以前よりもはるかに深刻なものにしている。その進展は、どちらの次元とも対をなす個人的な弱さを強化し、さらには、行為者たちの目にさえも、それら次元が内包する二つの領域を結びつけることの困難さを際立たせる。その二つとは、道具、戦略、生活を有効に利用してうまく近代性の恩恵にあずかることと、自立した主体性を作り上げることである(61)。実際、消費能力についても自己実現に関しても、近代世界が何を提供あるいは約束しうるのかを知らない者は誰もいない。しかし、自分の存在の消費者であると同時に自分の存在の生産者であること、一方で有能かつ合理的であると同時に、他方で自立的で、諸規範に対して距離を置くことは非常に難しい。

したがって、諸制度の衰退と近代的個人主義の高揚は、暴力一般ではないにせよ、少なくともアノミー的、非行的な暴力のいくつかの形態、あるいはまた、主体としての自己を形成することの困難と結びついた暴力形態の飛躍的発展に対して、好都合な諸条件を作り出しているのである。これらの条件は、国家というものが市民の安全に責任を負うものである限り、国家の任務遂行をますます困難なものにしている。

六　知識人と暴力

今日の暴力は、政治空間での正当性をすっかり失い、絶対悪さえも意味しているように思われる。暴力は、社会の内でも外でも、社会が一丸となって禁止し闘わねばならないものになっている。しかしながら、一九六〇年代から七〇年代にかけては、暴力はまだ知識人たちによって正当化されたり、理解されたりしえただけでなく、知識人たち自身が革命的、無政府主義的、あるいはマルクス＝レーニン主義的な同盟組織に加入していることもあった。暴力は、理論化されたり、何らかの参加をもって支持されたりし、政治の領域で容認もされえたのである。ある人びとはゲリラを賛美し、「チェ」[四七]を自分たちの英雄に仕立て上げ、またある人びとはむしろ社会的暴力を賞揚したり、それを引き起こし鼓舞しようと務めた。植民地の経験を中心にしたフランツ・ファノンの思想は、すでに見たように、暴力的断絶という考え方を理論化したが、それをサルトルは『地に呪われたる者』への有名な序文の中で過激化させたのであった[62]（同じサルトルが、数年後に「毛沢東主義者たち」と討論して、彼らに暴力行為の道をとるようそそのかしていた[63]）。

　イラン革命の時に起こった反応のいくつか、たとえばミシェル・フーコーによる称賛は、暴力に訴えるプロセス、あるいは行為者たちに対する上述のような思潮と政治的・知的共感の最後の現れであったかもしれない。それまで暴力は、八〇年代までラテン・アメリカの特徴となっていたような独裁権力や専制権力の残虐行為と権力乱用に対するひとつの回答（たいていの場合は限定されたものではあったが）となっていただけに、ますます大きな正当性を与えられていたのであった。

　それ以来、暴力が寛大な、さらには公然たる態度表明の対象となりうる政治的・知的領域は奇妙に縮小し、暴力を拒絶し告発する非常に広いコンセンサスができあがった。暴力に関する限り、哲学的、道徳的あるいは倫理的な議論はいまや閉ざされているように思わる。西洋の知識人たちは、全体的に見て、暴力に対して距離を置いた。あたかも、八〇年代と九〇年代が彼らにとって一大粛清の時代ででもあったかのようにである。この変化は、政治に参加したいと思い、しばしば革命や断絶の企図を推進する心づもりでいた古典的知識人像そのものの衰退と分かちがたく結びついている。

　さらに、われわれは次のような新たな段階に入ったのではないかと、問うてみねばならない。すなわち、暴力に最小限の正当性をも認めないということは、議論を新しくやり直す余地があるかもしれないという段階に入ったのではないか、と。実際、ある関連性を持った最近の二つの現象は、暴力についての根本的な公然たる考え方が公的な議論の中に戻ってきたことを意味しているかもしれない。そのひとつは、自由主義のグローバル化とその影響を標的とする社会的・政治的異議申し立てのよみがえりである。このよみがえりは、一九九四年にサパティスタの運動[四八]とともにメキシコで、そして九五年一一月から一二月にかけてのストライキ運動[四九]を機にフランスで起こったが[64]、これはむしろ、人目を引く象徴的な行動をとることによって、世論とある種の知識人たちから好意的な反応、理解を引き出そうとする非暴力の伝統に属している。たとえば、農民組合のフランス人リーダーであるジョゼ・ボヴェは、小都市ミローに建設中のマクドナルド店の破壊（実際にはささやかなものであったが）を指揮した後、グローバリゼーションに対する異議申し立てのリーダーとなり、世界中でそのように認められるようになった。その時の運動の目的は、ロックフォールのチーズ〔羊乳で作る青かびチーズ〕をはじめ、さまざまな輸入製品に課徴金を課すアメリカ政治に抗議することであった[65]。全体的に見て、もうひとつのグローバリゼーションの運動は暴力から遠く隔たっており、その手段がおずおずと暴力に近づく場合でも、農民の他の異議申し立てとの比較においてにすぎないにせよ、非常にささやかなものにとどまっている。フランスにおいて、ジョゼ・ボヴェの農民同盟が与えた被害は、農業界のより古典的な組合員たち、たとえばＦＮＳＥＡ（農業組合全国同盟）に連なる組合員たちが引き起こした被害に匹敵するようなものでは全然ないのである。一方、もっと大きな暴力行為が、二〇〇一年夏にジェノヴァでの大結集の際に現れた[五〇]。たしかにそれは大筋において警察の弾圧によって発生したものではあったが、デモ参加者たちの中にも暴力の行為者たちは含まれていた。しかし彼らの暴力は、ＡＴＴＡＣ[五一]のような大きな組織からはっきりと非難されたにしても、一般には反響と共感を呼んだのである。したがって、フランスでの「左翼の左翼」たらんとする思考に見られるような過度に批判的な思考によって、将来、社会的暴力の限定された諸形態に一定の正当性が与えられる可能性は十分にあろう。

　最近の二つ目の現象は、第一のものとは大きく異なり、政治的イスラム主義に関係したもので、とくにテロリズムのようなもっとも極端な表現をとる場合もこれに含まれる。これらの表現は、政治的イスラム主義が衰退と挫折に追い込まれていると思われていただけに、ますます容認し難い完全に無意味で野蛮なものとして解釈された[66]。たしかに、アルジェリアでのＧＩＡ[五二]の暴力は非常に狭い層を除いてほとんど共感を呼び覚ましていないし、イラン革命はずっと前に終わり、その名残は現地では何よりも保守的で独裁的な権力の印しとして認識されている。しかし、二〇〇一年九月一一日にビンラディンの首謀で実行されたテロの大きな衝撃は、ほとんど全世界であらゆる種類の感情、とくに反米感情に呼応したものであった。このテロリズムは強い情動を喚起して、世界中で理解と共感の声を生み出し、それに対して知識人たちは態度表明せざるをえなくなった。すでにそれ以前に、ごく小規模ではあるが類した現象が起こっていた。すなわち、一九九五年九月に追跡するフランス憲兵隊の銃撃で死んだカレド・ケルカル青年が、彼の実行したイスラム主義のテロリズムによって、フランスの庶民街の一部の人びとにとって殉教者あるいは英雄となっていたのである。(五三)二〇〇一年九月一一日とともに、疎外あるいは軽視された人びとを後ろ盾にした反帝国主義の暴力は、イスラム教徒を超えて共感者を見いだした。そして、西洋諸国の知識人たちは、たとえアラブ＝イスラム世界（彼らの社会の中にもまさに存在している世界）の過激化した知識人たちとの対話にしか行き着かないとしても、あれこれ考えることを余儀なくされている。アメリカ合衆国がしばしば与える傲慢な印象、つまり、自分が主導権を握ることによる社会的、政治的、文化的影響に対して無関心であるという印象は、暴力の行為者たちに理解を示しうる批判的思考にとって励ましの源泉となっているのである。

　暴力の絶対的拒絶の時代は、冷戦のイデオロギーの消滅によって到来したものであるが、おそらくわれわれを操りもしているのである。今後、暴力はまさしく正当な空間を取り戻し、ここ何年間のようなほとんど普遍化したタブーではなくなるかもしれない。

　さしあたってこの反転はほとんど姿を見せていないけれども、はっきりした形をとって現れる時の結果は簡単に予想できるであろう。暴力がタブーであった間（つまり、暴力の拒絶を取り巻くコンセンサスの破棄を望んで実行に移すことのできる政治的・知的行為者の不在のために、公的な議論がなされなかった間）、暴力についての認識と表象は、必然的に、行き過ぎあるいは不十分さによって暴力像をゆがめていた。すなわち、ある者たちを悪魔に仕立て上げる一方で、他方ではその者たちの行為の重大さを過小評価し、また、たとえば必ずしもイスラム主義者たちが引き起こしたものではないテロを初めから彼らに責任を負わせることによって（アメリカ合衆国のオクラホマ・シティーでのテロ（一九九五年四月一九日、死者一六八名）の場合がそうで、極右のアメリカ人活動家ティモシー・マクヴェイの仕業であることが明らかになって誰もがびっくりした）暴力像をゆがめたのである。暴力は、再び議論の対象とされることではじめて相対立する観点から論じられ、検討されうる。そして、暴力が明らかにする諸問題は、その介入によって多かれ少なかれゆがめられるのが常とはいえ、それでも、よりいっそう熟慮されて取り上げられうる。逆説的ではあるが、暴力について論議し、暴力を真剣に扱い……知的省察と政治的行為によってあらゆる正当性を暴力から奪うことを望むなら、公的空間における暴力のある種の正当化が必要なのである。

七　マックス・ヴェーバーの名文句について

古典的社会学は一般に国家と暴力を結びつける。この結びつきはマックス・ヴェーバーの有名な一文によってほとんど同義語反復的に要約されている。彼は一九一九年に次のように書いているのである。国家の「社会学的な定義は、結局は、国家を含めたすべての政治団体に固有な・特殊の手段、つまり物理的暴力に着目してはじめて可能になる。（……）今日、この暴力に対する国家の関係は特別に緊密なのである。（……）今日では、次のように言わねばなるまい。国家とは、ある一定の領域の内部で（……）正当な物理的暴力行使の独占を（実効的に）要求する人間共同体である、と。国家以外のすべての団体や個人に対しては、国家の側で許容した範囲内でしか、物理的暴力行使の権利が認められないということ、つまり国家が暴力行使への『権利』の唯一の根源であるとみなされるということ、これはたしかに現代に特有な現象である。」[67] 曖昧な定義である。たとえばレイモン・アロンは、マックス・ヴェーバーによって提案されている概念は、純粋に理論的な抽象的カテゴリーに入るのか、それとも観察しうる歴史的で経験的な具体的カテゴリーに入るのかよく分からない、と指摘している。[68] しかし本書では、一九一九年以後の近代国家に影響を与えた諸変化の検討にまでは立ち入らずに、また、だからといってマックス・ヴェーバーを国家と暴力の関係の問題に関する極め付きの理論家と見なすようなこともせずに（実のところ、彼がこの問題に割いているのは、『経済学と政治』と『職業としての政治』の中の数頁にすぎない）、現代の状況と、正当な暴力について国家が持っている理論上の独占権とについて考察することにしよう。

a　超えられた国家

上で見たように、おおむね西洋の知識人たちはこの独占権について、少なくとも彼らが身を置いている民主主義が問題である場合には、国家への異議申し立てをやめた。しかし、経済がグローバル化し、国家が外からも内からもいわば超えられているように思われる今日、ヴェーバーの言い回しで満足することはできるだろうか。いまや国家は、経済的問題だけでなく、社会的、政治的、文化的問題によっても超えられているのであり、国家がほとんどコントロールできない行為者たちによって担われた論理、国家の枠におさまらない、国家とは別の論理によって超えられているのである。今日の国家が領土、行政、司法の枠組みであるとともに経済生活を象徴する枠組みであろうとすることは、つい最近までと比べて簡単ではなくなっている。というのも、流れ〔フロー〕、決定、市場、人の移動、資本の移動、情報の交換が地球規模で行われ、しかも、その一部は非合法で統制に従わない形態で行われているからである（これが、麻薬だけでなく組織犯罪のグローバル化について語ることも可能にする）。国家は、経済を制御・統率できなくなればなるほど、ますます非公式の活動、闇市場、闇労働を前に後退し退却せざるをえなくなる。そもそもそれらは、税の関係をはじめ国家の支配力を免れているのである。そして、経済が民間に移行すると同時に、暴力もまた民間に移行し、国家を略奪する手段、とくに国家がコントロールすべきであった資源を我がものとする手段となる。

民族離散などのように活動空間がもはや国家の空間に対応しない超国家的連帯組織が、国家が責任を負う領土内に出現したり、創設されたり、発展する時にも、国家の正当性は弱くなる。また、国家の正当性は、より強い正当性に従属する時にも弱くなる。すなわち、人道に対する罪が犯されている状況の中で、国際法廷の創設や超国家的軍隊の介入に帰着する国際協定が結ばれたり主権が移譲されたりするような場合である。

最後に、国家の正当性は国際的承認に基礎を置いているが、その承認は限定的であったり異論が出されることもありうる。たとえば、タリバーンがアフガニスタンで政権を握った時、国際社会は容認しなかった。一握りの国家がためらいながら承認したにすぎない。より一般的には、他の諸国家から専制国家、腐敗した国家、「ならず者」国家（アメリカ政府が告発する《Rogue States》）と見なされたり、際立って脆弱で無力な国家と見なされた場合、その国家の正当性は民主主義国家の正当性ほど確かなものではない。そして、介入の権利という考え方が一九七〇年代から発達した。いまや、人道主義の行為者たちが世界で非常に大きな役割を果たしているのは、まさしく、一部の国家の主権が暴力行使を内包しているからである。この暴力行使は、それら国家が容認し、自ら実行に移すか、あるいは妨げることのできないものであり、また、普遍的良心、道徳に大きく背くものなので、介入を正当化してしまい、普通は国家内部に持っている武力の独占権を踏みにじられることになる。(69)

b　国家と警察

国家は、もっとも民主主義的な諸国の場合を含めて、警察の介入、したがって国家を代表する人びとの介入によって、いつでも、自ら非合法な暴力の行使や隠蔽を図ることができる。それは、民主主義体制の中で拷問など、警察や軍によるあらゆる種類の職権乱用があるたびに見られるように、公式の言説に反する行為でありうる。とくに、ブラジルの事例は衝撃的であり、そこでは、警察内を含めて民主主義と暴力が対になって発展したのである。(70)さらに国家は、自己の利益のためにのみ武力を行使する民間の行為者たちに武力の使用権を譲渡することもよくある。それと対称的に（これはアメリカ合衆国とカナダで重大な問題となっているが）警官たちは、社会的に獲得した権利のおかげで非合法に副業を行い、収入を補いうる長時間の休息と休暇を享受するにいたった。こうして、彼らは大挙して民間警備会社に自分たちの専門的能力を提供しているのである。その結果、彼らが職業上の関係をも利用したり、自分たちの主要な職務に付随する何らかのもの（たとえば武器）を利用するようなことがあれば、たちまち大混乱に陥ることになる。さらに、グレーゾーンもしばしば存在する。すなわち、国家の責任がどこで終わり、他の行為者たちの責任がどこからはじまるのか、もはやよく分からない、そのようなゾーンである。たとえばフランスで、社会住宅〔家賃に制限がある住宅〕の集合であるHLM（低家賃住宅）での安全の問題は、警察力に属しているのだろうか、それとも賃貸人に属しているのだろうか。その境界ははっきりしない。より広く国内の安全と警察に関係するあらゆる事柄について検討すれば、それは、ヴェーバーの言い回しだけでなく、もっと広く、往々にしてヴェーバー的国家と呼ばれえたものをも問題化することに行き着く。(71) たとえば、ジャン＝ポール・ブロドゥールの警察に関する研究がみごとに明らかにしていることは、社会科学において、まず一九五〇年代からアングロ＝サクソンの研究で、また、ずっと後には他の研究で、ブロドゥールの言う「自明の理」がいかに否定されているか、ということである。彼は、エゴン・ビットナーを踏まえて次のことを指摘している。すなわち、物理的暴力の合法的で正当な行使はたんに機動隊だけでなく医業にも託されているということ、また、たしかにその仕方は国によって異なるにせよ、両親はまだ自分の子供に対して完全に合法的に一定の暴力を行使しうるということ（二〇〇三年になっても、「カナダの刑法典は、両親が子供に対して、また教師が生徒に対して、体罰に訴えることの正当性を相変わらず認めていた」(72)）である。彼の研究やフランスでのフレデリック・オクトーの研究が明らかにしているのは、財産・人・情報の警備、監視、保護に携わる民間警備会社の並外れた発展は、警察と、それが理論上持つ物理的力の独占権とが民間に移行したという見方に還元される問題ではないということである。実際には、現代の民主主義体制の中で、警察機能の新しい配置、再編成がなされているのである。そこにおいては、国家と市場の機能が濃密で複雑に絡んでいるだけではない。新しい行為者たちが（たしかに民間人ではあるが）真の自立性をもって、公権力との間で場合に応じて競争関係、相補関係、あるいは平行関係を持ちながら、公的任務を引き受けているのである。「安全保障の様相と形態の多様性は、正当な武力独占の概念を問題にすることから生じたものである」と、ブロドゥールは指摘している。(73)

c　誰が正当性を決めるのか

実際のところ、問題は奥が深い。理由は簡単で、暴力と見なされるもの、あるいはそう見なされないものが、時代によって変わり、また多くの場合、国家によってそのようなものとして認められる前に世論と市民社会によって決められるからである。暴力が私的領域あるいはそれに類した領域にとどまり、公的なものにならない限り、暴力は、正当なものではないにしても、少なくとも国家によって容認されえ、長い間容認されていた。時にはかばわれさえしうる。たとえば、フランスにおいて、小児性愛は今日では犯罪と見なされているが、長い間容認されていた。国民教育の教師たちが小児性愛に溺れる場合でもそうで、彼らは、あらゆるレベルでその職階によって守られ、スキャンダルの初めにもみ消されていた。つまり、制度の正当性のおかげで、その種の犯罪で職務執行者のひとりが非難されることはなかったのである。国家はいまでは逆に、女性、子供、高齢者が被る暴力行為をますます容認しなくなってきている。私生活あるいは家庭生活だけでなく、学校や教会のようないくつかの制度が、「たびたび（とジャン＝ポール・ブロドゥールが指摘している）徹底的に暴力がふるわれても、国家がその正当性に疑問を差し挟まない(74)」飛び地となることを、国家は以前よりも許さなくなっている。私的な暴力、あるいは制度のもっとも奥深くに囲い込まれた暴力は、異議申し立ての運動によって明るみに出され、公的空間の中で暴力として認識されるようになったところで、後退しているのである。

もっと一般的には、暴力の正当性は、文化的・社会的事実でありえ、たんに国家によって定義づけられるだけのものではないということを、認めねばならない。それぞれの文化、それぞれの社会が、その時その時に、何を容認し、何を受け入れ、何を拒絶するかを決めるのであり、たとえ、その定義が、法と権利の諸カテゴリー、国家によって定められ要求される諸規範に一致しなくてもよいのである。暴力の正当性は、国家と官僚制化が体現する合理的なプロセスからのみ生じるのではなく、市民社会や世論の考え方にもよっているのである。それは、事の成り行きによって決まることもあれば、必ずしも急速に変わることのない価値の厚みの中で構造的に決まることもある。たとえば妻の愛人を殺した者は、フランスでは長い間無罪放免されていた。またアメリカ合衆国では、長い間、白人女性をレイプした廉でほとんどいつも証拠もなく不当に告発された黒人は、一貫してもっとも重い刑に処せられていた。ある犯罪、ある重大な暴力、ある暴動に対してもっとも大きな影響力を持つ社会あるいは社会構成員の判断は、必ずしも国家の判断とは一致しない。フィリップ・スミスが刺激的なテキストの中で指摘しているように、社会がある暴力を正当と判断して称賛することがある一方で、国家が暴力に訴える際には、何が正当で、何が正当でないかについて社会が持っている認識と一致させえなければ、国家は国民の支持を失いかねないのである。スミスは付け加えて、暴力の正当性の決定において社会と国家の間で働く作用は、不安定で急速に動くプロセスを引き起こしうる相互作用であると言っている（「暴力の承認は意表をつく早さで行き来しうる」[75]）。

d 国家消滅説

それぞれが対になっている経済のグローバル化の概念と文化的・社会的現象が指し示す大混乱とともに、本当にわれわれは国家の衰退、あるいは消滅の時代に入ったのだろうか。国家消滅説の支持者たちにとって、ヨーロッパのように国家が古いところではその弱体化が進んでいる。一方アフリカやアジアのように国家が新しく、ベルトラン・バディーとピエール・ビルンバウムの表現に従えば、「完全な輸入品」であるところでは、国家はしばしば腐敗し、無能化し、正当性を奪われている。これは、国家自身の機能不全からきているが、「国家の故障」という言葉を用いて、地球にとっての大きな不安の源泉と見なされたほどである（フィリップ・デルマは、「今日、第一の安全問題は大国の野心ではなく、国家の故障である[76]」と断言している）。ある人びとはむしろ衰退あるいは中世への回帰という言葉を用い、たとえば「新しい中世」という言い方で国民国家の弱体化を説明し、「階層的で錯綜とした共同体と国籍の複数性」（七〇年代にウンベルト・エーコによって提出され[77]、最近ではピエール・アスネールによって再び取り上げられた説）を叙述している。さらにある人びとは、あちこちで、秩序と安全を保障する国家以外の機関を求める要求が国家を求める要求に取って代わっていると考える。こうして、ガッサン・サラメが強調するのは、とりわけ近代国家の移植が腐敗、無能力、正当性喪失にいたった状況下では、国際秩序に組み込まれて、帝国をモデルに機能する諸大国の保護を受けたいとの要求が生まれてくるという、逆説的な現象である。サラメは、「帝国の要請」という言葉を用い、これは「国民国家よりも柔軟な領土との関係」を持っているものだと説明している[78]。

新しい中世たる帝国への回帰。これは、言い方はさまざまに変わりうるけれども、国家の古典的な近代的形態の消滅という考え方と、過去に経験された諸形態の創出あるいは再創出という考え方を同時に表わしている。

このために、純然たる衰退の仮説よりも、変動の仮説を検討するようわれわれは促される。まず第一に、国家が新しいところではどこでも、かつて王国や帝国といった別の形態で組織されていた社会や民族に国家を移植したことについて、それは失敗であったと言わねばならないのかどうか、疑問の余地があろう。それどころか、多くの論拠がこの疑問に有利な材料を提供してくれる。これはとくにジャン＝フランソワ・ベヤールによって擁護されているが、その見方によれば、アジアやアフリカでは「西洋文明を構成する基本的な諸要素の一部の普遍化」が続けられており、その中には国家が含まれることもある。[79] すべてが国家の弱体化、解体、衰退、あるいは廃棄なのではなく、現代のいくつかの経験は、国家の概念が歴史的に凌駕されているとは言えないことを示唆しているのである。たとえば、オリヴィエ・ロワは、とくに中近東と中央アジアにいっそう関心を持ち次のことを明らかにしている。すなわち、そこでは国家は政治的再構成の地平という凌駕しえない地平にとどまっているということ、そして、たとえば民族性に基礎を置いた国家以下的連帯集団の活動とその急増を彼はそこに観察しているが、それらの集団は国家なしにはありえないということ（「密売人たちには国境が必要である」[80]）である。さらに、国連が責任を負ういくつかの状況において、もっとも急を要することは、国家の建設あるいは再建設（以前であればティモールやボスニアなどで、今日であればアフガニスタンやアンゴラで）に寄与することではないのだろうか。政治学の専門用語で「ネイション・ビルディング（国民形成）」と呼ばれるものは、実際にはむしろ「ステイト・ビルディング（国家建設）」に内包される。

国家様式が現在どのように変化し、現代の諸々の政治的問題にどのように適合しているかについて、統一的で一貫したイメージを提示することはできない。しかし、ひとつのことだけは確かである。すなわち、ピエール・アスネールの言葉に従えば「クラウゼヴィッツとヴェーバーを経由してホッブスからアロンまで」[81]、古典的政治哲学が国家の消滅／止揚という観念にとらわれて考えたような国家間の関係モデルは解消されたと確認せざるをえない歴史的局面にわれわれは入ったということである。国家は以前には、一九六〇年代から七〇年代にかけて民族や社会のいわゆる解放闘争を説明する時とか、革命の企図を推進する時に、暴力の原因、源泉であるとか、暴力を正当化するものであると考えられていたが、今日ではそうではなくなっている。たしかに、多くの状況において暴力は、国家の蛮行、独裁権力、新植民地主義型の抑圧といったものに対するひとつの代案、回答であり続けてはいる。しかし、それでも国家は、少なくともホッブス以来政治哲学の伝統の核心におけるように、国家の行為と制御の範囲外で生じる物理的暴力を禁じねばならない政治様式であることに変わりない。問題は、国家が国家の概念に一致しようとすれば、国家はますます多くの困難と出会うということである。暴力は国家の機能不全の中で現れ拡大する。あるいは、少なくともそのようなものとして知覚されている。そもそも暴力を後退させることが国家に期待されているだけに、ますます暴力は容認し難いものとして体験されることになる。そして、ますます暴力は広がっているという意識を市民が持つのは、国家の使命は暴力を禁じることで、過去にはそうできたのに、いまやその任を果たしていないという確信を歴史的な諸々の理由によって抱くからである。国家が常に脆弱であったりあまり存在感のなかったところでは、期待はそれほど大きくない。それゆえ、国家がそれほど決定的な実在感も期待される実在感も持ったことのまったくないイタリアのような国よりも、国家が大規模に公的生活に介入すると考えられているフランスのような国のほうが、治安が悪いという意識を高め、それが直接的に強い政治要求の対象となるのである。

国家は、現代世界において、国家に属さない物理的暴力を定義し阻むうえで重要な役割を維持している。しかし、国家による正当な物理的暴力の独占に関するヴェーバーの名文句は、それに関係した国家の行為が持つすべての側面を説明することはできず、ましてその機能不全について説明することはできない。そしてそれと対称的に、現代の暴力について考えようとする者は誰でも、たしかに、暴力を国家に結びつけている基軸を参照せねばならないにしても、それだけですべての分析を押し進めてはならない。今日の時代についての考察は、こうして先史時代についての考察につながる。これは逆説ではない。なぜなら、たとえばジャン・ギレーヌとジャン・ザミが主張するように、先史時代についての考察から促されるのは、先史時代の人間の経験から暴力を除外しないこと、および戦争を「都市の形成、国家の枠組、国家の集団的機能に緊密に結びついた戦略に」限定しないことだからである。(82)

第3章　被害者の出現

暴力を国家と結びつけると同時に対立させる二重性の中に、暴力の分析をあまりにも厳格に閉じ込めないよう促すことは、あるひとつの現象を考慮するならば、ますます急を要するだろう。その現象はこれまでほとんど考察されたことがないが、われわれの暴力理解に大きな影響を与えずにはおかないものである。その現象とはすなわち、被害者の顔が公的空間の中にはっきりと現れたことである。

この出現は、さまざまな傾斜線に従って〔いくつもの水流が川となり、その川が合流して大河となるような流れに従って〕生じた。その傾斜線は、さまざまな歴史的局面において輪郭が現れ、ついではっきりとした形をとるようになったが、さらに絶えず顕著になり収斂し続けて、一九七〇年代になると真の人類学的激変にいたった。

たしかに、伝統的な諸社会、また現段階に先立つ近代性の段階においても、貧困など体験された不幸のさまざまな顔が存在している（それについてはブロニスロウ・ジュレメクが申し分のないイメージを提示している）[83]。しかし被害者は、それ自身ではほとんど関心を引いていないように見える。つまり、被害者の苦悩、踏みにじられ、否定され、破壊されたその精神的・肉体的完全さ〔無傷さ〕については、ほとんど重視されていないのである。被害者が暴力を被ることによって、その場で体験するもの、また生き延びた場合にはその後で体験するもの、つまり外傷、生きるうえでの諸々の障害は、共同体のグローバルな視点から暴力が意味するものに比べれば、はるかに重要とはされていない。被害者が存在するのは、社会秩序に貢献するため、戦争によって脅かされたり、神々の意思による自然災害によって脅かされたりする安定に貢献するためにすぎないなのである。被害者が供儀によるものであれば、その苦痛に耳は貸されず、叫び声は覆い隠され、被害者が被る恐ろしい性格は知覚されない。そしてその死は、多くの人類学者が説明しているように、共同社会への寄与として理解されているため、被害者の苦難は否定あるいは黙殺され、また供儀は、望ましいものとしてではないにしても、少なくとも非難なしに受け入れられるものとして現れねばならない。(84)そして、供儀以外のすべての場合において、犯罪が耐え難いものとされ、非行が抑えられねばならないとされるのは、それらが被害者に与える損害のためであるよりも、むしろ、それらが社会に刃向かい、社会的関係を巻き添えにし、秩序を害するからである。被害者に期待されていることは、せいぜい、苦痛を訴え、取締りの任を負う機関に知らせ、協力することにすぎない。

そして、司法が刑罰を決める時、あるいは国家が形成される時、重要なのは「民事」の側面よりも「刑事」の側面のほうである。犯罪者や非行者を罰して社会全体に満足を与えることで、司法はすでに任務のほとんどを遂行し、しかるべき権力者として、大部分の人びとに悪事を断念させるのに貢献していることを示したことになる。そうなると、被害者には大して要求すべきものがなくなる。というのも、損害を与えた者は、いわば被害者に取って代わって償いを求める国家によって罰せられるからである。伝統的なパースペクティブにおいてだけでなく、近代の古典的段階においても、ひとりの人間が犯罪や違法な暴力行為の被害者となる時、打撃を受け、保護せねばならないのは社会全体なのであり、犯人が罰せられずには終わらないという公的確認を懲罰によって社会全体に与えねばならないのである。つまるところ、被害者は償いの処置を国家と司法に委任するのである。あるいはむしろ、それを委任するように見えると言ったほうがよい（被害者にはそうするほかに選択の余地がないのであるから）。昔の法律、司法において、「違反は、君主の法に向けられた暴力を抑え込み、審問のシステムは、公正に振る舞うために被害者の代理として新しい行為者、検察官を導入し、刑罰は、犯罪で君主を侮辱する犯人に適用され、私的補償に取って代わる。検察官によって利益が守られる国王のために、被害者は排除されているのである」(85)と、ドニ・サラは説明している。

一　被害者の誕生

現代の被害者は、少なくとも二つの領域、すなわち国際的領域と社会生活の領域で、一九世紀から公に姿を見せるようになりはじめた。国際的領域では、アンリ・デュナンが、必然的に国家の視点を超越するパースペクティブで、戦争被害者たちを救うことを目的にソルフェリーノで赤十字を構想した時[五五]、被害者が戦場に姿を見せた。しかし、次のことに注意しておこう。すなわち、当時の戦争被害者とは軍人であり、民間人保護の問題はほとんど提起されていないということ、また、その後の展開は衝撃的なものになるということである。シモン・チェスターマンの指摘によると、戦争被害者に占める民間人の割合は、第一次世界大戦では五パーセントであったが、第二次世界大戦には五〇パーセントに上昇し、さらに一九九〇年代には九〇パーセントにまで達した。これにはもちろん女性も子供も含まれている[86]。第一次世界大戦以前には、ハーグ平和会議[五六]など初期の大きな国際会議は民間人と戦闘員を区別していたが、それは戦闘員の保護策を推進するためであった……今日であれば何よりも民間人の保護が問題になるのだが[87]。

社会生活の領域では、被害者は、女性や子供が被る暴力行為の関係で姿を現す。事実、ジョルジュ・ヴィガレロが確認しているように一九世紀には、被害者としての子供や女性に対する眼差しができ上がり、精神的暴力（物理的暴力の延長上にあったり、それを伴うものであったり、それに先立つものであったりする）が発見された。そして、圧力や脅迫によって「直接的には物理的でない蛮行を目指すことで、暴力の領域を拡大しうる」[88]ことが認められはじめたのである。医者や法学者たちがこの運きの中で大きな役割を果たした。たとえばフランスでは、法医学者のアンブロワーズ・タルデュー〔一八一八—一八七九〕とアレクサンドル・ラカサーニュ〔一八四三—一九二四〕がいる。また、文学においてはセギュール伯爵夫人からユゴーまで、子供についてであれば「かわいい悪魔」[五七]から「コゼット」[五八]まで、あるいはフェミニズムと性格づけられうる多くの著作の中にも、副次的テーマとしてそれが見いだされる。一九世紀の終わり頃には、虐待された子供たちの保護を保証する法律が西洋のいくつかの国で採択されるにいたった。

さらに一九世紀末には、国政の固有な対象としての被害者が、危険の「保険化」の発展によって、福祉国家の一面として姿を見せはじめた。政権が保護システムや社会保険システムの整備を奨励したり、その任を引き受けたりした時、あるいは労働災害に関する法案が可決された時、損害は社会的に備えられ、場合によっては補償・賠償されねばならないことを国家は認めたことになる。つまり、国家は、被害者認知の論理を導入しているのである。ルネ・ゾーベルマンとフィリップ・ロベールが書いているように、「国政の自立的な対象としての被害者の登場は（……）福祉国家のいわば延長あるいは一支流であるが、同時にそれは刑罰国家の論理と衝突する。[89]」刑罰国家が完全に、あるいはほとんど、被害者を排除しているところで、福祉国家は被害者を導入するのである。

しかし、人類学的な逆転について語るには、とりわけ、一九六〇年代以降に被害者を公の舞台に押し出すことになった大きな諸変化を考察せねばならない。

a　民間人、女性、子供

実際、一九六〇年代には、多くの国において目に見える転換が起こった。たとえ、法律の制定（ニュージーランドが最初で、一九六三年に家宅侵入の被害者の補償に関する法律が採択された）や国際組織の声明・決議によるにすぎないにしても、である。

そうなると一世紀前に端緒を持つ諸変化は加速し、集合的動員の影響下に他のあらゆる領域にまで広がることになった。その動員のあるものは、これこれの犯罪の被害者たちによって、あるいは彼らを代弁する団体によって直接なされ、またあるものは、国際被害者学会[90]などのように、一般的被害者の名のもとに権利を主張する。

戦争に関しては、被害者の視点が中心的な関心事となり、人道主義的な諸機関が大きく増え、強化され、介入権が提唱された結果、たとえ国家の主権を無視せざるをえない事態が起こりえようと、人道主義的介入が可能になった。もう一度次のことを言っておかねばならない。すなわち、今日の戦争タイプの暴力行為は大量の民間人に被害を与え、人的被害と物的被害を被るのは戦闘員だけではないということである。

戦争被害者の視点に立つ立場は、二〇世紀の最後の一〇年間あるいは二〇年間にはじまったのではない。その兆しは、とくに精神医学、ついで精神分析の中に、シャルコーあるいは一八九三年から[二〇]はフロイトの中に見いだされるが、中でも戦争による外傷〔トラウマ〕と神経症に関してはフロイトの『ヒステリー研究』の中に見いだされる。今日では、この立場が強くなり、他の社会科学諸学の中にも浸透するようになった。それはとりわけ歴史学に影響を与え、そのパースペクティブが大きく一新された。それ以来、戦争は、もはやたんに国家間関係の問題、戦略分析の対象、民族と民族紛争の歴史の領域に属するものではなくなり、第一次世界大戦に関するステファーヌ・オードゥワン＝ルゾーとアネット・ベケルの本[90]を読めば確認できるように、肉体に対して行使される暴力行為、犠牲になった戦闘員に必要な喪の作業[二一]を困難にする暴力行為ともなった。それは、生存者たちにとって外傷経験となる。

フェミニズム運動であろうとなかろうと、女性運動もまた、同じ時期に再び活発化した。そしてその運動によって、私的空間のタブー領域で女性たちが被る暴力行為は公的空間の中に据えられて、内に閉ざしておくことは次第に難しくなった。とくにレイプ（最近では夫婦間のレイプも含まれる）は重罪となった。また、被害者になったという事実に傷痕を残し行為を麻痺させる羞恥心を消すための闘いも行われている。女性解放の闘いが二〇世紀にはじまったのではないにしても、女性たちが被る暴力、すなわちレイプ、夫婦間や家庭内での暴力、近親相姦といった暴力行為に対抗する動員が一九六八年[二二]の勢いに乗って高揚し、多くの国で法律と権利の修正が引き起こされていった。

戦争と結びついた暴力についてであれ、社会生活あるいは私生活と結びついた暴力についてであれ、六〇年代末以来の被害者の際立った顕在化は、電子メディア、とくにテレビが果たしている地球規模での役割とも関係づけられねばならない。この点を例証するために、「国境なき医師団」の誕生についてジャッキー・マムー[二三]が紹介した話に耳を傾けることにしよう。彼の説明によると、一九六八年に、数万人が死んだイボ族を治療しにフランスの医師団がビアフラに赴いた。彼らはそこで見たことを話したいと思ったが、彼らが携わっている赤十字社の規定がそれを許さなかった。しかし、テレビが初めて飢餓に苦しむ小さな子供たちを映し出した時、彼ら自身もテレビで意見を述べることができた。「よい被害者とか悪い被害者とかがいるのではなく（……）、殺される民間人がいるだけであると、医師団は憤慨して言った。」このテレビの介入から「国境なき医師団」が誕生することになり、医師団はその活動をメディアにのせうるようになったのである。「世論は、被害者を守るための盾でなければならない。メディアは（……）彼らの活動をはっきりと目に見えるものにする。」[91]

さらに世論は、子供たちが被る暴力行為にますます関心を払うようになり、とりわけベルギーでのデュトルー事件[六四]のエピソードによって震撼させられた。この小児性愛者の殺人犯が犯した犯罪は、子供たちが被る暴力行為の問題をいっそう明瞭に公的空間の中に据えただけでなく、このような行為を可能にする制度の機能不全、この場合にはベルギーの司法と警察機構の機能不全を明らかにしたのである。一九九六年一〇月二〇日に起こった異議申し立てと怒りの大きな運動、すなわち「白の行進」[六五]は、行為者たちの最近の歴史における重大な出来事であり、被害者たちの惨劇を議論と紛争に変えた。最近まで、小児性愛をめぐる諸事件は、それらの事件が生まれうる諸制度によって、一般的にもみ消されていた。つまり、教師は学校長によってかばわれ、学校長は学校視察官、大学区長、あるいは省庁によってかばわれていたし、聖職者はその位階によって守られていたのである。とりわけ、二〇〇一年に北米のジャーナリズムによって小児性愛的行動の広がりが暴露されたことなど、カトリックの位階を揺るがした諸々の大スキャンダルは、次のことをわれわれに示している。すなわち、制度としてのカトリック教会は、かつては神聖不可侵の性格のおかげで多くの国で社会の上層部に突出していたが、いまやその性格を失ってしまったということである。今日、子供は保護されており、一九八九年に国連で採択された条約[六六]のテキストは、子供の権利を明確にしている。諸制度はもはや、あらゆる非難を禁じる閉鎖的空間ではなくなった。そしてこれらの問題に関する議論においてすべてが変わった。被害者となった子供の言葉は、作り話にすぎないこともありえ、そのために不当に告発された人の一生を破壊することもありうるから、鵜呑みにせずに慎重に検討すべきであるという声が聞こえるまでになっている。

さらに、被害者の表舞台への登場は、一九六八年以降に西洋社会を揺り動かすのに貢献した社会運動のひとつによって実現されたと見なしうる。たとえば、ある共同執筆の著作は、犯罪的暴力行為の被害者たちに提案された心的外傷後療法をもっぱら扱う中で、アメリカでの犯罪被害者たちの運動の歴史を詳述するテキストも含んでいるのである。[92] マーリーン・A・ヤングは、そのテキストで、アメリカ合衆国での犯罪率が六〇年代に上昇したこと、および、当時最初の被害者学が推進されていたことを喚起している。七〇年代の初頭には、被害者たちに援助のプログラムとサービスを提供するためにひとつの公式な機関が設置されると同時に、政府も、子供たちの被る不正のテーマに関心を持っていると表明した。ここで重要なことは、諸制度の活動は異議申し立ての集合行為の形成と不可分だということである。女性運動はレイプを告発し、女性の一部は被害者を受け入れるセンター[六七]を創設した。少し後の一九七四年からは、それらは暴力被害女性たちの避難所《Battered-women's shelters》やレイプ被害者たちの避難所《Rape Crisis Centers》となっているが、たいていは被害者たちによって開設され、リードされている。この運動において、女性たちは被害者として、極端な場合には生き残り《survivors》として互いの姿を見いだし、認知し合って、この相互認知から誇りと尊厳を引き出すのである。この運動は、それまではこの種の暴力に無関心であった刑事裁判のシステムを批判する。また異議申し立ては、さまざまな激しい国際的活動、さまざまなプログラムとサービスの発達、それに研究活動と結びつく。研究活動は、「レイプ・トラウマ症候群」すなわちレイプの心的外傷症候群の概念に行き着き、さらに「ベトナム退役軍人症候群（Vietnam Veteran's syndrome）」[六八]や「暴力被害女性症候群（battered-woman's syndrome）」の概念にたどり着いた。そして、この両概念は一九八〇年に、《PTSD》すなわち心的外傷後ストレス障害の概念を形成するのに寄与したのである。この最後のものはいまや精神医学の専門文献において非常に重要な位置を占め、アメリカ精神医学会などが常にかかわっているカテゴリーとなっている。運動の行為者には、被害者たちだけではなく、研究者やアメリカ司法界の改革者たちもいる。一九七五年には全国団体のNOVA（全米犯罪被害者支援機構）[六九]が創設され、年次会議が毎年催されている。この運動は多様化し、時には内部の激しい緊張や分裂（たとえば、セクシャル・ハラスメントの被害者だけを集める組織が一九七八年にNOVAから分離している）によって揺り動かされている。ある人びとは諸制度や連邦政府の援助から多く[七〇]を期待し、ある人びとはセービスと相互支援を発展させ、またある人びとは、たとえば飲酒運転に反対する母の会のように、政治的圧力を加えて、法律や改革を要求する。運動は被害者たちのために裁判を請求し、被害者たちの孤立と恥辱を終わらせ、法的措置を獲得する。マーリーン・A・ヤングが書いているように、「いまやついに、犯罪は被害者の視点から（被害者を近寄せようとしない社会のパースペクティブにおいてではなく）理解された」[93]のである。

この被害者たちの運動の形成過程は、はっきりと異なる二つの問題にわれわれを直面させる。二つとも、国家の弱体化という疑わしいテーマに関係するが、そのうちのひとつは、われわれの諸社会とその国家の内的な機能に関するものである。すなわち、被害者が大挙して公的空間の中に入ることは、私的なものを公的なものから区別する境界線の解消を意味しないだろうか、という問題である。実際、被害者たちが被害者として自己を表現し、彼らが私的に被った暴力行為に対する公的な闘いを要求すればするほど、集合的生活の問題が扱われる公的領域と、当事者だけの問題であるとして暴力がほとんど暴力と見なされなくなる（重大な激発、すなわち殺人罪は別にして）私的領域との間の区別が巻き添えにされることになる。ここで、被害者の顔の出現は、諸制度が危機に向かうというすでに指摘した現代の傾向の中に組み込まれている。実際、最近の進展は、以前は私的なものと見なされて過小評価されていた女性や子供たちが被る暴力行為を公的なものにすることによって、私的領域から公的領域へと問題を移行させているだけではない。それは、もっと深く、国家と諸制度に関するわれわれの理解の変化、それらに対する期待の変化の現れであり、再制度化を招くかもしれない脱制度化の現れである。このパースペクティブで見れば、未来は諸制度の廃止にあるのでも、諸制度がかつて持っていた機能へのありそうもない回帰にあるのでもなく、国家による統制の拡大にあるのかもしれない。未来はまた、それとは非常に異なって、次のような様式のうちにあるかもしれない。すなわち、諸制度は、社会生活の上に張り出すことも、私生活を無視することもなくなり、それらが受け入れ責任を負う個々の人びとだけでなく、その中で働く人びとにとっても、いっそう身近に感じ取られるものになる、そのような様式である。つまり、諸制度は個人の主体に向けられたものとなり、もはや神聖視されるものではなくなるのである。さらにこのような傾向は、最近の進展が示しているように、法律の中にも組み込まれている。たとえば、エリザベート・バダンテールは、フェミニズムのいくつかの流れは「間違った道」をたどったと非難するエッセーの中で、「一九九二年の新刑法典はもはや風俗紊乱罪という言葉を用いず、セクシャル・ハラスメントという言葉を用いている」[94]こと、[七二]言い換えれば、集合的秩序よりも個人の完全さ〔無傷さ〕のほうにいっそう関心を寄せていることを確認している。

もうひとつの問題は、むしろ、国際関係、平和、戦争、国家の主権に関するものである。公衆の精神において、また、現在の問いと期待から過去を見直す歴史家の仕事において、戦争被害者が戦闘員に取って代わることになれば、それは、国家のいわば非神聖化を意味しないだろうか。それはたとえば、第一次世界大戦の戦死者たちを追悼する何千もの碑がフランス人に喚起する祖国のための犠牲という観念を失わせるのではないだろうか。そしてとりわけ、多くの人道主義的組織（ただそれらだけではないが）によって推進される介入権が意味するのは、それら組織にとって、主権国家よりも蛮行によって脅かされた民間人の命を守るほうが大事であるということ、そして、国家は暴力、無秩序、混乱から保護してくれる究極の保証人ではもはやないということである。被害者の顔が権力の座につくことは、同時に、国家が巻き添えにされることである。国家の主権は、現実の、あるいは潜在的な被害者を守ることの二の次にされ、こうして国家は、その事態の中で正当な諸属性を喪失したり剝奪されたりすることになる。さらに次のことに留意せねばならない。すなわち、しばしば被害者たちは、補償を得るために、自分の属する国家以外の国家に助けを求めるということである。これは、必ずしも国家を迂回することを意味しない。このようなことは、とくにジェノサイドの被害者の子孫たちに見られる。

b　人道に対する罪の被害者たち

古典的な犯罪や非行の被害者たちについて言えることは、人道に対する罪の被害者たちに関する検討においても見いだされる。人道に対する罪という概念は、あらゆる集合的生活の法的・政治的諸規範を超えたところに多様な犯罪を据えると同時に、その多様な犯罪のために諸規範、法廷を、したがって裁判機関を設けるので、議論の余地がある概念である。しかし、この概念から、認知と／あるいは（これは同じことではないので）場合によっては補償を要求するさまざまな集団が形成されてきた。

現代の意味での被害者を形成しえた最初の人びとはユダヤ人である。彼らは、第二次世界大戦（彼らが対象になったジェノサイド）の二〇年後に、明白に豹変しはじめた。このことについては、ジャン＝ミシェル・ショーモンがとくに印象的な物語を紹介し、次のように説明している。[95]最初に、エリー・ヴィーゼル[七二]が中心になって議論がはじまった。それは、ショアー〔ホロコースト〕の唯一性、すなわち他のあらゆる経験と質的に異なるこの経験の特異な性格を主張するものであった。というのは、ヴィーゼルが言うには、この経験はメシア〔救世主〕的なものであって歴史的なものではなく、ユダヤ人のものであり、したがって特殊なアイデンティティと結びついたものだからである。そして、六〇年代末になると、ユダヤ人はヴィーゼルに促されて、ジェノサイドに関わるものを含め、あらゆる恥辱と縁を切るにいたった（「われわれはなぜ、（ジェノサイドを）われわれの永遠の歴史における輝かしい一ページであると主張しないのであろうか」とヴィーゼルは問いかけ、「その出来事を誇らかに」回想するように主張している[96]）。その時、後に強力な自己主張運動となるものが輪郭を現したのである。その自己主張運動において、ナチスの蛮行のユダヤ人被害者たちは、まず、彼ら自身あるいは彼らの尊属たちが耐え忍んだ恥辱の認知を要求して獲得し、次いで、彼らの記憶によって歴史学を動かし、フランスの場合には、ヴィシー時代[七三]が何であったかについての歴史的検討を引き出した。

それ以来、他の集合的被害者たちが、西洋社会の政治舞台だけでなく国際的議論の舞台にも登場することになり、さらにまた、社会科学の新しい研究分野「ジェノサイド研究」を促進させることになった。たとえばアルメニア人は、一九一五年に被ったジェノサイド[七四]の認知を要求して、一九七〇年代にはＡＳＡＬＡ（アルメニア解放秘密軍）[七五]のテロリズムによって、その後は暴力とは別の手段の動員によって行動し、また、アメリカやアフリカの黒人たちは、祖先が被ったものではあるが、今日でも心的外傷の影響を与えている奴隷制度の補償を要求している、等。今日自己表明している被害者たちは、必ずしも、ジェノサイドの暴力、人道に対する罪の蛮行によって、自分自身の個人的完全さ〔無傷さ〕を損なわれたわけではない。彼らは、ひとつの集合体、ひとつの集団に属すものとして被害を被ったのである。たしかに彼ら、とくに彼らの尊属たちは、犯罪、大量殺戮、ジェノサイドの対象となったり、その他の極端な暴力の対象となって、歴史的指標、生活様式、文化を破壊された（そこから、民族抹殺《エトノシド》のような新語が用いられるようになった）。しかし、彼らが要求すべきものは自明なものではなく、彼らが与えることのできるもの、すなわち赦しもまた、ジャック・デリダが一九九九年の『ル・モンド・デ・デバ』誌に掲載された長い対談で指摘したように(97)、それ以上に自明なものではない。被害者たちは、彼らが体験した惨劇が認知され、場合によっては具体的な金銭的代償あるいは賠償が支払われることを期待しているのだろうか。それを要求する人びとには、そうする権利が十分にあるのだろうか。彼らはその血を引いているだけなのに、親や祖先の名のもとに語ることができるのだろうか。それにまた、被害者自身は行方不明になったり殺されたりしており、その近親者や子孫からしか赦しが得られえないのなら、したがって、赦しが絶対的な被害者ではなく相対的な被害者によるものなら、赦しは何を意味しうるのだろうか。

そして、認知や賠償を保証する人びとについてはどう言えばよいのだろうか。罪を犯したのが彼らの祖先、彼らが今日保持している権力や財力の以前の保持者でしかないのなら、彼らに罪があるのだろうか。彼らは過ちや犯罪を償いうるのだろうか。たしかに、大量犯罪においては、いずれの主体性もたちまち、連座した当事者の主体性になりはする。しかし、その当事者たちは多くの場合、問題の惨劇とは歴史的あるいは記憶上の関係しか持っておらず、宗教的、民族的、文化的な同一化を経由しながらも、大部分は非常に個人的な選択と決定に依存する関係しか持っていないのである（認知を要求するか、それとも忘れようとするかを選択し、賠償を要求するか、それとも何ものも決して過ちを償いえないであろうと見なすかを選択する、等）。

被害者の時代の開始は、広大な数多くの政治的、民族的、法的、知的諸問題を提示する。この時代が政治の舞台に据えている行為者たちは、かつては政治の中に行為者としての位置を持たなかった人びとであるが、いまや、極端な場合には奇妙な社会的運動を作り上げる。その運動が奇妙だというのは、要求する人びとが死者や行方不明者の名のもとに語る生者でありながら、だからといって彼らの要求が過去の認知だけに限定されることのない運動だからである。ブエノスアイレスの五月広場の「狂った母たち」は、彼女らから配偶者、子供、親を奪った軍部独裁体制の犯罪を思い起こさせる(98)。しかし、この女性たちや、失踪者の子供たちの組織は、その立場によっては今日のアルゼンチン社会の民主主義と正義へのアピールをも活発に表明しているのである。

次のことを付け加えておこう。すなわち、「被害者たち」が自己を表現して、認知されることを要求すればするほど、ここでもまた、国民国家の古典的な枠組はますます激しく揺るがされうるということである。被害者たちは釈明を要求せねばならないが、その釈明は必ずしもこれこれの国の国境内にとどまらない。彼らはさらに国際的組織に声をかけたり、時には民族離散的、超国家的な形態で組織化されたりする。これは、国家と制度を弱体化させるのに一役買うことを意味し、このことはまさに、被害者の登場が持つ主要な側面のひとつなのである。これについては後で立ち戻ることにしよう。

c　被害者についての学

被害者の顔がそのようなものとして存在するようになった時から、固有の学問がその顔に関心を持つようになり、また、それをテーマに科学的と称する言説が広がったことは、驚くべきことではない。

精神医学と結びつくこともある犯罪学がここで道を切り開いたが、長い間議論の余地があるものであった。というのも、長い間、未熟な被害者学が何よりも関心を寄せたのは、ある個人が被害者になるプロセスと、そのプロセスから被害者に生じる結果であり、またこの学が重視した観点は、被害者がほとんど必然的に結ぶであろう犯人との根本的な関係だったからである。犯罪研究のこの分野を創始した人びとにとって被害者と加害者は一対をなし、「被害者学《ヴィクティモロジー》」の父ハンス・フォン・ヘンティッヒ[97]は一九四八年に、「われわれは、加害者と被害者、殺人犯と殺された人、詐欺師とだまされた人の間にある真の共通点を観察するのである[98]」と明言している。実際には、二つの方向がこの新しい学問分野を特徴づけることになった。

ひとつ目の方向は、被害者と犯人の関係という観点を探求するもので、このパースペクティブにおいてはその両者は分離されえないとされる。このことは、「偶然の被害者」、すなわちまったく偶然に「被害者化《ヴィクティミザシオン》」（著者によっては「ヴィクティマション」と言っており、用語はまだ安定していない）された被害者は、故意あるいは無意識に何らかの仕方で犯罪に手を貸す被害者よりも、統計的に稀であるという事実によって確認されるというのである。

二つ目の方向は、前者の延長上にあるが、むしろ精神分析的・精神医学的視点を発展させ、個人の土台に関心を寄せるものである。そして、ある種の人びとが他の人びとよりも犯罪、とくに性的犯罪（とりわけレイプと近親相姦）の被害者になりやすいのはどのような心的メカニズムによるのかを探究しようとする。この方向は、いくつかの研究において、きょうの加害者はしばしば昨日の被害者であるという事実を強調する。このことは、その二つの顔の間にある境界を混乱させることになる。[99] 一九七四年のパトリシア・ハースト誘拐事件[100]や七〇年代のテロリズムは、フランク・オクバーグが「ストックホルム症候群」[六]と呼んで理論化したこの混乱のイメージを例証する機会となった。この症候群が観察されるのは、被害者が人質にとられている間やその後で、外部に対して、すなわち金銭目当ての事件の場合には警官隊に対して、あるいは政治的事件の場合にはテロリストが告発する国や体制に対して、誘拐犯の味方になる時である。この二つ目の方向の斬新な変種が、一部の党派《セクト》内で犯される暴力行為について、ベルナール・ランペールによって提案されている。メンバーの一部を殺すにいたることさえあるこの暴力行為を理解したければ、次のことを見なければならないというのである。すなわち、その暴力行為は、かつて家庭で虐待されたことのある個人が、それをモデルにして移し替えたやり方で、そのプロセスを党派内で再現したものだということである。「党派は部分的には一家の娘である」とランペールは断言し、「家庭に起源を持つある種の苦しみが、これこれのグループの過激さに関係している」[101]と述べている。ここでは、個人的な心的外傷が被害者を将来の犯罪者にするのではなく、家庭の構造が再現されるのである。このことは、現在が過去によって説明される（場合によっては両者の役割の逆転があるにしても）のと同じカテゴリーに論証を組み入れる。

被害者と犯罪者の混合、すなわちきょうの犯罪者は昨日の被害者であるという見方は、上で触れた心理学的メカニズムに限定されない。それは、もっと意識的でしばしば文化的に正当な復讐の論理の様相や、あらゆる復讐が復讐を呼ぶ果てしないサイクルに組み込まれた復讐の論理の様相を持ちうる。そして、個人のレベルで有効なものは、集合的レベルでも有効でありうる。たとえばネイル・クレッセルは、一九九〇年代初頭のセルビア人によるボスニアでの大量殺戮と大量レイプ（九九）について、このタイプの分析を用いて次のように書いているのである。「第二次世界大戦中にクロアチア人の手で自民族が苦しめられたやり方に対する怒りの再活性化以上に、セルビア人戦争犯罪人の意志に作用して道徳的禁制を忘れさせた要因はない(102)。」

「被害者のうちに有罪性を探すことは、犯罪者に同一化することによってのみ可能である。短いスカートをはいてひとりでいる若い娘をレイプへの呼びかけと見なし、ドアの閉められていない車を盗みやすいもの、防犯されていないアパルトマンを泥棒に入りやすいものと見なすことは、犯罪者の視点に立つことによってなのである。もし被害者に同一化するならば、まったく別の眼差しを持つことになるであろう(103)」と、『一般被害者学概説』の著者たちは説明している。彼らは、そのような傾向とたもとを分かつために、ハンス・フォン・ヘンティッヒの「最初の被害者学」に対して「第二の被害者学」を区別している。この「第二の被害者学」が関心を寄せるのは、もはや被害者と犯罪者の関係ではなく、社会とその能力（被害者のステイタスを認知する能力）、それにあらゆる被害者が望む援助と救済である(104)。

被害者についての学は、主として法律家、精神科医、医者を動員し、被害者とは何であるかという点、および被害者のさまざまなタイプを区別する点においては、多くの成果を上げている。この学のおかげで、心的外傷の中心的な問題に取り組み、苦痛の概念を明確化し提示しうるだけでなく、援助、補償あるいは賠償の具体的なやり方についても検討しうるのである。

そして、被られた暴力を被害者の視点からよりよく知ることによって、暴力一般をよりよく理解できるのではないだろうか。そして犯罪、非行をよりよく把握できるのではないだろうか。アメリカ合衆国で一九六〇年代中頃に、ジョンソン大統領の要請でなされたいわゆる「被害者化」についての最初のアンケート調査は、まさに、犯罪行為についての知識を作り出すことを目的としていた。当初、その調査は、一方では「被害者化」、すなわち一定期間のうちに被った犯罪や軽犯罪について、他方では被害者自身について、質問表を用いて当該地区での代表例を尋ねるものであった。目的は、「闇の数字」を少なくすること、すなわち警察と司法によって記録されたデータと、住民によって実体験された犯罪や非行の現実との間にある差異を小さくすることであった。住民は、被った害悪を必ずしもすべて当局に届け出るわけではないからである。フランスでの最初の研究は八〇年代にはじまり、いまや、さまざまな研究や国際比較研究が存在している。また、被害者化のアンケート調査が慣行《ルーチーン》化された国もある。

実際には、この種のアンケート調査の方法は多くの問題を生じさせている。調査が有益な知識をもたらすにしても、それは先駆者たちの期待に反して、犯罪や犯罪者についての知識であるというよりも被害者についての知識なのである。より正確に言えば、「被害者化」の多様性についての知識、したがってまた、治安と公権力介入に関する期待の多様性についての知識なのである。(105)

二　主体の否定としての暴力

こうして、公的空間への被害者の出現とともに起こった人類学的転換の争点が、いっそう明確にされはじめている。その出現は一方で、たとえ公的空間と私的空間の境界の定義を変動させるだけにせよ、諸制度の激変を印しづけているのである。そして他方で、公的空間においてそれまでは見えなかった、あるいはほとんど見えなかったカテゴリーを現代の近代性における重要な顔に変え、個人的な、また場合によっては集合的な、主体の表現がとりうる様式のひとつを舞台に乗せているのである。

a　国家と政治の危機

被害者の創出とその衝撃は、それらがしばしば表面化させるもの、すなわち、政治の機能不全や放棄、国家の崩壊、それに政治的・法的システムの崩壊と不可分である。国家やそれらのシステムは、古典的な機能を引き受けて秩序、統一、社会的絆を保証することができず、あらゆる種類の被害者から出される要求の増加に混乱しているのである。

そこに、被害者の時代が持つ不安な側面があり、たとえばルネ・ゾーベルマンとフィリップ・ロベールは、それを強調して次のように示唆している。「被害者たちへの関心は、非行者を『治療する』、あるいは社会に『復帰させる』ための解決策がすべて失敗したという、一九七〇年代における意識の広がりを大きく利用した（……）と考えうる。あらゆる解決策に対して、決定的な『ナッシング・ワークス〔まったく効果がない〕』がひとたび宣言されるや、刑事裁判の過激な批判者たち、あいまいな処罰の自由裁量に対する公平（ジャスティス・モデル[六]）の擁護者たち、非行者の制圧と威嚇の推進に執念を燃やすネオ現実主義者たち、そういったすべてがごちゃごちゃになって、関心を非行者から引き離すことに一役買った結果、一種の空隙が作り出され、被害者に対する新しい関心がその空隙をついて現れたのである。[106]」

このような国家、政治、諸制度の危機は、その危機が一役買って生み出すものによってさらに助長される。実際、危機は、行政当局が犯罪と非行に対処できず、したがって他の回答を見いだされねばならない、という意識を養うのである。ある人びとは、秩序が支配していた神話的な過去についての、多かれ少なかれ反動的なノスタルジーを発展させる。またある人びとは、刑事裁判への全幅の信頼から遠ざかって、とりわけ、国家や保険によって、あるいは前もって示談で解決されるかもしれない民事訴訟によって賠償されることを期待する（この民事訴訟に訴える態度は、もはや国家にではなく法律に訴えるという、ますます増加する傾向の中に組み込まれている）。そしてまた、何らかのやり方で被害者たちが行動を起こせば起こすほど、ますます、メディアも彼らの行動、期待、要求を伝達し、ますます、脱制度化と、国家や政界への信頼の喪失とが深化することになる。

公権力が、暴力に対して政治的、治安的、法的に対処しえないことが明らかになればなるほど、ますます、被害者たちは表面に姿を現す。そして、彼らが表面に姿を現せば現すほど、ますます、国家は秩序と社会的絆を保障する機能を果たしえないように思われるのである。

それゆえ、被害者のテーマに恐怖のテーマを結びつけることは不条理なことではない。このことに関して、さらに国家の責任性を問題にせねばならないのだろうか。国家だけが問題なのだろうか。むしろ、あるいはまた、ダヴィッド・L・アルセイドが示唆しているように、メディアを非難すべきではないのだろうか。彼によれば、一九八〇年代以降、アメリカ合衆国のメディアは、統制のない世界、統制を外れた世界のイメージを作り上げているというのである。[107] 彼の説明によると、メディアの主張は、われわれは自ら社会生活に参加することができず、メディアが流すわれわれには関係のないニュースに従属しているのだ、ということである。ところで、すべてを押しやるメディアの主要なメッセージは、恐怖である。このパースペクティブにおいて、メディアは、秩序と国家に取って代わっているというよりも、むしろ神と道徳に取って代わっていると言いうる。世俗化した社会において人びとが怖がるのは、もはや神ではなく犯罪なのだ、とアルセイドは続けている。ところで、彼の確認によると、恐怖という言葉がメディアの中に広がったのは九〇年代中頃からであり、もうひとつの被害者という言葉についても同様である。メディアの中に遍在する恐怖と、被害者たちの自己表明との間にはひとつのつながりがあり、両者とも同じ枠内に属していると彼は言う。「ステータスとしての被害者化（victimization（または victimhood））は、遍在する恐怖心に根拠を置いている。というのは、被害者化に意味を与え、公衆にとって被害者化を受け入れうるものにするのは、恐怖心だからである。[108]」もうひとり別の著者フランク・フレディが、アスレイドのこの主張を例証して次のように書いている。「被害者のアイデンティティの出現にとって先立つ条件となったのは、危険意識の強化である。イギリスとアメリカ合衆国で、犯罪に対する恐怖心の増加と危険についての認識の増加が、誰もが被害者になりうるという意識を広めるのに一役買った。[109]」

この視点は批判を補完し、被害者の遍在を、政治の放棄と国家の機能不全にだけでなく、メディアのシステムと、それがわれわれの諸カテゴリーを作り上げるやり方にも結びつける。この視点が行き着くところは、恐怖心を遠ざけうる国家などの統制がなく実際に危険に陥った世界において、被害者は守られねばならない人だという考え方である。政治、メディア。さらに批判を広げなくてよいのだろうか。被害者のテーマは、もっと根本的に、一般的な文化の変化、文化の深い危機を表わすことにならないのだろうか。これは、とくにロバート・ヒューズが考察していることである。彼もまた、現代の感性における被害者の遍在を告発し、そこに政治的現象だけでなく、とりわけ文化的現象をも見ているのである。すべての人が被害者になろうとするが、それは苦痛を訴えることが影響力を持つからである、と彼は説明している。[110]「権利の拡大が公民権の残り半分（義務と責務への専心）なしになされる」ところの「苦情訴えの幼稚化した文化」が作り上げられているという。この頽廃は（とヒューズは考える）主観性の高まりと対になっており、いまやアクセントはいたるところで主観性に置かれ、「われわれが考えたり知ることのできるものにではなく、物事からわれわれが感じ取るもの[111]」に置かれている。このことから彼はゲーテを引用する。ゲーテにとって、進歩の時代は客観性に支配されているのに対して、退行の時代は常に主観的である、と。こうして被害者のテーマは、主観性と、公的議論の中で増大するその重要性とのテーマに接近する。このことは、われわれにはもっともだと思われはするけれども、主観性が頽廃の観念と結びつけられているので、当然ながらはるかに異論の余地がある。[八二]というのも、頽廃のテーマそのものが一般的にその空間を見いだすのは、状況が変わって、マルク・ブロックが言ったように、新しいものや驚くべきものを考えることが困難になった時だからである。

b 主体の認知

被害者のテーマ体系におけるこの主観の次元を、なぜ、頽廃という否定的な仮説に還元せねばならないのだろうか。被害者の出現が意味するのは、ある個人や集団が耐え忍んだ苦痛、被った暴力体験を公的に認知すること、心的外傷とその影響について考えることでもある。その出現は、集合的意識、政治、知的生活の中に個人の主体が存在することを印しづけ、もはやたんに社会の作用と社会適応化の問題に対する感性の増大だけでなく、主体形成とその危険の問題に対する感性の増大をも表わしている。これは、子供についてアラン・ルノーがみごとに指摘していることである。すなわち、子供を主体として示すこと、子供に権利を認めることは、近代において、「どんな仕打ちをも子供に加える可能性」を制限し、「動物に対して用いるような調教テクニックを子供に対して用いるのを[112]」排除することを意味したのである。近代性に固有な主体形成の推進は、暴力に訴えることを排除する。子供を被害者にしかねないあらゆるものを告発することは、逆に子供を主体にするはずのものを推進することである。被害者の出現は、主体のテーマを大々的に政治生活（たしかに、政治生活はそれに対する備えがいつもできているわけではないが）や法律の中にも、あるいは知的生活、とくに社会科学と哲学の中にも引き入れる。つまり、その出現は暴力についてより深く考察するよう、われわれを誘うのである。というのも、暴力は、被害者の視点から見れば、喪失を、肉体的完全さ〔無傷さ〕に対する攻撃を、必然的にもたらすからであるが、また、否定され荒らされた主体性に、主体の指標の破壊に、行き着きうるからでもある。人は、主体の指標の枠内で動くのであり、それが破壊されると、多かれ少なかれ、人格喪失、人格崩壊、個人の軌跡の切断あるいは不連続、といったものを被ったという意識を持つことになる。被害者になることはまた、しばしば、羞恥心、罪責感、それに多かれ少なかれ持続的に生活を侵すあらゆる種類の障害を体験することでもある。

被害者たちとその子孫や近親者たちは、全員が必ずしも同じ認知要求をするわけではない。ある場合には、個人的なものであろうと、集合的なものであろうと、実体験した出来事の特殊性が認められることを望み、たとえば、ジェノサイドの生き残りとして認知されることを望むことになる。またある場合には、逆に、出来事によって一般の人びとから区別されたにもかかわらず、自分は正常で規範に適合していると確証されることを要求する（たとえば、レイプされた若い娘が、卑しめられ穢されたことに対して哀れまれるのではなく、無傷と見なされることを望む場合がそうである）。暴力は、被害者を卑しめると同時に他の人びとから区別するのであり、被害者は、二つのレベル、すなわち劣等感のレベルと差異化のレベルで苦しみうる。したがって、被害者に主体形成能力を取り戻させうるメカニズムは、必然的にこの二つの次元を考慮せねばならず、複雑である。しかし、すべてのメカニズムは、被害者が主体として再構成される必要性に対応している。

したがって、はっきりと言うことにしよう。暴力は、数えきれない形態を取るけれども、どの場合でも主体の否定なのである。被害者の出現は、そのことを意味し、暴力と立ち向かうようにわれわれの社会を促すのである。では、被害者の出現を通しての（もちろん、他の多くの現象をも通してであるが）主体の強力な台頭は、前述した諸制度、政治、それに国家の弱体化の論理に必然的に組み込まれているのだろうか。経験が示していることは逆で、主体の台頭はアジョルナメント〔時代への適応、刷新〕に寄与しうるということである。すなわち、ロベール・フレスのすばらしい表現を借りれば[113]、国際的、地域的（たとえばヨーロッパ）、国家的、地方的政治システムが個別主体に関する政策で再編成されるアジョルナメントへの寄与、あるいは諸制度が（ここでもまた諸個人の社会適応化よりも主体形成の役割に中心を置くことによって）改革されるアジョルナメントへの寄与、そして最後に、たんに多かれ少なかれ揺るぎない同情ではなく、諸権利が被害者たちに与えられるアジョルナメントへの寄与である。

すでに見たように、一九七〇年代のアメリカ合衆国で起こった女性被害者たちの最初の運動は、しばしば、さまざまな制度と協調しながら一種の弁証法の流れに沿って機能し、大きな意義を持つ実践を実現させた。同じように、フランスでは八〇年代から活発な動きが広がり、被害者に対する援助団体、時には被害者団体自身が、法制や公権力の態度を大きく変化させた。その目覚ましい例として、一九八六年に創設されたテロ・エス・オー・エスを挙げることができる。この団体の設立を推進したのはフランソワーズ・リュデッキーという女性である。彼女はテロ攻撃で負傷したが、当時テロ被害者たちがほとんど重視されていなかったことに対して憤慨したのであった。それ以来、ひとつの法律（一九八六年九月九日の法律）が、テロ被害者たちに賠償補償する基金の創設を定め、また、テロ被害者たちの心理学的な援助を事件後ただちに保証するなど、さまざまな対策が取られるようになった。このことが示しているのは、被害者たちが主体として自己表明することは、政治当局や諸制度に影響を与え、それらを、萎縮してますます無能化する立場ではなく、適応して積極的に変化する立場に置きうるということである。そもそもこの図式は、国家が諸団体の成長を奨励し、次いで、経費がほとんどかからずにすむことも珍しくない（ボランティア活動だからにすぎないにせよ）団体組織の行為と公的行為の相互補完に基礎を置く政治を実践するたびに、一般に見いだされるものである。フランスなどでは、とくに市町村による被害者に対する公的援助サービスと専門の諸団体との間で、ほとんど全国をカバーし、毎年数万件を扱う濃密で活発なシステムが作り上げられた[114]。職業上あるいは職務上被害者と直接接触する人びと、すなわち医者、警察官、人道主義的組織のメンバー等もまた、暴力が意味した主体の否定に直面するのであり、とくに心理学的支援の形態によって、主体に関する政策と一致する諸方策から成果を上げうる。このこともまた、再制度化の要因になりうるのである。

行為者としての被害者たちと、彼らに耳を傾ける諸制度や公的な諸政策との間に確立されるこの弁証法の確認は、それが示唆する裏返しの論証によって補われうる。すなわち、政治的、制度的ないくつかの変化は、まさしく、当事者たる被害者たちの沈黙や動員の弱さのために、起こらない場合もあれば、不十分な場合もあるということである。その例として、非常にかけ離れた複数の領域から二つ挙げることができる。ひとつは交通事故の例で、これはフランスではとりわけ多くの人命を奪っているものである（二〇〇一年だけで八〇〇〇人近くが死んでいる）。もし、被害者の家族や近親者たちが強く行動を起こすことができ、議論、対策、世論の喚起、行動様式の修正を強いていたなら、その死者数は二〇〇三年以前から減少していたにちがいない[八二]。もうひとつの例は、歴史の領域に属するものである。実際、歴史についてのわれわれの理解の変化は、往々にして、被害者やその子孫たちが歴史に自分たちの記憶を受け入れるよう強いる時に起こっている。フランスの場合を見れば、第二次世界大戦の歴史、とくにヴィシー体制の歴史は、五〇年代から六〇年代にかけて言われていたことに対して大きな見直しがなされるにいたったが、それにはユダヤ人の行為が大きく関与していた。同様に、一九一五年のアルメニア人ジェノサイドをフランスが公式に認めたのは[八三]、アルメニア人の諸共同体がそれを求めて積極的に動員されたからである。それに反してアルジェリア戦争[八四]の場合は、おそらく被害者たちを特徴づける分裂と感情のために、虐待され苦しみに満ちた主題にとどまっている。すなわち、FLN[八五]を支持した人であろうと拒否した人であろうと、全員が国の独立を望みながら、結局はフランスで生活することになったアルジェリア人の子孫たちがいれば、気詰まりに感じたり、十分に認知されていないと感じているハルキやピエ＝ノワール[八六]の子供たちもいれば、戦争中に徴集された兵士たちもいる、等といった具合なのである。ここでは、記憶の動員は苦しみに満ちているだけでなく、あまりにも矛盾をはらんでいるので、強力に一致団結して歴史に影響を与えることができない。

こうして、被害者のテーマは主体のテーマに道を開くのである。しかし、自明とは言えないこの道を検討するには慎重さが求められねばならない。

c「被害者中心主義」の危険

主体になるとは、実のところ、たんに自分の生命、肉体、私的あるいは集合的生活、自分の肉体的・精神的存在を救うことだけを意味するのではない。それはまた、自分の私的経験を築き上げ、自分の選択を支配し、自分の能力を生かしてさまざまな文化的表現形態を刷新し作り出すことをも意味する。ところで、ポール・ギルロイが強調しているように[115]、被害者それ自身はこの観点のもとには現れることがない。被害者のアイデンティティはいわば否定的で、主体の半分にしか対応せず、肯定的なアイデンティティについては何もわれわれに示してくれないのである。被害者が定義されるのは、被害者から奪われたもの、被害者の内で破壊されたもの、喪失といったものによってなのである。それゆえ、公的舞台が「被害者たち」であふれることは、議論を過去とその認知へ引っ張る緊張のイメージを与え、必ずしも新しい争点や関係を作り上げることの助けにはならない（ただし、アルゼンチンと五月広場の「狂った母たち」について述べたように、過去の被害者たちの名において影響を与えることで、未来を変え、公的な諸政策や国際的な諸協定によって、以前は可能であったものを今後は不可能なもの、少なくとも困難なものにすることは別である）。中央アフリカ共和国の首相であったジャン＝ポール・ヌグパンデの注目すべき論説[116]が、この観点について力強い表現をわれわれに与えてくれている。彼の説明によれば、黒人奴隷が売買されていた数世紀間は、アフリカ人は間違いなく被害者であった。しかし今日では、「われわれ（アフリカ人）自身が、現在と未来の主要な破壊者となっている」。要するに彼が言っているのは、いまやわれわれを被害者と見なすことをやめるべき時であり、国家の崩壊、治安不安、エイズや慢性的退廃といった悲劇の広がりに対して「主に罪があるのはわれわれなのだ」ということである。彼によれば、被害者のテーマは、自己破壊の論理を利する以外に何の役にも立たず、被害者であることは、行為者として自己形成することではなく、無能力の中に閉じこもることである。

もっと一般的に言えば、知的・政治的議論に見られる最近の傾向は、パスカル・ブリュクネールが「被害者化《ヴィクティミザシオン》」と呼び、エリザベート・バダンテールが、かなり近いパースペクティブにおいて、「被害者中心主義《ヴィクティミスム》」と形容したものの行き過ぎを告発することにある。すなわち、近代的個人主義はひとつの「病気」に、個人も集団も「迫害された民族のモデルに身を屈する」かたくなな性癖に、行き着くのだろうか、と問い質すのである。「もはや誰も責任ある者と見なされたくなく、誰もが、たとえ特別な試練を何も経験していなくても、不幸な者と見なされることを切望している。」[117]これは、ブリュクネールにとって、「真に不遇な人びとの立場を」奪い取ることになるので「言語道断」である。こうして被害者の出現が行き着いたのは、大規模な乱用、各人が自分自身の存在における責任性を認めようとしない無能力、混同と混合（すべての人が被害者で、誰にも罪はない。というのも、罪があるとすれば、それは被害者になったことなのだから）であるというのである。フェミニズムのいくつかの流れ[118]は、女性を何よりもまず被害者として定義することを選んだ点で、エリザベート・バダンテールが辛辣に批判するようにこの倒錯の極端な例をなすかもしれない。

この種の指摘は、「真の」被害者たちの具体的な顔を批判するのではなく、「被害者中心主義」の乱用と行き過ぎを批判するのであれば、完全に受け入れうる。それは、本書で提示した中心的な考え方をいかなる点でも損ないはしない。本書が被害者の出現の中に見るのは、暴力を振るう張本人とその張本人自身の主体性（失われ、否定され、道具化された主体性で、これについては後で立ち戻る）から出発するだけでなく、暴力が襲い害を与えられる人びとの主体性からも出発して、暴力について考えることへの誘いなのである。したがって、暴力からの脱却は、たんなる認知では十分でありえず、暴力が引き起こした過ちと損害の補償でさえも十分ではありえないということが、明らかになる。暴力からの脱却は、被害者たち自身が建設的な主体に変わり、自らを否定的アイデンティティや喪失に還元することのない能力を持った行為者に変えるか、あるいは、被害者たち自身が働きかけて、他の人びとを完全に主体および行為者にさせうる条件を創出する時、はじめて可能となるのである。

したがって、本書ではあらためて、重要な現象（この場合、公的空間に被害者の顔がいまや強力に存在すること）がもたらす歴史的な新しさを確認し、その影響を測定して、暴力現象を理解するためにそこから社会学的な教訓を引き出さねばならない。まず肯定的側面として、この被害者の顔の存在は、司法が十分に役割を果たすためにはその存在を考慮せねばならないという司法への要求を持っており、以前には法廷が隠蔽あるいは過小評価しがちであった実際に被られた苦痛の認知を意味している。その存在は、司法にとって好都合な意味で影響を与える。ここでいう司法には超国家的あるいは国際的な司法も含まれ、とくに人道に対する罪の場合には、それぞれの社会や文化に固有な諸価値の相対主義を超えうる。このことを、ミレイユ・デルマ＝マルティがみごとに説明している。彼女は、人道に対する罪の概念を法的に根拠づける可能性について問い質し、「文明が異なったり対立していても、共通する諸価値を探そうとすれば、被害者たちにこそ目を向けるべきではないだろうか」と問いかけているのである。「レイプや拷問がそのようなものとしてとがめられも、刑法上罰せられもしない国においてでさえ、被害者たちは、人間としての尊厳を辱められ、踏みにじられていると感じているにちがいない、と考えうる。[119]」さらに、被害者の存在は、公式の歴史が切り開かれ変わることを強い、しばしば一部の事実を無視して勝者や支配者の視点だけに特権を与える型どおりの解釈を打ち砕く。被害者の存在はまた、政治の責任者たちに、彼らが責任を負っている社会に存在した過去の悪習を認めさせるだけでなく、被害者の存在を考慮させることで、不正、集合的犯罪、ある種の蛮行形態を将来にわたってよりよく避けさせうる。最後に、被害者は、被害者として理解され知覚されることで、自分を認知してくれるいかなる空間も存在しない場合に比べて、容易に自己の再構築プロセスを開始することができる。

しかし否定的側面として、被害者たちの公的な存在は、恐ろしい脱線を引き起こしたり、助長したりすることがありうる。というのも、その存在がある領域にあふれるたびに、その領域を毒することもありうるからである。被害者やその近親者たちが、司法に圧力を加えて、厳格な証拠によらず自分たちの確信によって判決を下すよう強いることがありうる。つまり、彼らの惨事と苦痛は、たしかに被った犯罪を明らかにするにしても、真実を証明するには必ずしも十分でなく、真実をあいまいにすることさえありうるばかりか、直接的に、あるいはいつもセンセーションを探し求めてあおるメディアを仲介にして、まことしやかに裁判官や陪審員に影響を与えうるのである。さらに被害者たちは、歴史学にも圧力をかけうる。それは、歴史学を豊かにしたり正したりするためではなく、逆に、何らかの疑問の表明を歴史学に禁じたり、何らかの限界を歴史学に加えるためである。その時彼らは、被った蛮行が与えてくれる大きな正当性に依拠して歴史家たちと張り合うことになる。たとえば、歴史家が、これこれの大量殺戮で被害者となった人びとの子孫が提示する解釈をしりぞけたり、他のカテゴリーではなくこれこれのカテゴリーを適用しようとすれば、歴史家は、恐ろしい、時には暴力的な非難に身をさらすことになる。このことは、バーナード・ルイスやジル・ヴァンスタンが、一九一五年にアルメニア人が被った大量殺戮と集合的犯罪について、その真実性に異議を申し立てたわけではなく、ジェノサイドという語でその惨劇を規定することに対して批判を加えた時に、確認できたことである(八七)。

被害者たちは、事実についての合理的な分析によってではなく、感情的に政治的議論のバランスを崩すことによって、政治の放棄と国家の弱体化に寄与しうる。さらに、公的生活への彼らの介入は、諸領域間の境界を解消させるおそれもある。すなわち、私生活と公的生活の境界だけでなく、たとえば、被害者の視点が訴訟を政治戦略に変える時には、法曹界と政界の境界も解消させるおそれがある。ここで、アイヒマン（このナチ犯罪者はイスラエルの特種機関によってアルゼンチンで捕らえられ、イスラエルで裁かれることになった(八八)）の裁判の例が教訓的である。すなわち検事は、証拠資料ではなく被害者たちの言説と存在を最優先し、法廷をまさに劇場化することによって、イスラエル人の心を動かして民族統合を強化することに貢献しようと、イスラエルとディアスポラ〔イスラエル外に住むユダヤ人〕の間のいっそう強い絆を織り上げたのであった。被害者たちの重み（アネット・ヴィヴィオルカは「証人たち」という言葉を用いているが、彼女が言っていることは、多くの点で、被害者たちに関するわれわれ自身の指摘と一致する(120)）は、このような訴訟を、司法、政治、歴史が入り交じり、混合し、ついにはそれらが互いにもつれ合う瞬間にしてしまう。最後に、認知された被害者は、手段も気力もないという彼ら自身が抱える問題のために、あるいは社会やメディアが彼らに注ぐ視線のために、破壊や否定性に通じる自分の殻に少しでも閉じこもったならば、未来に自分の姿を投影し、主体として自己を構築・再構築することができなくなるおそれがある。つまり、自ら「被害者中心主義」の表象に閉じこもる社会的・文化的運動や、歴史家サロ・バロンの言葉を借りれば、自分たちの歴史的経験を「涙の」物語にしてしまう歴史上の行為者たちは、堂々めぐりして先に進まず、何も作り上げず、過去にしか自分の姿を投影できなくなってしまうということである。

　われわれは被害者の時代に入った。そしてわれわれは、被害者の視点をしりぞけることを避けねばならないと同時に、その視点を政治的、法的、知的なあらゆる考察の根本原理に据えてしまうことも避けねばならない。被害者たちは、われわれの集合的生活の一部をなしており、したがってわれわれを助けることができ、さらに、彼らが被った暴力をよりよく理解するようわれわれに促すこともできるのである。しかし、われわれはまた、被害者たちが蒙昧と無理解の要因になりうることも知っておかねばならない。

第4章　暴力とメディア

暴力とメディアの間に見られる関係の観点は新しいものではない。たとえば一九世紀以来、犯罪者の一部は、ジャーナリズムに自分たちを取り上げさせようという明白な動機を持って行動してきた。そして、それとは別の分野では、宣伝と対抗宣伝におけるメディアの役割が、第一次世界大戦時から、兵士の動員において決定的なものとなったことは明らかである。たとえば、アルベルト・アインシュタインは、『ヒトはなぜ戦争をするのか』に関するジグムント・フロイトとの有名な往復書簡の開始となる一九三二年の書簡において、「憎悪と破壊という心の病」が知識人にさえも宿っていると述べ、知性が「紙の上の文字」によって強く、また完全に、影響されると明言している(121)。

しかしながら、この問題でもまた一九六〇年代が転換期となっている。というのも、その当時、この問題が濃密で論争的な多数の議論の対象となっただけでなく、公的政策の対象ともなったからである。以後、メディアは、システムを形成することもある自立的な行為者として認識され、以前よりもはるかに、存在の根拠を問い質されたり、悪影響を及ぼしていると批判されたりする。批判はまた、憂慮すべきであると判断されるある種の現象をメディアの責任に帰しうるために、なされることもある。メディアをやり玉にあげる規模の変化はまた、アメリカ合衆国の日常生活の中にはすでに一九四〇年代から大きく入り込み、東欧と西欧の諸国にも大規模に定着しているテレビのますます大きくなる重要性とも関係している。

したがって初めのうち、メディアあるいはそのうちのある種のもの、とくに音声映像メディアが批判されたのは、これこれの表現や暴力表現とその実行との間にある因果関係を何らかのやり方で明らかにしようとするアプローチに沿ってであった。そこでの問題設定は次のごとくである。メディアは、テロリズム、ある種の犯罪、若者の攻撃性といったものについて、罪はないにしても、少なくとも部分的には責任があるのではないか。そして、メディアは暴力の原因ではないにしても、暴力の激しさ、形態、出現の仕方に影響を及ぼしているのではないか。暴力を育て、その一覧表を作るのに一役買っているのではないか。

この種の批判は消えるどころか、時にはメディア告発の広がりに支えられて拡大した。メディアは、新しい自立的な権力（「第四の権力」[九〇]）になったと告発されないまでも、少なくとも、一般に経済的・政治的権力に手を貸していると告発される。メディアは、諸々のイデオロギー装置を形成して、社会的支配の再生産を確実なものにしている。また象徴的な暴力を用いて支配された人びとの疎外を確実なものにし、その人びとを、自分自身の受けている抑圧についてさまざまなカテゴリーを使って考えることもできなくさせている。そのように告発されるのである。しかし、現代におけるあらゆる暴力分析にメディアを介入させる必要性が明らかになればなるほど、もっぱらメディアに責任を負わせようとする論証に甘んじることはますますできなくなる。

一　テロリズムとメディア

国際的テロリズムもまた新しいものではない。しかし、キューバ行きのハイジャック[九一]を皮切りに、とりわけ一九六八年にＰＦＬＰ（パレスチナ解放人民戦線）の活動家たちによって実行された最初のハイジャック[九二]とともに、国際的テロリズムにとって一時代が開かれたことは明らかである。次いで、その他のハイジャック未遂や、ミュンヘンでのイスラエル選手の殺戮（一九七二年[九三]）が起こり、さらに、パレスチナ民族の良心の名のもとに語る過激化した行為者たちの極端な表現が数多く登場することになった。

a　共生的関係？

ひとつの情勢（それは西洋のいくつかの社会にとっては、一九六八年の運動の沈静、極左主義の台頭とそのテロリストの派生という情勢であるが）の中で、当時、テロリズムとメディアの間に「共生的」関係があると仮定した主張が展開されていた。何人もの専門家[122]の説明によると、それらの間には相互に利害関係がある、というのも、テロリストたちはとくにテレビによって瞬時に視聴者を得ることができ、そのおかげで彼らの行為の影響力を広げることができるからであり、またそれと対称的に、メディアにとっては、視聴者を満足させる有益なスペクタクルを（政治と三面記事的出来事とが交差するところでの死、衝撃、破壊の映像といった最良の素材によって）彼らは生み出すからだ、というのである。

この主張は、上で述べたようなテロリズムの高まりが持つ新しさ、すなわち、先行する諸形態とは違って、以前には存在しなかったコミュニケーション手段から明らかに最大の利益を引き出しながら、国際的規模で作用するという新しさを強調しているだけに、当時、ますます大きな反響を引き起こした。共生的関係という考え方の根底にあるのは、テロリズムがある種の期待、要求に理想的な形で応えているのかもしれないという前提である。つまり、テレビの視聴者たちは、たとえ憚れるものであろうと、その種の衝撃を安楽椅子に座って待っているというわけである。したがって、テロリズムとメディアの間で交わされた「悪魔の契約」の中には、文化的次元、欲求、欲望が含まれており、テロリズムのおかげでメディアはそれらを満足させうるということになる。これは、一般的な暴力映像についてイヴ・ミショーが的確に語っているように、「われわれの好奇心、残忍なポルノグラフィーに対する病的で不健全なわれわれの関心、それにまた、たとえ不気味で醜悪なものであろうと、気晴らしと気分転換に対するわれわれの欲求、これらの共犯関係[123]」である。

テロリストとメディアの道具的関係を一般化し、それぞれが他方の存在にとって利益になっていると見る主張は、魅力的ではある。しかし、この主張は分析に耐えない。まず第一に、一九八〇年代中頃のある研究が明らかにしているように、この場合、ただひとつの関係が存在するのではなく、いくつもの関係が存在している。[124] たとえば、民主主義社会との関係においてテロリズムの行為者たちの視点にのみ立った場合にでも、モデルケースを四つ区別できるのである。すなわち、ひとつ目は純粋で単純な完全な無関心で、この場合、テロリストたちは自分たちの行為がメディアによって取り上げられたいとはまったく思っていない。二つ目は相対的無関心で、これが見られるのは、自分たちの人目を引く行為によってメディアに取り上げられようとはしないものの、それでもたとえば彼らに対して開かれている一新聞に声明を出すような場合である。三つ目はメディア戦略で、彼らはメディアの機能を見越して、できる限りそれを利用しようとする。そして四つ目は断絶であるが、これが見られるのは、テロリストたちがメディアを他の行為者たちと同様に敵視し、彼らにとって、メディアを沈黙させること、あるいは、いずれにせよメディアの中立性、独立性に異議を唱えて、メディアを威圧し、強い圧力をかけることが問題であるような場合である。この時、相互の利害関係という考え方からはまったく遠ざかっている。

第二に、メディアによるテロリズムのスペクタクル化をもっとも決定的に推進する人びとは、必ずしも「共生的関係」型の図式に従っているのではない。よく調べてみれば、さまざまなモデルケースを区別する必要のあることが確認できるのである。すなわち、ある経験においては、主導権を持つのはテロリストたちであるが、別の経験においては、主導権を持つのは記者たちのほうで、場合によっては事件の張本人となったうえで、その事件を報道したり、極端な場合には行為者たちに金を払うこともある。さらに別の経験においては、メディアによる増幅は何よりも第三者から生じている（第三者とはつまり行政官、政治家、警察官等で、彼らは、人目を引く映像を提供するのではないにしても、少なくとも公衆の関心を引き起こしたりいっそうかき立てたりする情報要素をメディアに提供する）。

b　テロリズムの産物

テロリズムの映像、テロリズムについて与えられる情報は、あらゆる種類の行為者を（あるいはメディアのシステム内部で、ある者はその外部で）揺り動かすひとつの産物である。内部を見れば、記者たちは、たとえ事件をありのままに伝えているだけのように見えようと、実際には、常に多くの任務と活動に対応する仕事をなしている。ある者たちは、現場にいたり事件に近い筋と接触したりする。また、カメラやマイクを向けることもあれば、自らどこかの観察場所に身を置くだけの場合もある。こうして彼らは、「記事」を準備するための諸要素を書きとめたり提供したりするのであるが、要するに、可能な限り情報のもっとも上流にいるのである。その彼ら自身または他の人びとが事件を分析、規定し、食い違いがあれば情報源を突き合わせ、内部での協議や外部での会見によって情報を補完し、使える映像を選択するが、必要があれば資料室や参考資料の中に別の映像を探しに行くこともある。さらに、編集の責任者たちは、諸々のニュースの中でその情報の重要度を決定するとともに、コーナー（国際コーナーか、司法コーナーか、一般ニュースのコーナーか）を決定しなければならず、映像の選択に当たって自分の考えを言い、場合によっては事件の説明を補うために専門家、政治責任者、軍人を招くことに気を使わねばならない。そのうえ編集部は、一般的な監視方針を持っていようといまいと、テロリズムが予測できないやり方で現れようと、これこれの問題が特定の記者によって一貫して追われていることを要求しうる。また編集部の判断は、テロリストだけでなく政治、軍事、警察、司法の当局からも場合によってはありうる要求に対して、どのように対処するかを考えたうえでのこともあれば、そうでない場合もある。通信社の速報、新聞記事、ラジオのニュース速報、テレビニュースがたちまち複合した産物となって、メディアのシステムの外側にいる多くの行為者をさらに揺り動かすことになる。行政官、政治当局者、弁護士、警察官、まれに軍人や外交官、情報提供者、目撃者、著名な専門家が自ら進んで、あるいは要請されて動員され、被害者やその近親者、テロリストやその近親者が、万一自分自身についての情報を流したいと思うようなことがあれば動員され、知識人が動員されるといった具合である。つまり、メディアが伝える内容は多くの人の影響を受けているのである。これには変質のあらゆる種類の危険が伴っている。ある人びとはしゃべりまくり、またある人びとはすべてを言おうとしない。実際には立証できない仮説を確実なものとして平然と提示する人びとがいる一方で、問題のそのような側面については沈黙を求める人びともいる。テロリズムに関する情報の生産に参加するすべての人が、情報をできる限り客観的で完全なものにするための協力だけを関心事にしているわけでも、義務と見なしているわけでもない。彼らは、事実と真相に対して、国家理性と倫理に対して、世論と権力に対して、多様な関係を保持しているのである。さらに、時間に対する彼らの関係は、必ずしもメディアのそれと一致してはいない。メディアはただニュース性だけに縛られており、またメディアのそれぞれが日程、リズムを持っているからである。最後に、情報としてのテロリズムの産物は、さまざまな要因によって条件づけられる。それら要因は、すでに言及した行為者たちの作用に付け加わることになるが、そのうちでもっとも決定的なものは、標的となった権力の行動の仕方に起因する。すなわち、事態を制圧するか否か、危機に陥るか、それとも対峙するための手段を見いだすか、メディアに隠したり、ある種の経験に見られるようにメディアを「ブロック・アウト」しようとするか、といったことである。

テロリズムに関する情報は、ぶ厚い媒介の束をなすさまざまな活動の全体から作られるのであり、テロリストとメディアの相互的利害関係と、ほとんど自動的な一種の協力関係とを前提とする素朴な論証に還元されうるものではまったくない。それゆえ、テロリズムの責任はメディアにあり、メディアが暴力の要求を作り上げてテロリストからの暴力の提供に応えているという主張は受け入れられないし、また、たんに、暴力がもたらすもっとも破壊的な諸結果の源をメディアに求め、メディアが暴力を拡大させているからだ、などとする主張も受け入れられない。たとえメディアがなくても、テロリズムは大きな効力を発揮しうるのであり、その行為者たちの形成プロセス、彼らの出現、彼らの政治的期待を説明するのはメディアではない。メディアにできることは、せいぜい、時によっては戦略的・戦術的計算の一部をなすことなのである。

たしかに、われわれがテロリズムあるいはテロ事件と呼ぶものは、メディアがわれわれに見せるものである。しかし、ジャーナリストの仕事がいかに真面目なものであろうと、ここで客観性という言葉を用いることは難しい。それほど、メディアによって公衆に引き渡される表象は、本来の現象から必然的にずれているのである。それゆえ、二〇〇一年九月一一日のテロの際に、またその後に見られたように、競争が非常に重要なのである。すなわち、クウェートのテレビ局アルジャジーラによって提供された映像は、アメリカの諸々のテレビ局（それら自身、CNNに、ある

いは最近ではフォックス・ニューズに、支配されているが）の映像に対してバランスをもたらしたのである。[一二三]

テロリズムに関してメディアが流すものは、メディアによって作られたものなのである。たしかに、現実の事実から出発してはいるが、その事実は選択され、独自の視点のもとに提示され、単純化される。その際、情報をいっそうドラマチックにするために、必然的に近似的なものや過剰なものになるだけでなく、多かれ少なかれ故意による欠落や不十分さをも伴うだろう（テレビで、残虐行為が実行されている映像を見ることはほとんどなく、ワシントンとニューヨークでの二〇〇一年九月一一日のテロによる約三〇〇〇人の被害者の死体あるいは遺骸をわれわれはひとつも見なかったとしても、それは偶然ではない）。イヴ・ミショーが強調しているように、メディアは、暴力をむき出しのまま、その恐ろしさ、卑猥さのままに（これらのことは、多くの点で暴力をポルノグラフィーに属させる）見せるのではない。そうではなくて、規格化し、美化して、良識にかなった様式のもとに見せるのであり、「一方では暴力が存在せず、他方ではメディアも存在せず、メディアが見せるものとしての暴力だけが存在する」[125]のである。要するに、「とがめるべきものが歪曲や情報操作でないならば、とがめるべきは美化操作、すなわち美的オブラートで包むことにある。」[126]

そして、メディアにのせられた暴力はひとつの表象と見なさねばならないだけでなく、公衆によるその受け取り方もまた、多くの媒介に起因するプロセス、解釈、変形の対象なのである。アメリカのテレビドラマ『ダラス』[127]の登場人物の受けとめ方が国によってどう異なるかを比較した照合研究が明らかにしたように、民族文化の違いによって、事件、歴史的現象、言説、人物を受け止め評価する仕方は異なる。広範な共同体のレベルに当てはまるこれらのことは、より限定された集合体のレベルにおいても当てはまる。すなわち、ある個人がある時にテレビで放映される暴力の映像をどう受け取るかは、その人の家庭環境、個人的軌跡、それに多くの点で一定の脈絡によって決まるのである。その脈絡とは、その人が食卓についていて、テレビニュースをうわの空で聞いているとか、逆に、ニュースを熱心に見守っているとか、その人がひとりでいるとか、あるいは同伴者がいるとか、そういったことである。さらに、われわれはメディアが伝えるものから直接的に自分の考えを作り上げるのではなく、議論の成り行きに沿いもし、「ゲート・キーパー」(九四)が作り上げるフィルターを通しもするのである。この「ゲート・キーパー」というのは、ずっと以前にポール・ラザースフェルドがその重要性を明らかにしたが、われわれの政治的傾向、イデオロギー、先入観、考え方を考慮しながら世論を作り上げる担い手であり、メディアはしばしば、それらを修正するよりも強化することしかしないのである。

したがって、テロリズムの生《なま》の事実と個々の人びとがそれを受け取るものとの間にあるギャップは、決して無視できるものではない。暴力の客観性と主観性との区別という観点や、その区別の原則を強調するよう導かれるのはこのためである。

二　暴力の客観性と主観性

ここで、テロリズムはひとつのモデルケースでしかないとはいえ、一九六〇年代の転換期にはじまった論議に基づいて、上記の原則をわれわれが受け入れるのにもっとも役立つものであることは確かである。その原則は、現代の近代性の核心にあり、その一般的な射程はたんに暴力の諸問題にとどまらず、それをはるかに超えるものなのである。

実際、その原則は普遍主義と相対主義の間での著しい緊張（近代を特徴づける大きな分裂の様態のひとつにすぎないものでは決してない）の現れである。暴力とは、メディアなどの媒介を通してわれわれが暴力として知覚しているものを指すのだと考えれば考えるほど、ますますわれわれは、時間や空間によって、個人やグループによって、時代によって、その受け止め方が異なることを認めざるをえなくなる。言い換えれば、ますますわれわれは、個々人の主観性と各文化の独自性を考慮に入れることになるのであり、さらに、ますますわれわれは相対主義の側に立つことにもなるのである。しかし、暴力を表象あるいは規程様式と見なし、それらを必然的に相対的なものと定義して、ある特定の時代の限定された人びととの集合体にしか有効ではない、と考えることはできない。暴力は、まず第一に、被害者の肉体と精神の完全さ〔無傷さ〕に対するまさに現実の攻撃であり、人びとを害して殺したり、傷つけたり、否定したり、痛めつけたり、滅ぼしたり、他人の財産を略奪したり、盗んだりする明白な現象なのである。そして暴力は、第二に、観察者の文化あるいはパーソナリティがどのようなものであろうと、各人が知覚しうるはずの現象なのであり、その時、この現象は普遍的なものに属しているのである。

暴力の客観的な定義を示そうとすればするほど、ますますわれわれは普遍主義の側に立つことになる。このパースペクティブは、万人に認められる量的な道具立て（統計を可能にする道具立て）を作り上げようとする努力につながりうる。またこのパースペクティブは、暴力あるいはその様態の一部を定義するために、超国家的に有効でありうる共通の基準を目指すことで、いっそう哲学的なアプローチの一環をもなしうる。それゆえ、たとえば法学者たちは、「ジェノサイド」や「拷問」といった用語に明確で普遍的な意味を与えるために、旧ユーゴ国際刑事裁判所[127]にならって、定型表現を提案しうるのである。その国際刑事裁判所は、人道に対する攻撃を法的に定義するに当たって、「普通法とは異なり、攻撃の対象はもはや被害者の肉体的完全さ〔無傷さ〕のみにとどまらず、人類全体である」と指摘し、「これらの犯罪はまた、人間を攻撃するのであるから、個人を超越しており、人類を対象とし、人類を否定しているのである」と付け加えている[128]。

普遍主義と客観性への配慮とが対をなすものであるなら、相対主義と個人の主観性への配慮とについても同じである。したがって、暴力について考えようとする人にとっての困難は、その二つの領域をどう関係づけるかにある。それらの乖離を認め、さらにはその困難の中に不可能性を見なければならないのか。それとも、むしろそれらを関連づけようとしなければならないのか。問題はたんに理論的なものではなく、たちまち具体的なものになりうる。たとえば、客観的に見てアニメが激しい暴力を含んでいると考える社会科学の研究者たちの視点と、公衆にとってはそうではないことを示す世論調査の結果とを、どのように結びつければよいのか[129]。そもそも、研究者たちとその内容分析が完全に客観性の側に立っていると、われわれは確信できるのだろうか。

完全な客観性と結びついた極端で抽象的な普遍主義は、暴力を考察するに当たって、その張本人や被害者に関してであれ、レポーターやジャーナリストといった暴力を報告する人びとに関してであれ、あるいはその公衆に関してであれ、行為者たちの主観性を考慮に入れはしない。つまり、さまざまな人が個々に体験した経験を除外し、暴力が生じる歴史的条件や脈絡を考慮に入れようとはしない。そして、数値化されたデータを拠りどころにしようとする。反対に、一歩も譲らぬ相対主義は、分析を不可能なものにする。というのも、それが前提にしているのは、どんな経験も、それを体験した人びとや、それについて論じる人びとに固有の基準でしか理解されえないということだからである。この場合、暴力は結局のところ、自分の考えを語る人が表現しうるものにすぎず、他の誰もが、まったく正当に、受け入れたり異議を唱えたりすることができるものにすぎない、ということになる。

暴力に関する限り、客観的アプローチは常に異議を唱えられるだけでなく、強く問題にされることもありうる。たとえば、ある国における非行について利用しうる統計は、たしかにその現象についての情報を与えてくれはする。しかし、疑義が常に出されうる。すなわち、その統計はまた、司法と警察の機構に属する統計作成者たちの活動についての情報や、行政機関で統計のカテゴリーを作成した人びとのイデオロギーについての情報をも含んでいるのではないか（このために理解がもつれさせられる）という疑義である。これと反対に、厳密に相対主義的な視点は、空間や時間における比較を禁じるだけでなく、暴力のあらゆる概念化をも禁じる。

したがって、二つの領域の根本的な乖離は、「事実」が社会的に作られたものであることを覆い隠す「事実」の疑似客観性に基づくアプローチの普遍性も、また、純粋な相対主義の袋小路も、ともに避けたい人にとって容認し難いものとなろう。しかし、それではそれらの結びつきをどう考えればよいのだろうか。メディアによる扱い方など、さまざまな要素をゆがめる「事実」や「現実」が存在し、仲介の過程が複雑で長いものであればあるほど、客観性と主観性との間の隔たりはますます大きくなる、と直線的に考えるのでは不十分である。そのような論証は、隔たりをもたらすその他の要因、先入観の重要さ、容認し難いある現実を受け入れたり理解することはできないといった問題、これらのことを無視している。要するに、事実をゆがめる責任者たちについての考察だけが重視され、暴力の張本人や事実は脇に置かれているのである。この問題に対するひとつの解答（この解答は知的には輝かしいものでないことを認めねばならないが）は次のとおりである。すなわち、決して考察をいずれか一方の側だけに閉じ込めることなく、常に視線やパースペクティブを交差させるように努力し、客観性の言説が支配的な時には主観性と相対主義の視点を導入し、その逆の時には逆の視点を導入する、ということである。

公的生活において、二つの視点間の隔たりが大きくなって空隙ができたり、逆に、その隔たりが解消されたように思われるほど小さくなったりすることがある。前者については、次のような場合に例証される。すなわち、被られたある種の暴力行為を沈黙が取り巻いており、仮にその暴力行為について語ろうとする者が現れたとしても、それは被害者やその近親者たちだけであるというような場合である。このような場合には事実の客観性は消え去り、事実そのものが公的空間からもみ消され、被害者たちにとっては見捨てられたという一段と激しい感情を経験することになる。実際に第二次世界大戦が終結した時にそのようなことが起こった。すなわち、絶滅キャンプを生き残ったユダヤ人たちは、たいてい、自分たちのユダヤ人としての受難がどのようなものであったかを語りたいと思ったが、フランスでは、無関心の壁ではないまでも、少なくとも沈黙の壁にぶつかり、その壁にやっとひびが入るのは七〇年代になってからのことだったのである。(130)

反対に、事実と表象を分離しているように思われる溝が縮小する例は、フランスの場合、都市での騒乱に直面した左翼の言説の変化に見られる。すなわち、八〇年代初頭の左翼は、治安が悪化したという強い意識の一般的な高まりを、警察や司法機関の記録に見られる非行の増加と結びつけることはできないと主張していた。しかしその後の左翼は、治安が悪化したという意識と事実との間には直接的な関係があると仮定する右翼の視点に、絶えず接近し続けたのである。すなわち、その間に政治的圧力が絶えず左翼に加えられていたのであるが、それは世論調査やジャーナリズムのキャンペーンを介していたために、国民の募る不安に耳を傾けるよう促された結果である。そのうえ、客観的な暴力定義が変わり、とくにセバスティアン・ロシェやユーグ・ラグランジュの研究(131)を受けて、不作法〔礼儀作法の欠如〕の概念が台頭していたことも見逃せない（実際、治安が悪化したという意識は、非行の統計には含まれない不作法というささやかな暴力形態（侮辱、威嚇的態度、ささやかな破壊行為、唾の吐き捨て、等）によって、非常に大きく助長される)。社会科学の研究は、不作法のテーマを公的議論の中に導入することによって、治安が悪化したという意識を生み出している、以前には知られていなかったが客観的に存在してきた源を表に出したのである。こうして、事実と表象が接近した。しかし、次のこともまた本当である。すなわち、フランスにおいては、同じ社会科学の研究が非行に関する公式の数字を絶えず批判し、数字の上昇は必ずしも非行現象の増加によるものではなく、警察の仕事が九〇年代に変わったことにもよると説明するのである。たとえば、住宅地の近隣に警察を配置したことは、以前には非行行為の被害者となっても届け出ることのなかった人びとにとって励ましとなった。それほど人びとは、事実、はるか遠くにあった警察によって、無視されていると感じていたのである。

三　映像の暴力

a　ある議論の登場

一九六三年一二月一二日付けの『ニューヨーク・タイムズ』紙に掲載されたある投書の中で、その日刊紙の一読者が次のように主張している。すなわち、ケネディー大統領の暗殺犯が拠り所にしたのは、「数えきれないほどのテレビ番組が教えている、反対者を相手にする時の普通の方法〔銃による殺害〕である。この悲劇は、商業テレビの暴力によって精神と心が堕落させられた結果のひとつである」と。この投書は、オットー・N・ラーセンによって監修された共同研究書の冒頭に引用されている。この研究書は、今日でも相変わらず重要な議論の大きな端緒となった六〇年代末の著作群のひとつである(132)。同じ時期に、やはりアメリカ合衆国においてであるが、「暴力の原因と防止」を検討するためにジョンソン大統領によって設置された全国委員会の「スタッフ」の報告書の序文で、パウル・L・ブリアンド・ジュニアが、消費と購買行動に影響を与えているとするメディア側の主張を指摘している(133)。それなら、メディアが暴力行動に影響をまったく及ぼさないなどということが、どうしてありえようか、というのである。世論を揺り動かしはじめていた問題に対して、彼は実践的な回答まで示している。すなわち、幼稚園の先生が養成され、免状を授与され、絶えず研修を受けるよう促されねばならないのと同様に、テレビにもそのような基準が適用されるべきであろう、と説明しているのである。要するに、と彼は付け加える――薬が痛みをとること、体臭防止化粧品が社会的受容を引き起こすこと……、あるいはひとつの問題に対するもっとも簡単で手っ取り早い解決策は暴力であること、これらを子供たちが知るのはテレビによってなのである。彼はまた、テレビにとって二つの天秤、二つの尺度があるという事実も批判している。実際、メディアはいかなる検閲も受けないことを要求する一方で、自ら検閲を行っている。というのも、タバコが原因となるガンや、「人を殺す自動車」による死については何も言えないからである。

こうして、六〇年代からテレビが批判の対象とされるが、その批判は、主としてテレビがある種の人びとを、とくに子供たちを暴力に押しやると非難するものである。このような議論は、アメリカ合衆国とカナダから西洋のあらゆる社会に広がった。フランスの場合にはどちらかといえば遅かったが、それにはひとつの初歩的な理由がある。すなわち、フランスではテレビそのものの普及が遅れたうえに、長い間、政治権力の厳格な統制下に置かれ、公的サービスとの位置づけからコマーシャルは流されていなかったからである（ところで、後で見るように、上記の批判は市場経済の重要な諸側面と関係している）。

批判が最初に表明された時からはじまった戦線は、ほぼ同じ時期に上で考察したテロリズムとメディアの相互的利害関係という観点の端緒となったものとは異なっている。実際、映像の暴力に向けられた非難は、テロリズムに関する場合のように悪と政治的行為者を一体視するのではなく、悪をもっとはるかに広がった現象と見なしている。テレビ（批判の主対象とされるテレビ）は暴力を、フィクションとして、あるいは情報や資料として見させ、舞台に乗せることによって助長しており、テレビこそが第一の責任者であるというのである。しかし、テロリズムとの関係での責任となると、最初にそして単純に暴力と「悪魔の契約」を結んだのはテロリズムのほうなのである。ついでに指摘しておけば、議論はテレビに夢中になっているも同然で、ラジオの役割も検討に値するにもかかわらず、それについては事実上脇に置いている。この視点から、ジャン・アツフェルドは、ラワンダと千の丘ラジオ（ラジオ・

ミルコリーヌ」が一九九四年に起こったツチ族のジェノサイドにおいていかに決定的な役割を果たしたか(九六)に注意を促し、映画批評の大家で日刊紙『リベラシヨン』のコラムニストであるセルジュ・ダネを適切に引用している。湾岸戦争（一九九一年）当時、事件に対する映像の影響が議論されていた時、ダネは流れに逆らって次のように主張していたのである。「しかしながら、ラジオはメディアの中でもっとも危険なものである。国家やその制度的装置が崩壊するや、ラジオは唯一無比の恐ろしい権力を握る。ラジオは、言葉が持つ力を和らげたり曲げたりしうるあらゆるものを厄介払いし（……）、時間をかけることなく、テキストや映像の読解に必要な批判的距離を置かせることなく、どこでもいつでも、諸個人の心の奥底まで容赦なく入り込むのである。(134)」頑固な、どちらかといえば偏った発言ではある。しかしこの発言は、一方ではテレビのために、他方では文字によるジャーナリズムのために、メディア批判において一般的に忘れられたラジオの影響力を想起させるという大きなメリットを持っている。

b　数多くの研究

今日、この種の議論を提供する膨大な文献をたどろうとするだけでも、大変なように思われる。このテーマについての専門的な研究を報告する記事や書籍といった出版物は数多くあり、さらに、アメリカ合衆国などいくつかの国では、この問題に取り組む議会その他の委員会活動もあることは言うまでもない。一九五〇年代中頃以来、そして六〇年代後半からは著しい加速を伴って、大学でのものであろうとなかろうと、驚くほど多様な研究が、さまざまな団体、公権力、テレビ局、あるいはそれらに関係ある研究機関などによって資金援助され、テレビ番組の暴力を数量化しようと務めている。これは、観察された現象を正確に定義するという危険な企てを経由する。それらの研究がやろうとしているのは、暴力の程度を表わす指標を提案すること、場合によっては長期にわたって、テレビ視聴者のカテゴリーごとに画面の前で過ごす時間を測定すること、ある種の番組の暴力的な内容を質的に評価すること、そしてたとえば、暴力が番組の中でどのように制裁されているか、あるいは制裁されていないかを検証することである（たとえば、ＮＴＶＳ〔全米テレビ暴力研究〕は、検討された暴力場面の七三パーセントで張本人が罰せられていないこと、また、ほとんど二回に一回の割合で被害者の損害が無視されていることを明らかにしている[135]。また他の研究がやろうとしているのは、ここでもそのやり方はさまざまであるが、暴力映像と、攻撃性（しばしば暴力と混合されている）、攻撃的行動、犯罪行為、「反社会的」態度といったものとの関係を明らかにすることである。これには、研究室での実験による社会心理学タイプの研究や、統計による研究がある。前者は、協力者が暴力映像の試写を見せられる前と後で、その攻撃性の変化を測定しようとする。そして後者は、たとえば、家庭で暴力映像を含む番組に多かれ少なかれさらされている幼稚園児についての質問表や観察から出発して、暴力的な番組を見た結果生じる血圧、ストレスホルモン[九七]、その他の生理的影響を測定しようとする。これらの研究は全体として、一九九〇年にそれらを総括した著作が示しているように[136]、肯定的な結論を導き出している。すなわち、関係があるという結論である。ただしほとんどの研究者は、原因と結果の直接的な関係があるとまでは言えないと考えている。また研究者によっては極度に慎重で、たとえば、この関係が見られない大人と、庶民の恵まれない階層に属しているだけに抵抗力が弱いとされる若者たちとを区別している。さらにいくつかの研究は非常に懐疑的な結果に終わっている（たとえば、「カタルシス〔浄化〕」によって攻撃性を減少させるものとして、暴力映像の肯定的な影響を示そうとしたもの[137]、実際には七〇年代以降放棄されてしまった諸研究もあることは言うまでもない）。

　しかし、それらの研究は暴力行為、犯罪、非行を測定するのではなく、多くの場合、いっそう攻撃的な態度、意志表明（他者に電気ショックをかけようとする意向の類い）へ向かう時の状態を測定しているので、必ずしも行為への移行を明らかにしてはいない。たとえば、次のような実験を考えてみよう。すなわち、ある若者の集団にテレビの暴力映像を見せる一方で、もうひとつ別のグループにはテレビのバラエティー・ショーを見せてから、それぞれの若者の攻撃性を測定するという実験である。その結果は常に、前者のグループの若者たちが後から見せる攻撃性の傾向は、後者の若者たちの場合よりも顕著に強いということを示唆している。しかし、これらの研究は犯罪や非行の研究ではない。重要な点を示唆するにしても、それは、暴力映像と暴力との間に直接的な関係があるということにはならない。それらが示唆するのは、当の若者たちが社会的・個人的空虚の中で生きており、テレビと彼らの行動との間を調停するもの、すなわち高ぶった攻撃性と起こりうる行為への移行との間を調停するものを持たなければ、暴力映像は攻撃性をある程度助長して、実際に影響力を持つだろうという事実である。[九八]この現象は、われわれの責任のもとに現在進行中の研究において、はっきりと姿を見せている。庶民街のマグレブ移民出身の若者たちは、学校や、団体組織、あるいは宗教の場によって面倒を見られていない時には、たとえば、あるアラブ国から受け取った反ユダヤ暴力の極端な映像をテレビで見ると、彼ら自身がユダヤ人襲撃に身をゆだねたり、シナゴーグに石を投げたりすることが起こりうるのである。これが起こる頻度は、彼らが団体組織などに組み込まれていれば少なくなる。その場合には、それらが受け取られた映像と行動との間を調停する役割を果たすからである。それゆえ、映像の暴力は「毒薬」であるという考え方が多くの場合行き着くのは、それら映像と、遂行されることもありうる暴力行為との間に、直接的で無媒介な関係があるという主張ではなく、むしろ映像は若者たちにおけるパーソナリティや世界観の形成のされ方に影響を与えるという主張である。すなわちたいていの場合は、映画やテレビの連続物が因果関係によって説明しうる暴力的行動を必要に応じて導入していると考えるのではなく、むしろ、あたかも映像の暴力や一般的なテレビのショーが文化、とくに若者の文化を作り上げ、うまくいけば具体的な行為への移行に役立つ条件を作り出しているかのように、漠然とではあるが現実に影響を与えると考えるのである。たとえば、ニューヨークのコロンビア大学のある研究は、一七年間にわたるテレビ視聴者七〇七人のパネル調査[九九]から、視聴した番組が何であれ、視聴時間数と暴力的行動の間に関係があることを明らかにしている。[138]しかし、この関係は、映像内容を無視して本当に明らかにされうるのだろうか。内容が必然的に暴力映像を大きな割合で含んでいるという事実を、考慮すべきではないのだろうか。

この議論は、アカデミズムの中に常に姿を見せるが、しばしばそこからはみ出してしまい、もっととぎれとぎれにではあるが、政治生活とメディアの中にも姿を見せる。このことは、ある種の政治的決着時（たとえば、一九九六年のアメリカ大統領選挙では、映像の暴力が中心的なテーマとなった）の場合や、ある事件（たとえば、青少年によって犯された殺人が明らかにある映画、[139]コンピューターゲーム、あるいは最近の番組から思いつかれたような場合）が議論をよみがえらせるたびに起こるのである。

一九九〇年代末から二〇〇〇年代初頭にかけて、いくつもの西洋社会において現れた風潮は、権威へのいっそうの回帰を求める要求や、道徳心へのますます強まる訴えの増加によって特徴づけられた。それはとくに、テレビで放映される暴力とポルノグラフィーを前にして不安が繰り返し表明されたことに起因している。こうして治安不安の強迫観念は、メディアが提供するものに限界を設けねばならない、さもなければ青少年を堕落させ、暴力へと押しやるだろうという考え方と、簡単に結びついたのである。毎年、数えきれないほどの経験論的な研究が助長しているこのような脈絡において、暴力映像と暴力的行動の間にはひとつの関係があるとする説が、たとえその診断は往々にしてあいまいで不正確なものであろうと、受け入れられているように思われる。その診断のあいまいさについては、一九八八年にメディア社会学の先駆者のひとりE・カッツが指摘している。すなわち、「これまで、研究の諸結果は、マスメディアが持つ影響力に関する明白な論証を提供してこなかった。したがって、研究者たちがしなければならないことは、研究結果と、これこれの影響が存在するという直観とを、どのように折り合わすべきかという限りない問題意識を持って、悪戦苦闘し続けることなのである[140]」と、彼は書いたのである。また、「テレビでの暴力」に関するブランディーヌ・クリージェルの報告書は、明確な立場を採用することの難しさをはっきりと表わしており、きっぱりとした断言（「若いテレビ視聴者の行動に対するテレビの責任、ある種の行動に関する暴力映像の責任（……）もまた、画面の前で過ごす時間にはっきりと比例した影響として、測定された。このことは誰もが知っている[141]」）が見いだされると同時に、非常にぼかされた指摘（「暴力的な番組の行動に対する影響は、しかしながら、限られたものである[142]」）も見いだされる。全体として、明確に論証されていないにもかかわらず、ひとつの関係が存在するという考え方を完全に疑っている者は誰もいない。ほとんどの場合、研究者や報告書は、いくつかの疑問を表明することはあっても、実際にはその後で、その関係を立証ずみのものと見なして説明しようとするのである。

こうして、さまざまな主張が可能になる。ある主張によれば、テレビは、暴力映像によってあらゆる状況に初歩的な回答を与え、他にどんな解決策があるのかよく分からない問題に単純で有効な回答をもたらす。この解決策がいっそう魅力的なものになるのは、テレビが抑制を破棄する効果を持ち、暴力に関するタブーを取り除いて、「汝、殺すなかれ」とわれわれに語りかける戒律を失効させるばかりか、殺人や暗殺をひっきりなしに見せるからである、というのである。また、暴力映像は視聴者を呆然とさせて、その思考力を麻痺させ反省を許さない、と説明される。あるいはまた、暴力映画は、パーソナリティ、行動類型、価値類型を問わず、ある種の人びとに自己同一化のモデルを提示しているとされる。そのモデルとは、心を動かされずに冷静でシニカルにしていることができ、暴力を目的との関連で用いられる単なる道具と見なして行動できる人間である。さらに暴力映像は、一段と影響を受けやすい人びとを条件づけ、極端な場合には若者たちのうちに暴力への嗜好さえ生み出させると言われもする。

言い換えれば、新しい文化主義が、電子メディアを中心に据えて作動しているとされるのである。これが、専門家たちの用語でいう「文化変容」[143]論あるいは「文化培養」論の総括である。もっとも極端な暴力映像は、大ざっぱには次のような特徴を持つ文化に特有のパーソナリティを作り出すとされる。その特徴とは、画面上でやすやすとなされる禁止への違反行為を見ることから由来する善悪を区別する能力の欠如、とくにアニメの中に見られるような現実とフィクションとの混同、必然的で避け難く当然なものであるかのような暴力のイメージ、それに無感覚である。ただし、この無感覚は、人びとが距離を置きたいと望む現実の暴力行為に対する最良の防御策でもあり、オリヴィエ・モンジャンは次のように言っている。「人は、暴力を見れば見るほど、いっそう無感覚でいられ、それから守られる。（……）もっとも激しい暴力は、逆説的にもっとも苦痛を伴わないものなのである。そのような暴力は視聴者を無感覚にしておくのだ。画面上で暴力が凶暴なものになっても、視聴者は、自分自身に対して[145]は暴力は撲滅されたと勘違いするのである」[144]と。さらに、ディヴィナ・フロ＝メグとソフィー・ジュエルに従って、これらのプロセスの背後で、アメリカの経済的支配権、それに対抗できないフランスやヨーロッパの弱さ、そしてアメリカモデルへの文化変容が形作られていると付け加えうる（モニック・ダニョーが強調しているように、たしかに、暴力映像の相当数が、フランスなどの国に広く輸入されているアメリカのフィクション作品から来ている[146]）。

要するに、暴力映像に対する主要な非難は、社会生活に必要な諸指標の構造破壊に基づく不安な文化モデルが、それによって作り出されているということにある（この非難に対しては、多くの反論がなされうるであろう。すなわち、たとえば十字架上のキリストのように非常に暴力的なイメージから、とりわけ構造化を促す諸指標を社会はしばしば作り上げるではないか、といった反論である）。

この種の説明による解釈には、一般的な学習効果を力説するものもあれば、テレビが個別の事件を挿入する際に起こる模倣を力説するものもある。後者の指摘は、実際には、テレビの責任を部分的に免除することに行き着くであろう。実際、模倣されるものはまさに現実に起こった出来事であり、メディアはたんに情報提供の仕事をきちんと行なったにすぎないということが大いにありうるのである。たとえば、ユダヤ人墓地で墓を冒瀆する行為がメディアで流されると、その行為によって別の行為が次々と引き起こされることがよくある。この模倣行為の責任をメディアだけに負わせる説明は、メディアが流す明白な実態のあるニュースの内容を脇に置いているのである。同様に、フィクションであれニュースであれ、メディアが流すある種の自殺、たとえばスターの自殺は、類似した自殺を次々に引き起こすことを明らかにしようとする試みもなされた。しかし、その研究はどれも軽率なもので、さまざまな研究者によって強く否定されたのである。

別のパースペクティブでは、テレビは主体形成、とくに若者たちの主体形成を麻痺させるものとして断罪される。彼らはテレビの前に放っておかれ、家族制度が彼らにとって有効な手だてとなっていないからである。選択を行うのは若者たち自身で、見守られてもいなければ指導もされない。そして、テレビは若者たちにとって主体として自己形成することの助けとなっているどころか、逆に放任の原因となっている、とするのである。たとえば、電子メディア（テレビ、テレビゲーム等）がアメリカの若者たちの生活において占める位置に関するある共同研究で、著者たちはメディア利用の個人化にはっきりとした傾向があることを指摘してしている。(147) すなわち、「通信手段の増加と小型化は、メディアを利用する脈絡を変え、多くの若者にとって、家族の経験であったものをますます個人的な活動にしている」(148) ということである。このことは、電子メディアの批判を危機の観点や家族制度の変化という観点に結びつける。

このように、説明はいくらでもある。しかし、それらは部分的で、あまりにも一次元的なので満足のゆくものではない。さらに、それぞれがはっきりと異なっており、また相反するパラダイムに属しているので、それらをひと括りにしてひとつの一般的な理論が得られればそれでよい、と考えることはとうていできない。

トッド・ギトリンが言及しているように[149]、大人、子供を問わず浴びせられる映像と音の世界でわれわれは常時生きているのである。いくつかの研究によると、子供たちがテレビの前で過ごす一日当たりの平均時間は、アメリカ合衆国では六時間に、フランスではほぼその半分に、近づいているという。一日に二時間から四時間をテレビの前で過ごすアメリカの子供は、初等教育を終える頃にはほぼ八〇〇〇件の殺人と一〇万件の暴力行為を見たことになる。暴力的なものをはじめとする映像は、日常生活の中にも学校や仕事の中にもすっかり、あるいはほとんど、根づいたひとつの重大な現象となっている。そして、諸個人の行動、心理、パーソナリティに及ぼすその影響は非常に大きなものでありえ、生活の中に占めるその位置は非常に重要なものでありうる。したがって、あるひとつの影響形態、すなわち無限に多様な経験の中で影響を及ぼすあるひとつのやり方についてのみ、映像に責任を負わせることは不条理である。しかも、省察に当たって、暴力映像から出発するのではなく、われわれの諸社会で実際に見られるさまざまな暴力形態から出発して、それらのどれにメディアからの何らかの影響が見られるかを問い直しさえすれば、その影響は明らかに非常に弱いものであるという考えに行き着くのである。たとえば、非行、犯罪、戦争暴力はメディアに多くを負っているのだろうか。もちろんそうではない。したがって問題は、その影響についてメディアを批判することよりも、あるいはそれを批判するだけにとどまることよりも、まさに教育についての諸政策を練り上げる場合と同様に、暴力映像の問題を含みはしても当然それだけに還元されない諸政策を練り上げることなのである。

そして、映像の暴力に対する諸次元でそれら政策を考えるためには、利用しうるさまざまな説明のいずれかからの要請によって、多かれ少なかれ両立しうる多くの視点を結びつけるだけではいけないだろう。そうではなく、道徳的論理や経済的論理といった他の論理にも属する諸々のパースペクティブをこそ、おそらく結びつけねばならないだろう。

c　道徳と経済

映像の悪影響を明らかにしようとする研究や分析が驚くほどたくさんあるにもかかわらず、映像の暴力に関する議論は、それらから出発して付随的になされるにすぎない。その議論はまた、何よりも道徳的懸念の表明に多くを負っているが、この道徳的懸念は、あらゆる重要な制度がぐらつき危機に陥っているように思われる脈絡の中で現れるだけに、ますます強いものになる。学校が使命を果たすのに四苦八苦しているように思われ、さらに、テレビは学校の手に負えない（教員はしばしばテレビに敵意を抱くために、それをうまく利用することができない）ことが明らかになる時、あるいは教会が失墜したように思われ、権威がいたるところでやり玉にあげられ、危険と治安不安が集合的生活における第一の特徴となる時、暴力は心を悩ませる社会的不安として姿を現し、暴力の原因を探ることが大きな懸案となる。その時問題となるのは、暴力の現実でも増加でもなく、むしろそれらが何を意味しているように思われるか（社会的絆の危機、道徳的価値の弱体化、年長世代のもっとも若い世代に対する無関心、等）ということである。したがって、政治家たちに問題の検討を要求する圧力は強いものになる。それはとりわけ、『スクリーム』を見たばかりの若いテレビ視聴者が殺人行為を実行に移すような事件が起こったような場合に強くなるが、それが例外的な現象であるかどうかは結局のところどうでもよく、道徳的な性格を帯びた要求を満足させることが重要になるのである。

今日、この種の要求の特質は、少なくとも風俗に関しては、どちらかといえば自由主義に近い立場にあると考えられる社会的カテゴリーから要求が出されうる、ということである。実際、それらの要求は、庶民であろうとなかろうと、道徳的秩序に古典的に頼ろうとする傾向のある層によって持たれるだけではない。むしろ偏見にとらわれず近代的ではあるが、自分の子供たちがポルノビデオを回し見したり、ひどく暴力的なものもあるテレビゲームで遊ぶのを見つけて、不安を抱きはじめる中流階層によっても持たれるのである。

したがって、映像の暴力に対する批判の言説は、それ自体、疑いと批判にゆだねられねばならない。すなわち、結局のところその言説は、明白な現実に対応したものであるよりも、はるかに若者に対する無理解と恐怖心に対応したものではないのか、そしてマーティン・バーカーとジュリヤン・ペトレイが示唆しているように(150)、「モラル・キャンペイナーズ」すなわち道徳運動家たちによって導かれた世論が期待している言説をメディアがまとめ上げたものではないのか、ということである。

このことによって、この道徳の高まりは、社会に応じて多様に適用される表現の自由の原則と対立することになる。マスメディアの場合を含めて、すべてはどこまで言われ、示され、流されうるのか。表現の自由は、他の諸々の権利、他の諸々の自由を危険にさらしているのではないか。表現の自由は、人間の尊厳に対する攻撃といったものを含んでいるために絶対的な規則にしないことが求められるのではないか。あるいはいずれにせよ、アメリカ憲法の修正箇条第一条[100]におけるほど強制力を持つ規則にしないことが求められるのではないか。道徳の諸原理を用いることは、ある種の考え方の恣意的な主張、ひとつの秩序、権力の諸形態に対応するのではないか。

不安が非常に大きくなり、道徳的実践の議論が電子メディアをやり玉にあげるのは、市場経済の全般的な勝利に関係する諸々の理由のためでもある。市場経済は規則、規範、道徳を大混乱させて、利潤と最大収益の法則を強制する。ここでの批判は、電子メディアをはじめとするメディアの特性をいわば飛び越えて、自分の利益しか念頭に置かずに暴力をプログラムに組み入れる文化産業の偏向を非難する。こうして、ジェイムズ・T・ハミルトンは、かつて産業公害、とくに化学公害について用いられたのと類似した論証をテレビに適用するのである。「暴力的な番組の消費者、制作者、配給者による利己的利益の追求が、望ましくない社会的諸結果を生むにいたる。[151]」このパースペクティブにおいて、暴力はマーケティングの選択のひとつであり、これが「負の外部性」[101]、すなわち社会によって引き受けられるコスト、あるいはいずれにせよ第三者によって引き受けられるコストを生み出す。このコストは、とりわけ侵害や犯罪が増加した結果、公害に対する闘いでとられたような政治的救済策が要請されるという形態で生み出される。その政策とは、暴力番組をある時間帯に限るとか、問題がある番組の内容とそれに協力している広告主についての情報を公開するといったことである。

この種の批判でとくに興味深い点は、問題となっているマーケティングの意表をつく側面にある。ハミルトンの説明では、マーケティングは一八歳から三四歳の大人を優先的にねらい、彼らを対象として暴力が番組に組み入れられる。しかし、実際の消費者の多くはもっと若く、彼らは番組の広告主と制作者の標的でないにもかかわらず、その暴力の影響をもっとも被っているというのである。言い換えれば、「負の外部性」(もっとも若い層の攻撃性)は理屈に合わないコストであり、それらの番組を制作し、もっと上の年齢層を標的にしている人びとが番組から得るものはほとんど何もないだけに、ますます受け入れ難いコストである。番組に伴う広告の責任者も、テレビ局も、このコストを番組制作の方針に組み込まないのであるから、ひとつの回答が必然的に導き出されることになる。すなわち、公権力が介入すべきだということである。問題は最後には政治に帰着する。このために、一九九〇年代初頭にジョルジュ・バランディエが一般的な言い方で、「民主主義の不幸は、今日、政治生活のテレビ麻痺である(152)」と指摘していたように、民主主義が問われることになるのである。

d　暴力の脈絡化

この種の考察は、「暴力」をあまりにも漠然と論じていないだろうか。ここでもまた、すでに言及したアメリカでの諸研究でははっきりと扱われている「攻撃性」は言うに及ばず、犯罪、戦争、非行、テロリズム、違法行為のような明確に異なる諸現象を公の議論の中でごちゃまぜにしていないだろうか。

基本的な区別が考察の進展に役立つだろう。その区別とは、テレビの映像において(また、映画や、若者が大好きなテレビゲームにおいても)二種類の映像を対立させるものである。そのひとつは、暴力にかなり明白な意味を与えている映像で、暴力を政治的、歴史的、社会的脈絡の中に十分に組み入れ、その脈絡の中で暴力の位置を読み取りうるものである。そしてもうひとつは、一見して暴力を脈絡のない現象、あるいは何らかの脈絡とほとんど関係のない現象にし、したがって、いかにゆがんだ意味であれ、いかなる意味からも遠ざかった現象にしている映像である。

この区別は、現代映画の変遷に関する分析でオリヴィエ・モンジャンが力をこめて述べているように、極端に単純化すれば、映像の暴力の軸線を設ける両極を検討することに行き着く。その一方の極では、映し出される暴力はある種の客観視を可能にし、カロール・デバラの表現に従えば、観客が「明晰な意識にいたる(153)」ことを可能にする。そしてもう一方の極では、映し出される暴力は、逆に、不可避の事実、宿命として現れえ、何よりもまず残酷、サディズムでありうる。あるいは、人間的、歴史的な厚みもなく、暴力を具現しているという以外の特性を持たない主人公によってもたらされうる。前者の極をなす暴力表現と、後者の極をなす暴力表現との間には著しい差異がある。前者の場合の暴力は、紛争、他者性、対決によって暴力とのいわば知的交渉が可能になる経験の中に据えられることで、自己反省を可能にする。一方、後者の場合の暴力は、すべてを運び去るものとして描かれ、自然な、超人間的なもののように思われ、まるで「揺るがない所与[154]」であるかのように描かれるのである。このような差異は、場合によってはメディア政策の勧告に影響を及ぼさずにはいない。戦争、戦場、策略家、善人、悪人といったものを見せることは、たんに美しいもの、残酷なもの、禁止の侵犯、いかなる価値体系も持たない純粋な殺戮といったもののみを見せることと同じではないのである。

ところで、オリヴィエ・モンジャンなど、メディアの観察者や分析者たちによると、現代の傾向は意味、価値、指標の喪失という方向に進んでいる。たとえば、ジェイムズ・T・ハミルトンが暴力をテレビ番組に組み込むことを批判する時、それに対してしばしば持ち出される反論は、暴力を脈絡化してホロコーストの残虐行為と蛮行を描く偉大な映画『シンドラーのリスト[一〇三]』のような作品をも、テレビは放映しているということである。しかし、メディアに有利なこの反論には力がない。というのも、「一九九五―一九九六年に、電波によるテレビとケーブルテレビで放映された暴力を含む五〇〇〇本の映画のうち、『四つ星』だった映画（すなわち、『シンドラーのリスト』が属するカテゴリー）は二・八パーセントにすぎなかった[155]」からである。

この確認事項は、本書のこれまでの章で言及したさまざまな変化についての確認事項とまさに一致する。冷戦の終結、労働運動の衰退、したがって「大きな物語」の消滅は、実際、映像制作（ニュースであれフィクションであれ）に対して指標の喪失の意味において影響を及ぼしているのである。グローバル化によって世界中で通用する映像が広められることになる。したがってそれらの映像は、貧しい（すべての人びとによって共有されるのであるから）普遍的文化のために諸々の指標と価値が平板化することに対応しているのである。

このようなアプローチによって、暴力自体の定義をあいまいにしたまま、暴力映像を一直線に暴力的行動と結びつける論証から脱け出すことができる。というのも、それは次のような考え方を導き入れるからである。すなわち、少なくとも周期的に議論が激しく燃え上がるのは、メディアにおける暴力が、ますます意味の不在に依存し、場合によっては美的でもありうる無償[156]の純粋な快楽となってしまっているように思われるからだ、といった考え方である。つまり、その暴力はほとんど不条理な破壊（はっきりと確立された紛争の中や、暴力そのものよりも広い諸関係の中ではもはや引き受けられることのない破壊）になってしまっている、と考えるのである。この純粋な暴力は、それ自体の外では理解されず、また古典的な一覧表や歴史的な大きな物語（西側陣営の制覇、第二次世界大戦）の中には読み取ることができない。その暴力は、カウボーイとインディアンの暴力でさえ同様の反応を引き起こすことのなかったアメリカ合衆国のような国でも不安を与えている。このことは、何よりも放送局の責任、暴力を放映する人びとの問題に立ち返らせる。

このパースペクティブにおいては、映像の制作場所がひとつの問題であり、その映像の受容場所がもうひとつの問題である。暴力がもっとも病的で、もっとも憂慮すべきであるように思われる現象は、アメリカ合衆国や日本などの特定の社会で映像が制作される時に強くなる。その映像は、特定の社会では国民的議論の中や、若者と青少年問題などの経験の中にまだ繋留点を持つことがありえても、別の国民的脈絡の中で見られる時には事情が異なる。というのは、その脈絡にはそれらの議論や問題を理解するための手がかりが存在しない、あるいは少なくとも明確には存在しないということがありうるからである。一九七六年にアメリカ合衆国で上映された『タクシードライバー〔三〕』は、フランスでも上映されたが、その見られ方は異なっていた。フランス人にとってベトナム戦争終結は身近なものではなかったし、さらに、ベトナム戦争を内面的な観点から多く論じたアメリカ社会に反して、フランス社会は、バンジャマン・ストラがまさに明らかにしたように[157]、当時まだ生々しかったアルジェリア戦争の経験について、それに匹敵するほどの議論がなされずにいたのである。

さらに、暴力のための暴力への傾向は、受け取られた映像をまさに非脈絡化してしまうチャンネルの頻繁な切り替えなど、テレビの視聴のされ方によって強められるように思われる。ここで、個性化といわれるものは、意味を持たない映像や意味を奪う条件のもとで受け取られた映像に、可能ならば自分で意味を与えねばならないということにある。テレビ視聴者は、自分が理解したと思う物語に責任を負うのである。この責任は、テレビゲームについてはさらに大きいかもしれない。というのも、ゲームにふける若者はしばしばひとりで画面に相対しており、暴力が絶えず必然的に巨大な位置を占める物語を自分で作り上げるからである。すなわち、その若者は全能の立場にあり、自分が作り上げ、幻想あるいは空想の世界に組み入れられた物語（そこでは歴史的事実なども呼び出されはしうるが、常に追い払われたり無視されたりする）をひとりで牛耳るのである。

そこに見られるのは、諸領域の分断という現代の近代性に特有な一般的現象なのかもしれない。以前には今日よりも、暴力は社会的なもの、政治的なもの、それに情緒的なものの中に組み込まれていた、とも考えうる。しかし、とくに立てうる仮説は、今日の強い傾向は分離にあるということである。暴力はそれ自体で暴力になるように思われ、政治的理由、社会的関係の物語、情念といったものに関連づけれる必要がもはやない、あるいは以前ほどはないからである。この指摘は、まったく別のもうひとつの現象、すなわちポルノグラフィーにも当てはまりうるであろう。ポルノグラフィーの表現もまた、分断のプロセスを意味しているのである。つまり、ポルノグラフィーにおいて性は愛と道徳から分離されており、カトリーヌ・ミエの本『カトリーヌ・Mの正直な告白』(158)をもっともよく要約し、おそらくこの本の成功を説明するのもこの同じ分断なのである。それゆえ、映像の暴力に関する議論を生み出す不安は、ますます頻繁に、メディアにおけるポルノグラフィーの存在に対する憂慮をも含むことになる。それゆえにまた、映像の暴力のテーマは、その影響下に、性のテーマとたちまち関係することになり、また、「輪姦」と呼ばれる集団レイプなどに見られる一部の若者の乱暴な行動のテーマとも関係することになる。そのような道徳的指標の欠如や攻撃性も上述の分断を示しているのかもしれない。また、何でも可能な映像の存在によって、尊重の規則や障壁を導入しようとするあらゆる言説が弱められるのかもしれない。あるいはまた、メディアは、可能なものと望まれるものとの間の境界を弱める効果を生むのかもしれず、必要なあらゆる浄化〔昇華〕を消滅させるのかもしれない。というのも、メディアでは、すべてが非常に単純に、かつ一挙に可能だからである。

e　純粋暴力は存在するか

しかし、このように二つのタイプの暴力を区別するアプローチは、たとえ有益であろうと、それ自体がいくつかの疑問を引き起こす。まず第一に、もっとも憂慮すべきものである純粋暴力、すなわち暴力のための暴力が引き起こす不安についても、その責任を、そのような暴力を受け取る心構えが十分にできているとは限らない受信者の機能不全（そのような暴力が一般に思われるほど「純粋」でないかもしれないのに、それを考える手がかりとなる諸カテゴリーを持たない受信者の機能不全）に負わせうるのか、ということである。それゆえ、ある専門家たちは、暴力映像の影響力に対する闘いは教育学を経由すると考え、映像を再脈絡化することが望ましく、またそれが可能であると考えている[159]。たとえば、教育や説明の努力によって（生徒たちにとっては学校が適切な環境である）、映像に意味を与え直し、反省の作業を可能にすることで、暴力を理解しうるものにし、暴力の中にもっとも極端で純粋な諸形態しか見ない認識を遠ざけうるのである。

ここで、もっと突き進み、脈絡化しうる暴力と純粋暴力とを対立させる論証（この論証には客観的たらんとする意図もありはするが）を脇に押しやるべきかもしれない。実際、ある程度の年齢に達した大人たちが、ある種の暴力的映像を見て抱きうる無意味で脈絡がないという意識は、必ずしも普遍的に通用するものではない。その意識は、若い層が広く共有しているひとつの文化に対して、その大人たちが外側にいることからも起因しうるのであり、他の世代や他の社会的階層に特有な解釈のコードあるいは解読法を、その大人たちが知らないということを意味しうるのである。さらにその意識は、たとえば、その大人たちが慣れ親しんだ物語の場合とは別なやり方で、意味の解読や発見がなされる物語の作り方に関係していることがありうる。無意味であるとの非難は、常に疑問や不信の対象となるものであり、そこにはここでわれわれ自身の批判の方向を放棄すべきいかなる理由もない。これこれの映画、これこれの番組が純粋暴力、暴力のための暴力を含んでいると主張するには、常に、ある一定の慎重さや留保が必要であり、その主張がすべての人に、あるいは、若者や子供といった問題となっている層に、当てはまるという実証が必要である。このためにわれわれは、すでに検討した普遍主義と相対主義の間の議論に導かれる。そしてまた、残酷あるいは暴力のための暴力に関するさらに深い省察が要請される。このことについては、本書の第三部で論じることにしよう。

第4章結論

映像の暴力に関する考察と批判は、ほとんどがメディアをやり玉にあげている。しかしそれらは、メディアが集合的生活の中で占める位置というものについて一貫して問い直すことはあまりなく、実際には、極言すればメディアを立法、司法、行政と並ぶ民主主義の「第四の権力」に仕立てる相対的な自立性にこだわっている。したがって、メディアの制作は、それ自体自立的で、メディアが自ら作った業務規則によるもの以外の制限を免れているように思われるだけでなく、実際に接すれば必ずしもたいして見るに値しないような現実を作り上げる能力を持っているようにも思われるのである。このことが重要な諸問題を提起する。

まず一方で、相対的に自立的なメディアの制作というこのイメージに異議を唱え、まさしく、集合的生活における組織・制度化された他の諸形態との関連でメディアを位置づけうる[160]。メディアがこれほどまでに文化や行動を作り上げているように思われるのは、次に示すような危機のためではないのだろうか。それは諸制度の危機、すなわち諸制度は、とりわけ社会的適応化と社会秩序を保証するものでありながら、一般的に呪術的な様式で作用する抑圧を企てる以外には、もはや社会的諸規範を与ええなくなったという危機である。このパースペクティブにおいて、脱制度化には仲介の衰退をも意味する。仲介は、もっとも若い層に社会への適応を促し、善悪を教え、規範や規則を示すことによって、実体験の意味づけを可能にしていたものである。その仲介の衰退によって、各人は自分が直接、極端な場合にはひとりで、状況にさらされていると感じるようになった。そして、この空隙の中で、暴力はいっそうたやすく場所を見いだすのである。とくにメディアが暴力を前面に出し、さもなければ欠如している認識規範、文化のメカニズム、指標といったものをもたらす場合にはそうである。

他方では、メディアは社会から切り離されているどころか、現実の多くの状況において実際に体験されたり振るわれたりした暴力を把握しうる空間を構成しているのではないか、と考えうる。このパースペクティブにおいて、メディアの制作物は、少なくとも部分的には、視聴者の具体的な経験を指し示している。そこでの暴力が脈絡を奪われているのは、解釈のコードを知らないだけでなく、脈絡（あちこちで住民の大部分によって体験された経験）をも知らない人びとにとってだけである。そのような人びとは、ニュースでもフィクションでも、暴力は権力のあらゆる形態から、あるいは力、権力の行使から切り離されうるかのように思っているのである。暴力があらゆる意味を欠いているという見方は、シナリオ作家や映画プロデューサーを純粋な創作者、現実から切り離された芸術家と見なすに等しい。しかし、実際は逆に、ハリウッドの栄光を築いた映画監督らに関する諸研究が明らかにしているように、彼らはしばしば暴力に対する鋭い感覚を持っている。映像の暴力は無から、あるいは無意識的、倒錯的、非良識的な創作者の想像力からのみ生み出されるものではないのである。

したがって、純粋な暴力のための暴力という見方そのものを問題にしないまでも、少なくとも、この概念にあまりにも安易に、あるいはかたくなに頼るようなことがある場合には、それを問題にしなければならない。ところで、過激な人であろうと穏健な人であろうと、道徳的秩序の回復を支持する人びとがとくに危惧するのは、この純粋暴力である。しかし、暴力が純粋暴力、あるいは彼らが言う限りでの純粋暴力となるのは、その暴力に憤り、不安を覚える人びとが、その暴力は意味を超え、脈絡を超えた無償のものであると宣言するからではない。

ここで次のことを認めよう。すなわち、メディアが映し出す暴力には、予想可能なもの、型にはまったもの、制度化されたものの外部に、あるいはあまりにも紋切り型に整えられ、多かれ少なかれ陳腐化し、美化されたさまざまな悪の形象の外部に突然現れ、極端な形態をとるものもあるということである。真の暴力は、まさしく、意味喪失あるいは無意味、枠組外、脈絡外の次元からのみ由来しうるのだということ、さもなければ緩和された形態にすぎないのだということを認めれば、映像の暴力に関する議論は完全に射程を変える。その議論は、われわれの諸社会がはじめて、自己反省しうるようになると同時に、次のような発見をすることになると、告示しているのかもしれないのである。すなわち社会は、意味に還元不可能であることが必然的に明らかな社会的作用の一部、あるいは他の社会に対する関係の一部と対峙せねばならないということである。このような問題に対して、何をなすべきか、あるいは何を奨励すべきか、ということに関する議論はとりわけ健全であろう。というのも、その議論からわれわれが促されるのは、いつかは暴力と縁を切りうると信じることではなく、社会、政治、情動の周縁部に、すなわち意味が失われたり変質したりするように思われるところに、暴力は常に存在するであろうと認めること、また、この不可避な部分は政治的な努力と省察を要請すると認めることだからである。

第二部　古典的アプローチ

第二部序

社会科学においても政治哲学においても、重要な思想家で、何らかの仕方で暴力に関する視点を表明しなかったり、暴力を扱うパースペクティブを練り上げなかった者はいない。人間と社会についての思想史に寄与している彼らのすべてのアプローチ様式について、極言すれば次のように言いうるであろう。すなわち、それらは暴力現象と多かれ少なかれ対決しており、あるものはそれを関心事の中心に据え、またあるものは少なくとも機会があれば（避けて通れないことがすぐに明らかになるので）それを扱おうと務めている、と。したがって、利用可能な論証を報告しようとすれば、関係する専門分野の全体を点検したり、それら専門分野の主要な著者たちの言説を徹底的に検討したりすることになろう。このことを納得するためには、暴力一般に関連した学説についてでなくても、少なくとも、政治的暴力や非行といったある種の特殊な暴力形態に関連した学説に限って、まさに現状を明らかにしようと務めている諸著作を参照するだけで十分である(1)。それらの著作は諸学説を広くカバーしており、社会学、人類学、哲学の大家たちを集めた正真正銘のパノラマを提示している。

この種の努力の成果から受ける印象は、利用可能な考え方の総体は諸提言の集積によってできたひとつの構築物だということである。たしかに、暴力に関して利用しうる主要な論証を次から次へと並べることは、いつでも可能である。しかし、それらは頻繁に、そして時には根本的に対立するので、それらについての統一したひとつのイメージを提示することは困難であり、不可能でさえある。しかしながら、いくつかの試みが「多重理論的《ミュルティ・テオリック》」アプローチを推進しようと務めている。それらの試みは大筋のところ、あるものはこれこれの暴力の現れを多様な原因や要因によって説明することに帰着し、またあるものはいくつかのレベルの説明を組み入れたひとつの総合的なモデルを提示することに帰着している。(2) それらが目指しているのは、ひとつの図式《シェーマ》を練り上げることによって、検討対象となる暴力現象のあらゆる歴史的経験を、普遍的なひとつの理論装置を用いて理解しうるようにすることである。このために、さまざまな前提条件を持つ諸々の分析方法が関係づけられることになる。しかし、それら前提条件はしばしば相矛盾するものであるにもかかわらず、矛盾論が作り上げられることもまったくなければ、関係づけの妥当性はほとんど考察されておらず、したがってほとんど説得力を持たないにもかかわらず、それが問題にされることもないのである。

暴力（あるいは、非行といった部分的な暴力）に関する学説の現状を明らかにしようとする試みが持つもうひとつの弱点は、それらの試みが思想史とのとくに微妙な関係を保持していることにある。というのも、暴力について利用可能なアプローチの一覧表をできる限り完全な形で作成しようとすることは、暴力現象に関する思想史における連続点と断絶点を明るみに出すのとまったく同じ知的試みであるというわけではないからである。言い換えれば、それは、諸パラダイムが登場し、発展あるいは成功し、さらに影響力を失う条件がどのようにしてでき上るのかについて考察しようと企てるのとまったく同じアプローチであるというわけではないのである。この二つの考察様式は異なっており、それらを両立させることは簡単ではない。実際、それぞれの歴史的局面ごとに、暴力について考えようとする人びとに利用される分析方法の総覧が持つ特殊性があるとともに、公的・知的議論における、すなわちさまざまな分析方法が補い合い、同調したり、無視し合ったり紛争に陥ったりする仕方における、分析方法それぞれの相対的な影響力が持つ特殊性もある。だからといって、それら分析方法をそのようなものとして、現実の中にいかなる繋留点も持たず、非歴史的なものとなる傾向を持つ純粋論理として示しても、このような諸問題を検討することにはまったくならないのである。

この第二部において、われわれはまさに暴力へのアプローチの仕方を検討することになる。その検討に当たっては、これまでに指摘してきた暗礁に乗り上げることを避けるために、それぞれが関連づけられた二つの基本的な原則に基礎を置くことにする。そのひとつは、網羅的であることは目指さずに、核心に迫ることに何よりも気を配りながら、主要なタイプの論証に関する考察を中心に据えることである。そしてもうひとつは、言及する諸々のアプローチが持つ歴史性にできる限り対応し、それらの絶頂期がいつであったかを明らかにする説明の仕方をとることである。実際、それらのアプローチは、時代ごとにここかしこで現れる大物知識人の登場にまかせて、偶然に時間を貫いているのではない。したがって、少なくとも近年までに現れたアプローチの仕方のうち、もっとも決定的と思われるものを歴史的に位置づけようとするこの努力の先で、それらアプローチの仕方が、ある種の統一を見せる包括的風景を描くことも指摘しなければならない。実際、本書のこの第二部でこれからわれわれが取り扱う大きな三つの領域は、古典的と形容しうるひとつの全体をなし、近代に作り上げられた暴力分析の理論的空間を構成しているのである。

その最初の領域は、危機、変化、危機に対する反応、あるいは危機における行動、といったものの諸概念に関係するものである。このパースペクティブにおいて、暴力は、ややともすればフラストレーションを強調することですませてしまう行為者による説明ではなく、システムの状態、システムの機能と機能不全、システムの変化による説明によって提示される。二つ目の領域はそれとは大きく異なって、行為者を中心に据え、目的を成就するために行為者が動員する資源と暴力とを同一視するものである。そこでの分析は、道具としての暴力の計算、戦略、合理性を復元する。最後に三つ目の領域は、暴力の責任を、パーソナリティの中に転写されることもある文化に負わせたり、あるいは文化によって静められることもある本性〔自然〕に負わせたりするものである。暴力に関する近代思想の古典的空間は、このように、システムの影響力、行為者の論理、文化の影響という三角形の形で標識が立てられるのである。

われわれは、この三角形の頂点それぞれについて、それらの成果だけでなく限界や弱点をも示すように努める。われわれは、ほとんどの場合、ひとりの著者、ひとつの思潮、一冊の著作物、あるいはひとつの暴力経験をもっぱら例証として、それらをこの三つの極のいずれかに属する的確な側面と見なすであろう。このことは、著者や思潮といった現実の中に、関係する次元がひとつしかないことを意味するのではない。それどころか、たとえば一九八〇年代初頭のフランスにおける青少年非行の行動を理解したいと思えば、フランソワ・デュベが照合研究で明らかにしたように、おおよそわれわれの三つの領域に対応する主要な三つの説明類型の間を行き来する努力が、絶えず必要なのである。(3)

したがって、われわれはこれから暴力に関する主要な論証の検討に入る。そして、次第にひとつの決定的な点を意識するようになろう。すなわち、それらの論証が時には近代以前に多かれ少なかれ荒削りな形で存在していたにしても、また、それらが今日の諸経験への取り組みに明らかに寄与しうるにしても、それでもなお、それらの論証がなされた年代を確定できるということである。ところで、しばしばそれらはわれわれを満足させず、それらが標識を設置する空間は欠落、欠如、空隙をさらけ出す。それゆえに、読者は本書のこの第二部を、暴力に関する古典的な近代思想の総括としても読んでいただけるであろう。この総括は新しい諸カテゴリーの止揚、発案、新たな考察を要請するが、それは本書の最終部の焦点となる。

第5章　危機とフラストレーション

われわれはしばしば無意識的に、暴力の中に危機の表現を見、たとえば国家や諸制度が直面する困難、あるいは経済状況の悪化に由来する困難と結びついた、集合的生活の秩序や諸規範の混乱を見がちである。常識の中に非常にはっきりと存在するこの見方は、もっとも古典的な機能主義思想の中にも見いだされる。この見方は次のようなイメージに立ち返らせる。すなわち、限定的あるいは一般化された乱れ、[一]混乱、政治権力によって統制されない変化といったイメージ、また、あまりにも多くの個人に自分が切望する社会移動を禁じたり、たとえば消費のような正当な価値に近づくことを禁じる硬直、機能不全、行詰りといったイメージである。ナチズムを研究するタルコット・パーソンズによれば[4]、第一次世界大戦後のドイツにおける不安、フラストレーション、ロマンチシズム、秩序への呼びかけ、暴力は、経済の近代化と合理化が存在する一方で伝統的秩序も存在するという食い違いから生じている。また、規範からの逸脱に関心を持つロバート・マートンによれば[5]、社会階梯を昇れないことやある種の正当な目的を達成できないことが、非行や反抗に帰着しうる。このパースペクティブにおけるアノミーは、文化的目的とそれに達するための構造的手段との分離に属する。そしてまた、政治構造を通じてすべての社会的集団に諸要求を表明する能力が与えられるよう民主主義を擁護するルイス・コーザーによれば[6]、その能力がないと「攻撃的感情と敵意」が大きくなる。さらに、他の機能主義的社会学者たちによれば、暴力は、そのあらゆる形態において危機の行動であり、したがってひとつの状況への応答である。しかし、このパースペクティブにおいては、暴力は宿命的なものであるというわけではなく、危機に対して暴力以外の応答も見いだされる。すなわち、無感動、忍従、無気力といったもので、これらはしばしば、暴力の誘惑よりも失業と失業者を特徴づけるものとなっているのである。

しかし、ではどのようにしてシステムから行為者へと、危機から個人的あるいは集合的な暴力行動へと、移行するのであろうか。もっともありふれた回答は、一九五〇年代と六〇年代に大流行した概念、すなわちフラストレーションに立脚したものである。(7)

一　フラストレーション概念

アレクシス・ド・トクヴィルが『アンシァン・レジームと革命』において提示した論証は、行為者たちのフラストレーションという観点から暴力を説明するアプローチ方法の始祖としてしばしば紹介されている。アンシァン・レジーム〔フランス革命以前の旧体制〕の最後の数年間に、好況そのものがさらに上向く中で民衆の不満が増したことを確認して、彼は次のように指摘しているのである。「のちにこの革命の主要な発生源となるフランスの地域は、まさに発展が最も著しい地域である。（……）住民の地位が以前よりも改善されれば、それだけにますます現在の地位が耐えがたいものと感じられるものなのだ。(8)」この考え方について、ジェームズ・ルールは、民間人の暴力に関する諸理論を扱った非常に有益な著作の中で次のように指摘している。(9) すなわち、その考え方を示す表現はアリストテレスにまで遡りうるということ、そして、その考え方をとる著者たちの先駆者となったレイモン・ブードンの考え方もまたエミール・デュルケームの中（『自殺論』において）や、とくにサミュエル・スタウファーの有名な研究『アメリカの軍人(10)』をはじめとするアメリカ社会科学の文献中に見いだされる、ということである。実際、ブードンが注意を促しているように、スタウファーは、アメリカ合衆国で昇進がほとんどない部隊に所属する憲兵のほうが、昇進が頻繁にある部隊に所属する航空兵よりも昇進システムに満足していることを明らかにしているのである。

このフラストレーション概念を拠り所とする（とはいっても、必ずしもあるいは特別に、暴力に関心を持つわけではない）諸分析において、フラストレーションは相対的なものとして、またその感覚を経験する行為者たちが持つ価値基準を考慮して考えられねばならない。レイモン・ブードンに従えば、フラストレーションは、諸個人が身を置き不満足を大きく条件づける競争構造に依存する。この社会学者にとって、フラストレーションは、何らかの決定的要因によって生じるのでも、何らかの自動的法則によってある状況の直接的な作用結果として生じるのでもないのであり、条件法則に関係しているとの考えをもって取り組まれねばならないものである。すなわち、フラストレーションが現れる確率は、これこれの条件の存在によっていっそう際だったものになるのである。ブードンにとって、相対的フラストレーションは、極端な場合には社会的関係を市場のイメージに帰着させる自由主義的ビジョンの枠内に組み込まれている。相対的フラストレーションは、社会的、文化的に位置づけられる諸個人にとってのある財の供給と需要との競合関係という観点に関係し、「財に対する競争」[11]に由来する。要するに、現代の研究者たちのうちで、間違いなくフラストレーション概念を最高度に練り上げたブードンにとって、相対的フラストレーションは、古典的社会学に広く見られるひとつの「論理」に対応しているのである。彼は次のように書いている。「トクヴィル、デュルケーム、ラザースフェルド、スタウファー、それにマートン、ランシマン、ハイマンといった、政治的、理論的、方法論的傾向において非常に異なる著者たちが、一方では財の豊富さと平等、他方では個人の満足という二つの関係に複雑で弁証法的な（正確な意味を持っているのにこの言葉を排除する必要があろうか）性格を一致して認めている。」[12]

二　相対的フラストレーションと暴力

レイモン・ブードンの主張は、相対的フラストレーションを一般社会学の重要なカテゴリーとするものであり、彼自身、それをとくに暴力に適用しているわけではない。

実のところ、フラストレーションと暴力の関係という観点を最初に理論化したのは、攻撃に関心を寄せる共著の中でのジョン・ドラードのようである。[13] しかし、ドラードはフラストレーションの相対性という考え方を導入してはおらず、たんにほとんど自動的な関係という考え方を提示しているだけである（「フラストレーションの存在が常に何らかの攻撃形態に通じる」[14]）。

ドラードは、アメリカの社会科学の中に精神分析を導入した先駆者であったが、ここでは、社会学的パースペクティブよりも心理学的・人類学的パースペクティブの中に入り込んでいる。この視点から見れば、暴力は社会的関係や紛争から生じるものではなく、不満でフラストレーションに陥り、そのために攻撃に移行する私的個人の応答として生じるものである。こうして、この著者に従って、フラストレーション攻撃説が語られることになったのである。そして、この説のもっともよく知られる定式化は、北アメリカの社会科学において、一九六〇年代初頭にジェームズ・C・デイヴィスの「Jカーブ」〔原注15を参照〕によって与えられることになった。

このグラフによる説明は、はっきりと異なるヴァリアントを提案してはいるが、トクヴィルの着想を発展させたものである。実際、トクヴィルにとって、相対的フラストレーションは、欠陥のない支配に由来する完全な剥奪状態から、社会的統制や秩序が弱体化したという認識への移行に対応している。すなわち、以前には満足させうるとは思いもしなかった切望や社会的要求が現実味を帯びたものとなり、剥奪が相対的なものになったがために反乱が可能となるのである。そしてデイヴィスにとっては、ひとつのあるいは複数の社会的集団が抱く期待と、その期待を満足させる可能性との間にある隔たりが大きくなり、耐え難くなる時に、暴力は自分の道を見いだすのである。より正確に言えば、暴動の突発、とくに革命の突発は、非常に特殊な局面における願望、欲望、切望の不満足に起因している。その特殊な局面とは、短期間に趨勢が著しく反転する時期が、長期にわたる経済的・社会的発展の後に突発する局面である[15]。

このパースペクティブにおいて、暴力は、行為者たちにとって耐え難い隔たりによって説明される。その隔たりとは、彼らの期待と満足感との隔たり、すなわち、彼らが獲得することを望み、また獲得できると思われたものが、たちまち大きく遠ざかるように思われる時にできる隔たりである。彼らは突然、少し前には現実的に期待していたものが、獲得できるとは思えなくなるのである。ジェームズ・C・デイヴィスは、一九六二年の創始的論文[16]以来、長期間にわたる社会の改善が大衆の期待を高めることしかできないうちに、不意の急変にいたったさまざまな状況に、自分の理論を適用しようと試みてきた。こうして彼は、一九世紀初頭のロード＝アイランド州における反乱[二]、一九一七年のロシア革命、一九五二年のエジプト革命、アメリカの南北戦争、一九三三年のナチス革命、六〇年代のアメリカにおける黒人暴動などに関心を寄せたのである。彼のアプローチは、心理学を標榜しているために社会学から非常にはっきりと離れている。彼が提言していることは、個人を分析の単位とする「心理学的解釈であって、社会学的解釈ではない[17]」のである。そして、個人が黒人や学生といった「明白なカテゴリー」に属す場合でも、デイヴィスにとっては、フラストレーションと攻撃に結びついた精神的プロセスは普遍的なもので、「万人にとって根本的に同じものである[18]」ことに変わりない。

この種の論証は、場合によってはトクヴィルの着想とデイヴィスの定式化が結び合わされて、六〇年代と七〇年代にアングロサクソンの政治学において非常にもてはやされた。このことは、まさに全書と呼びうる『アメリカにおける暴力――歴史的・比較的パースペクティブ *Violence in America : Historical and Comparative Perspectives*』の二つの版（一九六九年と一九七九年）に収録された著作群を読んでみれば、簡単に確認できる。とくにテッド・ロバート・ガーは、《Why Men Rebel ?（人間はなぜ反乱を起こすのか）》を説明する古典的著作の中で、その論証を分析の中心に据えることを提案していた。そして、非常に練り上げられた彼の論証があらゆる種類の要因とその連関づけを介在させているのは、まさしく「人間が暴力的になる能力の第一の源泉は、フラストレーション攻撃のメカニズムにある」(19)という考え方から出発してのことである。

三　使い尽くされたアプローチの仕方

剥奪や相対的フラストレーションという術語でなされる暴力へのアプローチは、興味深い成果をもたらすこともあった。たとえば、一九六五年に起こったロサンゼルスでのワッツ暴動(三)に関する一研究が明らかにしていることは、反乱を起こした黒人たちはアメリカ合衆国北部の大都市からやって来ており、南部の田舎出身の人びとではなかったということである。ロサンゼルスのゲットーで主流を占めるこの北部出身の黒人たちは、都市の工業化社会の経験を持っており、彼らの期待は直接南部からやって来た黒人たちの期待よりも大きい。彼らには教育があり、大人も若者も政治制度に対して強い期待を持っている。そして、この期待がフラストレーションとなって、彼らは暴動に参加することになったのである(20)。

しかしながら、この種のアプローチは、七〇年代初頭に頂点に達していた時に限界を示すことになった。当時、このアプローチは、暴力研究再生の先駆けとなったアメリカの多くの研究者たちに着想を与えていた。アメリカ合衆国での研究は、それまで、実際上暴力を無視したり、暴力を機能不全による障害というイメージに還元することですまされていたのであるが、これは、リンドン・ジョンソン大統領の要請で一九六八年に設置された委員会の報告まで続いていた。この委員会の任務は、「暴力の原因とその予防手段の研究を、知が許す限り遠くまで(21)」押し進めることであった。これがそのアプローチの限界を示すことになったのは、まず一方で、研究者たちが暴動の理由を理解しようとして関係する人びとに「キャントリルのはしご(四)」をかけた時、研究はほとんど滑稽なものになることがあったという点にある。この方法で質問される人びとは、五年前の状態と五年後についての予想との関係で、現在の自分を位置づけねばならない。一〇ポイントからなるこのはしごの上で可能な回答は、「可能な限り最良の生活〔人生〕」から「可能な限り最悪の生活〔人生〕」までである。過去あるいは予想できる未来との関係から生じる強いフラストレーションによって暴動は説明されるというのが、ここでの仮説であった。しかし、その場で反乱の脈絡を規定したりその意味を作り上げたりする行為者たちと諸要素との具体的な経験から切り離されたこのようなアプローチを、どうして信頼できようか。これほど戯画的な仕事の惨憺たる結果を和らげるために、理論の利用に失敗したからといってそれだけでその理論が無効になるわけではない、と反論することはできる。しかし、利用しうる理論はこの種のものしかないわけではないのである。

というのも、他方で、それもとくに専門文献において相対的フラストレーション概念が理論的に二つに分解される現象を見せていたからである。まず第一に、さまざまな経験的研究が、説明すべき具体的な諸事実を説明しえないこの概念の機能不全を明らかにしていた（ハリー・エックスタインは、集合的暴力の研究に利用しうるあらゆるアプローチを検討して、『「Jカーブ」理論の最大の問題は、反例が多いということである[22]」と指摘している）。それゆえ、たとえば、相対的フラストレーション概念を用いて分析された五つの暴動に関するデータが注意深く再検討された結果、その解釈は否定され、「非常に強いいくつもの理由から、相対的剝奪とフラストレーション、それにそれが引き起こす不満や絶望が、反乱の主要な原因であると主張する通俗的な社会学的紋切り型を捨てねばならない[23]」ことが明らかにされたのである。

そして第二に、事実に関する利用可能なデータの再検討によるこのような経験的否定のうえに、さらに相対的フラストレーションの説明力はいずれにせよ限定されたものでしかなく、それを分析の中心に据えるよりも、むしろさまざまな要因のひとつと見なすほうがよいという考え方が付け加わったのである。すでに、テッド・ロバート・ガーの『人間はなぜ反乱を起こすのか』（一九七〇年）がこの指摘を例証していた。というのも、そこには他の多くの要因や原因も盛り込まれており、紛争と暴力に関する理論が目指す射程範囲の広さを裏付けているからである。そして、相対的フラストレーションの適切さに関する検討を間違いなくもっとも深く押し進めようとしたエドワード・マラーは、否定的な結論にいたっている。深い理論的省察と経験的調査を組み合わせた研究を行うこの研究者にとって、相対的剝奪は暴力を説明するための、したがってまた暴力の出現を予測するための、重要な要因ではない。その影響力は弱く、他の諸要因がはるかに決定的なものとして介入するのである。マラーは、長くて入念な検討の末に次のように書いている。「いったんあらゆる要因が考察されると、相対的フラストレーションあるいは相対的剝奪が抗議と暴力の心理的な中心的原因であるとする強い主張は、却下されねばならないことが明らかになる。政治的行為に適用されるフラストレーション攻撃仮説について言いうることは、せいぜい、フラストレーションのあるタイプ（期待と到達との間で知覚された隔たりから生じるタイプ）は、政治的抗議や暴力に参加する個人の性向に少しは関係を持ちうるということである。」(24)

暴力の説明概念としての相対的フラストレーションの歴史は、魅力的ではあるが経験的な確たる有効性を獲得できなかったパラダイムの歴史である。たしかに、知的には、暴力の数えきれないほどの様態を普遍的で反証しえないひとつのメカニズムのイメージに還元することは容認しがたい。そのような還元は、暴動、革命、内戦、テロリズム、犯罪、青少年非行といったすべての暴力行為をただひとつの説明で解釈しうるかのように、ひとつのメカニズムのイメージに還元してしまうことであり、容認しうるものではないのである。また、人間の精神《プシケ》という基礎的なひとつのイメージによる解釈が社会学的理論の代わりになりうるという考え方は、さらに受け入れ難い。相対的フラストレーションのパラダイムにおける暴力は、ほとんど非社会化された人類学的な一属性であり、不都合な変化の脈絡において攻撃的に反応する全人類に共通の能力に属する。そして、行為者たちの世界が完全には非社会化されていない場合、このアプローチにおいては、その世界は一種の市場として現れることになる。すなわち、競争が純粋で完全なものではなく、経済と社会の発展によってもたらされる諸資源に各人が近づく様態の変化の結果として暴力が現れる、そのような市場である。

ずばり言おう。相対的フラストレーションの理論による分析道具が依拠しているのは、貧弱な決定論と皮相なメカニズムの考え方、あるいは粗野な心理学なのである。その分析においては、社会的諸関係に関する研究、多少なりとも制度化された紛争への行為者たちの組み込み、暴力的なやり方を含めて彼らが動かす意味、あるいは暴力に訴えることが意味しうる意味の喪失、といったものはほとんど許容されない。また、その決定論は、それ自体ほとんど社会学的なものではなく、人間と社会の行動を自然なものと見なすことにたちまち通じうる。これは、六〇年代の主要な推進者ジェームズ・C・デイヴィスによる知的展開が例証していることである。彼は、何よりも心理学的な論証を「社会学化する」ことを試みるのではなく、むしろ何年にもわたってその非歴史的で非社会的な傾向を強化させ、八〇年代になると、政治的・社会的紛争の解明に生物学はどのような点で貢献しうるのか、について確認することを目標とするにいたったのである（「紛争行動を含めて、人間のあらゆる行動は、人体と環境の間における相互作用の働きあるいは産物である」と、彼は書いている）。(25)

四　フラストレーションに陥った知識人たち

ある種の経験においては、知識人たちの介入を参照しなければ暴力を理解できない。彼らがイデオロギー的に、また時には実践的に暴力を組織するからである。そうなるのはとりわけ、怒り、社会的憤怒、あるいはさらに、国民の不幸感やある宗教の受けた侮蔑が、知識人たちによって明白にされる場合である。その時彼らによって政治的暴力へと向かわされた行為は、意味を定義しうるだけでなく、明日のない爆発にとどまらない展望の中にその意味を組み入れることもありうる。たとえば、六〇年代以来、世界のいたるところでテロリズムが拠り所にしてきたのは、テロリズムの目的（宗教的なものであれ、国家的なものであれ、民族的なものであれ、革命的なものであれ、その他のものであれ）に適合した戦略を決定する特殊な行為者〔知識人〕たちである。

それにしても、思想を練り上げ、暴力行為の実践を組織化しようとするそのような行為者たちの能力と欲求はどこからくるのだろうか。この疑問はしばしば投げかけられるが、それに対するよくある回答は、ここでも、フラストレーション概念に頼っているのである。

　このパースペクティブにおいて、知識人たち（たとえ時代錯誤あるいは言い過ぎの危険があるにしても、便宜上この言葉を使い続ける）は、彼らに特有の個人的な利害関係、あるいは場合によっては彼らの集合的利害関係と一体視される（後者の場合には、彼らは特殊な社会的集団を形成している）。彼らは過激化して、自分たちの利害関係が満たされないおそれがある場合には暴力を推進するまでにいたる。それゆえ、彼らの役割が説明されるのは、彼ら自身の期待によってなのであり、彼らがイデオロギー的に準備する社会的、文化的、政治的意味作用によってでもなければ、その名のもとに彼らが自らの考えを表明し、政治的役割を与える人びとの期待によってでもない。そしてその時、彼らの期待は、社会の中での、とりわけ国家権力を前にしての、彼らの相対的立場に帰せられるのである。

　トクヴィルは、ここでもまた、この種のアプローチに関する創始的な表明をなしている。やはり『アンシァン・レジームと革命』の中で、イギリスとフランスの著述家たち（知識人という言葉は、まだモーリス・バレス(五)によって普及されていなかった）の役割について、次のように指摘しているのである。「イギリスでは、こと政治に関するかぎり、著述する者と政治を行う者とは別で、前者が新しい思想を実践に向けて導入するとすれば、後者は事実を用いて理論を修正し限定する、このような相互交流がなされていた。これに対してフランスでは、政治の世界は離れ離れの二つの州に分割されたような様相を呈していて、相互交流はまったくなかった。ひとつの州で行政が行われているかと思えば、もうひとつの州では行政全体の基礎となるべき抽象的原理が説かれている。一方で決まりきった仕事に対する個別具体的な措置が講じられているかと思えば、もう一方では適用を考慮しない一般的法律が主張されている。一方では公務の指導が、他方では知性の指導が行われている(26)。」

　アレクシス・ド・トクヴィルの言葉に従えば、知識人たちは事態の進行から離れたところに身を置いているだけに、ますます現実についての抽象的な表象を作り出し、ますます絶対的なものに訴え、既存秩序との決別に訴える。暴力は、少なくとも理論的には、彼らが自分の思想を現実および具体的な人びとと突き合わせて考えなくてもすませうることの中に、自らの道を見いだすのであり、彼らが、改革や漸進的な変化をもたらすことへの実践的配慮からもっともかけ離れたところにいるだけに、彼らの過激さはますます激しくなるのである。知識人たちが体制外に身を置けば置くほど、ますます彼らはすべてか無かによって、そして結局は暴力によって、誘惑されるのであると、アレクシス・ド・トクヴィルは言っているように思われる。

この論証はまだフラストレーションを論じてはいないが、たちまちそこに導く。というのも、多くの良識ある人びとの言葉を信じれば、知識人にとって体制外に身を置くことは、たちまち怨念、失望、羨望、要するに権力を手にしえない人びとが持つフラストレーションを意味するからである。

たとえば、レイモン・アロンが次のように断言する時、彼は一か八かの賭けに出ているのである。「二〇世紀の革命的な諸局面を再発見するには、高等教育を受けた人びとがフラストレーションを感じる諸状況を数え上げることで十分である。（……）西洋の工業化社会さえも、失望した専門家たちといらだった教養人たちが連携することによって作り出した危険を経験している。専門を役立てることを求める前者と、ある思想を追及する後者とが、集団パワーの誇りも大事業に参加する精神的喜びも与えてくれないとがむべき体制に対して、連携するのである。[27]」知識人たちの暴力への関与を説明するフラストレーションは古典的なテーマであり、その表現は、革命のエピソードやテロリズムの経験においてイデオロギー的、政治的に大きな役割を果たした人びとを描き出そうとするさまざまな努力の中に見いだされる。たとえば、ロシア革命の際にボルシェビキのうちでもっとも過激であった人びとや、恐怖政治時代の公安委員会[六]のメンバーたちは、人生の失敗者、フラストレーションに陥った人びと、社会的落伍者であった[七]ことが示唆された[28]。そしてまた、ロシアのアナーキズムの中でもっとも過激な潮流の創始者であるネチャーエフのような人物は、大学に幻惑されながら内心では居心地の悪い思いをしていた平凡な学生として描かれた[29]。同様に、さまざまな研究が、少年時代や青年時代に作られた革命家やテロリストの「パーソナリティ」[30]、すなわち強い怨念と極めて激しいフラストレーションによって特徴づけられる精神構造をでっち上げようと務めている。極端な場合には、このようなパーソナリティを創り出すフラストレーションは、乳児期にまで遡りうるナルシシズムの傷に関係しているとされる。

このようなことは、暴力が現れる際に利用する意味作用に関する分析や、暴力が広がるプロセスに関する分析を、暴力の心理学的根源の分析から切り離すことになる。後者の分析は問題の意味作用とプロセスとに何の関係もなく、しかもパーソナリティ形成の来歴とも関係ないであろう。

分析においては、政治的・知的行為者と社会的・文化的行為者とを区別せねばならない。前者は、意味の名において、あるいは、必ずしも彼ら自身の集団のものではない要求の名において暴力を具体化するのに対して、後者は、彼ら自身の集団が持つ利害関係の名において、あるいは、彼ら自身が彼ら自身のために定義づける意味の名において暴力に移行するのである（たとえ彼らが暴力にもっと広い射程を与えていようと、また、たとえ暴力がその意味をねじ曲げようと）。そしてその両方の場合について、細心の注意を払って相対的フラストレーションの仮説を考察せねばならない。というのも、この仮説は暴力を、暴力以外の手段を持たず、怨念、羨望、強迫観念、あるいは社会的転落の現実以外に動機を持たない落伍者、のけ者、社会の周辺に生きる人びとの行為と見なすからである。このパースペクティブにおける暴力は、ぱっとしない人びと、気持ちのすさんだ人びと、社会から取り残された人びとの専有物、そしてまた、考えを自らまとめることができずに、あるひとつの考え方に支配されるがままになり、その考え方の対象となるとともに往々にして殺人的なイデオローグになる人びとの専有物なのである。このことは一部の経験には当てはまるとはいえ、何不自由のない社会的・文化的行為者や著名な知識人たちが、なぜ暴力に移行する場合があるのかを説明しはしない。

全体として、相対的フラストレーションの仮説は支配者層《エスタブリッシュメント》の仮説で、秩序と市場に関心を持つ分析から由来するものである。したがって、信念に従い抵抗精神に従って、自尊心を示し、尊敬、認知、威厳を勝ち取るために暴力に頼る行為者たちはどのような論理によって動かされているのかを、理解しようとするものではない。この仮説は、暴力行為の首謀者たちにおいて出発点と到達点の間で働いているプロセスを飛ばしてしまっているのである。すなわち、出発点ではフラストレーション概念との関係がありうるにしても、到達点にいたるまでには、行為者の行為者自身に対する作用、他の行為者との出会いなど、多くの要素が介在しているのである。したがってこの仮説は、いかなる仕方によっても、全般的な暴力理論をもたらすことはできないであろう。せいぜい、ひとつの分析道具、これこれの具体的な経験に向けることのできるスポットライトを提供するだけであり、その照明で当該の経験を照らすことは必ずしもむだでないにしても、決して決定的なものではない。

第6章　道具的暴力

相対的フラストレーションの仮説は、暴力をいささか機械的な反応、極端な場合には自然な、人類学的な反応にしてしまい、個人や集団は自らの属するシステムのとくに急激な変化に対して反応するのだと主張する皮相な機能主義の中に、容易に位置を占めることになる。この仮説が暴力に見るのは危機の行動であり、システムの状態と能力に応じて、いずれは解消されるか、さもなければ、とりわけ革命の形態をとって根本的な変化へと帰着する行動である。

このパラダイムからもっともかけ離れたところで（といっても、このパラダイムと必ずしも矛盾するわけではない）、もともとは哲学的なものであったがその後社会学的なものとなったひとつの伝統が、暴力を功利主義的なパースペクティブの中に組み込むことを提案している。すなわち、そのパースペクティブにおいては、暴力はひとつの手段、資源、道具をなすものであり、計算して戦略を練り上げ、暴力を目的成就の手段とする行為者たちによって用いられるのである。ここでの行為者は、多かれ少なかれ浅薄な個人や集団として反応するのでなく、合理的に思考する。この行為者はフラストレーションによって定義されるのではなく、彼が自ら定める目的によって定義されるのである。

一　トマス・ホッブズ

暴力に関する省察はホッブズからはじまったわけではなく、ホッブズを暴力に適用された功利主義の創始者とする主張には異議を唱えうる。しかし、彼の哲学は明らかに堅固で力強い出発点をなすものであり、われわれはここでジェームズ・B・ルールに従うことにする。ルールは、ホッブズを、道具的暴力に関する最初の偉大な思想家と見なし、民間人の暴力に関する省察の先駆者であるだけでなく、「ホッブズの問い」（民間人の暴力はどこから由来するのか、多かれ少なかれ平穏な協力関係がどのようにして暴動、反乱、内戦の時期へと移行するのか、またその逆はどのようにして起こるのか）の作者とみなしているのである。(31)

ホッブズにとって、暴力は人間性と不可分のものである。ホモ・ホミニ・ルプス、すなわち人間は人間にとってオオカミであり、人間は愛他的なものではなく生まれつき貪欲なものである。財産と力を手に入れようとする人間の欲望は限りがなく、治まるところを知らない。自然状態において、ホッブズの人間は他人に対する優位、名誉を熱望する。野心家で傲慢な存在である人間は虚栄心（この言葉はホッブズの文章の中でしばしば繰り返されている）に支配されている。暴力の原動力は人間の情念の中に、軽蔑と名誉の感覚、羨望と不名誉の感覚、恥辱と感謝の感覚の中にある。自然状態において、暴力は、意味を産出する媒体であり、情念に仕えてその道具となる。『リヴァイアサン』の第一三章で、次のように明確に述べられている。「人間の本性のなかに、われわれは、あらそいのみっつの主要な原因をみいだすのである。第一は競争であり、第二は不信であり、第三はほこりである。第一のものは、人々をして、獲物をもとめて侵入せしめ、第二のものは、安全をもとめて侵入せしめ、第三のものは、評判をもとめて侵入せしめる。第一のものは、かれらを、他の人々の人格や妻子や家畜の支配者たらしめるために、暴力をもちい、第二のものは、かれらを防衛するために、暴力をもちい、第三のものは、一語一笑、意見の相違、その他すべての過小評価のしるしのごとき、些末事にかんして、それが直接にかれらの人格にむけられたものか、間接にかれらの親戚、友人、国民、職業、名称にむけられたものかをとわず、暴力をもちいる。[32]」

ここでの暴力の有用性は、人間が生きている状態と不可分である。その状態とは、多くの点で原始的市場に類似したあの自然状態、ジャングルである。しかしこのジャングルは、原始人ではなく主権と国家《レピュブリック》[八]を持たない人間が住むジャングルであると特徴づけねばならない。C・B・マクファーソンが適切に指摘したように、ホッブズの自然状態は真の自然状態ではなく、「文明化された社会での生活によって形成された諸性質をもった今あるがままの人間たちが、もし彼らすべてを威圧しうるどんな共通の権力も存在しなかったとしたら、必然的にその中に在るにちがいない仮説的な状態[33]」である。

ここにはフラストレーションが入り込む余地はほとんどなく、決定的な問題は、万人の万人に対する戦争を含意するこの自然状態から、理性、法あるいは道徳へ（そして暴力のはっきりした減少へ）人間はどのようにして移行するのかを知ることである（「すべての人を畏怖させる共通の力なしに生きている限り、人間は戦争と呼ばれる状態にいるのであり、この戦争は、各人の各人に対する戦争なのである」）。暴力による死に対する恐れこそが、人間をこの戦争から脱するよう導きうる。こうしてレオ・シュトラウスは、ホッブズにおいてどのように虚栄心が人間を盲目にし、恐れが人間を啓蒙しているかを強調したのである。「（ホッブズにとって）虚栄心から恐怖心へと導く道は、無自覚から慎重さへと導く道、〝政治生活〟のまばゆい幻影から、唯一理性的認識に接近しうる真の善へと導く道である。[34]」

暴力による死に対する恐れは、たしかにホッブズ思想の中心にあるとはいえ、独占的な位置を占めているわけではなく、もっと肯定的な「人びとを平和にむかわせる」諸情念、すなわち「快適な生活に必要なものごとへの意欲、かれらの勤労によってそれらを獲得する希望[35]」も付け加わっているのである。

ホッブズにおいて、暴力が非理性的な行為にされていることは逆説に見える。というのも、暴力は、制御されない破壊的な諸情念によって引き起こされると同時に、熟考され計算されて準備されるのであるから合理的なものでもあるからである。しかし、この逆説は見かけにすぎない。行為者の視点から見れば、暴力は個人的合理性に対応しており、自分の欲望を満足させてくれるだろうと思われる諸結果を予測することによって決定される。しかし、それでも暴力は理性的なものではない。というのも、それは平和と経済の発達とに反するからである。この逆説は、国家《レピュブリック》という制度のおかげで、人間が暴力を私的なものとしてではなく公的なものとして設定し、暴力に頼ることを禁止し合い、万人の万人に対する戦争を終わらせる時に、解消される[36]。実際、その時から私的暴力はもはや通用せず、その合理性は消え去り、理性が勝利しうるのである。そして、いずれにせよ、主権者と政治制度のおかげでカオスは回避される。

もちろん、民間人の暴力は国家《レピュブリック》の創設とともに必然的に消えるわけではなく、ホッブズはその暴力が由来する「諸々の病気」をはっきりと記述している。彼は、『リヴァイアサン』の第二九章「コモン・ウェルスをよわめ、またはその解体に役だつものごとについて」の中で、不完全な制度設立、自己限定する権力、扇動的な教義の影響、国家《レピュブリック》に必要な資金調達の困難、とりわけ、権力の絶対性について議論する自由を認めることを挙げ、これらは自然状態への道を再び開くものであるとしている。彼にとって、主権者と国家《レピュブリック》が存在する場合には、暴力は権力の緩みあるいは機能不全の結果であり、弱い国家《エタ》の印しなのである。しかし暴力は、自然状態の中では、それが何を意味するかに応じて理論的位置を変えるのである。

実際、この最後の場合、暴力は悪と見なされえず、道徳的あるいは規範的な判断の対象になりえない。というのも、人間は自分自身の欲求以外に法を持たないからである。悪は、「国家《エタ》の意志と欲求」である法と照らし合わさなければ考えられない。悪は法によって測られるのであり、ホッブズは次のように書いている。「各人の各人にたいするこの戦争から、なにごとも不正ではありえないこともまた、帰結される。正と邪、正義と不正義の観念は、そこには存在の余地がない。共通の力がないところに法はなく、法のないところに不正義はない。暴力と欺瞞とは戦争においては、ふたつの主要な徳である[37]。」

ホッブズの政治哲学は、暴力を道具の諸次元で考えるうえでわれわれに役立ち、功利主義的パラダイムの源泉のひとつであることは間違いない。しかし、それを越えて今日の暴力と取り組むためには、彼の寄与は限られている。

ホッブズにおいて問題なのは自然状態について省察することであり、暴力の産出は、道徳的なものであれ、社会的なものであれ、いかなる固有の問題も生じさせず、人間の条件と一体化している。その一方で、主権者、国家《レピュブリック》、政体が存在するところでは、暴力はリヴァイアサンの弱体化あるいは欠陥に由来し、その時、暴力はひとつの「病気」である。要するにその両方の場合において、暴力を理解することは自然状態に、あるいはこう言ってよければ、社会状態に関心を持つことなのである。ホッブズのパラダイムにおいて、暴力は、多かれ少なかれ自分の職務を確実に行いうる主権者の権力が、自分の「情念」に多かれ少なかれ身をゆだねる諸個人に残しておく空間の関数としてある。言い換えれば次のことを意味する。すなわち、この思想はほとんど社会学的なものではなく、マクファーソンが言うように、自分の計算と情念によって社会を市場化する（このマルクス主義者の著者は、より正確には「市場社会」という言い方をしている）ように思われる諸個人と、国家《エタ》との間に何も介在させていない、ということである。

二　暴力の有用性

暴力を、目的に向かう行為者たちによって合理的に用いられる道具であると見なす考え方は、多かれ少なかれ皮相なやり方で表明されうる。もっとも初歩的なヴァリアントでは、この考え方の社会学に対する関係は、ホモ・エコノミクス論の経済学に対する関係に等しい。問題なのが諸個人の暴力行動であれば、暴力は利害関係、計算、行為者が据える理由に基礎を置いている。また、問題なのが集合行為であれば、暴力は諸個人の選択の集合から生じるということになり、結局は前者の場合に帰着してしまうのである。この考え方が貧弱であればあるほど、行為者たちの目的や利害関係の定義もまた、ますます狭かったり表面的なものであったりする。このことは、暴動をひとつあるいは二つだけの原因、すなわち快楽と利益（エドワード・バンフィールドは《fun and profit》と言っている(38)）に還元してしまうあの諸分析、あるいは革命行動のいっさいを、それに参加する人びとの個人的な略奪、レイプ、復讐の欲望に帰着させるあの諸分析に見られるとおりである。

しかし、時にははるかに厳格でもあるアプローチ方法のうち、もっともずさんなヴァリアントを批判するだけで満足することはやめよう。また、いわゆる合理的選択のパースペクティブ、とくにアメリカ合衆国で発達した合理的選択論にたいてい含まれている諸論証を戯画化することは避けよう。

ここで一冊の本が、その内容と国際的なインパクトのために、われわれの注意を向けるに値する。すなわち、マンサー・オルソンの『集合行為論』[39]である。この著作において、オルソンは労働組合運動について、「非組合員労働者《フリー・ライダー》」、すなわち対価を払うことなく集合行為の成果を享受する者の逆説を展開している。実際、「非組合員労働者」は、ストライキなどの組合活動が勝利を収めることに関心を寄せるあの賃金労働者である。というのも、関係するすべての賃金労働者と同様に、彼も闘争の成果を享受するからである。しかし、だからといって彼は個人的に活動に参加しようとはしない。その活動にはコストがかかるからである（たとえば、ストライキ期間中は賃金が支払われない）。そしてオルソンによれば、暴力が組合活動に介入するのは「非組合員労働者」の顔が、したがってまた「非組合員労働者」の可能性が存在するからである。実際、暴力は「労働関係史の中でも、とりわけ大規模な全国的組合を結成したり、あるいは拡大する試みが存在していた時代に、顕著で」あったとオルソンは指摘している。そして、次のように説明している。すなわち、労働者を暴力へと走らせたものは経営者の保守的なイデオロギーであるよりも、「大集団（労働者）に集合財を供給する試みに内在する強制の必要」である。言い換えると、オルソンに従えば、ストライキの実行者たちは、その行為がすべての労働者によって認知され尊重されることを望めば、暴力を必要とすることになるのである。ピケなしには、労働者たちは利益を期待しながらもストライキに参加しまいとする。したがって、暴力は「非組合員労働者」たちを思いとどまらせるための道具なのである。そしてオルソンは、暴力が「最高潮に達するのは、組合が、ある企業内で初めて組織化されようとする時である」[40]（さもなければ組合は企業内に出現しえないかもしれない）と明言している。このパースペクティブにおける暴力は、労働組合運動の誕生と一体をなしており、「強制的組合員資格制とピケット・ラインは労働組合主義に不可欠である」。

暴力という道具は、マンサー・オルソンの視点からすれば外見上大きな特殊性を何も持っていない。それはさまざまな手段のうちのひとつである。「強制的組合員資格、ピケット・ラインそして暴力に加えて、いくつかの組合は有効な選択的誘因をもっている。そこでは、組合に加入する人々には非集合的財が提供され、未加入者にはそのような便益は与えられない。」[41]この主張は取るに足りないものではない。これが意味しているのは、合理的選択論に属するオルソンのアプローチは、暴力を、たとえば強制的組合員資格制と同列に置くことによって、月並みなものにしているということである。この点に、暴力は道具的、合理的なものであり、ひとつの資源であると見なすあらゆるアプローチ（はるかによく練り上げられたものであれ）に共通する特徴が見られる。

マンサー・オルソンは、現代の社会科学と政治学におけるこの種のアプローチの創始者としてしばしば引き合いに出される。このことは、彼の思想がほとんど社会学的なものではないだけに、非常に驚くべきことである。というのも、要するにこの理論家は、人びとは合理的に行動すると主張する一方で、その人びとができる限り自己の利益を得ようと行動するには強制が必要であると説明するからである。組合の道具としての暴力は、労働者たちを自己の利益に強制的に向かわせ、合理的行為を可能にする条件、あるいは条件のひとつとなる。このことは、この種の分析がその対象に適合するには、合理的選択という表現による分析とはまったく関係のない要因を必要とすると主張するに等しいのである。オルソンは、組合の問題を計算と利害関係という厳密な用語を用いて論じながら、次のことを無視しているように思われる。すなわち、労働運動は集合的同一化、イデオロギー上の類似、共同体から出発して行為と闘争を構築したのだということ、あるいは、労働者の意識は単純な経済的期待によって定義されるのではなく、むしろ、労働者から仕事に対する積極的な関係を奪い、労働の制御権と生産物の管理権を奪う支配に対する拒否によって定義されるということである。実際のところ、マンサー・オルソンのアプローチによっては、個々人の参加と集合行為との間にある関係を理解することができない。彼のアプローチは、個人的利益と集合的利益との間に溝が存在することを認めている。しかし、それは必然的に後者を前者の総計とは異なる別のものにしており、ひとつの逆説となっている。それゆえ、道具としての集合的暴力の問題が現実に即して扱われるためには、いわゆる「資源動員」論の飛躍的発展を待たねばならないことになる。

三　いわゆる「資源動員」論

すでに見たように、相対的フラストレーション説は暴力行為の張本人たちの面目を失わせる傾向がある。その説は暴力行為を反応行動に還元し、そこに、フラストレーションを生み出す剝奪感の埋め合わせあるいは消滅以外のいかなる意味作用も求めないからである。その一方で、暴力に適用された功利主義思想のもっとも初歩的なヴァリアントの場合は、社会学よりも新古典主義的な経済学に属しており、行為を商取引の計算に帰着させる。それゆえ、マンサー・オルソンの考えは実際には労働組合運動からずれてしまうのであり、彼は明らかに、その運動が持つ大きな野心と過去の希望を無視しようとしているのである。逆説的であるが、オルソンは、組合活動を軽蔑していたレーニンと似ている。このソビエト革命の父は、組合活動をせいぜい「労働組合主義」活動だと言い、その活動が高いレベルの企図に役立つことを望むなら前衛運動に従えと促していたのであった。(九) 暴力を道具と見なすアプローチは、その出発点において、暴力の首謀者たちに対する共感やヴェーバー的意味での現象理解とはまったく無縁なのである。

a　風土の変化

一九六〇年代末に、暴力的次元を持ちうるさまざまな闘争によって社会科学と政治学が問い直されただけでなく、新しい世代の研究者たちが姿を現した。彼らは、それらの闘争に対して政治的共感を抱くことができ、闘争に参加したり、多かれ少なかれ活動的な組織に属する知識人であったりした。アメリカ合衆国では、ここでわれわれの関心を引くパラダイムの変化が、五〇年代の公民権運動の後に起こることになった。ベトナム戦争に対する反対、学生の異議申し立て、それに過激化した黒人運動が、時には、集合行為と不可分に思われる暴力やキャンパス内での機動隊との衝突に、あるいはいわゆる過激派の暴動に行き着いたのである。その一方で、民族解放運動や「チェ」のゲリラをはじめとする一部のゲリラは、共感を抱く社会周辺部からもっとも進んだ社会の中心部にまで勢力を伸ばした。ここでフラストレーションを論じることは、さまざまな形態の支配や社会的、政治的、文化的疎外を告発する行為者たちが目指す方向（消費社会批判は絶頂にあり、また、カウンター・カルチャーが真っ盛りの時期であった）をまったく理解しないに等しい。また、暴力への加担も含めて、彼らの社会参加を考え抜かれた利益保護に還元することだけでは、十分でありえないだろう。むしろ、暴力の中に、集合的目的のために行為者たちによって動員される資源のひとつを見いだせないだろうか。すなわち、目的の範囲を経済的な利害関係に限定せず、それ以上に権力、国家、集合的生活のもっとも一般的な傾向をやり玉にあげるために動員される、そのような資源のひとつを見いだせないだろうか。

こうして、歴史学、社会学、政治学の交差点でひとつの新しいパラダイムが登場し、七〇年代に、ジョン・D・マッカーシーとメイヤー・N・ゾールドの表現によれば、「資源動員」論という名称のもとで重要な位置を占めることになったのである(42)。

社会運動論は、労働運動に対して敏感なだけでなく、その時その時の反乱や新しい異議申し立て、フェミニズムの復活、ホモセクシャル運動、環境保護闘争といったものにも敏感であり、「資源動員」は、実際にはかなり多様な研究の全体に対応している（ただし、それら研究のすべてが暴力に関心を寄せているわけでもなければ、必ずしも暴力に関心を寄せているわけでもない(43)）。

これらの研究（もっともよく知られ、もっとも決定的な代表者は間違いなくチャールズ・ティリーである）において、ひとつの重要な要素が目に付く。すなわち、そこで暴力が扱われる場合、暴力は、群衆あるいはたけり狂った大衆のイメージや社会の周辺《マルジノー》に生きる人々の病理学と結びついた、非合理で普通の生活とは無縁な現象として扱われはしない、ということである。さらにそこでの暴力は、社会的に孤立したり破滅、零落した個人や集団の行為でもなく、退廃、アノミー、社会的絆の喪失から生じるものでもない。六〇年代末にアメリカ合衆国とヨーロッパを揺り動かし、政治的・社会的脈絡（その中で「資源動員」論が広がった）を定義した異議申し立ては、しばしば、社会のまっただ中に組み込まれた個人や集団によってなされた。すなわち、知識人、将来国のエリートになると目された学生、近代的生活に積極的に関与している市民、中流階層、労働組合員、十分に制度化された運動に属する労働者、であった。この理論化のパースペクティブにおいて、暴力は社会的・政治的生活に属し、正常な諸関係の中に位置を見いだすのであり、またそのようなものとして考えられねばならない。ここで社会科学は、それまで社会科学の中にあった支配的な論証から離れるばかりか、政治哲学からも離れることになる。政治哲学は、ナチやソビエトのような全体主義にとくに強い関心を寄せながら、暴力に対する判断を可能にする諸原理について熟考し、善と悪を区別しようと務めていたのである。それゆえ、たとえばチャールズ・ティリーは、ハンナ・アーレントのアプローチと一線を画することを明白に望んでいる。集合行為の分析家である彼にとって、「正当化と断罪は（……）ここで、われわれの問題ではない(44)」のである。

「資源動員」の考え方は、実際に暴力を正当化することなしに暴力を理解しようとし、異議申し立てに対する評価を変えることなしに暴力と社会的・政治的異議申し立てとを結びつけうる。ある意味で、七〇年代のアメリカ合衆国における「資源動員」論は、フランスにおいて社会科学に適用されたマルクス主義の果たした最良の役割が、多かれ少なかれ暴力によって企てられた社会的闘争と紛争に対する理解への呼びかけであったことと、知的な対をなしている。チャールズ・ティリーはマルクスを援用し、もっとも重要な参考文献の中にトロツキーを挙げており、自分は「あくまで反デュルケーム主義的であり、断固として親マルクス主義的であるが、ヴェーバーも適宜引き合いに出しミルにもある程度頼る(45)」と言っているのである。

それらの研究者は共産主義者でもなければ、必ずしも政治にコミットしているわけでもないので、恐れることなくマルクスを援用する。彼らを取り巻く風土はもはや間違いなく、アメリカの知的生活に非常に重くのしかかっていたマッカーシズムのそれではないのである。そしてあちこちで、「資源動員」論の成果を確信している著者たちのうちに、革命現象についての確かな理解が見られる。とりわけ、六〇年代の大きな諸闘争はアメリカ合衆国でも西欧でも民主主義をやり玉にあげていないどころか、その中に完全に組み込まれうるという考え方が見られるのである。研究者たちにとって問題なのは、権力、諸制度、政府当局が頼る弾圧部隊の側にこそ、民主化と近代化に対する抵抗あるいは障害が存在するということである。

b　陳腐さ

したがって、何よりも集合行為と社会運動に関心を持つこのパースペクティブにおいて、暴力は間違いなく非合理性の印しなどではない。しかし、だからといって必ずしも断絶の意思に従属しているわけでもない。暴力は社会の機能の中心に組み込まれており、社会的・政治的行為の中に特別な問題もなく位置を見いだすのである。暴力は諸々の目的に対応するが、それらの目的は、暴力に身をゆだねることもありうる活動家たちのものだけではなく、暴力が関係し、長期的に見てその中に集合的利益を見いだす人びと全体のものでもある。暴力の首謀者たちは、この視点からすれば、彼らが代表する人びとから区別されるようなエリートではない。それどころか、その人びとの類型であり、共同体の中で生み出され、帰属集団の中に同化しているのである。(46)

ここで暴力は、行為の一表現、行為の表現形態のひとつであり、その行為に準拠せずには分析されえない。暴力が源を見いだすのは、もっとも初歩的な功利主義的アプローチにおけるように、参加者の個人的、短期的な利益の中ではなく、一般的な射程の展望の中である。ここからひとつの方法論的原理が出てくる。すなわち、紛争要素のうちのひとつである暴力は、紛争から切り離して単独で取り扱ってはならないということである。そうではなく、暴力の分析は、暴力が現れることもある紛争から出発してなされねばならない。チャールズ・ティリーは次のように書いている。「集団の暴力は、普通、それ自体としては暴力的なものではない集合行為（祭り、集会、ストライキ、デモ、等）から展開される。これらの集合行為がなければ、集合的暴力はほとんど生じえないであろう。集合行為に参加しない人びとが暴力に巻き込まれることはまずありえない。ある程度規則的に集合行為に参加する集団は、一般に、共通の利害関係全体を感じ取り推進する人びとからなる。そして、大規模な集合行為は、行為自体の時を越えて広がる連携、コミュニケーション、団結を要求する。(47)」

このパースペクティブにおいて、暴力は集合行為の表現のひとつであるから、次のことを認めねばならない。すなわち、一部の行為者たちを暴力の行使へと押しやる力は、より一般的に必ずしもあるいは自動的に暴力的なものではない行動へと押しやる力と区別されない、ということである。ティリーの説明によると、暴力が現れるのは、それ自体においては本質的に暴力的なものではない行為の中、すなわち同じ時期に似通った脈絡において現れる他の多くの非暴力的集合行為と基本的に類似した行為の中からである（「暴力行為を理解し説明するには、まず非暴力行為を理解しなければならない」）[48]。

この点は決定的である。実際、これは次のことを意味している。すなわち、暴力はひとつの資源でしかない以上、人びとはいざとなれば不連続なしに暴力へ移行するということ、暴力は社会に張り付いた正常なものであり、その社会を、暴力が他の諸々の表現形式と同じ資格で表現するということである。

しかし、このアプローチは暴力を陳腐化することによって、一連の限定された歴史的経験に、あるいは暴力現象の際立って狭い定義に、立ち返らせはしないだろうか。いずれにしても、一九世紀と二〇世紀の社会的・政治的歴史の十分近くにとどまれば、極左のテロリズムが特徴づけられるのは、その首謀者たちと、彼らがその名のもとに語る人びととの分離によってであり、前者の後者への同化によってではないことがわかる。個人的なものであれ、集合的なものであれ、その他諸々の暴力形態についても同様である。しかし、『政治変動論』の付記一（『政治変動論』の日本語版では省略されている）の中で、チャールズ・ティリーは、暴力のある種の様相については脇に置いていると記し、彼のパラダイムの適用範囲を限定しているのである。彼は、フランスにおけるストライキと暴力の研究に際して、個人的行為や小集団の行為、サボタージュ、爆弾テロ、他の誰かに向けられたのではない暴力（たとえば、農民たちが自分自身の作物を破壊する場合）を統計データの収集から除外している。したがって、彼の関心を引く暴力は、直接的に社会的意味作用を持っている暴力、つまり、大衆の異議申し立てや社会運動の延長上にあってそれらとの連続性を維持しており、それらの道具であると同時に表現となっている暴力なのである。さらにティリーは、どちらかといえば平板な暴力定義で満足している。すなわち、「あらゆる物理的な力の行使」あるいは「抵抗にもかかわらず、人あるいは物が強奪されたり、物理的な損害を被るあらゆる相互行為[49]」という具合である。彼はとりわけ、落とし穴がありそうに思われる分野へ入り込むことを拒絶している。そして、暴力のあらゆる定義は、ある点では恣意的になり、またある点では異論のありうるものになるという危険があり、「何を暴力とよぶかは人によって異なる[50]」ということを認めねばならないと言うのである。

c　政治的合理性

実のところ、「資源動員」論は比較的明確な紛争群に対応している。その適用範囲は、この理論を利用している文献を検討すれば明らかになるとおり、何よりも政治的なものである。この理論が優先的に関心を持っているのは、政治システムのレベルで、行為者たちが地位の獲得あるいは維持を目指している闘争である。そして、それらの闘争について「資源動員」論は次のように考える。行為者たちは暴力などさまざまな資源に頼るが、それには二つの場合がある。そのひとつは、彼らが「異議申し立て者《チャレンジャーズ》」の場合で、この時には、政治空間に入り込むこと、権力を獲得すること、あるいは権力に極度の圧力をかけることを目指している。そしてもうひとつは、彼らがすでに制度のレベルで地位を占めている場合で、この時には、他の集団を権力圏外に締め出すこと、権力圏で他の集団の影響力を最小にすること、あるいは部外者が権力圏に入り込むのを妨げることを目指している。このような考え方をよく例証しているものとして、フランスにおける労働者のストライキに関するエドワード・ショーターとチャールズ・ティリーの重要な研究がある。一世紀半にわたる労使紛争をカバーするデータの統計処理に基づいて、その研究が明らかにしていることは、労働者の暴力は、労働運動の政治的影響力の喪失と直接的に対応しているとともに、労働運動が制度化される段階で出会う困難な局面とも対応しているということである。政治システムに近づくことが労働者の行為者たちに拒絶されていればいるほど、また制度生活への彼らの参加が排除されていればいるほど、ますます彼らは暴力へと向かう圧力を加えることになる[51]。[一〇]同様に、さまざまな歴史的経験の中でもとくにアメリカ合衆国の南北戦争と、一九五〇―一九六〇年代のナイジェリアでの暴力を検討する際、アンソニー・オーバショルは、「どちらの場合も、中心的な行為者となったのは、地方の支配階級を政治的に代表する人びと、すなわち、国のレベルでは退潮し、地方でも支配権を失いかけているために、自分たちの経済的・政治的権力を維持することに気をもむ人びとである[52]」と指摘している。まさしくこのパースペクティブで問題になっているのは、行為者たちの合理的論理について考えることと、自由に用いうる資源（金、連帯網、影響力、暴力）の利用に結びついたコストと利点を彼らがじっくり検討して戦略を展開するやり方について考えることなのである。

この合理的世界の中で、社会運動は市場で競争関係にある組織体として叙述され[53]、盲目的あるいはアノミー的反応という言葉でしばしば分析されるある種の行動は、道具的計算の仮説に照らして再検討される時、まったく別の形で姿を見せることになる。たとえば、アンソニー・オーバショルは次のことを明らかにしている。すなわち、アメリカ合衆国での人種暴動において、破壊行為は無差別にではなく的を絞って行われており、実際のところ破壊されるのは一部の商店だけで、とりわけ黒人の商人が所有するものは破壊されていない、ということである。数多くの経験論的研究を裏付けにした彼の明証的説明によれば、画一的な行動、群衆の中での個人の匿名性、組織の完全な欠如、ひとりのリーダーの命令や教唆にのみ従属した反応行動、といったものだけを暴動の中に見ることは誤りである[54]。

権力を制御したりそれに近づこうとする戦略展開の中では、資源の管理や新しい資源の獲得を目的とする団結、協調関係、連合といったあらゆる種類の論理が出会う。ここで、政治的分析は、とくにティリーの著作において、しばしばマルクスの具体的な分析（フランスでの階級闘争、一八四八年についての分析）や、ロシア革命期の二重政権論を提起するトロツキーを参照することから、多くを得ている。しかし「資源動員」論は、分析の地平を文字通り政治的なレベルに限っているために、社会運動について考える時にはほとんど役立たない。実際、この理論において社会運動が定義づけらるのは、社会的関係や労使紛争の用語によってでもなければ、社会的対立者を登場させる対立原理によってでもなく、運動の制度化、政治システムへの参加、権力あるいは国家の獲得といった政治的目的との関連によってなのである。そして、行為者たちの形成と行為の方向づけにおいて、政治的合理性の埒外にあるものはすべてこの理論には無縁なのである。この理論は、親近性、情動、共有された経験、共同体への帰属といった基盤に人びとがどのようにかかわっているかを説明できないであろうし、イデオロギー的で象徴的な次元、表象、記憶の上に行為がどのように基礎を置いているかも説明できないであろう。このことは、ディディエ・ラペロニーがある決定的な論文で次のように指摘しているとおりである。「集合行為の合理的で道具的な性質とその戦略的な特徴を主張することは、要求、参加、イデオロギー、連帯といった概念を用いてなされる社会的集団や個人の動員プロセスの分析が提示する問題を扱うことと両立しない。(55)」それゆえ、この理論を援用する研究は、政治から切り離して社会を考えることに失敗して初歩的な功利主義に回帰し、こう言ってよければ、マンサー・オルソンの腕の中に転がり込んだり、(56)あるいは、社会運動を分析するために道具的合理性という考え方から離れたりしているのである（このことは、研究の中心的なパラダイムから離れることに帰着する）。

したがって、「資源動員」論が検討対象とする暴力は結局のところ限定された現象なのである。それは完全に政治的暴力でしかなく、この暴力の変遷自体、政治システムの状態とその中で生じる変化に関連している（「集合暴力の変化の主たる原因はやはり政治体の作用にある(57)」とティリーは書いている）。それゆえ、極言すれば、この特異な資源の利用にもっとも好都合な条件を、したがって「動員」という表現での理論化にもっとも適合した条件を、定義することが可能となる。その条件とは、政治システムが閉じられていて、それを制御する人びとが衰弱あるいは弱体化している場合や、政治奪取に対する集団間の競争が著しく激化している場合である。実際に「資源動員」論が扱っている暴力におけるこの高度に政治的な特徴は、奇妙な論理的帰結を持つことになる。というのも、この特徴は、異議申し立て集団の暴力には機動隊の責任が大きいというイメージに行き着くからである。(58)

d　「資源動員」論の限界

「資源動員」論の大きな長所は、自動的に暴力を無意味、不条理、あるいは単なる心理的反応、さらに極端な場合には順応反応に帰する教条主義的な態度を拒否していることである。それゆえ、この思想群はしばしば、その自由な精神ゆえに、相対的剥奪とフラストレーションの表現でなされるアプローチや、保守的と見なされていた機能主義に対して政治的に対置されえたのである。[59] しかし、たとえこの功利主義的パラダイムが社会科学と政治学の文献において有力なものとなり、フラストレーションと危機への反応という表現によるアプローチに衰退をはっきりともたらし、七〇年代初めにはそのアプローチを明確に打破したということが事実だとしても、それだけでこれを暴力研究の特効薬、論証の王とすることはできない。

「資源動員」論はひとつの社会運動論として現れているが、まず次のことをひときわ強調しておかねばならない。すなわちこの理論は、社会運動を、政治システムへの組み込みや制度化を合理的に目指した運動としてのみ考え、運動の方向づけ、歴史的照準、政治的なもの以外の意味作用、といったもので定義することについては大きな注意を払っていない、ということである。それゆえ、このアプローチがすぐに与えるイメージはいわばがらくたの山なのである。つまり、女性、黒人、革命、民族、労働運動が、大きな努力を払って分析的に区別されることなく「社会運動」とされているのである。ここでは、社会的なものが政治的なものとその紛争とに還元されている。チャールズ・ティリーは、彼の最初の著作の冒頭で「概して、本書では社会運動そのものの分析は行わない」[60]と書いているほどである。

しかし、この学派に現れる暴力理解に焦点を絞ることにしよう。

グレム・ニューマンが断定的に言っているように、「政治的暴力はひとつの道具的暴力である」[61]なら、また、私が明らかにしたように、この思潮の関心を本当に引いている暴力の唯一の次元が政治的次元であるなら、その場合、まず、ティリーやオーバショルの主張に対して、利益の公理系についての一般的な批判を適用せねばならない。利益の公理系という概念については、どれほどまでにそれが恣意的なもので、いかなるテストも欠陥を突きえない反証不可能な命題に行き着くかを、アラン・カエが説得力に富むやり方で明らかにしている。[62] すなわち、行為者の利害関係（それがいかに奇妙なものであろうと）を、彼の行動（それがいかに極端でコストのかかるものに見えようと）に結びつける論理的説明を、研究者はどんな行動の中にも常に見いだすことができるのである。

しかし、このアプローチ方法の真の盲点は、暴力をさまざまな資源のうちのひとつと見なす考え方そのものの中に存在している。この考え方を採用することは、行為者は、その気になれば利用可能な他の諸々の手段と暴力を比較しながら、コスト／利益関係の観点からのみ暴力を吟味している、と考えることである。このことは、極言すれば、暴力を政治市場で利用可能な経済的財のひとつと見なすことであり、結局のところ、本質的なものを回避していることになる。本質的なものとは、暴力が諸々の意味作用を伴っているだけでなく、それらをねじ曲げたり失ったりもするという事実、また、とりわけ被害者あるいは目撃者として暴力と出会う人びとによって、暴力が暴力として知覚されるという事実である。これらの事実から、暴力はまさしく、政治的行為の正当と認められた諸手段に対する断絶を表わしていると言いうる。したがって、「資源動員」論の考え方を採用することは、そもそも暴力とは、社会的絆や政治的共同体への帰属を根拠づける諸規則に対する違反の次元に属し、たんに道具的理性の表現ではないという事実を無視することなのである(63)。

ここで、批判をもっとラディカルにする必要さえあるかもしれない。暴力の堅い核は、結局のところ、まさに「資源動員」論の研究者たちの道具的・政治的アプローチから免れているものなのではないか。その核は、行為において不可思議に思われるもの、社会学者や歴史学者が、行為者たちの計算あるいは駆け引きを再構成したたんに、物足りなさを感じさせられるものなのではないか。すなわちそれは、見たところ不条理で不合理な、あるいは常軌を逸した現象の諸次元、つまり現象が示す意味の過剰や欠如なのではないか。たとえば大量殺戮やもっとも無差別的なテロリズムの核心に迫るためには、はたして、行為者たちの計算（事実、後者の場合には比較的に予測可能である）を知ることや、彼らをひとつの原因に一体化させてその原因の名において語らせ、無制限な暴力の実践に引き入れるプロセスを理解することが不可欠なのだろうか。

このように、暴力の道具的アプローチは、諸々の不十分さのために批判されうるのである。さらに、批判をはるか遠くまで押し進めて、非常に大きな不信感を表明したくなることさえある。「この種の戦略的な理論にたいする最も根底的な反対の理由は、それがあまり役に立たないということではなくて、それが危険だということである。というのは、この種の理論はわれわれが理解していない出来事を理解しているかのように、その流れを支配していないのに支配しているかのように信じ込ませるからである(64)」というリチャード・N・グッドウィンの指摘を、ハンナ・アーレントが引用している。この非難の口調は強く、言い過ぎでさえあるかもしれない。というのも、暴力の道具的アプローチは、少なくとも社会科学と政治学においては予測力があると思われてはいないし、それによって照らし出される観点がまったく無益なものであるということはめったにないからである。暴力的行動には一般的に理性と計算がいく分かは存在しているものである。ただし、あくまでいく分かにすぎない。それゆえ、ピエール・アスネールが明らかにしているように、戦略とモラルの弁証法は、国際的領域では限りがないように思われるのである。「戦略とモラルが互いに強化し合わない場合、それらいずれかの過剰と挫折は、それらとは逆のものを引き起こす。すなわち、無制限な暴力的行動主義から、制限された政治的行為さえも拒否することへの移行が起こるのである。そして、すべてが再びはじめられねばならない。すべて、とはすなわち、モラルの要請およびその障害と同時に戦略の要請およびその障害を直視するために必要な、自らを乗り越えうる政治的であると同時に歴史的な考察である。」[65]

e　「総覧」概念への回帰

一般的には集合行為の諸形態、そして個別には暴力の諸形態は、時代や社会によって異なる。そしてそれは、ある特定の時点で、われわれがすでに指摘したように、チャールズ・ティリーが「総覧」と呼んでいるもの、すなわち行為のために利用しうる表現形式の総体に属している。

ティリーは、「総覧」の主要な特徴は必然的に制限されていることにあるとし、この制限は「驚くべき」ものであると言っている。というのも、目的を成就するための手段が無数に存在しても、ある特定の時期に動員される諸集団が想像力も新機軸もなしに用いる手段の総体は、常に限られているからである（ある表現形態が「総覧」の内になければ、それは用いられないのであり、「総覧」はつまるところ、明らかで自然なものに思われる文化的統一、「初歩的な言語活動」に似た文化的統一をなしている）。「総覧」は一般的にゆっくりと変化する。これについてティリーは、近代フランスの歴史的分析において、たとえば次のようなことを明らかにしている。すなわち、一九世紀全体を通して、社会が工業化され、社会生活がもはや地域的枠組ではなく全国的枠組の中で組織されるようになり、国家と資本

主義が強化されるにつれて、「総覧」も変化していったということである。(66)

「総覧」概念は、ティリー自身が意識しているように、暴力の道具的分析に対して問題提起をしている。というのもこの概念は、行為の合理性という原理に限界があることを示すからである。実際この概念は、暴力の諸次元を含めて、集合行為が合理的であるのは「総覧」の枠内においてでしかないことを意味している。理性は、いわば「総覧」の境界内に閉じ込められており、「総覧」をやり玉にあげることでしかそれから解放されえない。つまるところ、理性は文化の原理によって制限されているのである。このことから、われわれはいまや、文化を暴力の主要な源とするアプローチ方法に関する考察へと導かれることになる。

第7章　文化とパーソナリティ

近代性が、何よりもまず、理性と文化の分離に向かう傾向として定義されるなら、(67) そのような分離から、暴力に関する省察においてもっとも重要な分派の二つが生み出されていることが、たやすく理解できよう。そのひとつは、これまでに言及した著者を挙げればマンサー・オルソンからチャールズ・ティリーまで、現象の合理的、道具的な性格を強調する派である。そして、もうひとつの派に属する社会思想家や政治思想家たちは、むしろ、現象が保持している文化との諸関係と、文化が作り上げたり特権を与えたりすることのあるパーソナリティの諸タイプとに、焦点を絞ることになるのである。

実際、検討対象とされる形態がどのようなものであれ、暴力は、パーソナリティのためにそれに頼る傾向を持つ個人や集団の所産なのではないか。そして、このパーソナリティは文化的所産、とりわけ受けた教育の結果なのではないか。

一　権威主義的パーソナリティ

中心的な著者の知的相貌と軌跡を考慮すればいささか意外な感じを与える古典的著作の中で、批判思想およびいわゆるフランクフルト学派と同一視される哲学者テオドール・アドルノと彼のグループは、次のことを明らかにしようとした。すなわち、権威主義的で反民主主義的なパーソナリティの諸特徴は、文化の中で幼児期に作り上げられたり、再生産されたりするのであるから、文化と関連づけうる、ということである。(68)この種のアプローチを展開したのはアドルノがはじめてではなく、もちろん無からいきなり出てきたのではない。たとえば、一九三五年に彼の友人マックス・ホルクハイマーは、『権威と家族』と題した本の序文で、社会システムは、人間のもっとも奥深くまで作用して、社会に順応するように人間を作り上げることによって維持される、と説明していたのである。ところで、ナチス体制から逃れてアメリカ合衆国に亡命したその二人の哲学者は、緊密に連携し合い、互いの考え方を常に相互浸透させながら仕事をしたのであった。他方では、ナチス体制に近い心理学者E‐R・イェンシュが二つのタイプのパーソナリティを対立させていた。すなわち、ひとつは堅固で明るく、あいまいさのないもので、もうひとつは不明瞭で不確かなもの（前者はナチスのパーソナリティで、後者は民主主義のパーソナリティ）である。さらに、ファシズムとパーソナリティの間にはひとつの関係があるとする観点が、ヴィルヘルム・ライヒをはじめとして、精神分析のさまざまな支持者によって研究されていた。

あまり知られていないが、アメリカ合衆国で、しかもアドルノ自身が自分の研究を発表する数年前の第二次世界大戦中すでに、精神医学者と心理学者が動員されて、日本文化と日本人のパーソナリティを、やはりその両者を関連づけるというパースペクティブのもとに、把握しようとしていたという事実がある。(69)この面で影響力のもっとも大きかったテキストは、ジェフリー・ゴーラーのものであろう。彼は、日本文化（彼によれば、原始的であると同時に近代的な文化）が持つ逆説的性格を強調し、そこに、幼児期に作り上げられる社会的適応化と習慣・態度とによって説明される一連の矛盾を見ていた[70]。また、このイギリス人の社会人類学者は、とりわけ、日本人を戦争に駆り立てたとされる激しい攻撃性とサディズムに関心を寄せ、そこに、日本で一様に行き渡っている強制的、強迫的な性格の印しを見ていた。もっと正確に言えば、日本人は胃腸を気にしており、胃腸をコントロールすることを学習するために、幼児期に徹底的なしつけを受けていることを指摘できると、彼は思っていたのである。日本人の攻撃性と野蛮な行動は、括約筋を強制的にコントロールする幼児期の学習から大きな影響を受けている、というのが彼の主張であった。彼は、「直腸への固着から世界制覇にいたる注目すべき冒険物語」という言い方をしている。同じ風土、すなわち太平洋戦争の風土において、他の人びとも、幼児期から攻撃性へとあおられた国民的性格としての日本人のパーソナリティが由来していると推測される源を、確証しようと務めることになった。たとえばウェストン・ラベアは、このパーソナリティの基本的特徴として一九項目からなるリストを作成し[71]、マーガレット・ミードは、一九四四年一二月のある会議で、日本文化は「子供っぽく」病的であると明言したのである[二]。もっとも、当時のアメリカで人類学の大家であったクライド・クラックホーンが、これらの見方に抵抗したことも事実ではある。

いずれにせよ、テオドール・アドルノは、彼の有名な研究によって、文化主義に近づいているのである。ただし、彼以外の人びとにおける文化主義は、人種差別を土台にしたアメリカの戦争努力を裏から支えるものであった。

アドルノは、第二次世界大戦直後のアメリカ合衆国で、前代未聞の暴力が振るわれるもとになった反ユダヤ主義の源を理解しようと研究を押し進めたのである。彼は次のように考える。すなわち、その現象はひとつの主義主張に還元されうるものではなく、精神状態（この精神状態はそれを持つ人びとが身を置く脈絡に応じて表に出たり出なかったりするが）の大きな全体に属している、と。アドルノにとって反ユダヤ主義は、自己批判能力の欠如、ステレオタイプへの性向、道徳的で観念論的な行為観、集団外のあらゆるものに対する敵意（マックス・ヴェーバーが「倫理的無関心」と呼んだものを超える概念）、一方で家族に対して、他方で秩序に対して表明される愛、といったものと不可分なものである。これらの特徴は、宗教の影響下で、権威主義的な家族の中で厳格な教育を通して形成され再生産される。

アドルノの調査は、社会心理学と精神分析（深層に迫る対話、ロールシャッハテストなど）に多くを負う複合的で煩瑣な諸々の方法に基づいたものである。その調査は、戦後直後のアメリカ合衆国で、家族と教育によって幼年時代に準備され作られる権威主義、政治的には右翼に位置する権威主義に属する人びとの存在を明るみに出した。このことによって、ナチズムについてのひとつのアプローチが導入されえたのである。すなわち、このパースペクティブにおいて、ナチズムが可能になったのはこのタイプの権威主義によってであり、これがユダヤ人に対する極端な暴力に加担しやすいパーソナリティを生んだのだということである。

アドルノのアプローチはいくつかの観点で批判された。彼の方法が非難されただけでなく、革命派のパーソナリティやある種のテロリズムに固有な、左翼あるいは極左の権威主義を検討しなかったということも非難された(72)。また、普通のパーソナリティからも、いずれにせよ権威主義的なものとは別のパーソナリティからも、暴力が由来しうることを見ていないという、それだけのことで非難された(73)。私自身が強調したのは、政治的暴力とナチズムに加担する人びとのパーソナリティからそれらを解釈することのうちには重大な欠陥となる弱点があるように思われる、ということである。すなわち、その解釈は行為者の形成と行為との直接的な関係を描いているが、その二つの間には何年もの隔たりがあるということ、また、暴力への移行は歴史的、社会的、政治的、さらに場合によっては心理的なあらゆる種類のプロセスを経てなされたにもかかわらず、その解釈はこのことを無視あるいは過小評価しているということである。このことから、極言すれば、彼のアプローチをひっくり返すことさえできるかもしれない。すなわち、もっとも重大でもっとも極端な場合、首謀者たちのパーソナリティは経験によって変化するのであるから、パーソナリティは経験が説明するものであり、その逆ではないということである。たとえば、テロリズムは次のような生き方を伴いうる。行為者が普通の生活と手を切って、限られた数の近親者と長く続く雑居生活を強いられる潜行生活に入り、発覚しないよう絶えず気を配りながら、自分が知らない人の死を決定し、政治的動揺を引き起こす強大な権力を享受する、という生き方である。こうしたすべてのことは、初期のパーソナリティを時には大きく変えうるのである(74)。しかし、次のことを誤解しないようにしよう。すなわち、パーソナリティの形成という表現でのアプローチが完全に見限られねばならないのは、それが、暴力を理解するための重要な諸次元を脇に置いているからではない、ということである。というのも、そのアプローチは、他方で、学校での教育法や家庭の機能に関する考察を可能にするメリットと、開かれた民主主義的アプローチのほうが、権威主義的アプローチよりも、個々人の主体形成にとってより好都合であるにちがいないと示唆するメリットを、持っているからである。アドルノのアプローチは、具体的な暴力の分析に関してはわずかしかわれわれの役に立たないけれども、現代社会における教育についての省察に関しては、逆に有益なのである。(75)

アドルノから半世紀ほど後になって、アメリカの歴史学者ダニエル・ジョナ・ゴルドハーゲンは、権威主義的パーソナリティのテーマ群を完全に脇に置いたうえで、反ユダヤ主義を基礎とする文化とナチズムとの関係というテーマに再び活力を与えた。すなわちゴルドハーゲンは、大きな論争の的となった本の中で、(76)ショアーを理解するためには反ユダヤ主義の濃いドイツ文化、少なくとも一九世紀末以来ドイツ社会に深く染み込んでいるユダヤ人憎悪から出発せねばならない、と言っているのである。このことだけでも、この著作とその主要な主張が持つインパクト(77)は、文化と暴力の間に関係があるという見方をあまりにも拙速に捨てないよう、われわれを促している。

しかし、文化主義的アプローチの有効範囲を、反ユダヤ主義問題や、日本文化に関する場合には対日戦争におけるアメリカ人の人種差別問題のみに限定しないようにしよう。実際、このアプローチはずっと以前から、他の諸現象、とりわけ青少年非行にも適用されているのである。そうして、社会からもっとも切り離された階層に固有な文化様式そのものと暴力は不可分であるという観点から、社会的なものと文化的なものを結び合わせる表現でギャングの暴力を研究することが提起されたのである（この観点からの説明は、(78)非行をある種の財を獲得するための手段とする人びとの合理的計算にアクセントを置く分析と、正面から衝突する）。

より広く言えば、かつ流布している粗雑な言い方をすれば、他の場合よりも強い暴力と過激さへの性向が、ある種の集団や、社会的な階層あるいは階級に押しつけられることがよくある。たとえば農民は、歴史学や人類学の文献における本来の農民であれ、あるいは、大都市の近代性にあずかろうとやって来たが、それから排除され何も受け取れない離農農民であれ、はたまた、たとえば植民地化によって近代性の衝撃を被る農村の大衆であれ、都市の住民よりも極端な暴力形態に移行しやすいのではないか、と考えられるような場合である。アドルノは、「都市と農村の間の依然として持続している文化的差異が、恐怖の条件のひとつである」と、ナチス国家に関するオイゲン・コーゴンの『ナチス親衛隊国家』に言及しながら指摘し、「非野蛮化は他のどこよりもおそらく、農村地帯において一層成功することが少なかった[79]」と明確に述べている。このような断言は読む者を唖然とさせうるものであり、この著者は都会人特有の偏見を持っているのではないか、という疑いを抱かせる。たとえば今日のブラジルでは、都市の「スラム街」に住む若者たちの暴力のほうが、北東部の農民の暴力よりも間違いなく深刻である！　もっと一般的に言えば、大量殺人の武器はずっと以前から文明と都市の産物なのである。したがって、自分自身の集団とは別の集団にいわば蛮行のエッセンスを押しつけるような、この種の論証に飛び込むことは常に危険なのである。

二　暴力の文化

ある種の経験において、暴力はどこにでも、また比較的長期間にわたって現れるので、暴力は文化の中心的要素をなしており、パーソナリティではなくても少なくとも精神《プシケ》を形成し、さらに変化させる脈絡の一部をなしていると考えうるほどである。一九七〇年代から八〇年代にかけてのレバノン内戦は[三]、この視点から見て非常に不気味な実験の場となったことを、存命の精神科・精神分析医で、その時期の一部を西ベイルートで職に従事したアドナン・ウバラーが証言している[80]。彼の説明によると、暴力が支配する時にはまず慣れがある。人びとは暴力に慣れ、それに参加し、暴力を期待するまでになり、その発生が与えてくれるであろう慰めに身構えるのである。期待はアンビヴァレンツに満ちている。ウバラーは次のように書いている。「〃燃え上がりさえすれば〃という口に出すのがはばかられる願望を、人びとがいかに熱心に表明するかを確認して、私はびっくりした。この憂慮すべき期待から出てくるのは〝終わらせろ〟ではなく、暴力への抑圧された欲望が満たされることなのである。[81]」したがって、人びとは暴力に、交通事故に慣れるのと同じように慣れるのである。たとえば爆撃が終わると、ウバラーの言い方によれば、自分とは距離のある遠くの無縁な出来事でもあったかのように、人びとは普段どおりに自分の仕事に励み、テレビを見るのである。

しかし、現実が意識されることもある。というのも、たとえば近親者を失えばあらゆる安心感が消え去り、抑圧された衝動が目覚め、「精神病理学的レベルでのあらゆる結果を伴って[82]」ショックが顕在化するからである。その時からすべてが変わる。

現役の民兵や戦闘員たちは、「それほど精神神経症にさらされない。（……）そのカテゴリー〔民兵や戦闘員〕は行為の中にあり、快楽の中にある。彼らは自分の幻想を行為に移し、街頭である種の男根的権力を享楽しているのである[83]」。他の人びと、すなわち「危険な譫妄《せんもう》性患者たち」は、「激しい躁病状態、急性錯乱状態、鬱病の昏迷状態に襲われる[84]」ことになる。ある人びとは、保護を保証してくれ、自分の幻想を行為に移してくれる武装陣営に加わることによって順応し（「危険があっても、快楽はこちらの側にある」と分かっている）、またある人びとは、殺人への衝動を抑制してくれる信仰心を深め、「こうして非妥協的な宗教運動が生まれた[85]」のである。

この経験において、神聖なもの、宗教的なもの、妥協不可能な「意味の全体主義」に人が行き着くことを考慮すれば、上位にあると見なしうるレベルで、武装した行為者たちの暴力は余分な暴力を作り出していることになる。暴力はまさに、「真実がどの側にあるのか分からないがゆえの大きな混乱[86]」の中でひとつの文化として作用しているのであり、その文化の内部で、暴力の新しい諸形態が作り出されるのである。そして暴力は、変質して極端な段階にいたると、二つの主要な道を描くことになる。すなわち、蛮行は、あらゆる人間性から解き放たれた純粋な快楽となるか、さもなければ、純粋と浄化に取りつかれた全体的で皆殺しの暴力を許す聖なるもの、原理主義への呼びかけとなるのである。

暴力は変化の申し子であるとともに、変化の生みの親でもある。そして、内戦中のレバノンに見られたように暴力が一般化する時、暴力が日常茶飯事となった人びとのパーソナリティを含めて、すべてが変わる。ウバラーが書いていることは、フロイトが第一次世界大戦後に看破して、その後の精神分析が再び取り上げた戦争の神経症というテーマと、必ずしもかけ離れているわけではない。たとえばクロード・バロワは、「戦時には、規範、生き方、さらに生き方の流れそのものが、弱化して何か別のものに取って代わられ、諸価値の完全な転倒、今まで普遍的に交換可能であった意味作用と情動の転覆にまでいたる(87)」と指摘しているのである。

暴力によって長期間支配された状況においては、時間との関係も変化する。ウバラーの説明では、現在が凍結され、未来はふさがれ、戦っている人間が「アイデンティティの手がかり、あるいは文化的アイデンティティを再発見したければ、過去をよみがえらせるしか(88)」ない。こうした状況では、外傷性障害は消すことのできないものであり、家族構造は惨事によって絶えず害される。また身体は、直接的に、あるいは〔精神的苦痛や葛藤の〕身体的症状への転換という重大なプロセスの素地になるので、影響を受ける。ウバラーが準拠している内戦において、暴力の文化は、国家が（したがって秩序、法が）欠如した、あるいは機能不全に陥った文化である。そして、その事実のために、全般的な衰弱の中で多くのことが急変する。たとえば近親者を失うと、信じ難い、あるいは受け入れ難い不幸、耐え難い真実からさまざまな物語ができあがるのである。この種の例についてプリーモ・レーヴィが書いているように(89)、それらの物語の中で、まったく本当らしくないが反証することもできない「慰めとなる」真実が作り上げられる。このような脈絡において、子供たちは、ウィニコットの用語を借りれば、移行空間を奪われている。すなわち彼らは、厳しい監督下で過度に保護されるか、あるいは、放任されるかのいずれかである。前者の場合には、強い不安の中で自分の「自閉的世界」を作って生きることに通じ、後者の場合には、批判精神も道徳精神もなく冷酷に人を殺しうるようになろう。

暴力の文化というテーマは、たんに内戦についての証言と省察に端を発しているだけでなく、戦争史の伝統的な諸パースペクティブと関連したひとつの変化にも端を発している。たとえば、ジョージ・L・モッセの先駆的研究から出発して、フランスではアネット・ベケルとステファーヌ・オードゥワン＝ルゾーが、アングロ＝サクソンの世界ではジェイ・ウィンター、ジョン・ホーン、それにアラン・クレイマーが、まさに、身体に残っている戦争暴力の痕跡、あるいは大戦の兵士たちが経験した喪の作業〔第一部の訳注六一参照〕の困難に関心を寄せることによって、第一次世界大戦に関する歴史編纂を刷新したのである(90)。そして、内戦あるいはたんに戦争であれ、どの場合にも暴力の文化は支配的なパーソナリティのタイプを作り出すのではなく、むしろ、人類学的、社会学的な構造破壊を示す行動、すなわち社会的、政治的、精神的な崩壊を示す行動がはっきりと現れる総体を作り出す。場合によっては暴力の文化から生まれることのある諸形態は、ただちに原始的で極端なものに思われこそすれ、それらが何らかのタイプのパーソナリティを作り上げるとは思えないのである(91)。

三　文化的暴力

内戦下で、きわめて深刻な状況が続く日常生活を長期間にわたって送らねばならない人びとにとって、その内戦は、極限状況下で戦闘が必要とする以上の暴力行動を徒党、党派、集団がとるために、特殊な状態に行き着く。すなわち、精神的崩壊の状態であるが、これは住民が身を置く全般的なホッブズ的崩壊に匹敵するものである。

しかし、それほど特異なものではない脈絡の中にも文化と暴力の関係を、文化と暴力の媒介としての権威主義的パーソナリティのテーマに転落することなく、観察できるのではないだろうか。国際的平和活動によって広く知られているヨハン・ガルトゥングは、ある文化の中で暴力に訴えることを正当化する諸側面を説明するために、「文化的暴力」という言葉の使用を提案した。彼の説明では、社会構造と制度から生成され、特定の社会の中で浮き沈みする「構造的暴力」は、二者の対峙、すなわち個人間の相互作用あるいは衝突から生成され、事件を構成する「直接的暴力」と区別されねばならない。そして、構造的なものであろうと直接的なものであろうと、暴力は、変化しない、あるいはほとんど変化しない基層の文化の中に正当性を見いだす（ここでガルトゥングは、アナール派と呼ばれる歴史学派を後ろ盾にしている）。彼は次のように言っている。「〝文化的暴力〟によってわれわれが言おうとするのは、直接的あるいは構造的な暴力を正当化、合法化するために利用されうる文化の諸側面、われわれの存在の象徴的領域（たとえば宗教とイデオロギー、言語と芸術、経験的科学と形式的科学（論理学、数学））のことである。[92]」

この考え方は興味深く、また驚くべきものでもある。興味深いというのは、この考え方は暴力の文化的基礎にアクセントを置いているが、このことは暴力をありうる以上のもの、すなわち正当であるがゆえに確実にありうるものにするからである。しかしそれは、驚くべきものでもあるのだ。というのもこの考え方は、近代社会の特性に反して暴力をまさに正当な行動にしてしまうからである。近代社会の特性とは、少なくともわれわれが第2章で言及した古典的、ヴェーバー的パースペクティヴにおいては、正当な暴力の独占権を国家に託すことにある。これは、「直接的」暴力に対して、あるいは「構造的」暴力において国家に属さないものに対して、いかなる正当化も合法化も拒否することを意味するのである。

それゆえ、「文化的暴力」概念には、どの文化にも多少なりとも暴力に好都合な諸要素が含まれうるとの考え方があることをとくに考慮せねばならず、また、われわれが「暴力」と呼び、文化によって異なるものが持つ高度に相対的で主観的な性格が、正当性のテーマへの準拠において喚起されているのを見ねばならない。

文化と暴力の間にひとつの関係があるという考え方は、結局のところ、少なくともそれをひとつの規則あるいは理論にするのであれば、あまり説得力のあるものではない。というのも、あまりにも教条主義的なあらゆる理論化、そのような関係の自動的な存在を仮定するようなあらゆる決定論は、歴史的で具体的なひとつのアプローチだけでたちまち疑わしくなるからである。たとえばロバート・ブレント・トプリンは、アメリカ合衆国についての研究において、考察対象となる暴力形態や時代によって、文化の表現でなされる説明の重要性は大きく異なることを明らかにしている。[93]社会的・政治的次元での集合的暴力は、ある時期に特有の現象なのである。トプリンの指摘によると、工業の大発展期で、一九三〇年代のニューディールの制度化以前である一八八七年から一九二〇年にかけて、集合的暴力は著しく見られた（「アメリカ産業のもっとも重要なセクターで、労働組合がひとたび代表権と団交権を獲得するや、労働者の暴力は三〇年代と四〇年代に顕著に減少した」[94]）。そして、集合的暴力は六〇年代と七〇年代にぶり返したことを彼は確認している（これは、「資源動員」の学派にふさわしい論証である）。明らかに暴力現象は、文化には何も、あるいはほとんど何も、負っておらず、社会と政治の変化にすべてを、あるいはほとんどすべてを、負っているのである。さらに付け加えるなら、同じ考察はフランスなど他の諸国についても有効であるが、アメリカ合衆国では労働運動の誕生段階と、次いで歴史的衰退段階とに結びついて集合的暴力が現れている。その暴力は、労働運動が絶頂に達して制度化されると後退し、その後再び現れた（この重要性についてはすでに論じた）のである。逆に、ロバート・ブレント・トプリンの指摘によると、犯罪的暴力、および彼が「精神病質的」暴力と呼んでいるもの、とくに連続殺人《シリアル・キリングズ》は、ひとつの連続性〔時期による差が見られないこと〕に属しているが、この連続性自体は、文化的な諸々の理由や、たとえば小火器〔ピストルなど〕の自由な入手を許すといった伝統に起因している。

したがって、文化のある種の特徴は、ある特定の暴力形態を容易にし、たとえば、集合行為や政治的、社会的な原因からはかけ離れた個人的な非行行為や犯罪行為を助長するのかもしれない。しかしながら、暴力あるいはある種の暴力表現の源を文化の中に見るアプローチにおける文化概念そのものについて、問い質さねばならない。というのも、この場合の文化は、比較的安定した価値と象徴の総体として、すなわち、歴史的な真の厚みを与えられ、時間の中で再生産されるべき総体として、記述されるからである。これは硬直化した考え方であり、われわれの社会の実情とはますます一致しない。文化の変化は著しく、文化の混合、混種、異文化間の出会いが常に起こっている、というのが実情だからである。ここで、文化とは次の二つのいずれかであると単純化しよう。ひとつは、文化は安定しているものであり、しかもある社会の中で何が起ころうと、常にさまざまな暴力形態を根拠づけ、一種の宿命となっている、というものである（決してそうではない）。もうひとつは、文化は変動するものであり、したがって、どのようにして暴力が形成される枠組となりうるのかよく分からない、というものである。

四　文明と文明破壊

暴力の責任を文化に負わせようとするのは、間違った道なのではないだろうか。逆に、文化の特性が、少なくともある種の経験においては、暴力を食い止め減少させることにいかに寄与しているかを、明らかにすべきではないだろうか。

パースペクティブのこのような転換は、暴力を、人間性に組み込まれ、政治的、文化的なコントロールが緩むたびに現れようとする生来の行為にする。この考え方は非常に古くからあり、われわれはすでにトマス・ホッブズにおいて出会った。彼にとって、人間は人間にとってオオカミである《ホモ・ホミニ・ルプス》ことを想起しよう。この考え方は、犯罪についての多くのアプローチにおいて、たとえばチェーザレ・ロンブローゾ（三）のような古典的なものだけでなく、現代のものにおいても中心的な位置を占めている。というのも、今日、犯罪学の重要な潮流はそれに依拠しているからである。この考え方はまた、社会生物学が、遺伝によって受け継がれる生得の特徴から出発して、人間の社会的振る舞いを説明しようと専念することの中にも見いだされる。このことは、たちまち、攻撃性と暴力の混同、種あるいは個人の本性と個人の行動との混同へと行き着く。

暴力を本性の側だけに据えて、暴力をひとつの可能性、あるいは人類学的な所与とする諸アプローチは、暴力の直接的な源としての行為に特有な社会的、政治的、文化的な意味作用に関心を寄せていない（それらの意味作用の中に、好都合なものであれそうでないものであれ、条件しか見ていない）。このようなアプローチにおいて、暴力は、それが現れる状況や全般的プロセスから切り離された生《なま》の根源的な所与であり、社会的適応化の失敗や危機に際して、文化あるいは文明の退歩という脈絡や、家族の危機の中に姿を見せることがありうるものである。この場合の暴力は、事態がジャングルに近づくだけに、ますます際立って激しいものとなる。したがってこの暴力は、ある条件のもとで解放されうる精神現象の一要素として、結局は人類学に向かうある種の心理学に属するものとして、理解される。このことからわれわれは、社会システムを害する諸変化に対する反応を暴力の中に見る社会学主義から、もっともかけ離れたところに導かれるのである。しかしこのことはまた、近代における諸領域の分離に向かう傾向の新しい一表現としても分析されうる。すなわち、この分離は互いに離れた二つの分枝からなり、一方には、行為者が本性の表現で定義されるほど、システムから切り離された行為者の人類学的定義があり、他方には、人間と社会の行動を説明する際に出発点となるシステムの社会学的定義がある、ということになるのである。

まさしく、人間と社会についての科学に見られるこの分裂を拒否し、ひとつの同じ動きの中に、暴力の衝動的・本性的性格と、政治的、文化的に暴力を食い止めようとする歴史的プロセスとを、考察せねばならないのではないか。ノルベルト・エリアスの古典的な論文は、まさに、中世以来西洋人が自分たちの衝動をどのようにコントロールし内化してきたかを考えるための、明らかにもっとも練り上げられた試みである。(95)

エリアスの説明では、力の正当な使用に対して国家が独占権を持つと同時に、パーソナリティの構造のレベルにまで影響を与える風俗の平穏化が確立されるまでは、ある人びとの暴力を制限するものとしては他の人びとからの対抗暴力しかなかった。エリアスが明らかにしているところによると、これらの変化は、とりわけエラスムス(四)や礼儀作法の手引書を参照したり、たとえばサン＝シモン(五)によって描かれた宮廷がどのように機能したかを観察すれば、見て取ることができる。自分の感情を抑制することを習得し、攻撃性を抑える必要性を内化することによって、中世末以来、すべての個人は文明化プロセスに参加することになったが、その分析は、歴史学、社会学、心理学、人類学に同時に属すものである。国家の権力強化と、もっと広く言えば、暴力の衰退に好都合な政治的条件の登場は、個人の情感処理における修正に不可分な文化の変化そのものと対をなしている。「社会構造と情感構造の間の関係がいっそう明白になってくる。(……)それぞれの地域に中央権力的勢力が台頭し、地域の大小を問わず、一定の範囲内にわたって人びとが互いに平和に暮らすように強いられるようになるにつれ、ごく徐々ながらも次第に情感のモデル化と衝動処理の基準が変わってくる。(96)」

したがってエリアスにおいては、一方で、暴力の一般的な低下は、政治的であるだけでなく文化的でもある諸条件の結果である。そして他方で、政治が問題である場合には、それは国家の存在のみに限定されない。それゆえ、『スポーツと文明化――興奮の探求』への長い序論の中でエリアスが強調していることは、暴力への性向の内化は議会制民主主義を通してイギリスに入りえたが、この議会制民主主義自体、その国では、土地所有階級に多くを負っているということ、したがって文明化プロセスにおいては、エリートや支配階級のほかさまざまな政治的行為者が介在しており、国家だけが介在しているのではないということである。(97)

文明化プロセスについてエリアスが展開している考え方は、暴力と攻撃性をはっきりとは区別していない。というのも、彼において、暴力はしばしば本能に還元され、動物性は文明破壊や非文明の状態に還元されているからである。このために暴力は、「ひとつの全体を形づくる」「人間の情感構造」の中に組み込まれた攻撃性と同一視される、あるいは同一視されるに等しいものとなる（飢え、つばを吐きたいという欲求、性欲、それに攻撃衝動は、互いに切り離すことのできないな衝動表出であり、「衝動処理の統一と全体性がある」(98)）。暴力と攻撃性は、結局のところ、文化と本性以上にほとんど区別されていないのである。(99) 社会的あるいは政治的意味の手前に位置する暴力は、エリアスによって、快楽の探求として定義され、社会的コントロールが定める諸規則によって規制される人間の衝動的攻撃性の顕現（暴力によって可能となる）として、定義されるのである。彼は次のように書いている。「戦闘におけるこの情感の顕現の仕方は、おそらく中世においては、民族大移動の初期におけるほどにはもはやそれほど激しくなかったであろう。もっともそれは、現代の基準と比較した場合、あからさまで奔放なものであったに違いない。現代においては残忍さや、破壊と他人の苦しみを喜ぶ心は、肉体的優越性の顕現同様、次第に国家組織を基盤とする強力な社会的統制の支配下におかれつつある。この種の欲望形式はすべて、その代償として受ける不快の脅しによって制限され、わずかに間接的に〝洗練された形〟か、もしくは、結局のところ同じことではあるが、〝柔弱化された形〟でしか現われてこない。それゆえ、こうした欲望形式が直接的な激しい形で、しかも羞恥や不快感を伴うことなく発現されるのは、精々のところ社会的変革期か、あるいは社会的統制が比較的弛緩した植民地においてであるにすぎない。(100)」

歴史家としてのエリアスがこうしてわれわれに提示しているのは、一般的な文明化プロセスの表象であり、そのプロセスにおいて、個人および国民の攻撃性は「自制に変化した無数の規則と禁止によって弱められ制限される」が、極端な場合には、（危険と結びついた）享楽と、それ以前には享楽と結びついていた暴力とが、とりわけスポーツに見られるように分離されえさえする。というのも、スポーツには情感の「解放の制限」があり、参加者たちはそこに、他人に暴力を被らせずに危険の快楽を見いだすことを、エリアスは確認しているからである。つまるところ、文明化とは情感のマネジメントである。

そして、人類学者としてのエリアスが提示しているのは暴力の衝動理論である。彼は、暴力は文明化とともに完全に消えるわけではなく、文明化によって排除されないと明言している。しかし、その場合、暴力は純粋に道具的なもの、合理的に用いられる道具となるということが示唆されている。エリアスに従えば、文明化した世界の中では、本能的、自然的な暴力はもはや空間を持たず、逆に資源として存続するのである。

エリアスのアプローチは、とくに最近、重要な批判を引き起こした。あるものは、彼の主張のまさに歴史的な妥当性に関するもので[101]、他のものは、多かれ少なかれ顕著な彼の進化主義に関するもの、つまり何人かの注釈者によって、おそらく意図せずに、その重要性が誇張された[102]進化主義に関するものである。しかし、問題は別のところにあるのかもしれない。すなわち、文明化のプロセスは決して均質的な影響を社会に与えるわけではなく、決してすべての社会階層に同時に及ぶわけではないからである。それゆえ暴力は、社会的集団を脇に置いたままに、あるいは集合的統合なしに、ばらばらに発生するだけにますます生じやすく広がりやすいのである。そして「不規則な、あるいは断片的な（……）超自我」を作り出す。「この超自我は家族や性生活などのレベルで顕著に現れうるが、同時に、政治的領域では姿を見せないこともありうる[103]。」かくして、ナチズムを理解するためには、ドイツはフランスやイギリスの場合とは異なった歴史的プロセスを経験したということを認めねばならなくなる。「中間階級と労働者階級の文化は、フランスとイギリスでは非常に大きく作用した文明化の一段階からごくわずかな影響しか受けなかった。その一段階とは貴族段階である。（……）フランスとイギリスではブルジョワ道徳と貴族階級の礼儀作法との間で融合が生じたのに対して、ドイツではこれら二つの階級を分離していた垣根がはるかに高かった。そしてドイツの国民的性格は、中間階級によってはるかに深く印しづけられていた。ドイツ人の超自我と理想自我は、中間階級、労働者階級、および農民における暴力の発現にとって、たとえばフランスあるいはイギリスのモデルよりも常に広い空間を開いていたのである。」

さらに、別の批判がエリアスに向けられうる。彼の著作を通して、創始的な理論化はさまざまな論証を包含しているが、その中で暴力は統一的に捉えられていないのである。暴力は、すでに見たように道具的なものになっているかと思えば、彼が労働者階級の若者について言っているように社会的関係に属していたり[104]、あるいはそれともかなり違って、フラストレーションを埋め合わせようとする人びとの行動に属している[105]、といった具合なのである。このために、さまざまな下位の説明モデルは十分に統合されず併置されるにとどまり、彼の根本的な主張は弱くなっている。

そのうえ、ナチズムの暴力はエリアスの著作において、たとえ彼の死の直前に編集された一連のテキスト[106]で全面的な把握が試みられていようと、盲点としてとどまっている。というのも、文明化のプロセスが暴力の衰退を意味するのであれば、たとえ暴力が一部の集団の遅れ、時差の印としてそこに位置を見いだすのだとしても、ナチズム下のドイツを特徴づけ、ある特別な層だけでなく社会全体を巻き込んだほどの大規模な文明破壊を、いったいどうしたら理解できるだろうか。もっとも文明化した国のひとつが、いったいどうしてあのような蛮行に転落しえたのだろうか。この問いは、非難の形式に言い直しうる。すなわちエリアスは、「文明化のプロセス」に関心を寄せ、したがって風俗の平穏化に関心を寄せたために、もうひとつ別のプロセスがあることに十分気づかなかったのだ、ということである。そのプロセスとは、一九世紀に準備され二〇世紀全体を通して作用したもので、ジョージ・L・モッセの表現に従えば「野蛮化」のプロセスである。この「野蛮化」は第一次世界大戦によって大規模にはじまり[107]、ジェノサイドなどのさまざまな大量殺戮や極端な暴力がその後に続いた。

ノルベルト・エリアスが長い間その問題に手をつけかねたのは、彼自身がドイツのユダヤ人で、短期間フランスに立ち寄った後にイギリスへ亡命したという個人的な軌跡に関係する理由によるとともに、おそらくは、非常に同化されてドイツ国民になりきっていたドイツのユダヤ人の歴史にも関係する理由によると思われる。そして、六〇年代になってからナチズムについて書きはじめた時、彼は「野蛮化」あるいは「文明破壊」をほとんど理論化することができなかったのである。これについては、彼の著作に関するもっともすぐれた専門家であるジョナサン・フレッチャーもアンドレ・ビュルギエールも指摘している(108)。エリアスのフランスでの評価は遅かったが、彼の思想が提示したもっとも革新的な部分は、中世以来歴史のレベルでどのように暴力が衰退しえたかを理解するうえで、われわれに役立ってはくれる。しかし今日、われわれが必要としているのは、人道に対する罪、ジェノサイド、大量殺戮の形態をとるものを含めて、われわれの社会での暴力の存在、その回帰、再出現について考えるための分析道具なのである。ナチズムに関するエリアスの失敗は、彼の分析がそのような問題についてはわれわれの大きな拠り所にならないことを示唆している。

第8章　古典的社会学の限界

もし暴力が反応行動に還元されるのであれば、つまり、もし暴力が本能、本性、あるいは純粋な反応にすぎないのであれば、社会科学は、社会ダーウィニズム(二六)やスペンサー(二七)の理論の中に埋没したり、「生きるための闘い《ストラッグル・フォー・ライフ》」を分析の中心に据えること以外に、暴力について大して言うべきことを持たない。その場合の社会科学は、せいぜい、暴力の表出にとって好都合な、あるいは不都合な政治的・文化的条件を検討できるだけである。それゆえ、古典的社会学が暴力研究にもたらしてくれる主要なものは、暴力行為の首謀者に関心を寄せて、暴力行為の中に、意味、行為者によって内化された方向づけ、何らかのねらい、といったものを見つけだそうと務める諸論証のかたわらに見いだされる。

一　表現性と道具性

古典的社会学が絶頂期にあった時、社会学を最大限の知的統合へといたらせたタルコット・パーソンズの筆によって道具的行為と表現的行為の区別が提案され、この区別はしばしば用いられるようになった。この区別から、道具的暴力（この暴力は目的に応じて動員される一資源、目的のための一手段をなすことを、われわれは見た）と表現的暴力の対立が導き出される。表現的暴力とは、あるメッセージを発し、そのメッセージが存在するというだけで、何らかの道具的合理性を参照することなく暴力を定義するに十分な内容を提示するものである。この場合の暴力は生《なま》の意味であり、媒介なしに直接的に、たとえば精神状態、情感、憤怒、憎しみを、あるいはまた文化、価値、アイデンティティを表現すること以外には何も目指さずに噴出する意味作用である。この暴力は目的と手段を混ぜ合わせ、極端な場合には暴力自体が目的となる。

その区別は、これまでの章で紹介した主要なアプローチ方法をいわば集約するものである。それは、われわれがこの後で真っ先に見るように、実際的な有用性を提供しえ、また、ある種の歴史的経験に興味深い照明をあてることを可能にする。しかし、ただちに指摘せねばならない根本的な理由のために、いくつかの決定的な点を明るみに出すことはできない。すなわち、状況や経験の主たる二つのタイプにおける暴力に関する理解しか十分にもたらさないのである。まず一方で、その区別はたしかに、行為者たちの行動を機能的で、正常で、合理的なものとするある社会システム（あるいは他のシステム）の全般的な枠組の中で、暴力現象を扱うことを可能にする（そしてその時、暴力はオプションのひとつ、あるいは、とりわけ行為者が弱く無力な場合には、行為者に残された唯一のオプションであるように思われる）。そして他方で、その区別は次のような考え方に立ち返らせる。すなわち、暴力は純粋な状態で意味を担っており、たとえその意味をあらゆる種類の要素、とくに感情的な要素と混ぜ合わさねばならないにしても、また、たとえ意味の部分が本当に据えられも考えられもしていなくとも、暴力はその意味を表現しているという考え方である。つまり、行為者は計算するか（道具的暴力）、何かを意味させようとするか（表現的暴力）のいずれかなのであり、これ以外には、少なくとも社会科学において、暴力は考えられたことがなく、そこには暴力を自然なものとしたり極端に病理学的なものとする解釈があるだけのように思われる。ここでまず取り扱わねばならないのは、暴力理解におけるこの空隙である。

a　熱さと冷たさ

表現的暴力は熱いものであり、頂点に達した特殊な状況の中で具体化するさまざまな感情を表現する。そこにおいて、恐怖心、怒り、孤独感あるいは見捨てられているという意識、激しいいらだちが（時には混ざり合って）介入し、それらの感情が、場合によっては象徴性を強く帯びた人びとや物質的財に集中されるのである。この暴力は、行為者の利害関係との関連では非合理的なものに見え、行為者の関心を引いているはずの目的との関係からは不適当なものに見えるだけに、ますます道具的なものではない。表現的暴力は、極端な場合には、明らかに不条理で、場合によっては自己破壊的であったり、あるいはさらに、たとえば純粋に遊び的、ディオニュソス〔激情〕的、乱痴気騒ぎ的な様相を帯びる。

この熱い暴力は不安定であり、ほとんど予測できず不意をつくように出現し、時にはあっという間に消えもする。過激で問答無用の性質を示し、その後には、完全なものではないにせよ一種の無気力状態がくることがある。それはまるで、たとえば暴動の突発と、自己への閉じこもり、失望、動員の完全な欠如、無為との間に、中間的状況が存在しえないかのようである。また、まるで暴力は、それが表現する行為者の激しいいらだちや怒りに対する制度的な仲介なしに、無気力や孤独を埋め合わせるものでしかないかのようである。

もう一方の道具的暴力は、反対に冷たいものである。それは、ある程度構造化されており、論証的に構成され、秩序立ち洗練されたやり方で作用する。この冷たい暴力は、場合によっては何らかの思想、主義、計画、イデオロギーと結びつくこともある合理的行動の様相をとる。行為者は、それらによって突き動かされ、またそれらから出発して、程度の差はあれ理路整然とした組織化方法に依拠しながら、戦略と戦術を実行に移すのである。極端な場合には、この暴力は正真正銘の機構、暴力の有効性を保証する組織を必要とする。しかもその機構は、作用の様式において国家のモデルに類似し、その行動論理は国家の強制権と共通点を持つだけに、ますます合理的有効性追求の原理に一致するのである。したがって、政治的暴力が内戦やテロリズムとなる場合、その暴力はひとつの国家機構の組織に比肩する組織から発生しうる。このことは、たとえば、一九八〇年代初めに最盛期を向えたイタリアの「赤い旅団」の組織

図が物語っていることである。(109)

b　有益な区別

実践において、行為者たちの行動は決して社会学的に純粋な形態をとらず、常に多かれ少なかれ複雑な複合形態をとる。したがって、熱い暴力と冷たい暴力の分析的区別は、現実の中でいつもはっきりと観察されるわけではない。現実には、それら二つの現象形式がある程度は雑然と混ざり合っているのである。しかしながら、その区別はいくつかの点で貴重な分析道具となる。

この区別はまず第一に、一般の言説がただひとつのカテゴリーのうちに混合させているものを弁別するのに役立つ。たとえば、一九世紀末から二〇世紀初頭にかけてのアメリカにおける「リンチ」概念は、被害者たち（常に黒人である）の視点からでなくとも、少なくとも行為者たちの視点から見て、比較的はっきりした二つの実践タイプに対応することを示すために、二つに分割することが示唆されたのである。そのひとつは民衆のリンチで、これは無秩序で凶暴なものであり、被害者の選択において一貫性がない。このリンチは、とくに「貧乏白人たち《プチ・ブラン》」にとって苦しい経済情勢の中で突発し、熱いものである。もうひとつは「ブルボン王家の《ブルボニヤン》」リンチで、これは秩序立っており、「礼儀正しい」。このリンチは、とくに、裕福で影響力を持ち、「罪人」（たいていは白人女性をレイプしたと訴えられた黒人）を罰することを引き受けた市民たちによる一種の人種差別的懲罰をなしており、冷たいものである。(110)ついでに次のことに留意しておこう。すなわち、上の例を一般化しうるとすれば、おそらく、熱い暴力は庶民層に対応し、冷たい暴力はそれほど貧しくなく、あるいは地位が低くなく、より教育のある社会的カテゴリーに対応しているということである。しかし、ここでは慎重を期すべきであろう。というのも、たとえば、蛮行は必然的に都市部よりも農村部の側にあり、金持ちよりも貧乏人の側にあるなどと仮定するような人びとのエリート主義的な悪癖と偏見に陥る危険が大きいからである。

そして第二に、表現性と道具性との区別は、暴力がこれら二つの次元の統合としてしか理解されない歴史的経験の分析に役立ちうる。この分析による解釈は、暴力の増大に行き着く。すなわち、ヴォルフガング・ゾフスキーは次のように指摘しているのである。「感情的暴力は一般に間隙があり、しばしば高くつき、手段の面では粗野で、射程の面では限られている。反対に合理的暴力は終始一貫しており、集中的であるが、加減がなされる。理性に欠けているエネルギーは情感によって取り戻し、情感に欠けている精密さは計算が提供する。これら二つの能力が結びつくと、破壊力を大幅に増加させる。[111]」実際には、もっと正確にいくつかのモデルケースを区別すべきである。ある場合には、何よりもまず、[112]相補性あるいはある程度成功した統合が見られる。たとえば、歴史学者シモン・ドゥブノフによってみごとに描かれた帝政ロシア時代のユダヤ人迫害《ポグロム》は、反ユダヤ主義というよりも反ユダヤ教による前近代的なユダヤ人憎悪に基礎を置いた民衆の暴力と、権力が、あるいは権力を握る政治的行為者たちが、助長し、大々的に組織さえした冷たい政治的行為との結合から生じたものである。ここでの暴力の成功は、「冷たい」行為者たちが「熱い」行為者たちの情感を操作したり、彼らの感情爆発の組織化や誘引を行う能力を持っていたことに負っている。同様に、ルワンダでのジェノサイドは、一九九四年四月の最初の大量殺戮に先立つ数カ月前に計画が立てられたが、フツ族によるツチ族の殲滅という政治的企図だけでは説明されえない。それが可能であったのは、その基礎として、機会さえあれば憎しみと嫉妬がいつでも蛮行に移行しうる下地があったからにほかならない。このことは、ジャン・アツフェルドによって集められたツチ族の生き残りの話しと考察が、多くの報告書よりもよく明らかにしているとおりである。[113]

しかし、他の歴史的諸経験においては、表現性と道具性との区別によって暴力をよりよく理解できるものの、この場合はもはや、暴力は二つの異なるタイプの論理から構成されるものとして理解されるのでも、二つの次元の相補性あるいは統合として理解されるのでもない。逆に、その二つが出会ったものの、それらを結びつけようとする試みが過熱、熱狂へといたり、結局は衝突と失敗に終わったものとして理解されるのである。とくに驚くべき例として、八〇年代初頭のイタリアにおける極左のテロリズムの漂流がある。「赤い旅団」などのテロ組織団体は、すでにその一〇年以上前から構成・組織されており、道具的と見なされる暴力を推進してはいた。そこへ、行為者になりたいと思っていた怒った若者たち（多くが『カマラードP・38』遊びをしたいと思っていた）が多数、それらの組織に大なり小なり強い圧力をかけて加入したのである。武装闘争に入りたがっていたこの非常に「熱い」若者たちによって「赤い旅団」や「プリマ・リネア」は揺るがされ、ますます常軌を逸し、ますます統制されない暴力へと押しやられ、結局は、衰退、イデオロギーの枯渇、「改悛者たち」の告白、鎮圧部隊の大成功へといたった。「熱さ」が異例に長続きした結果、「冷たさ」に対して優位に立ち、それを押しつぶしたのである。それが長続きしたのは、まさしく、「熱さ」が出会って覆すことになった政治的で構造化された性格のおかげ、つまり「熱さ」に抵抗し、それを抑制して誘導することで吸収しようとした政治的性格のおかげなのである。そして、「熱さ」と「冷たさ」のこの激突を通して、テロリズムは極端で、制約がなく、場合によっては残酷で、政治的であるよりは常軌を逸した様相を帯びるようになった[114]。

表現性と道具性との区別はまた、同じひとつの歴史的経験が時間の中でどう変化するかをたどることにも役立ちうる。歴史のレベルでとりわけ重要な典型例は、非常に表現的な暴力から道具的暴力への移行が起こり、あらゆる表現的自発性が拒否され、打破されて排除される場合である。たとえばナチズムの歴史において、「ガラス破片の夜」（一九三八年）[一八]のユダヤ人迫害《ポグロム》と破壊行為が転換点を印している。実際このエピソードは、民衆次元における反ユダヤ主義暴力が最後に現れた意味深い事件となった。この暴力は、たしかに、ゴッベルスの責任のもとに組織された行為者たちが突き動かし助長したものではあるが、「熱さ」がいまなお勝手気ままに街路で繰り広げられたのである。その後、反ユダヤ主義暴力への民衆の明らかに自発的な参加は終わりを迎えることになった。ヒトラーが、ユダヤ人問題の運営においてはるかに厳密な統制を行うことを決め、あらゆる民衆の「熱さ」[115]を断ち切る整然とした実践へと向かい、逆にユダヤ人殺戮を「秘密」にせねばならないほどになったからである。少なくともドイツ領土では、ユダヤ人のジェノサイドは、ジグムント・バウマン[116]によれば近代性の極地である官僚主義の論理に対応しているように思われるほど、冷たさが熱さを遠ざけたのである。

このように、暴力に適用された表現性と道具性との区別、およびこの二つのカテゴリーを関係づけることは、疑いの余地なく有益でありうる。しかしながらこの区別は、古典的社会学の多くの成果を凝縮しているとはいえ、真に満足すべきものではない。というのもそれは、暴力においてもっとも気にかかるもの、もっとも謎めいたものを取り逃がしており、それが標識となる理論的空間に収まらない一部の現象を存続させているからである。

二　伝統的アプローチでは手に負えない部分

熱い暴力（フィリップ・ブローは「怒りっぽい」暴力と言っている）は、自発的で衝動的、不安定であるが、これらの特徴は分析にとって手ごわい問題となる。というのも、次のような疑問がわくからである。すなわち、その暴力は、「表現的」という言葉が示唆するように意味の直接的な発現、したがって、社会的、文化的、政治的でありうる意味作用のそれなりの具体化なのだろうか、あるいは、社会的でも、文化的でも、政治的でもない要素の一種の解放、人間の本性の中に組み込まれた本能の噴出、つまり暴力が現れる状況とは何ら関係のない深い源を持つ攻撃性の爆発なのだろうか、という疑問である。

われわれの分析のこの段階では、不十分さの確認以上に突き進むことはできない。しかし、この確認は極めてはっきりしている。実際、「表現的」暴力は意味の純粋な表現では決してなく、常に、不条理あるいは無償のものに思われる諸要素を含んでいるのである。とはいえ、この暴力の内で意味を担っていないものが自動的に動物性、本能機構、人間の本性に属していると考えてよいのでもまったくない。たとえば残酷は、大量殺戮において頻繁に見られ、ジェノサイドを生き残った人びとの証言や、プリーモ・レーヴィが彼の最後の本（『溺れるものと救われるもの』[117]）のとりわけ力強い章で語っているナチスの「無益な暴力」（強制収容所における日常生活の一瞬一瞬まで支配したあの常軌を逸した暴力）を考えれば非常に驚くべきものである。しかしそれは、何らかの自然的本能によって、あるいは、ユダヤ人絶滅というナチスの計画（これについては、本書でさらに突っ込んで詳細に論じることにしよう）に一体化した人びとがそこに置きえた一般的な意味によっては、説明されえない。あるいは少なくともそれらだけでは説明されえないのである。

それでは、上述のような行動を、個人的次元、あるいはとくに集合的次元で、はっきりと論証できるような純粋な道具性のイメージや有用性に還元できるのだろうか。これもできないのである。たとえばジャスナ・アドレールは、最近の三つの経験（一九九二年から一九九五年にかけてのボスニア・ヘルツェゴビナ、一九九四年のルワンダ、一九八一年から一九八三年にかけてのグアテマラ）について報告された残虐行為を見直して、女性の大量レイプだけでなく性的な性格を持つ身体毀損も、「目的性」を持った想像に絶する残酷さで実行されたと考えている。「その目的は、犠牲者たちが属している集団の構造破壊、（……）家族集団であれ村落集団であれ、集団の連帯を作り上げているあらゆるものの破壊である。アイデンティティの意識、尊厳の意識が打ち砕かれる。ボスニア人であれ、イスラム教徒であれ、マヤ族であれ、ツチ族であれ、共同体全体にメッセージを送るひとつのやり方なのである。（……）私の仮説は、極めてよく計算され作り上げられた政治的目的はこうして実現される、ということである」[118]と彼女は言っている。しかし、この仮説は根拠が薄弱である。すなわちこの仮説は、そのような犯罪の首謀者たちにとっては処罰されないという確信（これ自体、今日ではあまり合理的ではない）があることを前提にしており、暴力それ自体を目的とする暴力という見方を遠ざけ、それらの犯罪の中にあったかもしれない喜びや、個人そのもの（レイプを被ることで、共同体の中ばかりか生者の世界でも生きるに値しないものとされる）を否定することによって感じる快楽を、脇に置いているのである。要するにこの仮説は、犠牲者たちを人類から排除するほど荒れ狂った蛮行について何も語らず、残酷を合理的な行動にすることによって、過剰の諸次元を脇に置いているのである。ツチ族のある生き残りは次のように言っている。「自分の母があれほど冷酷に切られ、あれほど時間をかけて苦しむのを見たならば、人は永久に、『インテラハムェ〔共に戦う者〕』（フツ族民兵の殺戮者）に対してだけでなく、他の人びとに対しても信頼感の一部を失うにちがいありません。私が言いたいことは、恐ろしい苦しみをあれほど長く見た人は、以前のように人びとの間で生きることは絶対にできないだろう、ということです。自分の身を守るために身構えるでしょうから……。」[119]

道具的暴力は、あまりにも単純な見方とは逆に、もっともよくコントロールされたものでさえも、行為者が目的と手段を整然と適合させることを可能にする計算というイメージには、決して完全には還元されえない。というのも、暴力と呼ばれるに値するものには、個人であれ、集団であれ、あるいは国際的レベルで活動するもっと広い集合体であれ、行為者全員に正当と認められた手段に対する何らかの違反が必らず含まれているからである。暴力は、非正当性の原理を、すなわちある特定の社会的・政治的空間の枠内で受け入れ可能な行為との断絶を、内包している限り、他のあらゆる資源とははっきりと異なるものである。暴力は、たとえ道具的であっても、確立された規則と規範からの氾濫を意味しているのである。仮に、暴力の目標自体はそれら規則から逸脱せず正当な目的に対応しており、集合的生活を組織化する一般的な諸原理を巻き添えにはしていないように思われる状況の場合でも、そうである。われわれがすでに言及したテキスト〔『社会理論と社会構造』〕の中でロバート・マートンは、逸脱と犯罪行為に関してそのことをまさに明らかにしている。逸脱と犯罪行為は一般的に、それ自体は社会的に正当な目的を成就するために、正当ではない手段、つまり何らかの暴力行為を実行することにある。犯罪、たとえば盗みは、まさに順応主義によるものであり、共同社会によって容認された通常の方法によっては近づきえないと思われる支配的な価値を、それでも手に入れようとする欲望によって説明されうるのである[120]。

それゆえ暴力は、理論的には道具的なものであっても、常に、少なくとも一部は断絶と違反の領域に属している。暴力はそれらに我を忘れ、計算、冷静、合理性の外観を保ちながらも当初の枠から出て、それがぶつかる抵抗や障害の外部で、たとえば鎮圧部隊に向かって、制約のない様相を持つことがありうるのである。その時、暴力は高度に合理的なものとして現れる。というのも、暴力は、練り上げられた計算、武器、爆発物、通信道具などの適当な道具の使用、敵の計算や被害者たちの無能力を想像する実際的な能力、といったものに基づくからである。しかしそれと同時に、暴力は非常に非人間的なものとして、場合によっては常軌を逸し、狂信的で、完全に悪に向かったものとしても現れる。暴力は、陶酔したもののように見えながら、ある程度の理性を備えたもののようにも見えるのである。たとえ暴力が道具的、技術的な合理性に依拠して作用したとしても、その合理性は、現実から多かれ少なかれ切断された計画と目的のために（ある場合には行為者が自分の目標に到達する機会をすっかり失っているだけに、ますます常軌を逸した計画と目的のために）利用される合理性となっている場合がある。たとえば、一九世紀におけるアナーキズムとポピュリズム[一九]のエピソード以降の近代テロリズムの歴史には、相反する二つの論理が結びついている。すなわち、一方では、周到な準備、複雑で考え抜かれた戦略、場合によってはテクノロジーや科学の利用があり、他方では、自分はその代表であると自任する社会的典型（打ちひしがれた人民、虐げられた国民《ナシヨン》・民族、搾取されている階級、軽視された宗教）への不自然で現実離れした準拠がある。テロリズムは、次のような場合ほど人命を奪い常軌を逸したものになることはない。その場合とはまさに、テロリズムが計算の合理性と分離（暴力の首謀者と、彼がその立場を体現していると主張する人びとの実体験との間における分離）を結び合わせる場合、つまりテロリズムが完全にイデオロギー的でありながら道具的になる術を心得ている場合である。過剰、氾濫が行為に当初のイデオロギーを越えさせると、テロリズムは極端で無制約なものとなる。

　表現的暴力は、下部において、すなわち、それが内包している活力によって、つまり単純で明らかな意味に還元されることも、しかるべく尊重された社会的、政治的、文化的な意味作用に還元されることもない活力によって、それ自身の定義から離れる。一方、道具的暴力は、上部において、すなわち、何らかの歴史的重要性を持つあらゆる経験の中に実質的に組み込まれた逸脱と脱線によって、それ自身の定義から離れる。それはまさしく、道具的暴力が必然的に断絶の次元を内包しているからであり、また、その暴力を利用する行為者や主義主張にとって、情念、イデオロギー、政治的目的、メタ政治的目的、ユートピアが、はるかに遠い目的と日常的に用いられる手段との間の計り知れないギャップを持っているからである。そのギャップは、極端な場合には、ハンナ・アーレントが政治的暴力について注意を促したように、転倒になりうる。彼女は次のように説明しているのである。「暴力はその本性からいって道具的なものである。（……しかし）暴力がもはや権力によって支えられ制限されなくなったところでは、よく知られた手段―目的の転倒が起きている[121]。いまや手段が、破壊の手段が目的を規定するのであり――その結果、すべての権力の破壊が目的となるのである。」

　結局のところ、暴力についての古典的なアプローチの仕方はどれもわれわれを満足させてくれない。それらがもたらしてくれる照明は無益ではないが、不十分なのである。あるいは、それらは暴力を合理性に還元することを提案するが、合理性は常に、もはや非合理的と形容するしかないような諸側面によって越えられているように思われる。しかし、このことは知的に不十分である。というのも、行動の説明が論理的でなくなるところでは、狂気、本性、メタ社会的あるいは社会以下的原理をいきなり導入しようとする傾向が強いからである。少なくともある種の経験に関する研究ではそうならざるをえないかもしれないが、そうするにしても、暴力を社会学的に考える努力をもっと先まで押し進めてからでなければならない。

あるいはまた、古典的アプローチは社会的・政治的システムの状態や文化によって、要するに、極端な場合には行為者たち自身に関する研究を免除する諸々の決定要因によって、暴力を説明する。つまりこのアプローチは、行為者たちが行動する条件さえ分かれば暴力の発生を予言できるとするのであり、システムの分析と行為者たちについての理解を結び合わせようとする場合には、何らかの簡単なメカニズムの観点、たとえば反応やフラストレーションに依拠せざるをえなくなるのである。

常に、社会科学と政治学が練り上げることのできた分析道具は、いわば余り物あるいは屑として、マイナーでマージナルな部分として現れる暴力のいくつかの側面を、脇に置いているように思われる。それゆえ、それら分析道具は、暴力行動や狂信的熱狂における過剰なもの、あるいは欠けているものを理解するのに役立ってはくれない。意味の喪失と野蛮さを表わす諸現象については、それらを自然なもの〔本性によるもの〕にしたり病理学的なものにすること以外には無関心なのである。また、サディズム、残酷、暴力のための暴力を検討したり、大量殺戮の極端さ、あるいは行為者が破壊と自己破壊とを結び合わせる出来事を理解することについては、大したことを言えないのである。

それゆえいまこそ、それ自体が拒絶から由来する転倒を行わねばならない。その拒絶とは、暴力が持つもっとも意表をつく諸側面を、すなわち古典的アプローチが不十分にしか、あるいは表面的にしか扱っていない諸側面を、マイナーなもの、周辺的なもの、二義的なものとは見なさないということである。暴力がそれほど重要な問題であるならば、また暴力を理解することが中心的な焦点であるならば、その場合、もっとも決定的なものが役割を演じているのは、暴力がもっとも謎に包まれ、もっとも捕らえ難いものとして存在する部分においてであることを、認めねばならない。事実についての必要な情報さえ持っていれば、たとえば軍人、テロリスト、組織犯罪の計算を再構成することは難しくない。しかし、暴力行為はそれらの計算によって完全に説明されることはありえない。というのも、それらの計算は、厳密に道具的な視点から見れば無益なものとなる意味変質の諸要素、残酷、イデオロギー的逸脱を含みうるからである。したがって、行為者たちが暴力行為へと行き着く個人的であると同時に集合的でもあるプロセスの分析が必要であり、その分析ははるかに複雑なものになるのではないだろうか。

　このような知的態度が要請する転倒は、簡単に言い表わしうる。転倒とはまさに、これまで埒外に置かれていたものを問題の中心に据えることであり、行為者たちの主体＝主観性《シュブジェクティヴィテ》に関心を持つこと、すなわち、計算によっても、文化の刻印によっても、変化への単なる反応によっても定義されることのない、彼ら自身のこの部分に関心を持つことである。この転倒は、本書第三部の焦点となるが、より広く言えば、筆者の見解では問題の到達点でもある。最終的には、この転倒は逆説的なひとつの提案にいたる。しかし、逆説に思われるのは見かけ上にすぎない。事実、それが示唆するのは、もっとも極端な暴力形態こそが暴力現象の核心をなすのだということ、また、暴力のもっとも理解し難く意表をつく様態に取り組んでこそ、暴力の「本質」とまでは言わないまでも、そのもっとも「本質的なもの」を真に理解しうるということなのである。

第三部　主体の印し

第三部序

古典的アプローチの特質は、全体として、暴力の行為者に向かうことをためらって、むしろ、行為に有利な、あるいは行為への移行に有利な諸条件の検討に専念しているか、そうではなくて、行為者に関心を寄せる場合でも、自己の計算、戦略に、結局のところは自己の利害関係に、制約された経済的人間《ホモ・エコノミクス》の社会学的な一変種に還元してしまっている、ということにある。それらの論証の中には、暴力が具体化したり指し示したりする行為の意味、方向づけに関するものは何もないか、あってもほとんどないに等しい。

そもそもそれらの論証が行為の意味を扱ったとしても、たちまち窮することになろう。というのも、たいていの場合、行為の意味をただちに特徴づけるのは、暴力が全面的に関与していない場合の意味に比べて、ゆがみ変形したものとして現れるということ、また、過剰だけでなく、時には消え去ったり廃棄されたりするほどの欠如をも含んでいるように思われるということだからである。無意味という言葉を用いたくなるほどの極端な事例、つまり、暴力の中に自然の印しすなわち純粋に生物学的な現象、あるいはまた、狂気、錯乱を見たくなるほどまでに意味が不在の極端な事例については、言うまでもない。

われわれが理解できない行動を、自然なものにしたり形而上学的な説明原理と関連づけることによって、あるいはまた、医学的なものにし病理学的なものにすることによって説明することは、あまりにもたやすい。しかし暴力は、そのもっとも道具的な諸次元を除けば、常に意味から遠ざかり、多くの点で、理性が言い聞かせうるものから遠ざかるように思われる。ある種の経験においては、首謀者は行為者であるよりも動かされている者であるように思われるほどである。

　まさしく、いまや取り組まねばならないのは、もっとも理解し難く、もっとも謎めいたそれらの側面なのである。したがって、いずれもがあまりに単純化された対称的な二つの考え方を拒絶せねばならない。実際、もっとも基本的な観察、たとえばその観察に付随することのある談話の聴取は、一般的に、暴力について、意味作用を単純かつ直接的に表明しているとか、行為のさまざまな総覧のうちのひとつの様態にすぎないとか言うことを許さないのである。しかしだからといって、首謀者がなすことは結局のところ野蛮さ、人間性の不在、あるいはわれわれの誰もが持っている動物的部分に身をゆだねることだけであるかのように、首謀者をあまりにも早急に無意味の中に投げ入れることも受け入れられない。分析空間の標識となるこれら極端な二点の間で、もっとも困難なものがまだ手つかずのまま残っているのである。すなわちそれは、個人的なものであれ集合的なものであれ、暴力の首謀者が形成され行為へと移行するプロセスとメカニズムを研究することであり、首謀者を主体、少なくとも潜在的な主体と見なして、彼が彼自身の上に生じさせ、場合に応じて、あるいは脈絡や状況に応じて、意味の喪失、無意味、抑えの利かない残酷の表現、さらには限界のないひとつの主体＝主観性によって支配された論理へと行き着く作用を、できる限り検討することなのである。

第9章　暴力、意味の喪失と再充塡

暴力が意味との間で保持している関係、すなわち、暴力を方向づけ、決して行為者の意識と完全に切り離されることはないが、行為者に完全に帰着されることも決してない意味作用との間で保持している関係を、どう考えればよいのだろうか。変動し、たとえば耐え難い、あるいはあまりにも不都合なものとなった状況と結びついたフラストレーションという観点を強調する人びとは、結局のところ暴力を行為者の反応に還元して、行為者の利害関係に有利な均衡を確証あるいは復元する。生じるかもしれない暴力の鍵をもたらすと仮定されているものは、行為者が身を置いているシステムの状態、あるいは下位システム（政治システム、経済システム、社会システム、等）の状態と、それらシステムの変化なのであり、行為者による行為者自身への何らかの作用、自分の立場を考えうる行為者の能力をこれこれのタイプの関係の中へ引き込むプロセスなのではない。暴力を文化の連続性の中に組み入れる人びとや、暴力の中にパーソナリティの属性を見る人びともまた、暴力における、また暴力による、意味の形成あるいは変質のプロセスという観点を遠ざける。というのも、その場合、暴力の行為者は、自分の文化、教育、あるいはパーソナリティによって命じられるものにすぎないからである。暴力の主体=主観性《シュブジェクティヴィテ》が否定されたり過小評価されたりしているのではない。むしろ、次のように言ったほうがよい。これらのアプローチにおいては、主体=主観性は、それが作用する状況の外で形成されるのであり、行為者が身を置いている諸関係とはほとんど関係がない、と。その諸関係は、せいぜい、行為者の表現にとって好都合な、あるいは不都合な条件を構成するだけなのである。最後に、暴力の道具的性格しか考慮に入れようとしない人びとは、暴力を、限定された目標をねらうための資源と見なすのであるから、明らかに暴力を意味に結びつけうる。しかしこの場合、問題の資源が持つ特異な性格は検討されてさえいない。暴力はまるで、金銭、物質的手段、連帯網と同列に置かれうるかのようであり、まるで、それに訴える人によって完全にコントロールされえ、その人にとって技術的道具でしかありえず、その人の情感、情念、欲望、個人的あるいは集合的アイデンティティ、衝動といった、要するに純粋な合理性に収まらないいっさいのものとは、わずかな関係もないかのようである。

このように、暴力についての古典的アプローチのほとんどは、これから見るように暴力の首謀者たちを必ず特徴づける主体＝主観形成《シュブジェクティヴァシヨン》と主体＝主観破壊《デシュブジェクティヴァシヨン》のプロセスを、埒外に置くだけでほとんど介入させていないという共通点を持っている。この指摘は、一般的な射程を持つひとつの提案に行き着くが、実のところ、主体を分析の中心に据えることによって暴力を理論化することへの誘いなのである。この理論化計画において前進するために、そしてこの計画が有益であり、おそらくは必要でさえあることをまず示すために、第一段階として、意味の喪失と再充塡のひとつのあるいは複数のプロセスを参照しなければ暴力が理解されえないさまざまな典型例を、徹底的に検討することからはじめよう。

一　意味の喪失

a　欠損

ある種の経験における暴力は、どちらかといえば基本的な様態で、意味のたんなる欠損に対応しているように思われる。この場合、行為者に自分の行為の意味づけを可能にしていた、あるいは可能にしそうな関係システムが解体されていたり、消滅しつつあったり、あるいはまたその構成のされ方があまりにも不十分、不完全であったために、暴力がいわば空洞の中で、いまだ未熟で未発達な社会的、政治的、間個人的、間文化的な諸関係が形成されることを期待して作用することになるだけに、行為者はますます暴力的になる。この問題については、われわれは本書の第1章ですでに取り上げ、多くの場合、いかに暴力は紛争の様態としてではなく、むしろ紛争の反対物として考えられるかを明らかにした。すなわち暴力は、紛争が不可能な場合に、行詰りによって危機が優位に立つために現れるものとして、あるいはまた、紛争が終わりに近づいて行為者たちが衰退する場合や、逆に紛争がまだ構成されていない場合に現れるものとして、考えられることを示した。

ここでの暴力は何かを語ることになるが、その何かは、首謀者の視点から見るのでなければもはや意味をなさないか、あるいはまだ意味をなすにいたっていないかのいずれかである。つまり暴力は、大きな社会的、政治的、文化的な内容を持たないひとつの主体＝主観性の存在を指し示している。また、多かれ少なかれ紛争的なひとつの関係が、行為者に、社会的、政治的、文化的な固有の存在者として、他の行為者との衝突の中で、自己の態度をはっきりと表わすことを可能にしていたか、あるいはいずれ可能にするかのいずれかである。ここで暴力が可能になるのは、他の行為者自身がその人間性において、集合的なものあるいは個人として、認知されるからにほかならない。その関係が遠ざかったり、くずれたり、作り上げられるのが遅れたりすると、行為者は、たとえ他のところで意味と関係とを作り直さねばならなくなるとしても、自分自身の姿を消し、行為者でなくなるように促されるか、あるいはもはやこれ見よがしだけで生きるように促されるかのいずれかである。後者の場合、もはや自分にとってしか存在しない空想的なものとなった意味を主張し、現実離れした関係を生き長らえさせ、他の行為者を人非人に、野蛮人に、怪物に、あるいは超人に変え、もはや対抗者を持つのではなく、ひとりあるいは複数の敵を持つことになる。

ここでわれわれが意味の喪失と呼ぶものは、行為者に関係し、また、彼が自分自身の経験、軌跡、状況を理解し運用するやり方に関係するのであり、システムに、その状態に、あるいはその客観的な変化に関係するのではない。この意味で、意味の喪失という概念は、なんらかのやり方であるシステムの危機を指し示す他の諸概念、たとえば暴力を説明するために社会的・政治的関係の危機を論じるあらゆる諸概念と異なり、それらとはかけ離れているのである。このことから、われわれはユーグ・ラグランジュのいくつかの分析に近づくことになる。彼は、庶民街に特有な青少年非行の分析の中で、正当にも、「社会的絆の断絶」、「仲間を作る能力の欠落」は、もし適切であれば経験的に有効と認められているはずのパースペクティブに属している、と指摘しているのである。ところで、彼は次のように言っている。「治安のよくない街区が本当に社会的まとまりをやり玉にあげているのなら、このことは、たんに隠喩的にではなく、この社会的絆の断絶が持つもっとも特徴的な指標に基づいて、すなわち非行と犯罪の指標に基づいて見抜けるはずである。[1]」しかし、事実はそうではない。ここでの暴力は、われわれが意味の喪失と呼ぶものと大いに関係があり、たとえば、庶民の住む郊外で非行に走る若者たちに、「彼らを敗者と見なす紋切り型をくつがえす」こと、「将来の欠損と自己主張の欠如を埋める」こと、そして「空虚感」と縁を切ることを可能にさせるのである。この空虚感について、ラグランジュはマルク＝オリヴィエ・パディィに依拠しながら、それは危険な行動や「自己主張の方法としての肉体的試練の追求[2]」に行き着くと指摘している。意味の喪失と、たとえば社会的絆の危機とは相反する概念ではないが、後者から前者へと、つまり客観的であろうとする分析（そして極端な場合には、失業率や収入といった数字に依拠しようとする分析）から実践についてのより主観的な理解へと、自動的に移行するのではない。

意味の喪失は欠如、欠損となって現れるが、それを埋めうるのが暴力だけであるということはめったにない。事実、その時暴力へと移行する行為者は、他人に対しても自分自身に対しても暴力を正当化する必要を感じる。彼の暴力は、実際、彼にとって無意味であるのではなく、逆に、意味をなしているか、あるいは意味をなしうるかもしれないものなのである。それゆえ、意味の欠損と喪失の概念は、集合的、社会的あるいは政治的暴力だけでなく、非行と犯罪にも適用されうるのである。とりわけ犯罪学の文献は、犯罪（殺人、レイプ、等）によって、往々にして意味の断絶が古くから行為に先立ってあったことを示す事例の記述と分析を、数えきれないほど含んでいる。たとえばジェームズ・ギリガンは、この視点にとりわけ富んだ著作の中で[3]、L・ロスという男の事例に言及している。その男は、あるガソリンスタンドで車がパンクして動けなくなっていた時に、かつて同級生だった女性と出会った。彼は、家まで送ってあげるという彼女の申し出を受け入れたのであるが、彼女を車の中で殺したうえ、その両目をえぐり舌を切り取ってから、道端の穴に死体を捨てたのである。逮捕された彼は、事実を何も否定しないにもかかわらず、いかなる罪も認めず、完全に無実であると主張した。では、彼の説明はどんなものであったのか。彼は、その女性の自分を見る目が気に入らなかったのである。ジェームズ・ギリガンは、L・ロスといろいろ話した結果、この青年が否定され押しつぶされているという思いを持ち続けてきたことを理解した。彼は、思春期前に他の少年たちから殴られ、ホモセクシャルの受け身の対象として、「非人間」として、扱われていたのであった。彼の犯罪は、少年期以来彼の肉体的・精神的完全さ〔無傷さ〕の否定と結びついていた恥辱を終わらせることになったのである（私が目を壊せば、誰も私に恥ずかしい思いをさせなくなるし、私が舌を引き抜けば、誰も私を馬鹿にしなくなる、と彼は精神科医に説明している）。

この種の犯罪は、軽蔑され、暴力を被った恥辱まみれの過去と、殺人行為とを関係づける（これは、きょうの犯罪者は昨日の被害者であるかもしれないとする、よくある考え方に立ち返らせる古典的なテーマである）。犯罪が語ることになるのは、過去において意味が失われ打ち砕かれていたということ、そして、耐え難いものであり続けている古くからの欠損が、それと対になった恥辱をも同時に清算するであろう行為によって、いわば解決されたということである。このことはさらに、ある種の事例において、この種の犯罪者が逮捕を避ける方策を何も立てず、むしろ、警察、裁判官あるいは陪審員、メディアが自分のしたことを知り、理解してくれることを望んでいるようにさえ見えることを、おそらく説明してもいるであろう(4)。

場合によっては暴力を意味することになる意味の喪失は、したがって、必ずしも沈黙なのではない。それどころか、その喪失は行為者にとって自己表現の機会になりうる。もっと一般的に言えば、暴力行動に帰着するプロセスは、とりわけ単発の行動にとどまらず繰り返されて拡大する場合、しばしば言説の産出を伴うのである。こうして、意味喪失のプロセスの中にある集合的暴力に、しばしばさまざまな物語が伴うことになる。ある種の物語はとりわけ興味深い二つのタイプ（ひとつは神話の世界に属し、もうひとつはイデオロギーの世界に属する）に対応している。

b　神話と暴力

神話は暴力と対になりうる。とりわけ、意味の諸要素が現実から遠ざかるばかりか、ますます矛盾し包括的にとらえにくくなっており、それを実践において調整することがますます困難になっていると感じる状況に、行為者が置かれている場合にそうである。その時、暴力はひとつの神話と不可分な具体的表現となり、その神話が、このパースペクティブにおいては、相矛盾し両立しない諸々の意味作用の空想的統合を可能にする構築物を作り上げるのである。ここで暴力と神話は、一枚のメダルの両面をなしている。これは、ジョルジュ・ソレルへの回帰を示唆する考え方であり、いくつかの点でゼネストの賛美、神話に近い分析を提示していることでもよく知られる彼の有名な『暴力論』に、われわれはすでに言及した。

実際、労働運動の誕生期に、ソレルというひとりの思想家が暴力を好意的に考察したこと、そしてその彼がそこに労働者の活動の決定的な一要素を見ると同時に、ゼネストの射程を神話としてとらえた最初の思想家となったことは、偶然ではない。ソレルは、〔社会主義がすっかりその中に集約されるところの〕神話について、「社会主義によって近代社会に対して行われる戦争の種々な発現に照応するあらゆる感情を本能的に喚起しうる形象《イマージュ》の組織化」(5)と言っているのである。ソレルの説明によれば、労働者にとってゼネストは神話的地平にとどまるかもしれないが、このことはその重要性（神話が持つ動員力にある）を何ら奪いはしない。後になって、労働運動ははっきりと暴力から離れた。そして、経営者、官吏、議員からあらゆる権力を取り上げ、組織された政治勢力を締め出すことで、社会と国家の全領域における組織化を労働者だけにゆだねようとするゼネストの夢から遠ざかることになった。ソレルにとって、神話的空想は、労働者の行為者において国家の暴力に立ち向かいうる暴力と対になっており、スタシス・グルグリスが言うように(6)、ユートピアと混同してはならない「集合的信念の断固たる表現」、「過激な言語活動」である。神話は現実を超えて歴史的な行為を可能にするが、ユートピアとは違って現在の投影ではなく、目的論的なものでもない。したがって、ソレルの『暴力論』が示唆している神話と暴力の結びつきは、功利主義の表現でなされる暴力分析を遠ざけもする。その結びつきはヴァルター・ベンヤミンに深く着想を与えたことに注意を促しておこう。彼の暴力批判は、アリストテレス、カント、カール・フォン・クラウゼヴィッツ、あるいはエンゲルスに見られる道具的理解から遠ざかっているのである（「ベンヤミンにおいて、純粋暴力は手段と目的の循環の中に追い込まれてはいない」）[7]。

スペイン・バスク地方でのＥＴＡ〔バスク祖国と自由〕[一]の経験は、場合によってはありうる神話と暴力の照応というこの観点をみごとに例証している。最初、一九五〇年代末にＥＴＡが導いた武装闘争は、フランコ体制下のスペインで、バスク民族、政治的独立、労働運動の三つを同時に代表しようとした。現実にバスク民族が圧制を加えられ、労働者たちがとくに抑圧されていた状況において、また、バスクのナショナリズムが内戦時に共和派の立場を選んだだけに、専制体制が政治的にいっそう警戒を強めていた状況において、武装闘争はそれら三つの意味作用の顔であった。ＥＴＡが支配と抑圧のこれら三つの領域を象徴すればするほど、武器にものを言わせる必要はなくなっていった。行為は熟慮されたものである以上、暴力の視点から見れば小さくて象徴的なもので十分だったのである。

一九七四年のフランコの死後、スペインは民主主義への過渡的段階に入り、上で述べた三つの領域はいずれもが変化した。その結果、バスク民族はさまざまな分野（言語〔バスク語〕の認知、行政、警察、バスクのメディア、等）で大きな自治権を得ることになった。そして、労働運動は衰え、もはや工業化社会の段階を脱していたバスク社会を突き動かすことがなくなり、労働者たちはテロリズムの中に自分の姿を認めなくなった。さらに、スペインの体制が専制主義から民主主義へと移行した結果、ＥＴＡの言説の中でしばしば中心を占めたマルクス＝レーニン主義は失速するにいたった。フランコ主義の終焉によって、行為の統合を保証していた原理の消滅が告げられたのと同時に、ＥＴＡの正当性をなし、バスク人の大きな期待と結びついていた意味作用のそれぞれが変わり、弱くなったのであった。民族の名においてであろうと、労働運動の名においてであろうと、あるいは政治的切望の名においてであろうと、ＥＴＡが相対していたのは、常にフランコ体制だったのである。

この事例での逆説は次の点にある。すなわち、このような変遷が明白なものになればなるほど、ＥＴＡの暴力はますます人命を奪うものになっていっただけでなく、ますます常軌を逸した無制限なものとなり、被害者にはバスク人さえも含まれるようになっていったということである。ここでのテロリズムは、社会が変わっても行為者たちの言説は維持されているという、意味喪失の現象である。テロリズムは自己を維持するために、現在も過去と同じように抑圧されている民族について、また、スペインの社会的犠牲者たる人民について、あるいは、いまやスペインの民主主義によって否定されるほかないような政治的独立の切望について語る神話の中に閉じこもったのである。この神話的構築物に賛同する無視できない数のバスク人がまだ存在するが、その神話的構築物について、アルフォンソ・ペレス＝アゴテは次のように明らかにしている。すなわちそれは、自己実現する神託の様式において機能し、民主主義によって何も変わらなかったと主張して、実際に何も変わらないように作用するということである(8)。しかし神話は、人びとの実体験、期待、認識からますます遠ざかる。そして、神話が現実と切り離されれば切り離されるほど、神話を生かせ続けようとする者たちは、ますます限りのない暴力を作動させねばならなくなるのである。

ここでも、あまりにも単純な論証で満足してはならないだろう。というのも、暴力はいかに常軌を逸したものに見えようとも、結果として、また行為者たちの考えでは機能として、逆の進行を準備し、意味への回帰を確かなものにすることがありうるからである。実際、神話的言説は、ここでの場合にはナショナリズムによって支配されていた草創時の企図に（上に述べたようにそれ以外に社会的、政治的な次元がそこで重要な位置を占めていようと）一貫性を取り戻させようとする戦略の展開を、行為者に少しも禁じてはいない。それゆえ、ＥＴＡの経験において、その努力は常に、スペイン国家が、とりわけ弾圧の実行によって、またたとえば、スペインの監獄におけるＥＴＡ活動家の扱い方によって、実際にバスク人に対して政治的、文化的、社会的抑圧を行っている事実を明らかにすることに向けられていたのである。ここでテロリズムは、自ら弾圧を呼び起こし、その弾圧の厳しさと過剰な出来事をバスクの暴力の正当性を証明するものとして提示することになった。このメカニズムが、六〇年代の活動家たちによってすでに理論化されていた「行為／弾圧／行為」の循環という考え方の正しさを明らかにして機能すればするほど、バスクの世論は、ますますそれに敏感になり、ますますＥＴＡの言説をもはや神話ではなく現実の中に根を下ろしたものと思うようになった。つまり、ＥＴＡの活動家や共鳴者たちはスペイン国家の恐ろしい暴力を被っているのではないか、スペイン国家は乱暴で、つまるところ反民主主義的であり、バスク民族に対して敵意を抱いており、現在の社会的問題に無関心なのではないか、と思われるようになったのである。

したがって、この例においても同じ部類の他の諸経験においても、神話と暴力の間には一次元的な関係ではなく、それどころかあらゆる種類の関係形態があり、その中で両項〔神話と暴力〕のそれぞれが無限のバリエーションを持ちうることになる。それゆえその関係は、ある時には安定した比較的明確なものになり、またある時にはもっと不明瞭、不安定で、いまにも解消されそうなものになるのである。

c　イデオロギー

神話は、歴史的あるいは社会的な現実の中では統合されえない諸要素を空想的なやり方で調停する。しかしそれは、意味喪失の渦に巻き込まれた行為者たちに、少なくとも彼らにとって、意味の幻覚を維持させうる唯一の言説なのではない。イデオロギーもまた、この機能を強く持ちうるのである。この場合の行為者は、現実についての何らかの表現を提示するが、その表象は、彼が切望する変化に関する理論たらんとする場合もある。そして彼は、その理論に一体化する。イデオロギーは、虚偽の観念にすぎない場合には、カール・マンハイムの表現に従えば、その概念の「控えめな」語義を指し示す(9)。それをはるかに越えて、歴史と政治を混交させ、場合によっては科学がもたらしうる正当性を我がものとする一般的な展望である場合には、イデオロギーはマンハイムの用語で「全体的」なものである。とりわけ、ハンナ・アーレントによって分析された全体主義の現象の中には、この二番目の意味でのイデオロギーが見いだされる。それは、イデオロギーを抱く人びとを、具体的経験や現実との関係を築くあらゆる必要性から解放する、ひとつの観念の追求であり論理である(10)。

二つ目の意味でのイデオロギーの産出と暴力の関係は、一九七〇年代から八〇年代にかけて、西洋のいくつかの社会で広がった極左のテロリズムの経験の中にはっきりと現れている。それがとった形態で真に大規模なものはイタリアに見られた。そのテロリズムは、二つの旗を高く掲げ続けようとしていたが、実際には衰退しつつある二つの事態に対応していた。すなわち、労働運動が、少なくとも中心的な社会的運動としては、不可避な衰退に陥っており、古典的な工業化時代が終わろうとしていたにもかかわらず、テロリズムは労働運動の名において語っていると主張していたのである。そして同時に、冷戦の終結と共産主義実現の可能性の低下が明らかになりつつあったにもかかわらず、共産主義の企図とユートピアを維持しようとしていたのである。工業化社会と冷戦が二つとも終わりを告げたにもかかわらず、労働運動と共産主義タイプのパースペクティブの名のもとに語ろうとした人びとは、現実から切り離されたますますこれ見よがしの語り方をするようになり、ひとつのイデオロギーのさまざまな変種の中に閉じこもった。そして、そのイデオロギーは、関係する住民との衝突という試練から自由になっただけに、ますます野蛮なテロ暴力を伴うことになった。ここでの意味の喪失は、ますます常軌を逸し続ける言説と、ますます殺人的で見境のないものになり続ける行動とが結びつくことに帰着したのである。

とりわけある種の政治的経験においては、暴力の首謀者たちの言説は、こうして、多弁なまでに豊富で過剰でさえあるイデオロギーの産出という様相をまとうことがありうる。この時イデオロギーは、遂行された、あるいはこれから遂行されるべき行動の正当化をなす（たとえ、自分の仲間を説得したり、行為者がその名のもとに語る人びとを説得するためのもの、また、敵を不安に陥れたり弱体化させるためのものにすぎないように見えようとも）。この場合、言説が発せられても現実の試練を受けることはない。ハンナ・アーレントが全体主義について言っているように、「いったん、前提が、出発点が定められてしまえば、経験ももはやイデオロギー的思考に干渉することはないし、またこの思考が現実によって教えられることもありえない」[11]のである。ここでの行為者は、同じひとつの運動から、言説の産出と暴力の実践との中で形成されることになる。その時行為者は、本当のことと正しいことを語っているのだと主張すると同時に、自分の思想を行為に移しているのだと主張して、力と知を未分化の状態で結びつけるのである。

イタリアにおける極左のテロリズムの例は、社会的なものを主要な拠り所とするひとつの経験を指し示している。この場合、言説のイデオロギー的性格は明白である。というのも、拠り所となった社会的顔である労働者たちは、まず第一に、テロリストによって与えられた表象に一致することは実際上なくなっていたのであり、そして第二に、自分たちが望んだものだとされる暴力にはもはや大挙して反対していたことが、明らかであったからである。しかし、社会的存在ではなく文化的存在が問題になる時には、すべてがややこしくなる。というのもこの場合、暴力に伴う言説が実際に作り上げうるのは、ひとつのイデオロギー（現実についての恣意的で自己正当化的なひとつの表象）であるよりも、たしかに現実の中に繋留点を持たない空想的なものではあるが、住民にとって説得力を持つ共同体への帰属意識を基礎づけることになる構成物だからである。たとえば、民族運動はしばしば聖職者や知識人たちによって創始されるが、彼らは場合によっては、民族の存在を価値あらしめる前に、まず民族を目覚めさせるために暴力に訴える。ベネディクト・アンダーソンが言うように、民族は「空想された共同体」なのである。しかし、その輪郭と内容を積極的に描き出して、この文化的で政治的な存在にまず形を、ついで自由を与えるために武器に訴えることもある人びとは、たとえ当初は作り事の中にあり、民族という存在がとりわけ彼らの空想の結果であるとしても、イデオロギーの中にいるのではない。それゆえ、ここでもまた、あまりにも単純な、あるいはあまりにも一般的な論証には気をつけねばならない。そしてとりわけ、イデオロギーに近づく言説ではあっても、具体的な集団あるいは集合体に還元されがたいそれ自体抽象的な、あるいは空想された諸現象に関係する言説と、政治的で社会的な性格のイデオロギーとを混同してはならない。

二　意味の過剰

ナショナリズムと暴力の間にある関係に関するこのような考察から、われわれは、実のところ、ある種の経験にしか有効ではないものの、意味の欠損の確認を補うひとつの確認へと導かれる。すなわち、言説の産出は、意味の喪失を伴う時、現実と行為者の切望とを隔てている距離を人為的に調整しうる神話的あるいはイデオロギー的な成り行きを、必ずしも見せはしないということである。言説と物語は、暴力を伴う時、現実にはもはやそうではありえないものを、自己正当化的で空想的なやり方で行為者に得させる神話やイデオロギーの再生成とは異なる、さまざまな成り行きを見せることがありうる。こうして、暴力を作り上げる意味の欠損に、新しい意味が付け加わることになりうる。その意味とは、新しい地平を開き、言説と実践の刷新された空間の中に行為者を据えることによって、パースペクティブの移動を示すものである。

神話やイデオロギーは、行為者がぶつかる問題をいわば硬直化させる。たとえば、行為者は、労働運動が衰退しつつあるにもかかわらず、労働者革命の旗を高く強く掲げ続けることを望み、著しい変化があるにもかかわらず、時代遅れになりつつある状況に起因する希望と信念を体現しようとする。しかし、当初の目標が妥当性や有用性を失う時、別の目標が創出されたり、あるいはいずれにせよ利用されて、当初の意味とは異なる意味によって穴が埋められるということがある。

こうして、宗教的な視点から見て均質な住民によってもたらされた社会的運動が、同時に暴力的なものになるとともに、ますます明白に宗教的なものになることがありうる。たとえば、カリスマ的リーダーのイマム・ムーサ・サドルの指導のもとに一九六〇年代にはじまり、当時は収奪された者の運動であろうとしたレバノンでの運動に、そのことが見られた。ここでの中心人物たちはたしかにシーア派ではあったが、行為者ムーサ・サドルが自ら与えていた定義は宗教的なものであるよりも社会的なものであった。この運動は過激化し続けた。それは、初めはレバノンの政治システムが運動の要求にほとんど対処しえなかったからであり（「われわれの要求が満足されないなら、われわれは力をもって行動する」とムーサ・サドルは叫んでいる）[12]、次いで運動が内戦とイスラエル・アラブ紛争の渦に巻き込まれ、南レバノンで最前線に立ったからである。いずれ心ならずも力に訴えることになるかもしれないと予告した社会の顔は、武装した宗教的行為者、レバノンにおけるシーア派イスラムの混沌とした集合体の一構成要素となり、イスラエルに対する戦争の論理を展開した。そしてこの顔が大筋においてヒズボラになったのである。この分析の粗描を、イスラム過激派にいたった他の多くの経験にも広げうるかもしれない。実際、ある種の事例では、あるいはとりわけそれらが形成されたある種の諸次元では、イスラム主義の運動は、国家や政治権力によって満足されず、政治的に対処あるいは引き継ぎがなされなかった社会的諸要求の中に、源のひとつを見いだしているのである。

　したがってこの種の変化は、社会的なものから宗教的なものへといたらせるのである。一方、社会学的に同じグループに属するもうひとつのプロセスは、民族的なものから宗教的なものへといたらせる。たとえばパレスチナの運動は、当初は根本的に民族的なもので、ある程度の社会的あるいは社会政治的な任務を担っていたが、一九八〇年代から、大筋において（しかしそれだけというわけではない）イスラムを標榜するテロリズムの、殉教の、極端な暴力形態に駆り立てられている。余分に付け加わった暴力が、以前の意味をはみ出す信念の主張と対になっているのであるが、それはあたかも、宗教的意味作用を民族的行為に与えなければその行為は衰弱してしまうかのようにである。パレスチナの絶望は、一九九三年にオスロではじまった和平プロセス[二]の失敗以来悪化すると同時に行き詰まった状況の中で、一部のパレスチナ人の目にとって宗教的意味に訴えることを必要とさせた。そして、それまでは闘争を民族の基盤の上に根拠づけていた意味が、非力であまりにも限定されたものに思われ、また歴史的に挫折したために、この宗教的意味のほうが上位のものになっていったのである。

　宗教は、不完全な意味を埋める時、さもなければ意味の喪失状態にある行為者たちに目標をもたらす時、暴力の極端な段階への移行を意味しうる。実際、宗教の信仰は限りのない暴力に甘んじえ、いまここにある現実世界に空間を限らない行為に意味を提供し、現世と来世に対する希望と信念を結び合わせることを可能にしうる。信仰は暴力に、政治的暴力から期待しうるあらゆるものを超えた射程を与え、場合によっては実のところ、われわれが本書の第2章で提案した表現によれば、メタ政治的暴力である絶対的任務を与えるのである。宗教の信仰がもたらしうる意味の過剰は、行為者にかつてなく増大した力、確固たる正当性を与える。それは人間のいかなる裁きにも属さないからである。意味の過剰は、あらゆる譲歩、あらゆる交渉を自身にも他にも禁じること、いかなる制限も受け入れないことを行為者に許す。そして行為者は、あらゆるニュアンスを遠ざけるように導かれ、自分を脅かしたり自分に抵抗するものの中に破壊すべき障害、排除すべき敵を見るように導かれるのである。

　ここでもまた、宗教がもたらすことのある意味の過剰を、政治的あるいは道具的なあらゆる配慮を捨てた、制御できなければ合理性も持たない行為のイメージに還元してしまってはならないだろう。というのも、現代の大きな諸現象に固有のものは、その諸現象が、イスラムに限らず、暴力を宗教やセクト主義に結びつける場合には、時には非常に理性的で宗教的なリーダーの指導のもとに、行為を政治的あるいは地政学的な展開の中に組み入れる計算、戦略と、メタ政治的意味とが接合されるところにあるからである。

三　自己破壊

意味の喪失と再充塡は、暴力が自己破壊的なもの（同時に他に対しても破壊的なものであろうとなかろうと）である時、間違いなく頂点に達する。このテーマはしばしば、現代の都市暴力との関係で扱われて、とりわけ次のようなことを示唆している。すなわち、庶民街の激高した若者たちが、自分たちを刑務所送りにしているわけではないにもかかわらず公共交通機関を攻撃したり、自分たちのために設置されたものであるにもかかわらず社会文化施設を攻撃する時、彼らは自己破壊の論理の中に入り込んでいる、という見方である。実のところ、この解釈はほとんどの場合表面的であり、暴力に帰着する事実、状況、問題に注意が向けられていないことをかなり雄弁に語っている。というのも、バスへの「投石」や青年会館への放火はほとんど常に何らかの物語の中に組み込まれているからである。たとえば前者の場合には、運転手がいらだって人種差別ととれるような振る舞いをしたとか、あるいは、検札行為が不正乗車した若者の友人たちから反発を買うような制裁になってしまったとか、また後者の場合には、指導員があまりにも長期にわたってその立場にあり、若者の言葉に心から耳を傾けることをやめてしまい、不適切な活動を若者に提案するとか……、といったことである。

それに対して、また意味の過剰と宗教に関して先に述べたこととの延長上で、現代のある現象は明らかに、暴力の他人への相互浸透と自己破壊とに属している。その現象とはすなわちイスラムの殉教主義であり、そこにおいて、自己破壊する者は、二つのレベルでその行動を基礎づけることになる一連の意味作用を我がものとする。つまり彼の行動は、一方では、後に残る人びとの目に意味を与えることになり（彼はそう考え、またそれを期待しうる）、他方では、来世の最良の世界に彼を導き入れることになるのである。

ここで、三つの異なる論理が対応する少なくとも三つのタイプの経験を区別することができる。最初の論理は、首謀者をして、共同体や民族に根を下ろした強いアイデンティティを、絶望に、自分が一体化しえたかもしれない企図が失敗したという確信に結びつけると同時に、来世で自己実現できるという確信に結びつけるものである。イランの「バシジ」[三]がその一例であり、ファラド・コスロカヴァールはその複合性を明らかにしている。非常に若い者たちの一部が、とくに現象の最終段階において、生き残れそうにないことを自覚しながら、八〇年代初めに対イラク戦争[四]に参加した。彼らは「立派な」死を求め、最前線に身を置いて敵に恐怖心をまき散らすことでそれを得ることになった。彼らはこの経験の中で自己実現し[13]、革命によってはもはや守ってくれないと分かっているよりよい世界の約束を、自らの自殺によって実現したのである。というのも、あまりにも単純な考え方とは逆に、この若い殉教者たちは、彼らを動員した運動の最終段階において、シャー王朝〔パーレビ王朝〕の倒壊で幕を閉じた革命をもはや信用せず、革命は終わり、失敗したのだと強く意識していたからである。自らを犠牲にすることは見かけの上では革命のためではあっても、彼らがそれによってとくに期待していたのは自分のユートピアにたどりつくことなのである。彼らにとって、死をいとわない宗教心は創造力が行使される唯一の場なのであり、「死は救済の同義語で[14]」あり、彼らの殉教は、ファラド・コスロカヴァールの表現に従えば、殉教症《マルティロパティ》になったのである[15]。

二つ目の論理もまた、共同体に根を下ろしたアイデンティティや、現在の状況と結びついた絶望、それに敵に打撃を与えて弱体化させることで自分自身の信条に役立てようとする企図、といったものを結び合わせる。しかし、最初の論理の典型例とは異なって、絶望が養われるのは、ごく最近の時期を特徴づけていた希望や言説のなんらかの余波によってではない。犠牲が実践されるのは、軍事上の熾烈な必要性からであり、全能であると思っている敵に対する挑戦からである。とりわけ第二次インティファーダの開始（二〇〇〇年一〇月）[五]以来、イスラエル領土での若いパレスチナ人たちの自爆テロは、これらの次元をあわせ持っている。イランのバシジの場合とは逆に、ここでの行為者たちは、彼らもまた宗教的信念によって突き動かされているにせよ、何よりもまず、政治的、軍事的な事態の流れにいまこの場で影響を与えようとするのであり、たんによりましな来世の中に入り込もうとするのではない。ここでのナショナリズムは、間違いなく、イラクのバシジの若者の場合よりもいっそう強く、あるいはいっそう傷ついており、いっそう絶望に陥っている。

最後に三つ目の論理は、具体的な共同体から抜け出して領土を超えたネットワークに合流した行為者たち、したがって自らが属していた住民の熱さによってはもはや突き動かされず、その熱さから付与されえた行為の意味によってはもはや突き動かされない行為者たちに対応するものである。たとえば、二〇〇一年九月一一日のテロの首謀者たちは、公的生活の中に自らの姿を見せえたかもしれない出身社会の社会的・政治的諸関係から抜け出し、その社会に内在する諸問題から遠ざかっていた。彼らの極端な暴力は、一定の限定された政治空間の中にまさに組み込まれていないがために、行き着くところのない闘争、善の悪に対する地球的規模の闘争として現れたのである。それゆえ解説者たちの一部は、オサマ・ビンラディンのネットワークについて、ファラド・コスロカヴァールが「ネオ超国家的イスラム共同体」[六]と呼ぶもの[16]を理想とする「グローバルな」テロリズムという言葉を用いたのであった。ここでの行為者たちは、冷たく行動し、自らの犠牲によって人命を奪う行動を長期間にわたって準備しており、彼らの決断は絶望の大きさにつり合っているだけでなく、長い間身を置いてきた近代性に対してはぐくんだ憎しみにもつり合っている。というのも、彼らは西ヨーロッパや合衆国で生活し、大学に登録したり、飛行機操縦の訓練を受けたりもしていたからである[17]。

これら三つの論理を想起すればただちに難なく分かるように、自己破壊は、したがって、意味の喪失だけに還元されるのではない。むしろ意味の過剰さえ含んでいる。そこには、絶望、憎しみ、近代性に対する大きな失望だけでなく、共同体的、宗教的、場合によっては民族的な帰属意識、さらにおそらくは来世で救済、認知、幸福、快楽（性的なものも含まれる）を享受する希望が混ざり合っているのである。ここでの暴力の行使者は、あるひとつの社会的・

政治的空間から別の空間へと跳ね上がる激しい主体＝主観性《シュブジェクティヴィテ》を見せつける。来世に位置を見いだす彼の夢のような振る舞いは、本人にとって、意味の大きな負荷や義務の完全な履行を表わしているが、その激しさは、ある場合には、この種の暴力を予見する任務を負うエキスパートたちまでも驚かせたほどである。ニューヨークとワシントンでの二〇〇一年九月一一日のテロが、反テロリズムのアメリカのエキスパートたちをも含めてあれほど戸惑わせたのは、一九六〇年代から七〇年代にかけて国際的テロリズムを開始した個人や集団の場合は、たとえ大きな危険を冒しえても、確実な死を目指しはしなかったからである。殉教主義は恐ろしいほど過剰な意味を行為に移行させ、その行為者は現世と来世という二つの領域を股にかけ、二重の時間性の中で個人的主体として自らを示す。つまり、彼の暴力は超主体化の次元に属しているのである。そしてこの超主体化は、先に引用したファラド・コスロカヴァールの研究が明らかにしているように、近代性と、より正確に言えば近代的個人主義と、無縁なのではない。上で区分した三つの論理において、殉教者は主体なのであり、個人であろうとする欲望が満たされなかったことを表わしており、たんに、共同体がこうあれと命ずるものなのではない。さらにある意味では、彼は具体的な共同体の構造破壊までも表現している。この具体的な共同体とは、彼がもともと属していたものであり、その諸規範が近代性によって、たとえば性や消費の西洋における状況をテレビで見せつけられて、すでに混乱に陥っている共同体である。現代のイスラム主義の殉教者は自分の進むべき道を、「彼が渇望しているこの個人性と、彼が組み込まれている空想上あるいは現実の共同体との連結の中に[18]」見いだしているのである。

このように自己破壊は意味の過剰さえ含んでいるのであるから、われわれは、対立しつつも暴力行為にどんな意味も認めないという共通点を持つ二つの考え方から大きく遠ざかる。そのひとつはニヒリズムの考え方である。たとえばアンドレ・グリュックスマンにビンラディンのネットワークによるテロリズム読解の鍵を与えているこのパースペクティブでは、自己破壊は、はびこる絶望よりもむしろ全能意識（というのも、あらゆる種類の個人に対する生と死の権利を我がものとしているから）と、存在（他の人びとの存在も自分自身の存在も）の意味の完全な否定との混合を指し示している。グリュックスマンの言い方によると、ニヒリズムの旗印は「失うべきものは何もなく、救うべきものも何もない」[19]というもの、あるいは彼の本の裏表紙に書かれているように「我殺す、ゆえに我あり」というものである。このことは、はっきりと示すに値するひとつの忠告に行き着く。すなわちグリュックスマンは、アメリカのマスメディアと偉大な文学〔ドストエフスキー文学〕との間に、「グローバル化したニヒリズム」の理解に役立ちうるものを何も見いだしていないということである。というのも、「ドストエフスキーと共にあるCNN〔ニヒリズムを報道するCNN〕と字幕を入れるべきだ」と彼が叫んでいるからである。われわれ自身のアプローチを根拠にすれば、これは非常に偏狭で表面的な見方であり、行為者たちの歩みと、それが行き着くプロセスとを無視した見方である。少なくとも、その行為者たちは何かを信じていると言いうるのではないだろうか（これはニヒリズムとは正反対である）。

二つ目の考え方は、理論的であると同時に歴史的に重要な論争を生み出しているために、いっそう注目するに値する。それは意味の不在という考え方である。これは、告発された暴力行為にとって、行為者は存在せず、主体であるよりもたんなる手先、すなわち命令に従い、権威に迷うことなく服従してその実行者にすぎなくなった駒のようなものしか存在しない、ということを意味する。これはまさに、これから検討する無意味《ノン・サンス》の仮説である。

第10章　無意味の仮説

暴力を意味の喪失に結びつけることも、それと対称的に、また場合によっては相補的に、暴力を意味の過剰や意味の欠損あるいは超過に結びつけることもなく、たんなる意味の純粋な不在、すなわち無意味に結びつける主張は、暴力行為の張本人にあらゆる責任と罪状を免除させる。このようなアプローチが引き起こしうる議論は新しいものではない。ピエール・ヴィダル＝ナケがクリストファー・ブラウニングの著書『普通の人びと』への序文でプリーモ・レーヴィに言及して述べているように、問題は「今日はじまったのではない。エティエンヌ・ド・ラ・ボエシー（一五六三年没）〔七〕が有名な『自発的奴隷問題を論ず』の中で提示していたのであるから(20)」。

しかしながらこれについて、真の議論が繰り広げられたのはナチ犯罪者たちについてである。その議論がはじまったのは戦後直後にあったニュールンベルク裁判の時ではなく、とりわけ一九六〇年代初頭のことである。すなわち、イェルサレムでのアドルフ・アイヒマン裁判と、ハンナ・アーレントの署名つきで発表された生々しい新聞記事、そしてそれらの記事を収録して大反響を呼んだ著作(21)の出版（一九六三年）を機にはじまったのである。

a　悪の陳腐さ

一九六〇年、「究極の解決法〔ナチスによるユダヤ人絶滅作戦〕」の責任者のひとりアドルフ・アイヒマンが、戦後潜伏していたアルゼンチンでイスラエル秘密警察によって捕らえられ、イスラエルの裁判所で裁かれることになった。ハンナ・アーレントは『ニューヨーカー』紙の依頼で裁判を見守ることになったのである。そして、彼女の『イェルサレムのアイヒマン――悪の陳腐さについての報告』に収録されたルポルタージュは、いくつもの論争を引き起こすことになった。その論争の中心的なひとつがここでわれわれの関心を引くものである。アーレントがアイヒマンについて悪の陳腐さと言う時、それは次のような考え方にもとづいている。すなわち、ヨーロッパのユダヤ人を絶滅させるというナチスの極端な暴力は、とくに仲介者たちやたんなる実行者たちにおいて、服従と受動性の文化以外の何ものにも起因していないということが大いにありうる、という考え方である。彼女は次のように指摘している。「(アイヒマンは)彼自身 "innerer Schweinehund" と呼んでいるもの、つまり心底から腐り果てた卑しい人間ではないとあくまで確信していた。また良心の問題については、命ぜられたこと(……)をしなかった場合にのみ疚しさを感じたであろうと彼ははっきり意識していたという。[22]」「警察の取調の際、彼がもしそうしろという命令を受けたら自分の父親を死に送ることさえ辞さなかっただろうと語った。[23]」そして、彼女はこう付け加えている。「彼の語るのを聞いていればいるほど、この話す能力の不足が考える能力――つまり誰か他の人の立場に立って考える能力――の不足と密接に結びついていることがますます明白になって来る。アイヒマンとは意志の疎通が不可能である。それは彼が嘘をつくからではない。言葉と他人の存在に対する、したがって現実そのものに対する最も確実な防衛機構で身を鎧っているからである。[24]」

このパースペクティブにおいて、死刑執行人、犯罪者は受動性によって、すなわち自分自身の行動に対する無関心によって定義され、官僚が下す命令の実行者にすぎなくなる。この時、彼は主体ではまったくなく、主体形成のあらゆる論理からかけ離れたところにいるのである。

b　権威への従属

数年後、一連の社会心理学的研究がその流儀に従ってハンナ・アーレントの中心的な考え方に拍車をかけることになった（社会心理学の大家のひとりゴードン・オールポートはそれらの研究を「アイヒマン実験」と呼ぶことになる）。スタンレー・ミルグラムは、[25]さまざまな実験条件のもとに、大学での研究に参加を求められた人びとに実験者の命令に従うよう要求した。ガラス仕切りの向こう側にいるひとりの人物に対して被験者たちが電気ショックを与えるのであるが、向こう側の人物が記憶と学習のテストで答えを間違えるたびにその電気ショックの強度を増すというものである。実のところ、電気ショックを被る人物は苦しむふりをするだけのさくらであり、実際にはいかなる電流も流れなかった。自分が電気ショックを与えていると信じている被験者は、しばしば、自分が加えるいわれのない暴力に嫌気がさしてすぐにやめてしまったが、ある人びとは何も疑問に思わず、心の迷いもないらしく、自分が与えていると信じている恐ろしい苦痛を目の当たりにしているにもかかわらず、実験者の命令に最後まで従ったのである。この有名な実験はさまざまな研究者によって、そっくりそのままに、あるいは修正を加えられながら、何百回も繰り返され、映画化もされた。これらの実験は次のことを示唆している。すなわち最悪の蛮行は、権威に対する従順あるいは服従の状況にある実行者たちにそれが要求されれば、彼らにとってはそのようなものとして知覚されえず、彼らを自分自身の実践行為において無感覚、無関心にさせうるということである。

ハンナ・アーレントが服従の文化に力点を置くのに対して、スタンレー・ミルグラムは状況の重要性を強調する。「服従は実験の条件に緊密に依存しており（……）、服従が現れるのは個人が置かれた特殊な状況と分かちがたく結びついている。[26]」しかも暴力は、これらの実験においては、サディズム、残酷、攻撃衝動がまったくなくても可能である。「被害者にショックを送った人びとは、義務感——被験者としての義務の意識——からそうしたのであって、格別攻撃的な傾向をもっていたためではない」と、ミルグラムは指摘し、次のようにはっきり述べている。「個人がどうふるまうかを決定するのは、彼がどんな種類の人間かということよりはむしろ、彼がどんな種類の状況におかれているかということなのである。[27]」しかしだからといって、ミルグラムはハンナ・アーレントが強調している文化的次元を排除してはいないし、ナチズムに関しては、ユダヤ人が長年にわたって組織的に蔑視された事実を過小評価してもいない。「被害者の組織的蔑視は、被害者を残酷に扱うことを心理的に正当化する手段であり、虐殺、ユダヤ人迫害、戦争にはつきものであった。[28]」

さらにミルグラムは、彼の実験に参加した人びとの一部のうちに、被害者に電気ショックを被らせえなくさせた道徳的価値と、彼らをその行動に導いた服従との間で、強い緊張があったことを確認している。彼はその結果を観察したが、それはヒステリックな笑いなどあらゆる種類の表現を通して現れえた。後になってある〝被験者〟は次のように語っている。「あなたがわたしを見ていたかどうかは知りませんが、わたしはくすくす笑い出してしまい、笑いを抑えつけようとしました。いつもそんなことはないんです。これは、まったくあり得べからざる場面に対する反応にほかなりません。わたしの反応は、人を傷つけなければならない場面に対する反応です。まったくどうしようもなく、逃げることも助けることもできない事態に陥っていたのです。そういう事態がわたしを捕らえていたのです。[29]」これは重要な指摘であり、もっとも基本的な点を示唆している。すなわち暴力は、暴力の張本人の良心や主体＝主観性を巻き添えにすることのない純粋な服従に還元されるように思われる場合であっても、暴力を行使する者にとって確執を作り出しうるということである。暴力は、いつも良心や主体＝主観性を押し殺すにいたるわけではなく、したがって、それらの存在を想起させる、あるいは印しづける症状を伴うのである。

c「普通の人びと」の蛮行

一九六〇年代初めの政治哲学（ハンナ・アーレント）、さらに社会心理学（一〇年後のスタンレー・ミルグラム）の後、九〇年代になって議論を再び投げかけたのは歴史学であった。とりわけ、クリストファー・ブラウニングの重要な著書、すなわち第二次世界大戦中に東部戦線で繰り広げられたナチス部隊による暴力について、司法記録に基づいて研究した著作〔『普通の人びと』〕が発端となった。問題の第一〇一部隊〔第一〇一警察予備大隊〕は、警察の予備隊員らによって構成され、ナチ党の多少なりとも活動的な戦士ではない「普通の人びと」からなっていた。この部隊はポーランドに送られたが、そこでユダヤ人の大量殺戮を実行することが部隊に課せられていたのであった（このタイプの作戦が開始されたのは、ヨゼフフ村〔ワルシャワ近郊〕のユダヤ人の一部を選んで強制労働収容所へ連れて行き、残りは銃殺せよという命令によってである)。

ブラウニングが問題にしているのは、司令官ヴィルヘルム・トラップが、たとえば彼らのうち最も年配の者たちに、任務に耐えられそうにないと思うならそう言えばよいと促した後、普通の人びとがどのようにして「プロの殺し屋」に変身したのかということである。彼らは権威に従属・服従しただけだと言ってすませうるのだろうか。それは魅力的な考え方ではある。しかし、事実と行動についてより詳細に分析すればするほど、その考え方は弱くなる。ハンナ・アーレントの主張はスタンレー・ミルグラムのおかげで強化されたとはいえ、ブラウニングのおかげでわれわれはその限界を示すこともできるのである。

d　ひとつの説の限界

スタンレー・ミルグラムは、研究の仕組みそのものに関係する理由のために、証明の有効性が限られていると非難された。実際、彼の実験は、実験室でごくわずかな数の被験者たちに対してなされたにすぎない。その実験に参加した人びとは、ごくわずかな時間、ほとんどは一時間たらず動員されただけであり、脈絡もない。ところで、ナチスの暴力を考察する場合にはすべてが変わる。時間の長さも、最小単位の行為者とシステムとの間にある媒介物の厚みも、すべて変わるのである。実験室での出来事を歴史的現実に直接的かつ単純に適用できると考えるうる根拠は何もなく、ネイル・J・クレッセルが指摘しているように、「(ミルグラムの)研究は、ナチスによって犯されたような犯罪がどのようにして発生するのかを説明することに関して、ほとんど何も明らかにしえない」[30]のである。ミルグラムのアプローチそれ自体は、あのような残虐行為にいたる歴史的、社会的、政治的、文化的な特殊状況についてわれわれに何も語ってくれず、服従という一般的原理のために説明を非歴史化し非政治化する。服従は、たんに、広がるのに好都合な条件を見いだすか見いださないかの問題にすぎなくなるのである[31]。しかしながら、ミルグラムの社会心理学的実験を歴史的な具体的行為から必然的に引き離している距離は、その功績を退けるほどかたくなに問題にすべきものではない。逆に、彼の主要な着想は、大量殺戮についての最近の議論の中で大きな役割を果たしているのである[32]。

ハンナ・アーレントがアイヒマンに適用しているパースペクティブにおいては、犯罪者は死刑執行人である。彼は、官僚の命令を実行しているにすぎず、その行動に対する精神的・心理的受動性、その命令の特殊性（大量犯罪への参加）に対する無関心のために、主体破壊された、あるいは主体化されていない個人となっている。このパースペクティブにおいてかかわっているのは非主体《ノン・シュジェ》であり、暴力の実践そのものにおいて主体化《シュブジェクティヴァシオン》のあらゆるカテゴリーを覆すことで自己を顕示しようとする反主体《アンチ・シュジェ》としてある。ここでの暴力の首謀者は、行為者のいないシステムを連想させる装置の一環としてある。アイヒマンは、裁判で繰り返し主張したように、法律、命令に従い、自分の義務を遂行したのである。そして彼は、自分自身をとりわけ人間的であると見なしていた（「アイヒマンは、自分の組織の才能、自分の機関でおこなわれた強制移動や移送の手順は、事実上犠牲者たちの救いになっていると一度ならず主張した。それによって彼らの運命が多少堪えやすくなっているというのである」[33]と、ハンナ・アーレントが書き留めている）。

　しかし、アイヒマンのような人物を自己の行為に関係も関与もしない人間としてしまう、このような考え方を受け入れることができるだろうか。組織化された暴力のシステムは、悪の陳腐さという言い方が許されるほどの様相を帯びるまでにいたると、行為者のいないシステムとなり、究極的には、おそらくは何人かの幹部を除いて、そのシステムに加担した者たちすべてをわずかな責任からさえも免れさせるのだろうか。ナチスの他の多くの高位責任者たち、ルドルフ・ヘス、ヘルマン・ゲーリング、ヴィルヘルム・カイテル、アルベルト・シュペーアは、自分たちの行為を服従によって釈明し、裁かれる時に、ユダヤ人に対する特別な憎しみを持っていないとさえ言ったのである。ところで、文書や、場合によっては面接によって得られた利用しうる資料の徹底的な調査、検討が、その種の弁明を無効なものにしている。そのような弁明は、経験的調査にはまともに耐ええないのである。たとえばギッタ・セレニーは、アルベルト・シュペーアを尋問して徹底的に追い詰め、ニュールンベルクで彼に死刑を免れさせた[八]否認に反して、彼が究極の解決法についてかなりよく知っていたことを認めさせている。シュペーアにできるのはもはやひとつのことだけ、すなわち、セレニーがニュールンベルクで自分の検察官のひとりではなかったことに対して、神に感謝することだけである。(34) ナチ幹部たちの経験における権威への従属にはさまざまな次元が存在しえたのであり、事情をわきまえた上での行為や、かなり率先的に行動した部分、また積極的に自ら進んで行った悪への加担もあったのである。

はっきりと輪郭を現した蛮行の傍観者であり続ける人びとにすでに適用されたいわゆる無関心のテーマは、一般に思われるほど確たるものではない（チェスワフ・ミウォシュ(九)が、戦争中にユダヤ人が積み込まれて闇に包まれた行き先へ送られる光景を目の当たりにしたポーランド人の恐ろしい無関心は、実際には多くの動揺を覆い隠すものであったと示唆するのを読めば、(35) このことはよく理解できる）。そして、蛮行を実行に移す人びとに関しては、最高位にある責任者たちについてだけでなく、もっとも低い実行者についても、その主張は明らかに疑いを差し挟む余地がある。このことは、たとえばクロード・ランズマンがやっていることで、彼は、「悪の陳腐さというハンナ・アーレントの主張には断固として反対である」と言うのである。「これらの人びと、これらの意識のそれぞれは、自分が何をしているのか、自分が何に加担しているのかを知っていた。トレブリンカ〔絶滅収容所のひとつ〕の番人、鉄道の事務員、ワルシャワのゲットーの管理者は知っていたのだ。(36)」しかし、「知っていた」人びとの少なくとも一部は、まず何よりも服従することに専念して動かされた人びとであり、服従の文化がすっかりしみ込んでいた人びとであったことを、認める必要があるかもしれない。

悪の陳腐さ、「恐るべき、言葉にいいあらわすことも考えてみることもできぬ悪の陳腐さ」(p. 277〔邦訳書、一九五頁〕）という考え方、あるいはかなり近いがそれほど深みのない、命令や指令のたんなる実行でしかない官僚主義的暴力という考え方は、支持しえない。というのも、それは行為者とその行動の意味あるいは重大さ（ナチスが歴史的計画によって、異例の使命を果たすという信念によって、導かれたものであることは、ハンナ・アーレントにも分かっている）とを切り離すからである。このパースペクティブにおいては、いわば、一方には意味を定義する者がおり、他方には心理的にいかに困難で苦しくとも実行に移す者がいる、ということになる。悪の陳腐さという仮説に対応する行為者は、どのような仕方によってであれ情動、憎しみ、計画によって導かれた人びとから切り離されるだけでなく、暴力の行使のうちにたとえばサディスティックな快感を見いだすような人びとからも切り離される。たとえば、ハンナ・アーレントは、ハインリヒ・ヒムラーがアインザッツグルッペン〔ナチスの特別行動部隊〕の指揮官と高級ＳＳ警察長官に対して言った次のような言葉を引用している。「われわれは自分らが諸君に期待していることは〈超人的〉なこと、つまり〈超人的に非人間的〉であることだということを承知している。」そしてアーレントは、ナチスの殺害者たちが生来の殺害者ではなかったこと、「サディストではなかった」ことを明確に述べている。「反対に、自分のしていることに肉体的な快感をおぼえているような人間は取り除くように周到な方法が講ぜられていたほどなのだ。（……）〈自分は人びとに対して何という恐ろしいことをしたことか！〉と言うかわりに、殺害者たちはこう言うことができたわけである。自分は職務の遂行の過程で何という凄まじいことをしなければならなかったことか、この任務は何と重く自分にのしかかって来たことか！　と。」[37]

「悪の陳腐さ」を主張することは、人間は極端な野蛮さで、自分が犯していることに何の感情も良心のとがめもなく、憎しみなどのいかなる情念にも動かされていないかのように行動しうる、ということを認めることになる（アーレントが言うには、そのようなタイプの犯罪者は「自分が悪いことをしていると知る、もしくは感じることをほとんど不可能とするような状況のもとで、その罪を犯している」[38]のであり、彼は「恐ろしいほど」ノーマルである）。このことはさらに、非常に重要な法律上の問題を提起する。すなわち、行為者が善悪を区別する能力を持っていなかったのに、犯罪はあったと考えうるのか、という問題である。アーレントは、アイヒマンが「自分のしていることがどういうことか全然わかっていなかった」と言う。「アイヒマンは愚かではなかった。完全な無思想性（……）、それが彼があの時代の最大の犯罪者のひとりになる素因だったのだ。」[39]このように、善悪の区別のあいまいさは、このパースペクティブにおいて、反省能力、客観化能力、他人に対して振るわれた暴力に意味を与える能力、といったものの欠如に基礎を置いているのである。

悪の陳腐さという表現での説明が適用可能に思われる場合、その説明は行為者ではない動作主に関するものとなる。その動作主が行為者ではないというのは、道徳の外に身を置き、政治権力と国家への服従しか知らないからである。実際この場合、命令、法、指令に対する個人のあらゆる抵抗は、国家が体現する規則や規範に従うことの拒否である一方で、告発された個人にとって唯一価値ある規則は、服従することにあり、自分自身の道徳的判断に頼ることにあるのではない。このためにジグムント・バウマンは、このパースペクティブにおいては、行動規範に対するあらゆる抵抗は「不道徳な行動の萌芽となる」のであり、したがって道徳は服従の倫理に変わると言うのである。バウマンに従って、一般的に言えば近代性に固有の現象をそこに見ねばならないのだろうか、したがって、近代性において道徳は「服従の倫理」に変質していると考えねばならないのだろうか。彼に従えば、近代とは理性が道徳に取って代わる時代、国家と市場が「道徳意識を結果として鈍らせた」時代である。さらにこれに、「道徳的主体を断片化させる」テクノロジーの影響力が付け加わる、とビルギット・クリステンセンは言っている(40)。「道徳的主体の生活は、数多くの雑多なものに次々と接近する連続にすぎない。その接近するものの一つひとつは部分的で、したがって（……）道徳的な無罪責感を有効にするよう仕向けられ、またそれが許されている(41)。」

　一部の人びとにとっては、状況しだいで次のようなことがありうるかもしれない。すなわち、合法的な権威およびとりわけ国家（どのように建設されたのか、場合によっては民衆のどのような感情を具体化したのかについて、当然ながら誰も疑うことのない国家）の権力に従うこと以外の情念を持たないために、暴力行為が悪の陳腐さに、したがって命令への服従に、帰着するということである。しかし、意味の喪失と過剰のプロセスに関係する諸次元との関連で、また次の章でいっそう深く検討することになるが、残酷、暴力のための暴力、あるいは暴力がもたらす快楽に属する諸次元との関連で、この従属の次元に特有な空間とはどんなものであろうか。ここで、クリストファー・ブラウニングの鋭く、鮮明で精密な歴史的研究にいっそう深く立ち戻るのが有益である。

　ブラウニングが研究している第一〇一部隊は、何よりも、服従への帰順からかけ離れて、むしろサディズムと残酷に属する行動によって特徴づけられる。たとえば、「（一九四一年六月二七日のビャウイストク〔ポーランド北東部の都市〕での）行動はポグロムとして開始された。警官たちはユダヤ人を市場やシナゴーグへ駆り集め、思いのままに、鞭打ったり、恥辱を与えたり、あご鬚に火をつけたり、射殺したりした。幾人かのユダヤ人指導者がプフルークバイル将軍の指揮する第二二一防衛師団の司令部に現われ、将軍の足元にひざまずいて軍の保護を求めたとき、第三〇九警察大隊のある隊員は、ズボンのチャックを下ろし彼らに小便を浴びせたのだが、将軍は背を向けてしまった。ポグロムとして始められたことが、急速に、より組織された大量殺戮にエスカレートしていった。[42]」一〇月二七日、別の虐殺が、スルツク（リトアニア）のドイツ文民行政官の長による報告の対象となっている。「大隊の対ユダヤ人作戦について、それがサディズムに酷似していると、大変残念ながら強調せざるをえません[43]」として、この責任者は驚くべき暴力場面を叙述しているのである。責任者は、その地方のユダヤ人が大きな役割を果たしている経済的理由を気にし、また、ユダヤ人を絶滅させようとする政治的理由と戦っていただけに、ますます憤慨していた。ブラウニングはまた、小さな楽しみにも言及している。たとえば、ワルシャワのゲットーの警備を任務とする一部隊はひとつのバーを持っていたが、「ユダヤ人が射殺されるたびにバーのドアに印がつけられ、高いスコアーが出た日には〝勝利の祝賀会〟が催された[44]」のである。ウッチ〔ポーランド中部の都市〕では、「ゲットーを二分している道路の警備員たちは、しばしば腕時計の針を故意に進め、ポーランド人が通行禁止時刻を守らなかったといって、彼らを逮捕したり鞭打ったりして楽しんでいた」。クリストファー・ブラウニングは、彼の本のもっと先で、とりわけ下劣な人物、すなわち酔っ払いでサディストのグナーデ少尉について描写したり、「ウォマジー付近で一群のユダヤ人に対して、自分は鼻歌を唄いながら、泥たまりを這い回らせた」ハインリヒ・ベケマイアー軍曹に言及している。「疲れ切った老人がそこにうずくまってしまい、ベケマイアーに慈悲を請うてその手を延ばしたとき、軍曹はその男の口のなかに銃弾を撃ち込んだのである。[45]」

資料で裏付けられた数多くのこのような詳細は、悪の陳腐さや服従への帰順という主張からわれわれを大きく遠ざける。しかし、ブラウニングの分析は、たびたびユダヤ人問題の官僚主義的処理にも触れており、逆にそのような主張の方向に入り込む表現を用いている。とりわけ、列車によるユダヤ人輸送にかかわることはすべて、そのカリカチュアでさえあると言いうる。たとえば（ラウル・ヒルバーグが参考文献の中ですでにこのタイプの諸々の点に注目していたが[46]）ある報告書が「一八〇人から二〇〇人のユダヤ人を詰め込んだ車両のほとんどが限度をひどく超えたもの」であることに言及しているのは、ユダヤ人が置かれた状況を改善するためではなく、心配しているからである。

つまり、詰め込みすぎは「最悪で、移送に重大な悪影響を与えかねないから」なのである。

実のところ、ブラウニングが提示しているものは、破壊を官僚主義的に組織する者たちと、それを実行する者たちとの間の作用なのである。後者の人びとは、「現場から遠く離れて、日常的、官僚的な、そして大量殺戮の生々しさを覆い隠してしまう婉曲表現のできる、机上の虐殺者ではなかった。(……)殺戮が毎週、毎月と続行される時、その人びとにいったい何が起こるだろうか。いかにして普通の中年のドイツ人が次々と大量虐殺者になっていったのであろうか[47]」とブラウニングは自問している。

この変身は自明なことではなく、とくに、それ自体が基本的な嫌悪感と結びついた道徳的抵抗に出会うことがある。部隊のメンバーの一部は、ユダヤ人殺害に加わることを拒否しているのである。指揮官のトラップは、不幸なことにこの恐ろしい任務を組織せねばならなかった。彼は自分が「悲嘆に暮れている」と言い、「こんな仕事は俺には向いていない。でも命令は命令なんだ[48]」と考える。そして彼は、ひとりで涙を流し、自分が実行に移す命令を嘆くのであった。さらに、多くの人びとが自分の抱いた嫌悪感を報告している。ある人びとは殺しはするが、無差別にではなかった。乳児やあまりに小さな子供は殺さなかったのである。またある人びとは、ここぞという時には、自分が直接殺さねばならなくなる職務とは別の職務を得ようと立ち回ったり、屈服して「しばらくの間銃殺を続けてから、カマー〔カマー上級曹長〕に近づき、もうこれ以上続けられないと申し立てた[49]」。さらにある人びとは、一貫してわざと標的をはずしたり、虐殺の間身を隠したりしていた。こういったことは、権威への従属からかけ離れているだけでなく、その逆の快楽、暴力のための暴力ともかけ離れている。そして、真っ昼間に「誰かが虐殺のための飲み会を〝組織〟しても、それは喜びのためではなく、間違いなく任務の遂行を容易にするためである。一日が終わると、「隊員たちは暗たんたる気分で、なにかに腹を立て、いらいらし、心はかき乱されていた。彼らはほとんど何も食べず、酒を浴びるように飲んだ[50]」。羞恥心と嫌悪感に襲われているのである。そして後には、ある人びとのうちに明らかに心身症が見られるようになった。嫌悪感が道徳的判断を超えて作用し、兵士の士気をくじいていたのである。少なくとも、初めのうちは。

このように、「普通の人びと」の経験において、要するに三つの論理が働いており、互いに対立し緊張関係を持ちながら作用しているのである。官僚主義的論理（これ自体ナチの計画に奉仕するものである）は、自分の行為の意味に無関心なまま熱意を持って従順に実行する者を望む。この論理は、一方では、この論理をはみ出して変質させる過剰、残酷、サディズムの論理と衝突し、他方では、強い嫌悪感や不快感と結びついて悪に抵抗させ、殺人の実行を困難にさせる道徳の論理と衝突する。

権威への従属の論理は、道徳および善の論理と戦う必要がある。つまり、大量殺戮が可能であり続けるためには、虐殺者たちを無感覚にせねばならないのである。権力、幹部、隊長、戦略司令官の役割は、まさに、無感覚化のプロセスを確立して不快感、嫌気、羞恥心、嫌悪感を失わさせたり、一種の分業を作り上げたりすることである。すなわち、厳密な意味での大量殺戮以前の段階は部隊のまじめな警官たちに割り当てられ（彼らは直接的に嫌悪感と直面することにはならなかった）、虐殺は他の人びとに、いまの場合であれば「トラヴニキ」（ソビエト連邦の国境地方で反共産主義と反ユダヤ主義を基礎にして集められた補充兵で、とくにアルコールに酔っている時にはどんな不愉快な仕事でもできた）に任せられたのである。実際、仕事は広く協調してなされた。「進歩」は「トラヴニキ」に対して気前よく分配されたアルコールの結果であり、彼らは厳密な意味での虐殺の大部分を引き受けたのである。それは一斉射撃の形態で行われ、初期の大量殺戮を特徴づけていたもの、すなわち虐殺者と犠牲者の対峙はこの中で姿を消した。大量殺人は、殺人の非人格化の段階に入り、強制移送と収容所の前線ではないこの東部戦線を含めて、死刑執行人たちの仕事を容易にする冷たく官僚主義的な組織化がはじまったのである。

一方では冷たい官僚主義と服従が、他方では反ユダヤ主義の情念とサディスティックな喜びが、どのようにして相互に対立することなく自らの空間を見いだし、それらが相まって嫌悪感への抵抗（ヒューマニズムあるいは道徳感覚よりも純粋で単純な不快感が強く見られる抵抗）の論理をどのように挫折させたかを、ブラウニングの分析はよく明らかにしている。そして、「トラヴニキ」やそれに類した人びとはもはや必要でなく、部隊の人びとがほとんど心の迷いもなしに殺せるようになったのである。彼らは無感覚になり、「繊細な感覚は鈍化していった(51)」のであった。

しかし、「普通の人びと」の冷たさ、無感覚化は、官僚主義や行政の論理には何も負っていない。その人びとはアイヒマンの亜流なのではなく、悪の陳腐さはハンナ・アーレントが主張するのと同じ性質のものではない。それは具体的なプロセスから生じ、そのプロセスにおいて、組織的な虐殺実践の経験によって道徳は消滅させられたのである。到達点は、たしかに権威への従属によって特徴づけられはする。しかし、この従属は構築されたもの、到達点において現れたものであり、服従の文化の中に組み込まれていたものではない。服従の文化というものは経験の結果なのであり、経験を創り出す予件ではないのである。またそれは、間近で、あるいはむしろ遠くにいながら、大量殺戮を望み組織する人びとの手腕（時には手探りであっても）に多くを負っているのである。一方、国家権力にそれほど支配されていなかった場合を考えてみよう。その場合、結果は異なるものになったかもしれないが、たとえばジムバルドの実験が示唆するように、暴力はそれでも同じように残酷なものになった可能性もある。そのジムバルドの実験については後で取り上げることにするが、たとえば刑務所のようなある種の状況においては、サディズムが容易に現れることを示しているのである。しかしここでは、「普通の人びと」が冷たい虐殺者になったのは、ナチ幹部の意思に従ったからである。

権威への服従という説を彼らに適用しうるのは、せいぜい最終段階においてであり、出発点や途中の段階ではほとんど無理である。さらにその説は、最終段階についてでさえ、他の仮説によって異議を唱えられうる。その仮説というのは、クリストファー・ブラウニングの著書の中にその痕跡を見いだしうるもので、意味を虐殺者の行動の中にいわば再導入するものである。すなわち、虐殺者たち、あるいは少なくともその一部は、自分の集団から切り離されないように、仲間や指揮官の自分に対する認識から遊離しないように、順応主義によって行動したのではないか、ということである。実際、ブラウニングは次のように指摘している。「列を離れることは、〝汚れ仕事〟を戦友にやらせることである。個々人はユダヤ人を撃つ命令を受けなかったとしても、大隊としては撃たねばならなかったのだから、射殺を拒絶することは、組織として為さねばならない不快な義務の持ち分を拒絶することだったのである。」(52)

悪の陳腐さという説、あるいはそれに非常に近い権威への服従という説は、東部戦線におけるナチスの経験や戦時のアイヒマンの行動において作用しているような暴力を、冷たく道具的な行動にし、また究極の目的そのものを、現場で暴力に従事する人びとの意識や意思と無関係なものにしてしまう。実際、極言すれば、悪の陳腐さが現実に可能なのは悪自体が合法的である場合だけのように思われる。ヴェストファーレン[10]体制の世界において、国家そのものが犯罪者であり、犯罪計画によって導かれる場合、つまり、その正当性が人間的であると同時に超越的な原理によって与えられ、行為が「国家の行為」であり国家理性が存在する場合に、悪は合法的である。そしてこの場合、問いは次のようなものになる。死刑執行人の行為が合法的であるのなら、それでも彼を犯罪者にするのは何なのか、という問いである。

　しかし、これまでに見てきたように、そのような場合でさえも悪の陳腐さは自明なものではない。現場では、ある者たちは、権力によってははっきりと排除され拒否されているもの、つまり快楽を、見いだそうと期待したり実際に見いだしているかもしれず、またある者たちは、自分の行為は陳腐なものではないと認識していることを示す抵抗を、なんらかのやり方で表明するのである。さらに権威への従属は、本当にそれが「普通の人びと」の経験に対応するとしても、正常な態度、あるいは彼らの文化に組み込まれた態度なのではない。その帰順、従属は、彼ら自身が多くの点で脅かされ、操作され、いずれにせよ条件付けられたプロセスを通して、彼らにたたき込まれるのである。このようなすべてのことは、ハンナ・アーレントの最初の着想も、スタンレー・ミルグラムの実験の射程も、無に帰せしめはしない。しかし、このようなすべてのことは重大な限界を示している。すなわち、暴力、とくに極端な暴力が意味の完全な欠如の中で、意味作用や価値（いかに変質されたりゆがめられたりしたものであろうと）との関係を積極的にであれ消極的にであれ維持することなしに実行されうるとは認め難いのである。少なくとも、暴力が快感原則から生じたり、それによって促されたりしたものでない限りはそうである。この問題についてはこの後で論じることにしよう。

第11章　残酷

多くの経験において、無償の残酷やサディズムに見られる明らかに度を越した行動、狂気、乱行という、大なり小なり重要な諸次元を暴力が持たねばならないのは、なぜであろうか。ある場合には、暴力は、それを実行に移す者がそこから得ることのできる快楽の追求によって完全に決定されているように思われる。この時暴力は、暴力のための暴力と言わねばならないほど、それ自体が目的になっている。また別の場合には、過剰行為を可能にし、残酷行為を許すように思われるのは、むしろ状況である。この時残酷行為は、たしかに現実のものではあるが二次的なものであり、限られた時にのみ、あるいは集合的経験の場合には限られた行為者においてのみ、行為の流れの中で補完的に現れるだけである。時には、暴力を動機づけるものにおいてもその過剰行為においても、暴力はその意味を、首謀者が期待する享楽から引き出しはするが、時には、度を越した行動は、それが他の性質を持たないかぎり、完全に分析を免れ、もはや狂気という観点しか引き起こさないほどになる。しかしながら、時には、外見上はもっとも無益な、あるいは表面的な諸様相を持つ場合でも、暴力はひとつの機能性を保持しており、破壊あるいは殺人から得られる直接的な結果だけにも、その行為者の情動あるいは衝動の解放にも、限定されない目的性を持っているように思われる。いずれの場合においても、暴力のための暴力、過剰、残酷、サディズムは、暴力について考察しようとする者に対して逆説的な挑戦を挑むことになる。なぜなら、暴力現象のこれらの様相は極端で、見たところしばしば周辺的であり、われわれがただちに「暴力」と呼ぶものの中心部ではなく境界部で作用していながらも、もっとも純粋で飾りがなく、もっとも過激であるために暴力のもっとも中心的な核をなしてもいるからである。おそらく、それらは他の次元よりもはるかによく、はるかに多く暴力を定義するものであるとさえ考えねばならないであろう。

一　過剰、享楽、狂気

たとえ、暴力の表明する意味がゆがめられていようと、また多かれ少なかれ失われていようと、あるいはイデオロギーなどの形態に還元されていようと、暴力が持つことのある野蛮あるいは残酷の諸次元がもはやその意味といかなる関係も保持していないと思われる場合に、その意味とそれら諸次元との間にあるあらゆる事柄を考慮に入れるのはいつも容易なわけではない。このことは歴史家たちによってたびたび問題にされている。たとえば、ピエール・ラボリーは、第二次世界大戦終結時にフランスで起こった「追放」〔対独協力者の追放〕の暴力について、暴力の一部は政治領域に属していることを確認してから、「政治の論理によってすべてを説明することに」ためらいを覚えると言っている。そして彼は、それら暴力の源を「深層心理学の不透明な領域」[53]の中に探るつもりになったと言っているのである。同様に、モーリス・アギュロンは、コレージュ・ド・フランスでの就任記念講義（一九八六年四月一一日）で、フランス革命について、より正確には「革命裁判所の逆上的熱狂」と「ヴァンデーの非道な諸部隊の野蛮」について考えながら、次のように自問している。「この恐ろしい数年間の残忍な殺戮者は、自分のイデオロギーを持った人間だったのだろうか」、それらの極端な暴力は、ジャコバン主義の一要素だったのだろうか、あるいはジャコバン主義から解放されたひとつの現象だったのだろうか、と。

ある種の経験において、暴力はたちまち、それ自身でそれ自身のために存在する現象となり、暴力以外の目的を待たないように思われる。また他の経験においては、暴力がそのような暴力のための暴力という様相をまとうのは経過の途中だけであり、過剰や無償性が現れて自律的になるのは行為の成り行きによる一時的なものにすぎないように思われる。それらは、プロセスの中に出現する場合、それらの特異性が持つ「純粋」で明白なやり方で姿を見せることになり、それらを生じさせた意味作用と分離するように思われる（これは、アギュロンに即して上で見たように、とりわけ、一七八九年の大革命と一七八九年から一七九三年への連続性についての、歴史学上の論争だけでなく政治学上の論争の中心に位置する問題である）。

いずれの場合にも、暴力のこの部分は、ヴォルフガング・ゾフスキーの言い方では「絶対的」であり、「正当化を必要としない」(54)。この部分は、それ自身以外については何の配慮もしないのである。

子供に対する一五世紀の忌まわしい犯罪者ジル・ド・レ(二)の有名な事例は、ジョルジュ・バタイユによってその時代の中に呼び覚まされたが(三)、ヴォルフガング・ゾフスキーにもわれわれにも例証として役立ちうる。いくつかの点でサド侯爵(三)の作品を先取りしている彼の残酷は、「残酷を超えるなんらかの意味を」持っているように思われる。「そこに、放埒の享楽、犠牲者の苦痛に対する嘲笑的軽蔑、感情からの超越が見いだされる。習慣となった冷淡さ、芝居のように反復される儀礼、屠殺のように規則的な展開が見いだされる。過剰の創造性が見いだされるのである。」(55)

暴力のための暴力はまた、いわゆる都市の暴力にも似ている。それゆえビル・ビュフォードは、みごとな著作の中で(56)、イギリスのフーリガン現象のもっとも極端な諸形態を描き、実際にはサッカー観戦に無関心で試合の結果にさえも無関心なサポーターたちが、どのようにして、行動に移る機会のみを試合に期待し、機会がくると突然獣のように、部族ででもあるかのように、完全に享楽的に荒れ狂うかを明らかにしている。そうなると彼らは、街中で、敵チームのファンだけでなく、機動隊をはじめスタジアム外で出会うすべての人びとをも攻撃するのである。この暴力は、デモを利用して隊列の最後部で扇動、乱闘、破壊に没頭する「壊し屋」の暴力をはるかに超えている。社会的あるいは政治的ないかなる意味作用も持っておらず、完全に遊び的であり、その口実となっているスポーツのイベントとは何の関係もない。この暴力とともに、意味は無意味《ノン・サンス》のために完全に消え去り、純粋な享楽の中で、動物性に還元された主体の完全な非社会化の中で消滅するのである。

暴力のための暴力についてのもっとも多い記述は、すでに述べたように、それを犯罪のさまざまな形態と結びつけているだけでなく、とりわけ戦争場面とも結びつけている。たとえば、ベトナム戦争の元アメリカ人兵士に対してなされたリチャード・ストレイヤーとルイス・エレンホーンの調査は、激しい戦闘に投入された人びとの全員、およびそれほどではない人びとの三分の一が残虐行為を目撃したり、彼ら自身が非戦闘員を殺すのに一役買ったりしたことを明らかにしている。(57) この戦争に関しては、ひとつの事例がとくにうわさの的になった。すなわち、ミライの大虐殺（もちろん例外的な事件ではない）が、アメリカ軍戦闘部隊の悪習は明らかに猥褻なものだとして、アメリカと世界中を揺るがせたのである。

ここで事実関係を確認しておこう。一九六八年三月一六日、アメリカル師団第一一旅団所属チャーリー中隊のアメリカ兵一〇五名が、ミライ村(四)に入り、昼前に五〇〇人の非武装民間人をたいていは機関銃で虐殺した。彼らは笑いながら男色をしたり女をレイプしたりしたが、女の一部についてはその膣をナイフで切開し、死体の頭皮をはぐなどの行為をしたのである。その後、部隊の責任者カリー中尉だけが裁かれ、彼が認めたこの殺戮について有罪判決が下されることになった。彼はいかなる疑問も抱いていなかった。赤ん坊でさえも敵であるかもしれなかったから、と彼は説明したのである。

暴力をもたらすものとして理解された快感は、近い過去に戦争に参加した元戦闘員たちの証言の底辺にある。ジョアンナ・バークによって引用されたアメリカの元「海兵隊員」で、『テキサス・マンスリー』と『ニューズウイーク』の編集者ウィリアム・ブロイレスは次のことを認めている。すなわち、元戦闘員たちは自分の経験について聞かれると、それは嫌なことだったと言って話したがらず、それは伏せておくべきものとしていたこと（しかし、彼らのうちに何か別のものがあり、「彼らの心のどこかでそれを気に入りもしていたこと」）である。彼はまた、自分の配下の戦闘員たちがひとりの敵兵の死体、つまり殺したばかりのベトナム人にしたことを語っている。彼らはその死体にサングラスをかけさせ、口にタバコをくわえさせたうえで、頭に糞便をかけたのである。士官であった彼は憤慨したが、心の奥底である種の快感を得ていた《I was (...) laughing》（「私は笑っていた」）ことをも報告している。(58)

同様にジョン・ダワーは、日本とアメリカの両陣営にとって太平洋での第二次世界大戦を特徴づけることになった残虐行為に関するすさまじい記述を行っている。たとえば、アメリカ側では、日本兵の手を切り取ってトロフィーにするかと思えば、金歯や頭皮、頭蓋骨はおろか足指やペニスさえ切り取って収集しているのである。彼の指摘によると、これらの所業は、「しかしながら、ドイツ人やイタリア人から歯、耳、頭蓋骨を収集するなどということは思いもよらない」ものであり、したがって、アメリカ人の目から見ても、太平洋戦争における人種差別的次元を際立たせるものである。(59)

戦争における残酷は、被害者をあざける振る舞いを通して、生きていようと死んでいようと、その肉体をもてあそぶことを通して現れうる。しかし、それは何よりも被害者を動物扱いすることを通してなされる。「彼らはジャップに対して動物以下の関心しか示さない」と、一九四四年に四カ月間ニューギニアのアメリカ軍部隊に民間人として従軍したチャールズ・リンドバーグが、目撃した人種差別におびえたことを日記に書き留めている。(60)この種の暴力はまた、一種のエスカレートあるいは競争（他の人よりも多く殺すことが喜びになる）にも依存しうる。この暴力は、記念品や戦利品の収集という次元を持ちうるのであり、虐待者は死体の上に足を乗せて写真をとってもらい、すでに見たように、頭皮や耳を切り取り、歯や指をもぎ取る……。チャールズ・リンドバーグはまた、彼がアジアから戻る時、ハワイでアメリカの税関吏から、日本人の蓋骨を荷物の中に持っているかと聞かれたことを語っている……。決まりきった質問だと言われたという。(61)

最後に、ある種の経験においては、人びとは過剰行為の中で超越的なものに直面するように思われる。その時、過剰行為は理解を超えたものになる。たとえばイヴォン・ル・ボは、一九八〇年代初頭にグアテマラのマヤ民族の地であった暴力に関する研究の中で、凶悪で理解不可能な暴力の氾濫、「狂気」じみ、非合理的で奇妙な行動（たとえば、兵士たちは皆殺しにしようとしているにもかかわらず、男女を分ける）に直面している。(三五)あたかも、妄想が彼らをとらえ、喜びも、快楽も、理性もなく、狂気だけがあるかのような行動に直面しているのである。(62)ル・ボが明らかにしているように、狂気は必ずしも常に絶対的で完全なものであるわけではなく、ジャック・スムランが提案した「錯乱した合理性」の概念をある種の大量殺戮に適用しうると思われるほど、合理的な諸要素と結びつきうる。スムランのこの概念は冷たい計算と狂気との混合で、彼によれば、「精神医学の性格を持つ二つの現実」に関係したものである。「そのひとつは、殺さねばならない他者に対する〃精神病〃的態度という現実である。（……）虐待者が将来の被害者に対して持つ関係の精神病的な部分が見られるのは、この〃野蛮な〃他者の人間性を拒否することのうちにある。しかし、〃錯乱〃はさらに、脅威として、さらには悪の権化として知覚されたこの他者のパラノイア的な表象をも意味しうる。(63)」

ジル・ド・レからマヤの地での暴力にいたるまで、これまでに言及した具体的ないくつかの経験は同じグループに属している。すなわち、行き過ぎや無償性の部分、あるいは呪われた部分を暴力が含んでいるグループである。このことについては、すでにジョルジュ・バタイユがその強い表現に異なる意味を与えていたのではなかったか、と言われるかもしれない。しかし、このグループの内部には大きな差異が存在するのである。

二　享楽

ヴォルフガング・ゾフスキーが言及し分析している残酷は純粋なリビドーであり、拷問者について彼が言っているように「悪を拡げる快楽(64)」である。残酷はどこよりも大量殺戮の中に現れ、そこにおいて、暴力のための暴力が暴力そのもの以外のあらゆる目標から解放される。「暴力は（そこにおいて）絶対的な自由を享受する。（……）暴力は外部の目的から解放される。というのも、破壊の意味は破壊自体にあるからである。（……）出来事を支配するのは暴力である。集合的過剰行為は、政治的・社会的目標から切り離される。したがって、大量殺戮の実行と展開を理解したければ、それがねらっている目的を対象にするのではなく、それが遂行されるやり方を対象にして考えねばならない。(65)」

このパースペクティブにおいて、大量殺戮での残酷の広がりは衝動の解放を意味し、この解放は、ゾフスキーに従えば、虐殺者の官能的嗜好、その限りない抑制喪失、肉体的快楽を経由する（「虐殺者は血の中を歩き、自分の手で、自分の指先で、自分がいま行っていることを感じ取りたいのである」[66]）。これは語源〔残酷 cruauté の語源〕に近いイメージである。というのも、クレマン・ロッセが次のように指摘しているからである。「crudelis（生《なま》の、消化されていない、消化しにくい）を派生させた cruor は、皮をはがれた血まみれの肉を意味する。すなわち、装飾物や付随物（この場合には皮膚）をはぎ取られ、こうして、消化しえないと同時に血がしたたるただひとつの現実に還元されたモノそのものを意味する。」[67] ある場合には、肉体的快楽は被害者の苦痛とは無関係で、それからは引き出されていないように思われる。またある場合には、逆に、犯罪者が完全に満足するためには、被害者が意識を失わずに苦しまねばならないように思われる。たとえば、ジャン・アツフェルドが出会ったフツ族虐殺者のひとりアルフォンスは、乳飲み子は子供や大人よりも短時間に殺されたと説明している（乳飲み子は「なぜ苦しまねばならないのか理解できないので、時間をかける価値がなかった」[68]）。ここでの残酷は、被害者に対するメッセージを含んでおり、被害者は自分の不幸を理解せねばならないのである。少なくともこの経験については、享楽は肉体的快楽に還元されず、別のものが働いていると考えねばならない。被害者が自分の身に起こっていることを理解しないかぎり、快楽は得られないからである。

残酷、サディズムは、暴力の第一の源になるのであろうと、あるいは暴力を契機にして出現するのであろうと、このようにさまざまな解釈を呼び覚ましているように思われる。それらの解釈は、肉体的力の抗し難い爆発という考え方やイメージに行き着き、肉体的力は、たとえば血なまぐさいやり方で手を下す他者の殺害によって快楽を与えることがあるとされたり、あるいは錯乱と結びつけられたりするのである。このような諸現象は、太古的〔人格形成の最初期の段階〕、根源的であるがそれまで禁じられ隠されていた衝動が活性化して、その表出を許す状況の中で解放されることから生じるように思われる。したがって、そのような現象を理解するには、心的装置内部の緊張と、その表現を作り上げたり許したりするメカニズムとを説明しうる精神分析の諸カテゴリーを必要とするのではないだろうか。

「純粋な」、「絶対的な」暴力、それ自体としての、またそれ自体のための暴力について考えることが問題になると、言い換えれば、暴力が本能の満足、あるいは純粋な狂気に属する残忍性の満足に帰着するように思われる経験が問題になると、精神分析がいつも動員される。たとえばジャック・デリダは、「〝精神分析〟は、心的残酷が持っていると思われるもっとも固有のものに、神学的なり何なりのアリバイなしに関心を向けるものの名称であるかもしれない」[69]と考えている。そしてデリダは、フロイトに宛てたアインシュタインの書簡から引用している。「もし、権力の衝動あるいは残酷の衝動が避け難いものであり、根本では同じものである快感原則あるいは現実原則よりも古いのであれば、(……)いかなる政治もそれを除去することはできないでしょう」とアインシュタインは書き、残酷を権力と国家の問題に結びつけているのである。

しかし残酷は、暴力を生み出させるのであろうと、暴力を契機に出現していわばその補完物になるのであろうと、常に、他のあらゆる意味作用の欠如に完全に依存しているのだろうか。暴力自体の外にある意味、それがもたらす快楽の外にある意味をすべて失っているのだろうか。社会や文化の外にあり、純粋な生物、純粋な人間の本性に思われる個人的主体、あるいは心的機構に還元される個人的主体の次元にのみ関係しているのだろうか。明らかに意味がないように思われる場合でも、残酷の背後に意味を見つけえるのではないのだろうか。

三　残酷の機能性

まず最初の考察は、いまだ非常に表面的で、むしろ注意の喚起と言うべきものである。その考察とは、純粋な無償性の外見、暴力のための暴力の外見の背後で、もっとも極端な残酷が、少なくとも首謀者の視点からは、意味を作る諸々の意味作用にまさに関係しうるということである。このことは犯罪学者たちにはよく知られている。ひとつの犯罪が、一見したところ無益ではあっても、実際にはある論理に属し、とりわけ象徴的な射程を持つ残酷行為を伴っていたということが、大いにありうるのである。たとえば、われわれはこのことを本書の第9章で、精神科医ジェームズ・ギリガンが詳述しているL・ロスの例に言及した際に見た。彼が被害者に与えた身体損傷の不条理な、あるいは取るに足りない性格の背後に、無償性と無意味以外のものを見いだすことができたのである。

　このような例からわれわれが促されるのは、極端な暴力の本能的、衝動的、享楽的性格、あるいは常軌を逸した性格を仮定する診断を拙速に下さないようにすることである。その点でL・ロスの事例は、結局のところ古典的な人類学に属しているだけに、比較的把握しやすい。すなわち、その事例に見られるような目、口、性器にかかわる毀損は、たとえそれが理性あるいは合理的思考とは別の領域で作用するにしても、常に、深く象徴的で意味に満ちているからである。またそれらの毀損は、ある種の機能性を持つことさえありうる。それは、ある場合には恥辱に片をつけるという魔術的機能性であったり、またある場合には何らかのメッセージを発するといういっそう道具的な機能性であったりする。たとえば大量殺戮の際に破壊された肉体をもてあそぶことは、時には象徴的な諸次元とサディズムとを結び合わせるが、被害者になるかもしれない人びとや標的にされている人びとはそれをよく理解しているのである。ヘルマン・グスマンは「ビオレンシア」[六]、すなわちコロンビアで暴力が猛威をふるった年代を扱った著書の中で、そのことをみごとに例証している[70]。たとえば、軍の部隊もゲリラ集団もそれぞれが「切開」（《corte》）の様式を採用していた。「アンダーシャツ切開」（《Corte de franela》）は、木の幹に縛りつけた被害者の首の付け根に長くて深い切り込みを入れるものであり、「ネクタイ切開」（《Corte de corbata》）は、あごの下を切開するもので、その切り込みによって被害者の舌がネクタイのように垂れ下がる。さらに、「フランス式切開」[71]（《Corte francés》）は、犠牲者がまだ生きているうちに頭蓋の有毛頭皮をずたずたにするものである、といった具合である。そしていつも、蛮行が伝えるメッセージ、すなわち、被害者たちにとって、したがって被害者たちの陣営や集団にとって、現在だけでなく死後の未来をも巻き添えにする恐怖のメッセージを読み取りうるのである。それは子孫を剝奪するというメッセージであり、それゆえ性にかかわるあらゆるものが重要性を持つことになる。そしてそれはまた、正常な状態で来世に赴くことを剝奪するというメッセージでもある（「死体の毀損は死後《ポスト・モルテム》の懲罰としてもなされた[72]」）。

われわれはこの教訓を次のように一般化しうるであろう。すなわち、暴力について狂気、非合理性、あるいは純粋な無意味を語る前に、たとえばイヴォン・ル・ボがマヤ民族の地での戦争に関する研究で行っているように(73)、他の諸々の仮説をできる限り真剣に検討するよう常に努力し、われわれの無知、無理解、あるいは偏見と、いかに野蛮に見えるものであれ行為や行動が持っている意味についての深く掘り下げた分析とを、混同しないようにすることが賢明だということである。

a　人間性と非人間性の戯れ

ある種の論証は、残酷のような極端な暴力を行為者たちの計算に帰している。すなわち、そのような場合の暴力は、たとえば、それがいっそうの恐怖心を与えることで人びとを従順にさせる役割を果たすというのである。これはある種の経験に一致しうる。たとえば、われわれがすでに指摘したように、セルビア人によってとくに一九九二年夏にボスニアで行われた大量レイプは、恐怖心を与えることでクロアチア人とイスラム教徒〔ムスリム人〕を追い出し、民族的に均質なセルビア人領土の形成を推進する政治に役立つ「心的・性的な破壊(74)」として説明されえた。そのうえ、その政治は、少なくない特別手当を諸グループに提供していたのである（「われわれの士気を高めるためにレイプせよと命令を受けていた」と、あるセルビア人のリーダーは投獄されるや言っている）。このような恐怖政治はひとつのメッセージをなしているが、このメッセージが有効であるためには乱暴で迅速な行為をとる必要があることに留意しておこう。というのも、実際に障害となるであろう軍事的・政治的動員をかける時間を国際世論に与えてはならないからである。

しかし、残酷と不可分な特徴というわけではないにしても、残酷によく見られる特徴のひとつは、むしろ、残酷は身体の破壊にも、恐怖心を引き起こしたりまき散らしたりすることにも不可欠なものではまったくなく、主体にとってひとつの「付加」、ひとつの余分なものであるということにある。したがって、この主体について考える際には、計算された有益性という表現を用いたり、すべてを道具的論理に還元するといったことは不自然である。上で言及したボスニアでの大量レイプの経験においても、そのことが言える。つまり、そこにおいては、他者に苦痛を与える欲望と、それに成功し、個々の人びとを辱めることで得られる快楽も介在しているのであり、たんにサディズムを解き放ち、敵を恐怖に陥れることで得られる快楽だけが介在しているのではない。たとえば、何人もからレイプされたムスリムの女性は、「私をレイプできなかった人たちは、私に小便をひっかけました」[75]と語っているのである。

残酷や蛮行が持つことのある機能性に関する検討は、初歩的な合理性という考え方、つまり過剰行為の道具的役割という考え方には還元されえないであろう。われわれのこの段階での省察で問題なのは次のことである。すなわち、残酷がもたらしうる喜びあるいは快楽の視点で検討したり、錯乱や狂気を残酷の中に見たり、あるいは反対に、場合によってはありうる実践的有益性（被害者たちに沈黙を課したり、人びとを恐怖に陥れたりすること、等）や象徴的射程（被害者を毀損することで、来世に赴くためには望ましいあるいは必要な条件を被害者から剝奪すること、等）を残酷の中に見いだそうとする道以外の道をたどることは、可能なのかどうかということである。

ここで、その決定的な出発点を、プリーモ・レーヴィが最後の著作〔『溺れるものと救われるもの』〕の明晰な章の中でわれわれに与えてくれている。彼が語っていることは、ヴォルフガング・ゾフスキーとは大きく異なる残酷の解釈に行き着いているのである。それはおそらく、レーヴィは、ゾフスキーが扱っているのとはまったく別の状況に言及し、衛兵らが、原則として、虐殺するためではなく監視するためにいるナチスの強制収容所を論じているためであろう。彼は無益な暴力について、より正確には絶滅キャンプでナチスの衛兵たちが見せていた残酷について考え、その中に次のような原理に基づく「ヒトラー主義の根本的な要素」のひとつを見ている。すなわち、「犠牲者は死ぬ前に卑しめられる必要があった。それは殺人者が自分の罪を重く感じないためだった」[76]というものである。このパースペクティブにおいては、残酷は次のことを指し示すことになる。すなわち、行為者の主体＝主観性は、職務を普通に遂行する中で行為者が振るい、いずれにせよその残酷の上流で決定される暴力によって、損なわれているということである。ここには次のような逆説的なメカニズムが存在している。すなわち行為者は、他の人びとに対する暴力行為に身をゆだねる時、自分自身が耐えるためにその人びとを非人間として、つまり「物化」あるいは動物化して、いずれにせよ人類から除外して、非人間的に扱わねばならないのである。つまり、レーヴィのテキストが示唆しているのは、暴力の対象者を暴力を被ってしかるべき者として扱うためには、行為者との間に絶対的な距離を印しづけ、あえて被害者を行為者とは同じ種に属していないと見なさねばならない、ということなのである。行為者は残酷のおかげで、心理的に自分は人類の側、人類の中に身を置いていると考えうるようになる。他者を非人間、非主体《ノン・シュジェ》、非人間化された存在（物あるいは動物のように卑しめられ破壊されうるのであるから）にすることによって、つまり残酷に振る舞うことによってこそ、自分自身は人間であり主体であり続けていると見なすことができる（実際にはいっそう自分の主体を否定することを意味し、被害者を人間性において、また主体として否定する行動をとることで形成される反主体《アンチ・シュジェ》に自分がなることを意味するにもかかわらず）。このように、他者の主体性を否定することが自己確認に役立っているのである。

先に言及した記念戦利品の収集という活動を再考することによって、このタイプのアプローチを例証することができよう。ジョアンナ・バークは、そのような活動が「激しい戦闘に参加した証拠になるとともに、戦いえたという本人自身にとっての証明になった。（……）記念品の収集によって、人びとは〝他者〟の死、敵、それに自己愛を結び合わせることができた(77)」と断言しているのである。

現代の人類学はここでますます歴史と合流することになる。そして、ジョアンナ・バークやジョン・ダワーの研究、あるいはアネット・ベケルとステファーヌ・オードゥワン＝ルゾーの研究(78)といったこの種の分析に敏感な歴史研究に、たとえば、フランソワーズ・エリティエによって編纂された(79)本の中で、旧ユーゴスラビアでの民族浄化とアフリカの大湖水地帯〔ザイール、ルワンダなど〕でのジェノサイドや大量殺戮を特徴づける残酷について報告した二人の女性研究者（彼女らは活動家でもある）が行っているような人類学的研究が結び合わされうる。そのひとりヴェロニック・ナウム・グラップは、旧ユーゴスラビアにおける「残酷の想像を絶する過剰、無償で非合理な謎めいたその激化は、政治の正当化のレトリックには入らない(80)」ことを明らかにし、もうひとりのクロディーヌ・ヴィダルもツチ族のジェノサイドに関して同様の報告をしているのである。このように現代の人類学は、歴史学と同じように、ずっと前から知られ行われてきた残酷（個人的なものも集団的なものも）にますます敏感になっている。こうして、「隣接の残酷」という言葉が使われることがあった。これは、ある種の場合に、旧ユーゴスラビアでの民族浄化や一九九四年のツチ族のジェノサイドに適用されうる概念であり、また、最近ヤン・グロスの調査[81]が明らかにしたポーランド人の隣人によるイェドヴァブネでのユダヤ人大量殺戮[七]にも有効な概念である。

ここで付け加えておけば、プリーモ・レーヴィのものと似てはいるが、それを逆転させる残酷の解釈を提示することもできる。たとえばマイケル・タウシグは、資料で裏付けた鋭いエッセーにおいて、二〇世紀初頭にアマゾン川の支流プトゥマイヨ川〔コロンビアとペルーの国境を流れる〕流域地方で、ゴム採取をするペルーとイギリスの合弁会社に雇用された人びとの行動を特徴づけた蛮行に立ち戻っている。インディオたちは不当で困難な条件下で働くことを余儀なくされていたばかりか、恐怖に陥れられ、拷問を受け、殺戮されていた。それは、タウシグの示唆によると、多少なりとも指示に従わない労働力としてではなく、支配者たち自身が不安と恐怖の文化の中に身を置いていたからである。支配者たちは、実際、自分たちの側の極端で過度な暴力によってのみ、カニバリズム〔食人〕など、インディオの側からの最悪の残虐行為を避けうると確信していた。そして、タウシグは次のように指摘している。「野性のインディオたちが労働者として――拷問の客体として――仕えることができたのは、彼らが人間であったからにほかならない。なぜなら、拷問者を満足させていたのは動物としての犠牲者なのではなく、犠牲者が人間であるという事実だからである。その事実が拷問者を野蛮な者にふさわしくさせたのだ[82]。」これは、プリーモ・レーヴィの場合と同様に人間性と非人間性の戯れに関心を寄せる主張であるが、ここでは人間の側に身を持そうとする配慮ではなく、非人間の側に移行しようとする逆の傾向を虐待者に持たせることによって、分析を逆転させているのである。

b　残酷の三つの顔

上で言及した残酷に関する主要なアプローチを区別した後に、それらを調停しうるだろうか。すなわち、ヴォルフガング・ゾフスキーによって示唆された純粋な快楽の諸次元を強調するアプローチ、イヴォン・ル・ボやジャック・

スムランの指摘によって例証された行為者の狂気や錯乱に力点を置くアプローチ、さらに、暴力の首謀者における、自分自身の人間化のために他者の否定を経由する自己の自己に対する関係という観点に帰着するプリーモ・レーヴィのアプローチを、調停しうるのだろうか。ひとつの肯定的な回答は、それらのうちに、主体が示しうる特異で相異なる三つの表現を見ることにある。とはいえこの主体は、さまざまな点でむしろ反主体と呼びうるものであり、これについては次の章で立ち戻ることにしよう。

ここで主体の三つの様態が区別される。すなわち、ひとつは、純粋なリビドー、快楽の次元における主体の様態、二つ目は、錯乱したり、精神病あるいはパラノイアにかかった主体の様態、三つ目は、倒錯した関係ではあるがそれでも意味との関係の中に主体を組み入れる様態である。この最後のものは、たとえば、虐待者が暴力の中で過剰に振る舞い、無用な残酷で暴力を満たすことによって、彼自身にとって非人間的行動の正当化を目指すのではないにしても、それを引き受けうるようにする極端な段階に位置する。これら三つの次元は大きく異なるので、具体的な状況を分析する際にはそのどれかを選ばねばならないように思われるのである。この点でヴォルフガング・ゾフスキーはラディカルであり、最初のものを前面に押し出して三つ目のものを退けている。「非常に広がった誤りは、人間の残虐行為は社会的隔たりと他者の非人間化を必要とすると信じることにある。まるで人間は、自分と同類ではない存在しか拷問にかけたり殺したりしないかのように。しかし、大量殺戮の展開はその逆であることを証明している。殺人者は、可能な限り手を用いて間近で殺すのである。彼が望むのは、死が襲うのを見ること、肉体が血を流し目が恐怖に脅えるのを見ることである。」(83) たしかにそうかもしれない。しかしまた、どれだけ多くの人びとが事後になって、自分は殺人者として遂行した行為によってむしばまれたと言ったり、あるいは少なくともそう感じたり、被害者の目、視線をまさに脅えながら思い出していることだろうか（「目が墓の中にあり、カインを見つめていた」と詩人〔ヴィクトール・ユゴー〕が言っている）。たとえば、ジャン・アツフェルドに質問されたフツ族の殺人者のひとりは次のように語っている。「けれども私は、情け容赦ない仕打ちの瞬間に私を見つめた最初の人を思い出します。それは、ものすごいものでした。殺される人の目は、死の瞬間にあなたの方に向けばいつまでも消えることがありません。その目は恐ろしい黒色です。それは、死の嵐の中においてでさえ、犠牲者らの血のしたたりや喘ぎ声よりも衝撃を与えます。殺される人の目は、殺す者にとって災禍になります。その目を見たら[84]。」

反主体のこれら三つの次元、すなわち純粋な快楽からなる第一の次元、錯乱からなる第二の次元、ある一定の機能性に結びついた第三の次元は、それぞれがひとつの心的機構と個々の諸条件に依存しているが、どこまで区別され独立したものなのだろうか。まず、ひとつの仮説は退けられねばならない。その仮説とは、ひとつの連続の中でありうる諸段階をそこに見ようとするもので、たとえば、狂気が快楽に続いて起こって残酷の極端な最終段階をなすとする一方で、機能性は必然的に残酷を制限する制約の影響下にあるいまだ中間的な段階しか特徴づけないとするものである。この説が退けられねばならないのは、たとえば、想像を絶するある種の残忍な犯罪においては狂気がいきなり現れるからというだけでなく、狂気は一種の行程を締めくくるものとなり、そこにおいて行為者が最初に身を置いた残酷を越え出るからでもある。たとえば、『帰郷』[八]や『タクシードライバー』[九]から『ランボー』[一〇]まで、アメリカ映画界は、ベトナム戦争の終結にあたって、残酷(自分自身のものであろうとなかろうと)と出会った戦争から帰還した戦闘員らが、もっとも凶悪な狂気や自己破壊の中へどのようにして転落するかを描いた映画をいくつも制作した。あるいはまた、享楽は極端な行動の源泉になりうるだけでなく、極端でいっそう冷たくはあるがいっそう効果的な暴力に対する障害にもなりうるのである。すでに見たように、残酷でサディスティックなものになることのある熱い暴力の誘惑、および暴力それ自体から得られうる快楽の誘惑と自ら戦って、暴力を高度に破壊的な目的に向けて合理的に方向づけ、冷たく統制されたものにしようとすることは、たとえばナチズムの特性であっただけでなく、よく組織化されたいくつかのテロ組織の特性でもあった。

錯乱、狂気、あるいは享楽、快楽の追求であれ、それ自身以外のあらゆる意味から切り離された「絶対的」暴力は、次のような状況下で出現する残酷や意味の過剰とは異なる。それは、すでに極端な、あるいは恥ずべきものとなっている暴力環境を行為者が引き受けねばならないような状況、そして、残虐行為を追加しなければ行為者が生き残れないような状況である。そのような状況下では、行為者は自分の行為に耐えるために、また自分自身に耐えるために、唖然とさせるような補完策を講じ、いわば悪によって悪を取り除くメカニズムを作り出す。すなわち、極端なもの、耐え難いものを前にした行為者は、その極端なもの、耐え難いものの中にさらに余分なものを加えることによって窮地を脱するのである。それゆえ、極言すれば、フランソワーズ・エリティエが言うように、極端な暴力と残酷行為とを区別して、[85]残酷には、それぞれが別の論理に対応するさまざまな意味作用が存在していることを認めるのがよい。

四　状況の重要性

暴力における過剰、無償性、とくに残酷はどのような脈絡の中にでも姿を現すわけではなく、いくつかの条件が結びつくことで容易に姿を現すと考えうる。

a　監獄の経験

フィリップ・ジムバルドの実験[86]は、この視点からとりわけ説得力がある。この心理学者は、スタンフォード大学の校舎内に模擬監獄を設置して、刑務所生活へのとけこみ実験のために、凶器を手に盗みを働いたと仮想したボランティアの学生一〇人を投獄した。一一人の看守も動員されたが、彼らも学生であった。これら二一人は全員が謝金を支給され、七五人の学生の中から、精神的にしっかりしていること、成熟していること、また、いかなる場合にも「反社会的」行動をなしえない学生たちであることを基準にして選ばれた。そして、囚人役の学生たちにはいかなる身体的虐待も受けないことが保証された。

実験がはじまるとまたたく間に監獄での生活条件が学生たちによって内面化され、「看守」らは「囚人」らを不快なやり方で取り扱い、品位のない仕事を強制し、権力を乱用するようになり、中にはサディスティックに振る舞う者さえ現れた。一方、「囚人」らはさまざまな抵抗手段を考え出したが、全体的には意気阻喪する者が多く、二週間続くはずの実験が六日後には中断されてしまうほどであった。

われわれの視点から見て得られる主要な教訓は、監獄という閉鎖的で統制された、人間性を失わせる空間において、蛮行と残酷が、個人によって差はあるものの、すぐに出現するということである。ジムバルドが明らかにしていることはまさに、ある種の条件下では暴力のあの諸次元がいつでも現れうる（そして、ミルグラムの実験におけるようなたんなる権威への服従ではない）ということである。

もちろん監獄は、残酷と蛮行の出現に好都合な唯一の空間というわけではない。より一般的には、無処罰や恐怖によってだけでなく、何らかの政治的・文化的基盤によっても特徴づけられた状況が、残酷の過剰を助長するのである。

b　無処罰

多くの研究書や、すでに引用したプリーモ・レーヴィの作品において言及されている処罰を受けないという確信が、蛮行への移行にとって決定的な要素をなしている。無処罰は残酷にとってほとんど不可欠であると言いうる。無処罰は、状況（たとえば、目撃者、とくにジャーナリストがいないこと）からもたらされたり、あるいは、権力当局が放任し、助長したり、さらには上位の原理の名において（たいていは国家の名において）違反が正当化されることからもたらされうる。

近代民主主義の視点から見れば、残酷は二重の違反[二二]である。すなわち、一方では、それは法を破るのであるから法と国家に対して違反し、他方では、長い間六番目の戒律によって定められてきた道徳的価値に対しても違反するのである。したがって、罰せられないという確信だけでは、残酷は可能にならない。それに加えて、「汝、殺すなかれ」という道徳的命令を破る鼓舞と能力が必要である。それゆえ、後悔のテーマが、当然ながら残酷に関するあらゆる反省の中に現れる。たとえば戦時中に残酷に振る舞ったことによって、道徳と縁を切ったのだという気持ちが残酷に身をゆだねた人びとの一部をしばしば苦しめ、後の正常な生活を困難にさせ、言語を絶する罪責感にとらわれさせる。ここで作用しているのは、まさに残酷に、すなわち、被害者との実際の接触という直接的関係を通して起こった人命を奪う暴力に、関係している。現代の戦争が肉体的対峙、本来の意味での暴力、私的な殺人行為を避け、遠隔で殺すテクノロジーを使って行われる時、それが民主主義諸国に受け入れられている理由のひとつは、まさしく、殺すか殺されるかの場面に臨んだ時の心理的・人間的重圧をもたらす危険から戦闘員を解放していることにある。

しかし、後悔の念は、残酷な遊戯や暴力のための暴力に身をゆだねたすべての人に起こるわけではない。たとえば、犯罪行為のもっとも驚くべき事例において、カニバリズムに身をゆだねたり、生きていようと死んでいようと被害者の肉体を残虐にもてあそんだ殺人者は、後悔とはまったく無縁で、罪責感を持たせうるものとは異なる心的世界に属していることが大いにありうる。民間人を拷問にかけたり殺すなどして残酷に振る舞った戦争から市民生活に戻る時、元戦闘員の一部は強い罪責感を持つ一方で、他の人びとはいかなる罪責感も持たないのである。それゆえ、ここで次の区別を導入せねばならない。すなわち、たしかに無処罰は、あらゆる典型例において残酷の行使に必要な条件ではあるが、その意味作用は、行為者にとって何が問題であるのかによって異なるということである。つまり、道徳的あるいは政治的規範（自分自身ほとんど内面化していない禁止）から逃れることが問題であるのか、それとも逆に、内面化してはいるが状況のために破らざるをえなくなった法、「汝、殺すなかれ」というもっとも高次の道徳律に対する重大な違反を犯すことが問題であるのか、によってとくに異なるということである。

c　恐怖心

ある種の大規模な経験、とくに戦争に関係する経験において、虐殺者が統率・統制された軍人ではなく、むしろ統率されていない個人や集団であるために、残酷がますます多くの空間を持っていることがある（社会学者のモリス・ジャノヴィッツや歴史学者のジョージ・モッセは、この現象を説明するのに「野蛮化」という言葉を用いた[87]）。その場合、暴力は制約を解かれうるが、このことは、暴力が必然的に純粋な無意味の中で、暴力のための暴力という快楽だけの中で振るわれることを意味するのではない。たとえば、しばしば指摘されてきたように、戦場でのもっとも極端な行動はサディズムの衝動だけでは形成されえず、むしろ、ヒトラーの兵士たちに関するオマー・バルトフの著作が明らかにしているように(88)、経験の流れそのものに沿って学習することから得られるさまざまな感情によって形成されうるのである。

それらの感情のうちでもっとも強いものは恐怖心であるように思われる。とくに、敵が最悪の蛮行をなすかもしれないと教えられていた場合にはそうである。ジョージ・モッセの言葉によれば、恐怖心は、他者を非人間として扱うことを可能にする、あるいはそのように強いる「共感の排除」である(89)。恐怖心は最悪の残虐行為に走らせるが、その時残虐行為は、たとえば、少なくとも部分的には、パニックの結果生じる（ジョルジュ・ルフェーブルは一七八九年〔フランス革命〕の大恐怖に関してそのことを明らかにした(90)）。恐怖心は流布するさまざまな物語、飛語流言によって養われる。それらは場合によっては、文化や歴史的記憶の中にいっそう深く刻み込まれた神話と結びついて雰囲気を支配し、暴力の過剰行為へと押しやることもある。たとえば、第一次世界大戦中の「ドイツ人の残虐行為」に関する研究において、ジョン・ホーンとアラン・クレイマーが明らかにしているのは、一九一四年八月にベルギー、次いでフランス東北部を侵略したドイツ軍部隊が、実際には彼らの空想の中にしか存在しない「遊撃兵」の攻撃を受けるかもしれないという強迫観念によって醸成された、パニックと極度の興奮状態の中にいたということである。彼らの「残虐行為」（聖職者を含む民間人の殺害、レイプ、等）は、アルコールが高ぶらせたパニックによるものであり、そのパニックの中で、一八七〇年の戦争〔普仏戦争〕のまだ生々しく残っていた記憶、すなわち「遊撃兵」（ひとりで待ち伏せして陰険に攻撃する人間）の神話と、恐怖の支配に利点を見いだしていたドイツ軍幹部の戦略とが混ざり合っていたのである(91)。

というのも、恐怖心は指導者らによって道具化されうるからであり、少なくとも彼らの計算の中で考慮に入れられうるからである。恐怖心は、いずれにせよ、敵と相対することになる人びとの空想領域の中で準備され、構成され、植えつけられうるのである。たとえば、ジョン・ダワーが明らかにしているように、第二次世界大戦中のアメリカ軍兵士たちは、プロパガンダによって日本人はまったくの野蛮人にすぎないと信じさせられ、実話であろうと作り話であろうと戦争で日本人が行う残虐行為のいくつかを教えられていたので、選択の余地はないと確信していたのである。

そのような場合、現場での選択は殺すか殺されるかという二者択一でしかなくなり、「戦闘中の人びとは敵を消滅させる必要性に取りつかれるようになった」[92]。プロパガンダ、メディア、映画が、一方では人間以下の存在、つまりネズミや害虫のように駆除せねばならない動物として、他方では特別な資質（狂信、暴力の才能、悪をなす際立った能力、性欲）を持つ超人的存在として、日本人をアメリカ文化の中に組み入れていたのである。社会科学もまた、現場での恐怖心を醸成するこの人種偏見化に一役買った。たとえばジョン・ダワーは、数ある中で、われわれがすでに言及した人類学者ウェストン・ラベアの研究を引用している。ラベアは一九四五年に、日系アメリカ人（彼の目には日本人）を彼らが封じ込められていたユタ州の「収容所」で観察し、彼らとアメリカ人の間には「文化的、心理的な」差異があることを証明しうると信じていた。すなわち、アメリカ人は自由、民主主義、ユーモア、確信、法を前にしての個人の平等感覚、といったものによって支配されており、日本人の特徴はこれらアメリカ人の特徴とはもっともかけ離れていて、強迫的パーソナリティ、感情を取り巻く神秘、尊大、心気症、サド＝マゾヒズム的振る舞い、といったものを持っているというのである[93]。現実の状況下では、敵によって、場合によっては残酷なやり方で、殺された仲間の復讐を望む欲望が恐怖心に付け加わりうる。そして、たいていの場合はその欲望が恐怖心に取って代わるのである。

d　憎しみの文化……

戦時中に大量に解き放たれる暴力は、好都合な特殊状況に依存するよりも、たとえば、本能あるいは衝動の解放に依存してはいないのだろうか。あるいは、家庭や教育の中で深く長期にわたって準備されたそれ自体は特殊なものではまったくないものが、後になって行為者に、敵の物化あるいは動物化、非人間化、人間としての資格剥奪だけでなく、場合によっては敵の名指しにも慣れさせてしまった結果ではないのだろうか。それには、たびたびメディアが決定的な役割を果たしていないのだろうか。たとえば、一九九三年八月からルワンダの千の丘ラジオが放送した憎しみと殺人への呼びかけが、翌年四月にはじまったツチ族と穏健派フツ族のジェノサイドを準備し、襲うべき最初の標的の一部を名指しで指名したように。

　このような疑問は、文化のテーマに立ち戻らせる。残酷、サディズムは文化の中でもある特定の文化においていっそう浸透しており、そのような文化は、敵あるいは悪の化身の明確なイメージを持っているだけに、ますますそれらの実践に好都合な土壌となっているのではないだろうか。この考え方はとくにダニエル・ゴルドハーゲンのうちにはっきりと見られ、彼は次のように考察している。すなわち、戦前のドイツの政治文化はユダヤ人憎悪を包含しており、「彼らは死に値する」という考えを助長するほど、ユダヤ人を「根本的に異なり、不吉なもの」と見なしていたというのである（「したがって収容所は、ドイツ人がイデオロギーや気質に導かれるままに何事でもなしうる制度となり、彼らは、囚人の精神も肉体も享楽の道具や対象として利用したのである」）[94]。侮辱、無益な暴力、拷問、無償の残酷はサディスティックな競争に変わりうる。ゴルドハーゲンは、ドイツ史を通してずっと以前から蓄積されてきたユダヤ人憎悪と不可分な「残酷の文化」があったとし、多くの証拠を挙げている。そして彼は、「手っ取り早い類型論」によって「サディスティックな虐殺者（……）、殺すことに同意はするが苦しむ虐殺者」を区別しうるとすれば、「彼らを区別するものは、殺すことによって彼らが得る快感の量であって、彼らの所業の道徳的価値に対する評価ではない」[95]ことを見ねばならないと言うのである。残酷とサディズムの文化は、ゴルドハーゲンによれば、服従の文化ではなく憎しみの文化であり、そこにおいて憎しみが無償の暴力を容易にし、それをほとんど正当化するものとなっているのである。

　極端な暴力の諸形態へ向けた行為者たちの動員が、場合によっては、集合的記憶の中に根を下ろした歴史的恐怖、たとえば国民の想像世界の不可欠な構成要素となった歴史的恐怖の活性化に支えられていることに注目すれば、恐怖心の領域と文化の領域とを結び合わせうる。たとえば、大量殺戮やその他の人道に対する罪において、国民感情あるいは民族感情が、しばしば、今日の敵による過去の暴虐を思い出すことで鼓舞されている。このことによって、指導者たちは、過去に被った蛮行の再現を恐れる恐怖心をかき立てると同時に、報復あるいは復讐の欲望をあおりうるのである。

e　……あるいは困難な訓化？

しかしながら、利用しうる諸資料から考えさせられることは、極端な残酷、暴力のための暴力は少なくとも戦争に関しては自明なものではなく、支配している事実は逆だということである。すなわち、人びとは戦争に行って肉弾戦を行い、殺すことを望んではいないのである。そもそも、人びとには選択の余地がないこともありうる。この場合、暴力の過剰は、兵士が統制を受けずに本能あるいは衝動に突き動かされた結果ではなく、逆に、軍当局によって多かれ少なかれ承知の上で実施された準備の結果である。ジョアンナ・バークの指摘によると、第二次大戦中、米軍訓練キャンプの幹部らは、兵士らが殺すことを望まないので、彼らを動機づけ、訓練し、殺す意欲を与えねばならないことを確認していた。そこからさらに、社会心理学の興味をそそる利用法が由来している。「心理学者ジョン・ドラードその他の〝フラストレーション攻撃説〟（これは、フラストレーションを増加させれば攻撃行動が増進されうることを意味していた）が、基礎訓練における多くのサディスティックな側面を正当化するために利用されていた。(96)」こうして、「恐怖心を怒りに変えることが、教練教官たちの最大関心事のひとつであった(97)」。その後に残酷、暴力のための暴力が現場で出現するならば、それは準備、練習の結果である。状況の中でたんに原初的本能が解放されるのではなく、訓練、鍛練がそれらを準備した結果なのである。それゆえ、残酷、暴力のための暴力を「純粋な」暴力とみなすことは困難になる。その例証として、われわれが先に言及したミライ村での大量殺戮の例を挙げることができる。チャーリー中隊訓練キャンプの幹部のひとりは、一九六八年三月一六日に起こったことに「満足し」うれしく思ったと言い、「彼らが非常に立派な兵士であることが分かった。彼らがミライ村に入って、与えられた命令を実行しえたのは、彼らが受けたすぐれた訓練の直接的な結果であると私は思う(98)」と明言しているのである。

戦場での残酷と残虐行為への準備は、訓練だけにとどまるのではない。政治的・軍事的行為者のみならずメディア、芸術家、科学者も介入するもっと一般的な動員を経由しうるのである。ジョン・ダワーは、真珠湾攻撃にはじまる太平洋戦争に関する著作の中で、日米それぞれの側の残虐行為がどのようにして「ステレオタイプ化した、しばしば明白な人種差別的思考(99)」を発展させる盛んなプロパガンダによって準備されたかを、明らかにしている。一九三七年、アメリカ国務省は一般市民の大虐殺(三)を蛮行だと非難し、「近代文明の本質的部分として培われてきた最も基本的な原則を犯すもの(100)」であると言っていた。ところが数年後には、ドイツと日本への連合軍による爆撃は、同じアメリカ国務省によって必要なものとされ、その爆撃を批判することは希望のない理想主義、狂気、それに何よりも背信と見なされたのである（日本人は「最も基本的な原則」を犯されても当然だ、というわけである）。

f　後悔、障害、そして防衛メカニズム

このように、最初のタイプの解釈が、残酷を、少なくともある種の人びとにおいては状況次第で解き放たれる暴力のための暴力であるとする一方で、二つ目の解釈は、逆に、たとえばある文化の中にあるそれに好都合な諸条件、あるいは訓練キャンプでなされたり、プロパガンダを通してなされる特別な準備に従属する諸条件を強調するのである。前者の場合、残酷な暴力行為の張本人は、それまで心的機構によって制止し抑圧されてきた衝動あるいは狂気がかき立てられる可能性を見いだしたのであり、彼の視点から見て、違反があると考えることには根拠がない。すなわち、この過剰行為、この暴力のための暴力の中で道徳は居場所を持たず、暴力のための暴力は別のレベルで作動し、道徳を気にかけたりはしないのである。

後悔、罪責感、表に現れる（たとえば、重大な暴力行為に加担した元召集兵に見られる）さまざまな障害、頭痛、しつこくつきまとう悪夢、不眠、消化器系の障害、神経性の痙攣は、二つ目の解釈によりいっそう属している。しかし、ここでもまた慎重でなければならない。というのも、すでに見たように、後悔、罪責感、心因性の障害は、極端で残酷な暴力行為に加担したすべての人びとに現れるわけではないというだけでなく、それとは対称的に、それらはしばしば、蛮行の張本人でも直接的な目撃者でさえもないが、たとえば軍人としてそれに結びついている人びとをも特徴づけているからである。この最後の場合、次のような解釈ですますことはできない。すなわち、後悔と罪責感は、

たんに、過去に引き起こされた暴力に依存し、広い一連の決定要因、たとえば出来事が起こった時に働いたかもしれない恐怖心、野蛮な任務の引き受け手側であったという嫌悪感、あるいはたとえ外部においてであれ非人間的経験に連帯して加担したという意識から由来している、と見るだけですますことはできないのである。さらに、後悔、罪責感のみならず、極端な暴力という激しい経験に加担した人びとのあらゆる感情は、その過去によってだけでなく、彼らが本来の自分に戻っている現在によっても評価されねばならない。社会が、彼らの言葉に耳を傾けようとするかどうか、彼らの過剰行為を赦そうとするかどうか、といったことが関係するのである。

しかし、ここで次のことを付け加えておこう。すなわち、極端な暴力の経験の流れに沿って、とりわけそれが長く続く場合、他のさまざまなメカニズムが作動しうるということである。それゆえ、たとえばロバート・ジェイ・リフトンは、ナチの医者たちに関する研究の中で、[101]ナチの犯罪的医者たちがどのようにして心理的に自分たちの行為から身を守りえたのかを説明するために、分裂と「二重化《ダブリング》」という言葉を用いることを提案している。リフトンによれば、彼らは、本来のものから自立した第二の「自己《セルフ》」を作り上げることによって、穏やかで愛情深い家庭生活から非人間的な実験へとすなおに移行できたのである。このような防衛メカニズムの原理は激しく批判された。すなわち、後にナチの医者になった人びとの教育、それに社会生物学説と人種純化計画への彼らの加担は、アウシュビッツよりもずっと以前に行われたのであり、彼らにとって普通の家庭生活と相容れないものではなかった、というのである。しかし、この種の批判によって、最悪の犯罪者たちに自分の行為から距離を置かせ、行為の重大性の緩和やあらゆる責任の回避を可能にさせる防衛メカニズムという考え方そのものが、無効なものになるのではまったくない。[102]

暴力が持つもっとも特異な諸側面、暴力のための暴力が持つ過剰行為、残酷は、暴力が出現する瞬間についてであれ、それに先立つ事柄についてであれ、あるいはその結果として張本人に生じる事柄についてであれ、常にいくつもの分析領域に属している。上流において、残酷は、好都合な条件さえ整えば姿を現す心的機構に起因している場合があったり、それとは大きく異なって、残虐行為あるいは蛮行への移行がなす違反を心理的に可能にするほどの影響を及ぼす準備やキャンペーンに起因している場合があったりする。下流において、後悔あるいは罪責感は、一部の人びと、必ずしももっとも罪ある人びとではない一部の人びとしか襲わない（このことは、他の人びとには心的無反応があるということを意味するのではない）。そして現場では、状況、強制、それに暴力が展開されるプロセスそのものが極度に多様なやり方で影響を与えて、暴力の氾濫を引き起こす場合がある。したがって、残酷、暴力自体を目的とする暴力は、単一化された同質の現象をなすのではなく、さまざまな論理に従属しているのである。

g　国家へのつかの間の回帰

国家が独裁的、全体主義的な権力、あるいはたんに血を好む権力の手中にある場合に限らず、残酷は国家の営為でもあるのではないだろうか。同じ残酷行為が、本書の第2章で言及した正当な物理的暴力の独占者としての国家によって実行されたならば、そのように正当化されてはいても、残酷なものではなくなりいっそう意味あるもの、あるいはいっそう道徳にかなったものになるのだろうか。

このような問題が提起されるのは、何よりも、国家が与える懲罰に対してであり、とりわけ死刑が廃止されていない場合には死刑に対してである。これにはとくにアメリカ合衆国の一部の州が当てはまる。この極端な暴力は、たとえ国家に逆の外観を与えるために万全が尽くされる（刑の執行に立ち合うことを公衆に禁止すること、適切と見なされる死のテクノロジーに頼ること、等）にしても、蛮行と残酷からそれほど隔たっているのだろうか。実のところ、国家とは別の行為者たちに関してわれわれが練り上げてきたような論証を死刑に適用することを禁じるものは、何もないのである。実際、この懲罰には、報復と恨みの念に満ちた乱暴な政治のために、社会的、政治的、文化的問題に責任を負うことを拒絶するに等しい諸次元が見られる。オースティン・サラトは、死刑が「現代アメリカのもっとも危険な問題のいくつかをはぐくんでいる」ことを指摘し、とくに次のような例を挙げている。すなわち、暴力が出現する社会的問題に注意を向ける代わりに復讐の政治を据えること、社会的集団間の対立をかき立てるために犯罪を利用すること、「犯罪による統治」に誘惑されること、一時しのぎの政治的措置をとるために合法な基本的保護と価値基準を侵食すること、である。とりわけ、市民の責任という視点から、「国家の殺人」がもたらす結果を彼は強調している。死刑は冷たい官僚主義的決定、いわば不可視な行為のように見え、このことによって市民は、国家が市民の名において死を与えるにもかかわらず、それに責任があるというういっさいの意識を免れる、というのである。国家の残酷（先の考察を国家の懲罰装置全体にまで広げうるかもしれない）は、その合法性と実際に官僚主義的な性格によって隠されているのである。それでも、それもまた、残酷として考察されるに値する。本書は国家の暴力を対象にしていないとはいえ、必然的にそれへの言及に行き着き、またとりわけ、国家のテロリズムについて、あるいは恐怖による統治について省察することが有益であるという考えに行き着くのである。

第12章　主体の印し

最後に、われわれは、本書を通して取り上げ、時には激しく批判はしても完全に否定することのほとんどなかったパースペクティブやアプローチ法に対して、その多様性を認め、さらに多くの点で矛盾し分裂したそれらの性格さえも認めねばならないのだろうか。ここにおいて、社会科学は、暴力という同じひとつの単語を用いて膨大な経験の全体を指し示す通常の言説と対照をなしている。しかし、次のこともまた事実である。すなわち、そこで提案される諸々の解釈のうちもっとも入念なものでさえ、いかにそれら解釈の相違点が際立っていようと、「暴力的」という形容語をまったく疑問視していないということである（それらの解釈は、せいぜい、たとえば象徴的暴力のような概念の妥当性について考えることによって、その適用範囲を広げたり広げなかったりするだけである）。暴力という言葉が自然でよく考えられもした用法で用いられようと、それを扱う視点自体は多様で、あるものは判然と主観主義あるいは相対主義の視点から、またあるものは客観的で普遍的であるとする視点から、暴力という言葉であらゆる種類の現象をひとくくりにしている。だからこそ、反対に、この言葉をいわば脱構築し、ひとつの批判を本書に見いだし、同じただひとつの単語の使用が引き起こすごたまぜ状態に決着をつけねばならないのではないだろうか。

実際、本書の利用法としてまず考えられることは、暴力に関する考察に利用しうるさまざまな論証を本書は提示し、それらを互いに区別するものを明らかにしている点から出てくる。それら論証のそれぞれが、具体的なこれこれの経験を取り扱うのに役立ちうるのであり、その時に動員される道具一式に整合性があるかどうかを吟味しさえすれば、それら論証のいくつかを利用して観点を広げることを禁じるものは何もないのである。

諸領域を分離し分析すること、そして、そのために必要とされうる諸道具についての明確なイメージを持っておくことは有益であり、不可欠でさえある。しかし、本書の企図を、したがって本章に先立つすべての章での企図を、分析道具のたんなる解説付き目録のイメージに限定することは誤りであろう。というのも、本書全体の構成は、読者が本書の主張する主要な観点に絶えず近づきなじめるように、段階的展開をとっているからである。すなわち、暴力についてのより深い理解は、ひとりのあるいは複数の張本人の主体＝主観性を、彼のあるいは彼らの主体の経験を、体験されたものであると同時に空想的なものでもある暴力の諸次元の中に介入させることで、はじめて可能になるのである。

このような観点は、とりわけ、戦争というあまりにも単純素朴な決まり文句に還元されてはならない。暴力は主体＝主観性を直接的に表現するが、それはその表現に好都合な条件がある場合においてである。というのも、暴力が主体の印しを担っているとしても、それは同じひとつのやり方によってではないばかりか、おそらくは中身が空虚な場合もありうるからである。これが、これからわれわれが検討しようとすることである。しかし、その前に、分析の中心に主体の概念を据えねばならないので、ここでわれわれが採用するその概念を明らかにしておくことが当然ながら有益であろう。

一　主体概念

思想界とくに哲学において、主体概念は多くの伝統と非常に多様な思潮に属している。さらに、時代によって、それが要請されることもあれば逆に排除されることもある。たとえば、社会科学は一九八〇年代末以来、世界中で、個人の主体を中心に据えたパースペクティブにますます重要性を与えているが、[103]六〇年代から七〇年代にかけては、構造主義が、もっともラディカルな解釈において主体の諸構造を分離していたばかりか、構造によってすべてを説明し、主体を追い詰め、主体の死を宣言するまでに突き進んでいたのである。

アメリカ独立革命とフランス革命に結びついた加速度的展開を伴って、主体に関する近代思想はまず政治的および法的なものとして幅を利かせた。主体は何よりもまず市民だったのである。ついで、工業化時代に入ると、主体はもはや、あるいはたんに、主として政治的で法的な存在とは見なされなくなり、何よりも社会的存在と見なされるようになった。より正確に言えば、工業化社会の中心的行為者たる労働運動が、主要な三つの特徴を示す主体理解を生じさせたのである。すなわち、労働者階級はまず第一に社会的主体であり、第二に何にもまして集合的な顔であり、第三に、マルクスが言ったように、隷属から解放されることで人類全体を解放することになるのであるから、遂行すべき歴史的使命を担っている、というものである。とりわけ六〇年代から七〇年代初めにかけての論争がこの種の主体理解に対置したのは、他の主体理解ではなかった。そのような対置ではなく、構造、審級、装置あるいはシステムという観点のために、主体の観点そのものを拒絶したのであった。

八〇年代になると、労働運動の歴史的衰退と集合的アイデンティティの高まりが主体概念を再生させ、この再生はますますその高まりと行為者に結びつくようになった。その中で主体は、社会的なものであるよりははるかに文化的なものとなり、宗教的、民族的、国民的……等の諸形態のもとに重要な位置を占めるようになった。そして、主体が集合的なものにとどまったにしても、その定義は、以前よりもはるかに、個人的で特異な主体を許容しはじめた。というのも、社会科学や政治哲学の特性は、集団的アイデンティティを自然によって課せられた現象とする「原初主義的」アプローチをますます退けることにあり、さらに、遺産がほとんど自動的に受け継がれるように、それらのアイデンティティを遺贈に還元するような再生産の考え方から離れることにあったからである。実際、今日ますますわれわれが気づくようになっているのは、そのような再生産とは逆で、個々人が選択を行い、同意や容認を個人的に決定してこれこれの集合的アイデンティティを養うプロセスに沿って、文化的地方主義が作り上げられ、変形し、生み出されているということである。要するに、集合的アイデンティティを主体の個人主義と対立するものと考えてはならず、後者が前者を養う相補的なものとして考えねばならない。そしてここで、主要な論争において主体概念の支持者たちが対立している相手は、主体概念を拒絶する人びとではなく、むしろ、イスラムをはじめとする新しいあるいは刷新された集合的アイデンティティの中に、個人的主体の否定・禁止、個人的主体の存在あるいは形成の不可能性、といったものを見る人びとである。この人びとは、まさしく、共同体中心主義を主体に対する（まず何よりも主体としての女性に対する）脅威として告発する人びとである。

主体についての、政治的、社会的、文化的な諸理解は、社会の中に主体がいわば根づくことを保証している。実のところ、それらは主体を、他の行為者たちとの関係や役割によって、あるいは何らかの内容によって定義された行為者と見なしているのである。われわれがここで採用しようとする概念は、それとは違って、そのようなタイプのいかなる原理にも、つまり、政治的、社会的、文化的ないかなる原理にも依存しないものである。われわれにとっての主体は、参政権から生じるのでもなく、職場の長を前にして労働運動が形成された場合のような、社会的支配関係の中での異議申し立てから生じるのでもなく、それがいかなるものであれ共同体から生じるのでもない。われわれにとっての主体は、場合によっては起こりうる帰属の上流、行為の上流に位置し、ひとつの欲求であり、自分自身の存在を生み出す可能性としてある。主体化《シュブジェクティヴァシオン》と呼びうるものを通して実現されることもあれば、そうならないこともあるのは、自己の自己への関係、目標、潜在能力である。ドイツの社会学者ハンス・ヨアスの表現によれば、主体とは、「人間として行動することを生み出す性質」[104]のことであり、個人として自己を作り上げる可能性である。すなわち、自己の選択を表明することのできる、したがって、経済、共同体、テクノロジー、政治等のいかなる領域においてであろうと支配的な論理に抵抗することのできる、他と異なる存在として自己を作り上げる可能性なのである。言い換えれば、主体とはまず第一に、意味の原理として自分自身を作り上げ、意味を自由に生み出すことを自分自身に課し、自分自身の軌跡を作り出す能力なのである。[105]この定義は、アラン・トゥレーヌがもっとも最近の著作、とくにファラド・コスロカヴァールとの長く手厳しい対話の中で提案しているものを、大ざっぱに採用したものである。また、この定義はアラン・ルノー[106]のいっそう哲学的な定義に近い。この定義は、すべての人間は主体である権利、主体化のプロセスに参加する権利を等しく持っておらねばならないことを含意しており、このことは、民主主義の概念だけでなく集合的責任の概念にも行き着く。それというのも、他者をもまた主体にしうる条件について考える努力をしなければ、自分自身も主体になりえないからである。この意味で、マイケル・ディロンが「近代政治は主体性《シュブジェクティヴィテ》の政治である」と書いているのは正しく、また同様に、ロベール・フレスが「主体政策[107]」に、すなわち、学校での生徒や病院での患者といった個人的主体の実現に専念する政策に、訴えているのは正しい。

この主体理解は、他者が主体として構成されることに失敗し、あるいはその構成自体が不可能であっても、主体性においてそれに甘んじるすべてのものを無視するなら、あるいは、無関心を超えて、他者のうちに（また場合によっては自分自身のうちに）主体とは逆のものを求める努力、あるいは逆のものを生じさせようとする努力に属するものをすべて無視するなら、部分的なものになろう。その努力に属するものとは、他者の存在を否定すること、他者の存在そのものに対して脅威を与えること、他者の肉体的あるいは知的完全さ〔無傷さ〕を破壊し、巻き添えにすること、である。主体概念は、われわれが反主体《アンチ・シュジェ》と呼ぶことにする主体とは逆のもの、すなわち主体のあらゆるカテゴリーを転倒させる存在の闇の面を含み、あるいは少なくともそれを前提としているのである。われわれが採用する主体概念は、精神分析が提起している概念、とりわけラカンの影響を受けた概念とははっきりとかけ離れている、ということに留意しておこう。ラカン的概念では、マルコス・ザフィロプロが言っているように、「純粋な」主体は「自我のない主体、（……）象徴システムのたんなる一機能[108]」である。ラカンにおける主体は、「〈他者〉の領野に従属しているというかぎりで主体[109]」であり、重くのしかかっているさまざまな決定要因、すなわち心的外傷、欠如、家族性コンプレックス、死の欲動等によってそのあり方が定められているものである。

二　暴力と主体

われわれがこれから行うように、われわれは主体を暴力分析の中心的なカテゴリーとして据えることで、タイプのいかんを問わずひとつのパーソナリティと行為への移行との間にある関係を明らかにしようとする心理学的・社会心理学的アプローチとも、脈絡、好都合な条件、状況によって暴力を説明する「状況中心的」論証とも距離を置く。というのも、暴力と主体との間にひとつの関係を見る仮説において介在しているのは、別の性質のものだからである。実際、ここでの暴力は、個人にとっても集団にとっても、主体となる能力や主体として作用する能力が制限され、禁じられ、見つけえなくなった事態に関係するか、または、反主体の拡大あるいは表現（パーソナリティと状況によって助長されうるとはいえ、何よりも、あらゆる種類の論理、すなわち、あるものは個人的であり、あるものは一般的、社会的、歴史的、政治的……等である論理が混じり合う力学とプロセスから生じるすべての側面）に関係するものである。その暴力は、主体が構成されるやり方、あるいは主体が構成されなかったり、反主体という逆転された形態のもとで構成されるやり方と結びついており、たんなる心理学的属性でも状況の純粋な反映でもないのである。

このように暴力と主体を関係づける企図は、何の困難もなく本書第一部の延長上でなしうる。第一部での中心的観点は、社会的、政治的、文化的な主要な変化を強調して、地球規模の領域から個人の領域まで、もっとも「グローバル」なものからもっとも個人的なものまで、暴力研究にパラダイムの変化があるとするわれわれの提言を根拠づけることであった。この第一部からの連続性は、被害者の出現というテーマを考えてみれば明らかである。被害者たちが裁き、補償、認知を要求して、自分の言い分を聞き入れさせ認めさせる世界において、暴力はまず、秩序を乱し国家に刃向かうものではなくなり、個々の個人や集団の肉体的・精神的完全さ〔無傷さ〕を攻撃するものとなった。そして現代の変動は、暴力を考察する際に、それが出現するシステムの機能不全や過剰から出発するのではなく、それが害する人びとの打ちのめされた、あるいは否定された主体性《シュブジェクティヴィテ》から出発するよう、強く誘っている。そうであれば、もう一歩進めて、それを反転させて、暴力に身をゆだねる側の人びとの主体性に関心を寄せるべきではないのだろうか。

われわれの省察における本書冒頭からの連続性はまた、グローバル化がもたらす諸変化、あるいはたんにこの言葉が表現するにすぎない諸変化についても現れている。その変化とは、一部の国家の弱体化、拡大する移住の流れ、文化的分裂、社会的不平等の新しい形態、といったものである。連続性があるというのは、逆説的であるが、これらの大きな変化は地球規模で作用すると同時に、もっとも個人的で、もっとも個別的なものにおいて個人にも悪影響を及ぼすからである。これらの変化は身体に関係している。これらの変化は暴力行為の原因となるが、その暴力行為は必ずしも大きな集合的現象ではなく、厳密に個人的に、局地的に作用しうるものであり、主体破壊《デシュブジェクティヴァシオン》の現象という仮説を介入させることでいっそうよく理解されるものである。この考察の注目すべき例証が、アルジュン・アッパドゥライの分析によって与えられている。彼は、二〇世紀末にあったアフリカの大湖水地帯でのツチ族と穏健派フツ族に対する暴力、インドでのヒンドゥー教徒とシク教徒の間での暴力、(111)旧ユーゴスラビアでの暴力、あるいはさらに、文化大革命期の一九六八年に、カニバリズムの重大な出来事が広西壮族自治区で起こった中国での暴力(112)といったタイプの極端な民族的・ジェノサイド的暴力を分析しているのである。(110)アッパドゥライの論証は、アイデンティティを不確かなものにすることのあるグローバリゼーションから出発している。国境が問題にされ、移住の波が新しい人口をもたらし、内戦が亡命者や難民の移動を引き起こし、政治体制が変わり、金銭が経済生活を変えた。それにともない、当該の集団がかつてなじんでいたものよりも広く新しいアイデンティティが幅を利かしていると思われるようになり、アッパドゥライがロバート・ハイデンから借りている言葉に従えば、共同体が（ベネディクト・アンダーソンが語っている「空想の共同体」としての国民とは反対に）「想像できないもの」になるや、かかわっている民族的アイデンティティは不確かなものになった。とくにアッパドゥライの関心を引いているのは、身体の毀損、カニバリズム、レイプなどといった、それまでは互いに比較的親しい関係にあった普通の人びとの間に生じる、直接身体を害する極端な暴力の氾濫である。彼の説明によると、それら民族的暴力は、拠るべき指標が不確かなものになったり失われたりして、自分がもはや誰であるか分からなくなったことに起因している。この暴力はひとつの回答をなしている。すなわち、「社会的な不確かさのそれら形態のいずれかが介在する時、暴力は、確かさの形態を死の様相のもとに作り出し、〝彼ら〟に対する（……）、またしたがって〝われわれ〟に対する、容赦ないテクニックになりうる。このような事態は、グローバル化時代に特有な意味作用を帯びている[111]」のである。アッパドゥライは、その時人が殺すのは他者が誰であるかを知り、それによって自分が誰であるかを推測するためである、と説明して次のように述べている。「民族的暴力は明らかに、失望、裏切り、偽りの連帯の劇場としての身体にかかわるいわば憤怒の雰囲気を動員する[112]」のであり、歴史や政治と関係があるとすれば、民族的暴力は「他の民族が持つ物質的形態（身体）をさらしものにし、その中に入り込み、それを占拠するための恐ろしい努力[113]」でもある、と。言い換えれば、ここでの暴力は、集合的アイデンティティがもはや存在しなかったり弱くなった場合に広がるのであり、あらゆるアイデンティティを奪われた主体、あるいは、生き延びるための闘いの中でアイデンティティを奪われつつある主体の表現である。この暴力は「〝実在の人びと〟を生み出す」ことのできるさまざまな論理のひとつ、「不確かさ、純粋の強迫観念、裏切り、生体解剖を連結することになるひとつの論理[114]」である。

　本書の第一部で展開したどちらかといえば記述的な諸提言から、主体を分析の中心に据える企図へと移行するためには、暴力の諸々の様態と意味作用が持つ不均質性を考慮に入れること、したがって、主体と暴力の間にある関係のさまざまな様態を区別することが必要である。この区別は、暴力から出発するのではなく、暴力が由来するところのもの、つまり何らかのやり方で現実の試練にかけられた主体性から、出発せねばならない。このパースペクティブにおいて、主体が持つ少なくとも五つの顔を区別しうるが、そのそれぞれは、分析的に、ひとつの暴力論理に対応している。最初のものは、浮遊する主体という顔であり、これは、行為者への移行を可能にする意味の場を見いだせないでいるものである。二つ目は、超主体という顔であり、これは、自身の行動に新しい意味作用を過剰に担わせるものである。三つ目は、非主体という顔であり、これは、行動において、自身が従属している権力からある程度強制された方向づけによって完全に決定された行為者として姿を見せるものである。四つ目は、すでに言及した反主体である。最後に五つ目は、生き残りを賭けた主体という顔である。

これら五つの顔は、したがって現実の恣意的な一場面に基礎を置いた類型論をなすのではない。そうではなく、経験論的分析が明らかにする諸々の論理の中に見られるさまざまな差異に基礎を置いた類型論をなすのである。もしかすると他の類型論のほうが、暴力と主体の間にある関係のさまざまな様態を、これまでの章で対象となったようなもっとも具体的な確認からいくらか離れることによって、よりよく説明しうるかもしれない。たとえば、主体の破壊、主体の不在、主体の病理学、主体形成の条件、といったものに関係するものの区別を試みうるかもしれない。しかし、ここで採用する類型論の利点は、暴力の単純な諸形態を、比較的分離可能で明白な、しかも十分に特徴づけられておりそれぞれが混同される危険の少ない、主体概念の諸次元に対応させうるということにある。

三　主体が持つ五つの顔

ここで、これら五つのカテゴリーを取り上げるに当たって、これまでにない新しい語彙を用いるのであるが、それはいくらか疑わしく思われるかもしれない。しかし、区別し名づける必要があるように思われる五つの顔をすでに適切に定義した専門用語が、われわれには存在しないのである。将来の研究によって、用語とそれらの背後にある概念の総体が、ここでの荒削りなものよりもいっそう練り上げられ、広く通用する完全なものとして提案されることが望ましい。とはいえ、これから見るように、この初めての類型論の粗描は、このままですでに、主体と暴力との間にある関係について考えはじめる手がかりを与えてくれるのである。

a　浮遊する主体

ある種の経験においては、暴力はまず意味の喪失に対応し、生じたばかりの空隙、あるいは後になって（あくまで後になってからにすぎない）埋められるよう要請される空隙を満たすことになる。われわれはこのことを、とくに第1章で暴力と紛争との関係について見た。生じつつある紛争が行為者たちの意識にほとんどなく、したがって行為者たちが行為者としてほとんど形成されていない場合には、暴力は空間を持つが、紛争関係が行為者たちの間で形成され、さらにそれが制度化されると、暴力は空間を持たなくなる。そしてそれと対称的に、紛争が疲弊し、すたれて、目標も関係の枠組もなしに紛争を永続させようとする人びとがあとに残ると、暴力はいっそうたやすく道を見いだすのである。この観点は、意味喪失のプロセスを扱った第9章で明確にされた。すなわち、上流では、以前に存在していた意味が消える場合に、下流では、期待、欲求がいまだに明白な表明、行為者、問題になっているものの明確な定義を見いだしていない場合に、生じるプロセスである。これらの状況において、主体性は強く、絶大でさえある。というのも、具体的条件は不在であったり、弱すぎるものであったりしても、主体性が個人や集団を行動へと押しやるからである。ここでの暴力は、現実的で具体的ないかなる影響力も、暴力を延長するようないかなる行為能力も、持つにいたっていない主体性に対応している。この暴力は、行為者になること、すなわち、社会的なものであれ、政治的なものであれ、間文化的なものであれ、さらには間個人的なものであれ、何らかの関係の中に組み込まれることができない、あるいはもはやできない主体を定義するものである。この暴力は、次のような主体の印しとなっている。その主体とは、自分が一要素になることを望んでいる関係がいつか結ばれうると感じている主体、あるいは、自分がまっただ中に身を置いている関係が衰退・終焉することを認めようとしない主体である。この暴力は、次のような主体のイメージに結びつけられねばならない。すなわち、社会的でも、政治的でも、文化的でもない主体で、たとえ、来たるべき行為者を予示していたり、疲れ果てた行為者をこれ見よがしに、たとえばイデオロギー的に、体現しているとしても、浮遊するよう強いられているように思われる主体のイメージである。

われわれが提案する語彙において、ここでの主体が浮遊するものであるのは、この主体が社会的、文化的、政治的その他のいかなる原理にも属していない（これこそがわれわれの主体定義である）からではなく、その欲望あるいは欲求を抱いているにもかかわらず、自己を延長すること、あるいは行為へと変化することが主体に禁じられていたり、不可能であったりするからである。状況は、行為が形成されるのにいまだ適していないか、あるいはすでにもう適さないものになっており、したがって、そこにある主体性は、行為を将来担いうるか、あるいは過去に担いえたが、今のところは定着することができず漂流している主体性でしかないのである。

浮遊する主体は強い不公正感、認知されていないという意識によって形成されうる。この意識は、動揺や怒りを激化させ、ただひとつの事件で、主体がいかに否定あるいは禁止されているかが明らかになり、体験された社会的・人種的差別、政治の粗暴さ、裁判の不公正な機能不全……が際立たせられさえすれば、たちまち暴力に変わるのである。たとえば、主体としての個々人の否定が、警察の「不手際」のために、あるいはとりわけ受け入れ難い判決のために、耐え難いものとして体験された時に、都市の暴力が爆発することがよく見られる。一九九二年のロサンゼルス大暴動を思い出そう。この暴動は、白人警官たちが、まったく脅威を感じていないのに黒人ロドニー・キングを情け容赦なく殴った廉で、ビデオテープを証拠に起訴されたにもかかわらず無罪放免されたことが引きがねとなって起こった。主体性の否定は、害されている人びとの期待に応える政策がなく、彼らの社会的・文化的要求が認知されえないだけに、ますます耐え難いものとなるのである。

浮遊する主体は、激高、破壊、自己破壊の行動へと主体を突き動かしうる主体破壊によって、絶えず脅かされている。しかし、浮遊する主体はまた、たとえば政治的、文化的な新しい環境の中で、刷新された意味やそれまでになかった新しい社会的適応との出会いにまで進むことによって、意味の喪失、社会的不適応化、主体破壊の危険を拒絶することもできるのである。

b　超主体

しばしば、意味の欠損に対応する主体は、行為者にいまだなれないにもかかわらず、あるいはもはやなれないにもかかわらず、それでも行為者になりたいという欲望あるいは欲求を、たんに暴力で表明するだけでは満足しない。その場合、主体は、新しいあるいは刷新された意味作用を付与しうる暴力によって、自己の存在に意味を与えようとすることが起こるのである。この新しい意味作用は、主体が失った意味作用、あるいはたんに予感するだけでよく分からないままに出現を期待する意味作用ではありえない。意味の再充塡について第9章で見たように、主体性はその時、意味の過剰の様相を極端なまでに帯びた言説でいっぱいに満たされるのである。意味の過剰は、主体が、現に構成されているものとは別の空間の中に身を置くことを、したがって、以前の空虚、喪失、欠如の状況を超越することを可能にする。この時、意味は遍在し、過剰になっており、社会的、政治的、文化的諸次元で、以前の日常生活のものであった準拠枠をいたるところで越え出るように思われさえするのである。

ある場合には、意味を探し求める主体はいわば横滑りで満足することもある。すなわち主体は、失われた、あるいはいまだ見つかっていない意味から離れ、「浮遊する」ものであることをやめて、主体を作り上げたものとは別の諸関係（社会的なものであれ、政治的なものであれ、間文化的なものであれ、常に現実的なものである諸関係）の中で行動する新しい正当性を他のところへ探しに行くのである。たとえば、工業化された社会の農民が労働運動に参加し、学生や民衆主義の知識人が農村部で民衆に加わり、それまではドイツのような西洋社会に組み込まれていたテロリストが傭兵同然となってアラブ国家に奉仕する……。もっとも人目を引くのは、意味の過剰が横滑りよりも氾濫から生じ、主体が、メタ社会的、メタ政治的、メタ文化的意味を我がものにすることによって、行為者となる場合である（このことは、本書の第2章で提案された分析にわれわれを引き戻す）。

宗教はしばしばこの機能を持ち、とりわけ、意味の過剰の論理をもっとも遠くまで押し進めることを許す。宗教はとくに行為への移行の基盤となるが、しかもその移行は極限まで、すなわち、行為者の犠牲にまでいたることもある。この時行為者は、自分の行為の中で消滅するが、現世が与えてくれないものを来世で見いだせると確信していると同時に、場合によっては、自分の行為がこの世での力関係を変えることに貢献すると確信している。イスラム主義者たちが、自分の出身社会や、その社会が抱えている問題と緊張から抜け出して、自らが浸ってはいるがあらゆる点で荒廃をもたらすと見なす近代性に対する戦争に入り、性的なものを含め、来世で認知と幸福を得られるであろうと考えてアメリカ合衆国でテロを実行する時、彼らは意味が充満した暴力を展開するのであり、その暴力によってメタ社会的で部分的には夢幻的、宗教的な空間の中に入り込むのである。ここでの暴力の首謀者は超主体化の論理の中に入り込んでいる。この論理においては、個人的主体はたんにいまこの場で表明されるだけではなく、あるいはむしろ別のところで、そして別の時間の中でも表明される。この表明は、たんなる欠損という浮遊する主体の場合と異なり、意味を付け加えるのである。その意味が作用するのは、もはや欠如によってなのではなく、逆に過剰によってなのであり、この過剰こそが、超主体という言葉の使用を可能ならしめているのである。この超主体は、ますますこれ見よがしに非現実的な暴力の道に入り込みうる（その暴力が非現実的なものであるのは、超主体が、人びとの存在様式を変えるのだと主張しても、その人びとの経験から切り離されているからである）。しかし、超主体はまた、新しい政治的・社会的空間を開いて、あらゆるジャンルで別の関係形態を作り上げる新しい時代を切り開くこともできるのである。

超主体化の契機、意味の過剰に結びついた暴力の契機は、社会的、政治的、間文化的な新しい諸関係を、あるいはまったく別の領域では個人間の新しい諸関係を、据える契機を予告したり準備する場合が大いにありうる。超主体化の契機は、全体主義やセクト主義が生まれつつある時の諸現象に本質的な特徴をなしている。というのもそれは、その種の経験に参加しようとする人びとの強い主体性を意味すると同時に大きな他律性をも意味するからである。その他律性によって、人びとは、自らの存在をひとつの計画とひとりのカリスマ的リーダーに従属させることを望みさえして受け入れ、運動の要求を最大限そのリーダーのうちに凝縮させるのである。それら現象の主謀者たちは、自分の経験を制御し、自らの選択に従って生きていると確信し、主体、しかも自分の参加《アンガージュマン》にひとつの意味を完全に与える主体（これが超主体）であると確信している。しかし同時に、彼らは、集団あるいはリーダーの法と、それから生じる諸規範とに従うことには疑問を感じないのである。それゆえ、彼らは過剰の中にいると同時に欠如の中におり、自分が少なくとも出発点において選んだ生き方の主人であると同時に、疎外されてもいるのである。われわれの省察の目的そのものを考慮すれば、ここで、超主体を暴力に結びつけているものを強調するのが当然であろう。しかし、この主体の顔を自己破壊と破壊の次元のみに還元することは、大きな不正と重大な過ちを犯すことになろう。というのも、超主体はまた、他のあらゆる方向にも向かいうるのであり、悪と極端な暴力の道以外の道もとりうるからである。これを忘れることは、宗教的信仰の結果を殺人だけに還元してしまうようなものであろう。

c　非主体

第10章でわれわれは、ナチスの蛮行について、場合によっては権威への従属と服従の文化という考え方に結びつく悪の陳腐さという主張に出会った。われわれは重大な疑義を表明したとはいえ、その主張は、たとえごく部分的にであれ有効でありうる（ミルグラムの実験やある種の歴史的研究が示唆しているように）ことを認めよう。

このパースペクティブにおいては、死刑執行人、殺人者、虐殺者は、命令を実行するだけであるから、主体ではない。彼らが定義されるのは、自らが犯しはするが、自身にとってはまさに命令と法の尊重以外に意味をなさない犯罪における受動性によってである。彼らはその役割に還元された存在であり、したがって、主体破壊された、あるいは主体化されていない存在、いずれにせよ、自分自身の個人的な主体性にいささかも依拠することなく行動する主体である。それゆえ、たとえばハンナ・アーレントはアイヒマンについて、彼は「無自覚」であり「その無自覚のためにこそ、彼はあの時代で最大の犯罪者のひとりになった」[115]と言いえたのである。

ここでの行為者、つまり暴力行為を行う者は主体ではなく、いまの場合には官僚主義的な命令の実行者にすぎない。この行為者は、誰も自分の行為に責任を負う必要のないひとつの純粋なシステムあるいは機械に似た装置の一要素なのである。行為の無意味《ノン・サンス》は非主体《ノン・シュジェ》の行動を指し示しているのである。

非主体の行動は、何らかの意味に繋ぎ止められない浮遊する主体性に関係する意味の喪失と混同されてはならない。実際、暴力を説明するためにここで関係しているのは、暴力の中で主体を表明させる何らかの意味の欠損・欠如ではなく、もっとはるかに根本的で、行為の性質がどんなものであれ、主体性の欠損、主体になることの不能あるいは拒絶なのである。したがって、暴力の責任を実行者たちに負わせることはできない。実行者たちは、非主体のイメージに還元されているのであるから、行為のあらゆる道徳的責任を前もって免除されているのである。

ハンナ・アーレントのアイヒマンに関する分析から生じる非主体の説に、あるいはさらに、ミルグラムの実験から演繹しうる非主体の説に、疑議を差し挟むことは、経験的に見て非主体の顔がナチズムの歴史的経験に対応する可能性を疑うことである。またそれは、より一般的には、権威に従属した行動の現実を過小評価することである。しかしこの説は、これが適切で発見的価値を持ちうる場合には、暴力と主体の間にある関係の新奇な姿にわれわれを向き合わせる。すなわち暴力は、まさに、主体性はかかわりがなく、一貫して脇に置かれさえするがゆえに可能なのである。

d　反主体

第11章で見たように、次のようなことが起こりうる。すなわち暴力が、無償性や残酷の諸次元を部分的にあるいは全面的に含み、暴力を実行する者の満足以外に目的を持たず、暴力が暴力自体において構成するもの以外には何らかの意味との絆を持たずに、現象それ自体として現れる場合があるということである。

もっとも極端な場合には、暴力を実行する者のパーソナリティあるいは心的機構にしか関係しえないように思われる。この場合の暴力は、社会的関係が失われているにせよ、空洞になっているにせよ、ともかく社会的関係にはかかわりがないのであるから、社会的に不明確であり、また、ある集団あるいはサブ集団の文化に結びついた決定要因によって説明しえないのであるから、文化的にもやはり不明確である。したがってこの暴力は、関係する個人に特有な属性であるように思われる。あるいはむしろ、自己の自己に対する関係にしか従属していないように思われる。この暴力は、快楽に従属しており、主謀者に喜びをもたらし、ひとりまたは複数の被害者を一気に非人間化された存在、人間以下の存在あるいは人間を超えた存在として扱う。この暴力の対象となる人びとを動物性やモノの物質性に還元するのである。そして、苦痛が表明されるのを見る必要があるとすれば、またまさにその瞬間から快楽を引き出すとすれば、それは、被害者に主体性を積極的に表明させるためではなく、もっぱらその主体性が否定され虐待されるのを見るためである。ただし、常にそうであるわけではない。言い換えれば、サディズムはこの種の暴力が持つ唯一の要素だというわけではなく、サディズムと結びつくことのあるマゾヒズムの場合とまったく同様に、その暴力の中に現れることもありうるものにすぎないのである。

少なくとも主体というものを、自らを作り上げる能力、しかも同じ可能性に対する権利を他者にも認めながら自らの経験を制御する潜在能力、可能性として、定義せねばならないとすれば、暴力のための暴力に身をゆだねる者の主体について語ることは困難である。しかし同時に、そこには強い主体性があることも否定できない。この主体性は、享楽に従属しており、社会的でも文化的でもなくほとんど動物的で、おそらくは人類学的な快楽、他者に肉体的・精神的暴力を被らせる快楽に従属しているのである。また、この主体性は、個人の内にあると思われる社会適応化も訓化もされていないもっとも衝動的なものにおいて、個人の一要素になっているのであって、自己にとって主体が存在するのは他のあらゆる人間にとっても主体が価値あるものである限りにおいてであるという、主体のあの次元に期待しうるものとは正反対のものであり、結局のところ、ヒューマニズムや民主主義精神とすっかり縁を切っているのである。ここでわれわれが直面しているのは、主体が持つまったく別の側面であり、その特徴は次の点にある。すなわち、主体としての被害者に対する配慮を完全に拒絶し、被害者をモノあるいは動物に還元して、暴力から快楽や満足を引き出すこと以外には何も目指さずに絶対的なものを行使する、ということである。

反主体は、自分自身には主体の多くの属性を与えても、現実の状況下では、サディスティックなあるいはサド＝マゾヒスティックな行為によらない限り、ある人びととといかなる関係も持ちえない個人のあの特異な側面である。したがって、反主体には主として二つの特徴が見られる。第一に、この反主体は破壊的で、決して建設的ではなく、主体とは逆に、行為（異議申し立ての行為であろうと）の中に自己を延長しようとせず、本人の軌跡を社会的、政治的、間文化的関係の中に組み入れようとしない。そして第二に、反主体は被害者に対してもっとも基本的な諸権利を認めず、次のような場合を除いて被害者たちの主体を破壊する。その場合とは、被害者たち自身がこの否定から快楽を引き出す（これは、人命を奪うほど重大なものになっても、一般的に、物理的暴力よりも性欲に適用される概念であるマゾヒズムに対応する）ことを反主体が期待し、成功する場合である。

e　生き残りを賭けた主体

反主体は、主体の持つもうひとつ別の次元と混同されてはならない。この別の次元とは、これもまた、行為のあらゆるパースペクティブとは関係なく、したがって社会的、政治的、文化的、個人的関係とは無関係に定義せねばならないものである。しかし、純粋な破壊の衝動、苦痛を与えることで得られる快楽、それ自体を目的とする暴力、といったものに関係するのではなく、自己の存在そのものが脅かされていると感じる個人の自己保存の問題に関係する。この主体像に対応する暴力は、精神分析医ジャン・ベルジュレが根源的と形容する暴力である。それは「太古的な支配的暴力」であり、「個人の生き残りに必要不可欠な問いを発するだけの原初的幻想」に基づいている。「〝他者か私か〟、〝彼か私か〟、〝生き残るか死ぬか〟、〝他者を殺してでも生き残るか〟。しかしながら、他者を破壊しようという根本的で特殊な意図は持っていない（……）。[116]」

ジャン・ベルジュレは、精神分析のさまざまな著者や思潮を検討してから、根源的暴力の概念を現代の一現象、一九八〇年代から九〇年代にかけてのフランスでとくに目立つ一現象に適用している。その現象とは若者の暴力である。中心からはずれた庶民の住む郊外における若者の憤怒と憎しみの行動や都市での暴動は、さかんにメディアで取り上げられて治安が悪いという意識を助長した。そして、この治安の悪さはその時期を通じて国民的政治論議の中心を占めるようになり、二〇〇二年春の大統領選挙ついで国民議会選挙の際にピークに達した。ベルジュレは次のように説明している。「人びとは、今日の青少年の暴力と〝攻撃性〟を責め、暴力と闘うことを（素朴にあるいは不実に）強く勧めることで、自分は罪悪感から解放され身を守りうると思っている。しかし実のところ、それは多くの現代人が持った相互作用的後成説[二五]の不確実さをたんに表現しているだけの症候について語られているにすぎない。子供に潜在している先天的な構造要素に対して提示された空想的な家族モデルは、一方ではあまりにも暴力的な幻想に対する興奮抑制の役割と、他方では、リビドーの魅力ある加工を推進する役割という二重の役割を、もはや引き受けることができないのである。[117]」当時知覚されていた青少年暴力、都市の、庶民の、男の暴力、ほとんどの場合移民と結びつけられた暴力は、このパースペクティブにおいては、当該の若者たちに適切なアイデンティティ形成モデルを提示できない大人たちの機能不全から生じるものである。子供たちはそのことによく気づいており、そこに自分に対する無関心を見、ベルジュレの言い方では、自分で「根源的暴力の正しい統合(118)」に成功できずにいるのである。

この根源的暴力は、行為者に先立って存在し、各人が「統合」し、管理し、他のものに変えねばならないものである。フランスの郊外の若者たちが「もっとも破壊的で、もっとも自己破壊的な暴力を直接ふるう行動」に移行することは、驚くべきことではない。「憤怒、狂気、あるいは絶望は、人間の精神構造の起源にあってもっとも自然に利用しうるもののひとつ、すなわち暴力を、創造的に抑制しえない悲劇的な袋小路をなすのである(119)。」

この根源的暴力という着想には、次のような考え方がある。すなわち、人間には人類学的、普遍的なひとつの特徴、生来のひとつの性質、ほとんど動物的なひとつの本能、原初的なひとつの潜在能力、あるいは衝動があり、パーソナリティがうまく形成されることによって、それを隠すのではなく暴力以外の行動へと導かなくてはならない、というものである。この主張は、フロイトやとくにルネ・ジラールのいくつかの分析から隔たったものではない。彼らの分析においては、人間に本質的な恐怖心がまさしく根源的暴力であり、それを神話によって隠蔽せねばならないのである。

ベルジュレは、彼が根源的暴力と名づけるものに関心を持つ唯一の精神分析医というわけではない。しかし重要なのは、彼が間違いなく、この暴力形態を攻撃性からもっともよく区別している人びとのうちのひとりであるということである。彼によれば、攻撃性が対象を害すること、あるいは破壊することを目指すのに対し、根源的暴力は主体の自己保存を目指す。攻撃性が感情のアンビヴァレンツ、つまり憎しみと愛を含みうるのに対し、根源的暴力はそれを含まない。根源的暴力は「アンビヴァレンツ以前《プレ・アンビヴァレント》のもの」であり、生の本能と結びつき、死の欲動から由来するのではないのである。

ベルジュレのアプローチによって、このように、暴力のある種の表現あるいは側面と、主体の第一の条件になるもの、すなわち生き残ること、とを対応させうるようになる。「生の原初的ナルシシズム」たる根源的暴力は、自己の生き残りを保証する暴力であり、それに頼る者に命拾いさせるのである。

したがって、この暴力、およびこの暴力に対応する主体の部分は、攻撃性にもサディズムにも属さない。この暴力が出現するのは、是非はともかく（これはどうでもよい）特異な個人が存在の危険にさらされている状況、重大な危機に身を置いている時である。たとえ被害者を破壊したりその肉体的完全さ〔無傷さ〕を巻き添えにしえようと、この暴力は主体としての他者、被害者を否定することはない。この暴力が現れるのは、当事者が、まさに形成され、創造的能力の中で生きることを求め、自分の経験を制御しうるようになるためには、その前にまず自分の物理的存在、つまり自分の身体を守り、後に行為者として生きる可能性を保護せねばならないからである。根源的暴力は、輪郭を現しつつある自己が押しつぶされたり、あるいは否定されたりすることに対する拒絶の表現なのである。

この暴力は、いまだ行為者になれない主体、意味が失われていたり、その形成が遅れているために、何らかの意味によって定義されていない主体、しかし生きる能力だけは最低限維持せねばならない主体に対応している。いかなる学習も、いかなる社会的適応化も、何らかの文化へのいかなる組み込みも必要とせずに突然現れる、主体の最初の表現なのであり、あらゆる主体形成に先立っているのである。

反主体と生き残りを賭けた主体は、どちらも、社会的、政治的、文化的行為者にはとうていなりえない。しかし、反主体の場合は、破壊の条件しか作り出しえないのに対して、生き残りを賭けた主体の場合は、後に行為者として登場する可能性を救おうとしているのである。

f　複合形態とアンビヴァレンツ

上に粗描した類型論は、主体の五つの顔を提示し、そのそれぞれを暴力の特異な論理に関係づけている。しかし、この類型論は、ただ主体と暴力の関係づけだけにとどまるのではない。実際それは、行為者という三つ目の用語を絶えず介入させている。事実、もし主体が何らかのやり方で具体的に行為者になろうとしないならば、また、もし主体を定義する創造的能力が参加し行動する能力（さらにまた、自己を解放する能力）でもないならば、暴力は存在しないか、あるいははるかに少ないであろう。

ここで、上で区別した主体の五つの顔の分析的位置を明確にしておこう。実際には、それらが必ず、社会学的に純粋な形で、個別にはっきりと区別された明確な輪郭を持って現れるという根拠は何もないのである。たしかに、個人あるいは集団は、彼らの暴力行為の源について見れば、ただひとつの原理に、したがってひとつの基本的な主体の顔に還元されうるとする見方が、ある種の経験や、とくに成り行きの結果にはよく当てはまる場合がある。そこにおいては、われわれが提示した主体の顔のいずれかに対応するただひとつの論理しか、結局のところ、もはや残っていないように見えるからである。

しかし全体的には、具体的な諸現象の検討は、われわれが示した主体の五つの顔が常に結合し合い、混ざり合いうることを示唆している。集合的暴力について見れば、加担者らのそれぞれがそれらの顔のいずれかを示していることが大いにありうるのである。このことは、多様で複雑な包括的複合形態に帰着する。そこにおいて、それら形態の相対的重要性が、集合的行為者にとって、経験により著しく異なる条件をなしているのである。そして、個人について考察するなら、この場合にも、大きな複合性と、主体のさまざまな顔の結合・共存とを想定することを禁じるものは何もなく、その表現様式は状況や環境に多くを依存しているのである。

複合性は、暴力の諸エピソードを、とりわけそれらが長期にわたる場合に、特徴づけるしばしば不安定な性格のために倍化される。というのも、暴力はしばしば、変化する脈絡の中で、あるいは暴力自身が変える脈絡の中で発生するからである。したがって、ある瞬間に集団や特異な個人について主体のさまざまな顔が描く複合形態は、時間の経過とともに変形し、修正されるのであるが、その変形、修正は漸進的であるだけでなく、混沌としたものでもありえ、転換だけでなく断絶も伴いうるのである。

いくつもの論理の結合と混合というイメージ、したがって主体のいくつもの顔の結合と混合というイメージは、それ自体、まだいささか偏狭であり、ある暴力経験の中で主体の諸論理の間に存在したり、あるいは据えられる諸関係について、何もわれわれに語ってはくれない。行為者の視点から見れば、暴力はしばしば、ひとつの成り行き、プロセスを締めくくるものであり、それ以前には矛盾に満ちたものとして体験されえたものをきっぱりと解消して決着をつけてくれるものである。この解消は一般的には、それにいたる人びとによって解消として考えられるのではない。しかし、何ごとにも例外はつきものである。たとえば、アラン・トゥレーヌとフランソワ・デュべによって指導された集合行為に関する研究が次のことを明らかにしている。一九七〇年代のオクシタニー運動[119]にとって、民族的アイデンティティの要求と、とりわけブドウ栽培農民たちによってもたらされた社会的異議申し立てという相容れないものを調整する唯一のやり方は、暴力へ移行することであった。しかし、この道をとることをはっきりと拒絶し、それについて討議しながら、活動家たちは運動を解体に追い込んだのであった（これが実質的に運動の帰着点であった）[120]。

主体の可能で主要な顔がひとたび分析的に抽出されるや、問題となるのは、その全体的配置の中で、それらの顔がどのように現れ作用した結果、それらが融合し、極端な場合にはそのひとつが優勢となって、発生するあるいは拡大しつつある暴力を特徴づけることになるのか、ということである。ここに大きな理論的争点があり、これを解決するには、ゲオルグ・ジンメルの系譜に属するシモネッタ・タボニが提示しているタイプのアンビヴァレンツ理論が役立つかもしれない。タボニは次のように説明しているのである。「アンビヴァレンツは、社会生活を可能にする先験的認識《アプリオリ》の中に、認知活動のプロセスの中に、両立しない振る舞いや態度を命じる規範的構造の中に、自発性の絶え間ない統制と禁圧を要求するハビトゥス〔第二部の原注102を参照〕の中に、権力機構の中に、組み込まれている[121]。」このパースペクティブにおいて、反主体は、主体がすでに位置を占めているメダルの裏側になり、意味の過剰は欠損との関係なしには説明されない、云々ということになる。主体のさまざまな顔の配置が持つこの複雑さは、アンビヴァレンツの仮説によって検討しうるが、それは古典的な社会科学が、偉大な文学とは反対にあまり扱わなかった諸々のエピソードや人物に行き着く。間違いなくそれゆえに、大作家たち、シェークスピアやドストエフスキーを読むことが、暴力の主謀者たちの主体性の中に入りたいと思う者にとって、掛け替えのないものに思われるのである。

四　創始的暴力

われわれのパースペクティブにおいて、主体の観点は、とくにそれを超主体と反主体の観点から区別する場合、自己設立と自律の観点から切り離せず、創造されるだけでなく自らをも創造する（ヘーゲルによれば思考の行使によって、マルクスによれば労働によって）人間の創造能力を強調する。この視点から見れば、暴力は主体の挫折、無能、あるいは退廃である。行動することが禁じられていたり、行動しえない時には、暴力は主体の不調、あるいは主体の陰の面、とりわけ反主体の面から生じる。ハンナ・アーレントが書いているように、「思考と労働という本質的に平和な活動とあらゆる暴力行為との間には両者を隔てる深い淵が口を開けている」(122)のである。

しかし、暴力もまた主体形成の源でありうると考えること、したがって創造能力の源でありうると考えることは、完全に排除されるのだろうか。上で提示した、暴力にいたるために主体から出発する推論を、逆転させようと企てることはできないのだろうか。簡単に言えば、暴力は主体を創設するものではありえないのだろうか。

a　供儀の暴力

人類学の文献は、しばしば暴力の中に社会的絆を作る不可欠で創始的な条件を見てきた。これは、これまでに提示した考え方から大きくわれわれを遠ざけるものである。このパースペクティブにおいては、暴力は主体に関係づけられるのではなく、システム、暴力が接合する共同体、たとえば人間供儀や身代りの山羊の現象を通して暴力が可能にする集合的生活といったものの、ほとんど機能的な要請に関係づけられている(123)。このタイプの主張は、イヴォン・ル・ボがグアテマラのある贖罪の供儀について提示している研究の中にその驚くべき例証を見いだせるが、フロイトによっても、もっと最近ではヴァルター・バーカートやルネ・ジラールによっても理論化されており、たいてい、次のように示唆されている。ある個人あるいは集団に対して供儀の暴力を行使することで、部族や未開社会は緊密化し、神々に責任を負わせうると思われる諸問題を生け贄の身の上に追い出すが、この神々は、エミール・デュルケームに従えば、社会が自らに与える社会自身の表象にほかならない。たとえばルネ・ジラールは、供儀は社会的暴力の排除を可能にする調整メカニズムをなしている、と説明している。過去において、「ライバル関係」（それ自体が人命にかかわる）の危機に陥った共同体に平穏をもたらす血なまぐさい生け贄の排除、リンチが、秩序の回復後、模擬行為と儀礼の形態のもとで再び機能させられる。このために創始プロセスは隠蔽され、誤認されうる。「リンチは、少なくとも次の三段階からなる一連の流れの中で中心をなす瞬間である。（一）暴力の危機や何らかの災厄が共同体を破壊する、あるいは共同体の創設を妨げる。（二）リンチが平穏を取り戻させる。（三）共同体が機能しはじめる、あるいは再び機能しはじめる。[124]」供儀と身代りの山羊についてのこの理解は、ひとつの逆説を示すアプローチの仕方に対応している。すなわち、この種の論証の中心にある模倣の諸現象が機能するためには、「迫害者たちが、自分たちの模倣的ライバル関係についても、彼らを救い出す集合的現象についても、責任があるとは知らない」ことを必要とし、「彼らは、自分たちの不幸についてだけでなく、結局のところ、自分たちの解放についても、その責任を生け贄に負わせる。生け贄を悪魔に仕立ててから、神としてあがめる[125]」のである。言い換えれば、迫害者たちは、ルネ・ジラールが取り組んで幸福にも説明しえたこのタイプのメカニズムを、説明しえない必要があるということである。

ところで、第3章で指摘したように、数年前から人類学的転換が起こり、以来、被害者は被害者として、不幸で、苦しみの中にあり、暴力を被り、時にはその精神的・肉体的完全さ〔無傷さ〕をすっかり傷つけられた者として、ますます認知されるようになっている。被害者が自己を表現する瞬間から、あるいはたんに、被った暴力によって肉体的・精神的完全さを否定された者として知覚される瞬間から、たとえばコロンブス以前の社会〔アメリカ先住民の社会〕について多くの著者が見ようとしたのとは逆に、供儀が機能性を持つとの説は消え去り、支配者の力だけでなく、被害者の叫びと拒絶も分析のカテゴリーに入り、権力関係が理論化の中に登場し、不可欠なものとなる。ランペールの著書[126]が持つ重要性は、ひとえに、次のことを明らかにした点にある。すなわち、供儀の実行者や責任者が、生け贄が不平を漏らすのを、あるいは少なくとも嘆き悲しむのを、完全に妨げたことは決してないことの背後には、権力関係の作用があるということである。

いわゆる創始的暴力の機能性という観点に、もっと歴史的な表現を与えることができる。それには次のことを想起すればよい。ほとんどの時代で、国家と国民が創出されるのは流血と、内戦や外に対する戦争とにおいてであり、その後、たとえ、過去に殺し合った人びとが（その相互暴力を無視して）共に生きうるようにするためであるにすぎないにせよ、建設の初期段階を（ルネ・ジラールが言及しているメカニズムにかなり近いメカニズムに従って）忘れるのである。たとえばエルネスト・ルナンは、「国民とは何か」についての講演(127)の中で、国民はその誕生を取り巻いた暴力を忘れる術を心得ている必要があると、はっきり述べている。

b　主体を創始する暴力

しかし、われわれのパースペクティブはシステムよりも主体に中心を置いているのであるから、実のところ検討せねばならないのはまったく別の観点、すなわち暴力を主体の形成、主体の個人的創設における一契機あるいは一要素と見なす観点である。ここで問題なのは、被られた暴力の事例を検討することではない。簡単に言えば、時によって被害者が主体を形成するのは、暴力によって引き起こされた心的外傷を克服する努力の中においてである、ということである。しかもこのことは、男性よりも女性に観察され、アルゼンチンにおける失踪者の母親たちの動員や、あるいは旧ユーゴスラビアのキャンプで虐待され、次いで難民化した女性たちの彼女ら自身についての作業のうちに、もっとも印象深く観察される(128)。

しかし、ここでの問題は、本人が張本人となる暴力の経験から、場合によっては主体が創設されうるということである。この視点から見れば、ある個人が振るう暴力は、場合によってはカタルシスの一要素、あるいは主体形成のプロセスにおける始動の一要素なのではないだろうか。暴力を振るうことによって、個人はひとつの論理を確立あるいは促進させて、その論理の中でますますよく主体となるのである。一九八〇年代から九〇年代にかけてフランスでしばしば指摘された事例が、この指摘を例証しうる。それは、たとえば警察の「不手際」に由来する抗議に参加すれば連帯感を感じうるために、自分の行動にほとんど無自覚なまま庶民街での暴動に初めて加わった若者たちの事例である。暴力行為へ移行するこの最初の機会は、それきりで終わることがたしかにありうる。しかしそれはまた、若者が非行に走り、それ自体が犯罪の温床となる監獄のお世話になり、云々という経歴の糸口にもなりうる。それはさらに、他のあらゆる道程の最初の要素になりうえ、地区の何らかの会への加入、文化活動やスポーツ活動への参加、要するに創造分野や政治分野への自己の動員へとつながりうる。このことは、暴力の瞬間が受動性と疎外からなる日常生活から引き離してくれたがために、主体化がはじめて可能となったことを意味するのである。ちなみに、ジャン＝ポール・サルトルによる個人的実践の理論化のうちにこの種の考え方が見いだされる(129)。

一般的に、次のことを認めねばならない。すなわち、暴力の個人的経験は、少なくとも場合によっては、他の場合よりも決定的な契機によって際立たされたプロセスであり、その契機自体、強化されたり可能となった主体化に起因しうるとともに、逆に、意味の喪失と主体破壊にも起因しうる、ということである。しかし全体的には、決して主体表明の方向に傾斜し続けるのではない。主体表明は、少なくとも暴力そのものがなくなれば、あまり長続きしないのである。そして、細かく観察すれば、フランスの郊外の若者たちについて上で示した最初の確認は、あまりにも性急で表面的であることを付け加えねばならない。たとえば次のような疑問がわくのである。暴動に加わった青少年の主体化は、すべてを、暴力そのものに負っているのだろうか、それとも行為の中で初めて現れた共同体への帰属に負っているのだろうか。石を投げたり、社会・文化的設備の放火に一役買ったという事実に負っているのだろうか、それとも不正を暴露し、メディアや政治当局者の注意を自分の地区、状況、困窮に向けえたという意識に負っているのだろうか。テロリズムに関するわれわれ自身の研究は、行為への移行に関してあまりにも安易な考え方を信じないように促している。たとえば、元テロリストの何人もが、武装闘争への移行において決定的となった契機は、程度の差はあれ暴力の創始的瞬間への参加ではなく、それ自体としては暴力行為と何の関係もないありふれた出来事であった、とわれわれに説明したのである。

ある種の経験においては、ある一定期間、暴力が主体にとって解放者でありえ、その時、暴力は主体が出現する条件、主体の解放が開花する条件、あるいは主体を保護する条件でありうる。しかし、このことでもっとも重要な点を隠蔽したり、過小評価したりしてはならない。もっとも重要な点とは、逆に、暴力は意味の反対であり、それに身をゆだねる個人の主体形成にとって障害となっていることがたちまち明らかになる時の力、スピードなのである。ここでもテロリズムに移行する若い革命家を例に挙げれば、彼は、武装闘争の組織に参加することによって、自分が自己の生き方の主人であるという強い意識をおそらく生まれて初めて持つことになる。しかし、たちまち彼は、自分ではその意味をごく部分的にしか制御できない行為を犯さねばならなくなり、非合法活動と違法行為の制約に支配されているから、主体にとってはほとんど不都合な生活様式の中に閉じこもり、ヒエラルキーへの従属を余儀なくされる……。それに対して非暴力的な運動が持つ力は、まさしく、平和主義や道徳的ヒューマニズムをはるかに超え、次のように考えることにある。すなわち、暴力で政治的行為を作り上げたならば、参加者たちの将来における主体形成の可能性を弱め、さらには破壊する危険をほとんど避けえない、と考えるのである。

c　暴力の暴力自身に対する作用

暴力はしばしば、異例の事件、再び起こりえない犯罪、明日のない暴動の突発として発生する。しかし、暴力はまた、浮き沈みしながらある一定期間継続しうるプロセスとして考えねばならないこともある。

この場合、暴力は、決して長期間にわたって安定したもの、あるいは安定しうるものではなく、主謀者によって制御されえない。そして、その激しさは首謀者によって調整されたある一定の限度、レベルに固定されることがない。暴力はそれ自身で変動するために、その表出のあるものについて、〔暴力が暴力を呼ぶ〕連鎖反応あるいは仕掛け爆弾という言葉さえ用いられた。暴力は、「熱さ」から「冷たさ」へ、容赦ない表現性から外見上もっともよく組織された道具性（しかし、暴力がここにとどまるのは一時的にすぎない）へと循環する。暴力はまた、あるレベルから別のレベルへ、社会的なものから政治的なものへ、非行の政治以下的なものから宗教のメタ政治的なものへと移行する。

同じ行為者が、ある日にはテロリストであったが翌日には非常に古典的な犯罪者になっていたということがありえ、また、ますます殺人的で際限のない漂流の中で我を忘れるかと思えば、規模の小さな非行へと戻ることがありうる。暴力を多様な現象にする無数のプロセスの中で、暴力は意味作用を簡単に捨てては再び担い、その意味作用によって常に変化する。また主謀者について見れば、自律性から、すなわち自分の行為の方針と様式を自ら決定する能力から、他律性へと移行しうる。この他律性が意味するのは、主謀者が自分のものではない意味の仲介者となるということである（極端な場合には、自分のものではない大義のために、あるいは、自分が暴力へ移行する際に掲げたものではない大義のために、刺客、殺し屋、傭兵となる）。

暴力は常に、もともとの意味作用から大きく離れることがありえ、主謀者は、もともとの意味作用が失われ、場合によっては別の意味作用が現れた行動へと移行することがありうる。この点を例証するには、たとえば、カレド・ケルカルという若者の軌跡を考察すればよい。彼は、一九九五年の夏にフランスで高まったイスラム主義者によるテロリズムの主謀者のひとりである[130]。そもそも、マグレブ移民の出でリヨン郊外に住んでいたこの若者には、社会的・人種的差別を受け、自ら自己形成することが禁じられているという強い意識があった。そして、結局のところ彼は、イスラム主義が過剰な意味を持ち込む極端な暴力と出会うことになった。しかしその意味は、フランス社会の中で主体になりたいという打ち捨てられた、あるいは失われた彼の願望とはかけ離れたものである。この二つの局面の間で、彼の軌跡を再構成すれば、むしろ古典的な非行のエピソードが現れる。しかしまた、彼はひとつのイスラムを発見あるいは再発見したことによって、模範的人間になり、とりわけ近親者たちに対して模範的人間になるよう説きさえするようになったのである。このように、出発点を理解するだけでは、到着点を理解するうえでも、成り行きの中での決定的な瞬間を理解するうえでも、ほとんど役に立たない。ひとつの暴力が最初に持っていた意味（ケルカルにおいて重くのしかかっていた意味）のさまざまな断絶や変化なしには、社会的な諸関係と、リヨン郊外の移民出の若者たちの体験との中に根づいた主体性から、過激化した一イスラムの促進を保証しようとするテロリズムの意味作用へと移行することはないのである。

これらの考察から、これこれの暴力経験についての分析を、安定した諸カテゴリーの中に押し込めないよう、われわれは促される。暴力は、まさに行為者たちの主体性と結びついているがゆえに、主体性のあらゆる多様性と結合しえ、たとえば、われわれが区別した主体の五つの顔のうちで、優位となる顔をあるものから別のものへと移行させたり、多かれ少なかれ不安定なやり方で、それらの顔を結び合わせたりすることがありうるのである。暴力の主謀者の主体性は、その軌跡のさまざまな段階で増減する量としてあるのではない。それはむしろ、極端な場合には変化し、変質し、逆転するものであり、たとえもっともむき出しになったものであれ、貧弱なものであれ、失われたものであれ、ゆがめられたものであれ、転倒されたものであれ、そのあらゆる表現の中に研究者が再発見せねばならないものなのである。

おわりに

一　大きな隔たり

本書は、結局のところ、ひとつの逆説をめぐって構成されたように思われるかもしれない。たしかに本書は、さまざまな変化の中でもとくに経済のグローバル化が要請するパラダイムの変化という観点、またそれが国家と暴力に及ぼす影響に関する検討からはじまった。そして、主体、それも個人的主体を省察の中心に据えることを主張して終わった。要するに、出発点では、一般的な「マクロ」な諸現象に関心を持つことを求めているように思われるのに、到着点では、見たところ最初の着想からはるかに遠ざかって、もっとも「ミクロ」なもの、特異な個人を、その主体性とほぼ内面とにおいて、中心に据え直すことで終わっているのである。

しかし実際には、逆説ではまったくない。グローバリゼーションの概念をよく理解すれば、それが意味するのは、国際的な資金の流れ、国境のない市場、世界中での激しい人の移動というイメージに関係するアイデンティティ、あるいはある種の宗教の地球規模での拡大に関係するアイデンティティ、といったものだけが問題であるかのように、今日、すべてが地球規模で考えられねばならない、ということではない。その概念によって、われわれはむしろ、「グローバルな」とか「世界的な」と言われうるもっとも一般的なものと、逆にもっとも内的で、もっとも主観的でもある個別的なものとの間で、いつでもわれわれを知的に大きく逸脱させうるものとして、暴力のような現象をその無数の表現の中で考えるよう導かれるのである。

暴力と主体を関係づけることは、われわれにとって、心理学的アプローチを提案することではなく、今日グローバルな諸次元（マルセル・モースが「全体的社会的事実」の考え方で少し離れた意味を与えていなかったなら、「全体的」諸次元と言ってよいのだが）[二七]を考慮に入れて考えねばならない脈絡や状況の中に置かれた主体あるいは反主体の作用を、暴力の中に見ることを主張することである。それは、行為が困難に思われるところで、あるいは社会的、政治的、文化的、個人間の諸関係が意味の断絶と喪失の論理のために失われるところで、またある関係の構築が、たとえばメタ政治的な意味作用の過剰や欠如に、ある人びとの超主体性や絶望に、余地を残すところで、暴力が他の諸条件におけるよりも容易に道を切り開くことを認めることである。

大きな地政学的あるいは社会的な諸変化、そして宗教による世界の再呪縛や民族的アイデンティティの高まりが作り上げる地球規模の諸現象は、現実の経験に影響を与えはするが、それら自体で自動的に、直接的に、それらが関係する人びとの行動を決定するのではない。そもそも、それらの変化や現象自体、それらを生じさせる人びとの個人的で主観的な選択によって作られるのである。そしてそれらは、必ずしも人びとから次のようなものを奪いはしない。すなわち、自分自身の選択を生み出したり、自分の生き方に意味を与えたり、これ見よがしに意味のひとつを維持しようと務めたり、快楽を求めたり、あるいはたんに生命そのものが脅かされているところで生き延びようと試みたりする、各人が持ちうる可能性、欲望、衝動といったものを必ずしも奪いはしないのである。それらは、主体化を禁じるどころか、逆に、主体化を要請しかき立てるのである。そして主体化は、たとえ、状況に対して逆に影響を及ぼすことの困難や無能力に直面することになろうと、状況の外側にあるプロセスなのではない。主体化は、多くの点で状況によって形を与えられはするが、状況について当事者たちが持つ認識から生じるのである。このことは、場合によっては暴力に行き着きうる。パレスチナの殉教者、暴動に移行するフランスの郊外の若者、ロサンゼルスのギャングのメンバーは、必ずしも、グローバル化に依拠して、あるいはもっと単純に、大規模に作用する諸論理に依拠して、一貫した形で定義される必要はない。しかしそこに、否定され、虐待され、浮遊する、不可能な主体の印し、あるいは反主体の印しが見られるだけに、ますますよく彼らの行動が理解できるのである。そのような主体や反主体は、それらの存在を取り巻く「グローバルな」と言いうる現在の全般的な状況の中に、断絶の力によって構造破壊され支配された空間を見いだし、暴力がこの空間を、他のあらゆる行為の論理よりも、また社会的、文化的、政治的、間個人的なあらゆる構築物よりも、いっそう簡単に埋めることになるのである。

二　悪と善

本書の第二部で取り上げた古典的な諸アプローチと、第三部で中心に据えた主体の仮説との間で、われわれは、社会学の基本的な諸規則をやり玉にあげているかのごとく思われるほど、大きく飛躍している。実際、この新しいアプローチにおいては、主体は社会的なものの上流で作用しており、主体が暴力を生み出す基盤となっているのは、社会的なものではなく、その欠如、機能不全、衰退であり、極端な場合には社会的なものからもっとも遠ざかったものである。エミール・デュルケーム以来[131]、アラン・トゥレーヌの表現に従えば[132]、社会学者たちは、社会的なものを社会的なものによって説明し、分析において、何らかのメタ社会的な根拠に頼ることをいっさい排除する習慣を身につけてきた。いまや、社会的なものではないひとつの原理に分析の中心を据え直すわれわれの提案が持つ、結局のところ社会学的ではない性格を認めるべきではないだろうか。

暴力が、デュルケームの用語を借りれば、社会的事実であるなら、そして、暴力を理解するために社会的なものではない要素、すなわち主体をわれわれが介入させるのなら、われわれの集合的生活、関心事、議論、不安の中に大きな重要性を占めているために社会学的分析が要請される暴力という現象を考えるに際して、隠れた新しい神をわれわれは導入していることになりはしないだろうか。

暴力に関する省察の中心に据えるべきであるとわれわれが考える蛮行、残酷、大量殺戮、といった極端な諸現象については、たとえ古典的説明でそれらのいくつかの次元を理解しうるとしても、それでは十分な理解を得られないのである。たとえば悪における過剰や、残酷における機能性の不在という次元は、伝統的な論証から欠け落ちてしまっている。しかし、だからといって、その伝統的な論証は次のような主張を禁じはしないのである。すなわち、この社会科学にとって緊急の課題となっているのは、暴力の主謀者たちの主体性に関する検討へ、また行為においてその主体性が変化する条件に関する検討へと、いっそう突き進むことであるという主張である。集合的生活をむしばみ非人間化するものの中には、集合的生活の非機能化や危機のもっと向こうに、非社会的さらには反社会的な土台があるという観点を、われわれは受け入れるようにならねばならない。そして、われわれはこの観点を、社会学のいっそう古典的なアプローチとカテゴリーの再発見をまさに可能にする別の観点によって、補完せねばならない。すなわち、われわれが区別したさまざまな形態をとる主体の暴力は、その空間を、脈絡のうちでもある種のものの中に、そしてとりわけ、もっとも局地的なものからもっともグローバルなものまで、あらゆるレベルでのさまざまな社会的集合体が持つ欠損、欠陥、崩壊の中に見いだすということである。

　われわれが一九七〇年代あるいは八〇年代まで身を置いてきた社会では、暴力は悪の主要な顔ではなかった。暴力がそのようなものになったのはそれ以後のことである。当時、われわれは社会的関係と労使紛争について語り、集合的生活を国民国家の枠内、場合によっては国民国家間の関係の枠内で考え、マックス・ヴェーバーの後を受けて、宗教からの開放〔二八〕のイメージを受け入れた。さらに言えば、暴力は、西洋社会においてもある一定の正当性を持っていた。今日では、われわれは、明るい未来の希望やユートピアよりも、不安によってはるかに支配されている。暴力が紛争に取って代わり、文化的アイデンティティが緊張と恐怖を引き起こし、神が地球上いたるところで、それもたんにイスラムだけでなく、回帰している。テロリズムや戦争が交渉よりも優位に立ち、連日のごとく、世界規模で政治の欠損をますます大きくしている。こうして、「文明の衝突」というイデオロギーは自動的に実現される予言となった。暴力は、これらの現象を通して、そこに実行の場を見いだすさまざまな主体の顔にはぐくまれて、広がっている。つまるところ、暴力は悪なのである。ここで出てくる大きな問題は、暴力に善で対抗できるのかどうか、もしできるのであればどのようにしてなのか、を知ることである。

可能な回答として、主に二つの系列が考えられる。最初の系列は、暴力の表現に好都合な社会的条件（ここでの「社会的」は、政治的、文化的、制度的、法的、等の次元を含む広い意味でとらえねばならない）を強調することにある。これは、悪が社会的なものの向こう側あるいはこちら側にあるのなら、善は逆に社会的なものの中に組み込まれているという考え方に行き着く。このような考え方は、それ自体、二つの大きなバリエーションを持っている。そのひとつは、本書の最初でわれわれが行ったように、あらゆる人間共同体の分裂を強調し、この分裂の非暴力的な処理を保証する唯一の原理、すなわち、断絶の形態ではなく関係の形態のもとでその分裂を生き長らえさせうる紛争行為の原理を強調するであろう。もうひとつのバリエーションは、考察対象となるシステムの統一性と、それを維持するシステムの能力とに関心を持つことになる。このバリエーションは、社会的な絆、あるいは、たとえば民族のような共同体的な絆の概念を前面に出し、統合、社会適応化、秩序といったもののメカニズムと制度の価値を高めるであろう。つまるところ、一方では、問題を紛争、議論、改革、交渉に変え、他方では、社会適応化、予防、抑制を行うこと、これが、善の社会的観念を暴力に、すなわち悪に、もっとも主体＝主観的な次元を含めて対立させる二つの道である。

回答の二つ目の系列は、暴力を古典的、社会的、政治的に扱うことの限界を強調し、たとえば、そこには自己破壊にまでいたる覚悟を持った狂信的なテロリストたちとも交渉しうると信じる素朴さがあることを強調することにある。このパースペクティブにおいては、悪に対抗するために、善もまた、メタ社会的な原理に対応しておらねばならない。では、その原理をどこに見いだせるのだろうか。ある人びとは、ヒューマニズム的あるいは民族的な価値を前面に出し、たとえば、非暴力を不可侵の手段、それによる闘い（それがどのようなものであれ）を導こうと努力する行為者の側でいかなる例外も許容しない不可侵の手段であると見なすであろう。またある人びとは、信仰、信条を拠り所とするであろう（このことは、宗教が暴力の超主体を設立しうるのなら、宗教はまた、他人の生活と愛を尊重する超主体を、さらには、行為の原理に仕立てられた非暴力の超主体をも設立しうるということを、われわれに想起させる）。

どの系列であれ、暴力に立ち向かうためには、それらの回答は次のことを認めねばならない。すなわち、浮遊する主体が具現するものや反主体、それに他の諸々の悪の顔が、具体的な行動を通して、地政学的、社会的、制度的空間の中や組織の中などに現れるということである。ここに、暴力が社会科学に投げ掛ける挑戦がある。すなわち暴力は、社会的なものの上流で作用するひとつの原理、つまりわれわれが主体と呼ぶひとつの原理から生じながら、社会生活のまっただ中に組み込まれるのである。それゆえ、われわれのアプローチは、社会学の古典的なアプローチとは縁を切っていると同時に、非常に社会学的でもある。われわれのアプローチは、伝統的なアプローチと袂を分かち、分析の中心に非社会的な原理を据えるが、それでもなお社会学的であり、悪が生み出されたり、広がったり、表明されたり、あるいは後退する条件を考えようと務めるのである。暴力について有効なものは、さらに他の多くの領域についても有効である。われわれはいまや社会科学の古典時代から抜け出した。文化的アイデンティティの高まり、人種差別、脱制度化の現象、労働形態の変化、あるいは神の回帰といったもののいずれに関するものであれ、現代世界の問題に対応する分析道具、パラダイム、アプローチ方法を再創造せねばならないのである。

しかし、本書の最後にあたって、おそらく読者は、暴力に対する行動政策の根拠となりうるかもしれない、より明確な論述を期待しているのではないだろうか。そこで、われわれの類型論に立ち戻ることにしよう。

実践的にではないにしても、理論的にもっとも単純な事例は、浮遊する主体に関するものである。この浮遊する主体は、何よりも、ある個人あるいは集団が期待や問題を議論や紛争に変えようとしても、紛争行為が欠けているとか、困難あるいは不可能であることから生じるのであれば、その場合、暴力に対抗することは、何よりもまず、次のような努力を経ることになる。すなわち、その欠損、困難を取り繕うこと、したがって、かつての疲弊した紛争に取って代わりうる新しい紛争を作り出すこと、あるいは、いまのところ行為を奪われている主体が行為者として忽然と姿を現しうることを認める努力である。そして、問題なのがむしろ統合メカニズムや制度の危機であるなら、その場合の焦点は、いかにしてシステムの秩序、権威、能力を修復して機能させ、社会的絆を再創造するかにある。ここでの社会学者の任務は、何よりも、相対立し合うよりもしばしば結びつき合うこれら二タイプの説明の階層的序列化を可能にする分析を生み出すこと、したがって、具体的研究に頼ることも含めて、問題になっている状況の性質に光を当てることである。

超主体については、浮遊する主体の場合とは対称的に一般的な政策や方針を要請しうるかもしれない。ここでの問題は、実際、意味の欠損ではなく、したがって紛争の不十分さあるいは社会的絆の危機なのではなく、反対に、意味の過剰なのである。意味の過剰は、対立者がいる場合には彼らを敵扱いすると同時に、紛争があればそれを過剰なものにして、断絶、戦争、テロリズムに変えたり、あるいは、故意に危機を大きくしようとする。浮遊する主体を前にした場合の回答は、いわば、紛争化の原理にさかのぼることを目指したり、社会的絆の強化を目指したりすることでありうる。それに対して超主体の場合に問題なのは、むしろ、社会的絆の観点に意味を与え直すこと、あるいは、紛争まで下って、それを変質させたりその形成を妨害する意味作用、つまり紛争が紛争として現れるのを妨げる意味作用を遠ざけることである。このことは、行為のメタ社会的・メタ政治的諸次元、とくに宗教的諸次元が、行為を重層的に決定して、結局のところ、あらゆる交渉、改革、妥協、したがってまた、あらゆる議論、討議だけでなく都市生活へのあらゆる個人的参加を禁じるのをやめさせることを含意する。このことは、とりわけ、いったん超主体が実際に形成されてしまうと、まったく容易なことではない。その努力が成果を上げうるのは、次のようなプロセスが芽生えそうな時に、十分早めに手を打った場合である。そのプロセスとは、たとえば貧困者やのけ者をまず浮遊する主体に変え、次いで、極端な行動への移行によってしか主体破壊を避けえない絶望した個人に変えて、暴力へと導くことになる転倒のプロセスである。しかし、そのような努力が無駄に終わったり、手遅れであったりすることは大いにありうる。その場合、殺人的行為の実行に打ち勝つために残っているものとしては、もはや、警察、軍隊、司法による力の使用と抑圧だけである。

超主体を前にして、われわれが区別した回答の二つ目の系列もまた、検討に値するパースペクティブを与えてくれる。その系列が示唆することは、善の非社会的な諸々の顔（それらの顔が、関係する超主体のものと同じ文化的空間に属している場合を、おそらくまず第一に、含めて）が価値を高められ、活性化されるということである。このことを、たとえばイスラムを例に簡単に述べておこう。そのような方向づけは、テロリズムとなる過激なイスラムを前にして、「穏健派」と言われるイスラムを、とりわけ、それが宗教を政治から分離し、その二つの領域のうち前者にのみ準拠しうる場合には、認知し支持する呼びかけとなる。より広く言えば、その方向づけは、人間の諸権利、生命の絶対的尊重、あらゆる人間の肉体的・精神的完全さ〔無傷さ〕、他者の認知にとって福音となり、たとえ国家の主権とぶつかることになろうと、あるいは公的空間の中にしか個人を見ようとしない抽象的普遍主義とぶつかることになろうと、ためらうことなく具体的な集団や共同体に依拠するのである。

これらの考察、この種の論証は、人びとが浮遊する主体や超主体から遠ざかれば遠ざかるほど、主謀者にとって意味、紛争、社会的絆への何らかの回帰を企てることがますます困難になるという特異な点について、暴力の主体の他の顔にも広げうるであろう。たしかに、たとえば家庭や学校の領域では、パーソナリティの中でもとくに暴力に傾くものが作り上げられなくする教育政策を、ある程度一般的に擁護しうるかもしれない。またまったく同様に、たとえば超国家的領域では、大量殺戮の主謀者たちやジェノサイドの責任者たちを裁くために、いっそう効果的で、いっそう徹底した制圧と裁きの機構に強く訴えうるかもしれない。しかし、そのような政策や機構によっては、ひとつの問題がつきまとい続けることを避けえない。すなわち、暴力のない世界、変質し倒錯した主体の顔を取り除かれた人類というものが考えられうるのか、という問題である。

原注

はじめに・第一部

（1） Friedrich Engels, *Le rôle de la violence dans l'histoire*, Paris, Éditions sociales, 1971 [1878], p.38〔エンゲルス『反デューリング論』の「第二篇・経済学、四・暴力（結び）」からの引用。『マルクス・エンゲルス全集』第二〇巻、大月書店、一九六四年、一九〇頁〕。

（2） Norbert Elias, *La civilisation des mœurs*, Paris, Calmann-Lévy, 1973 ; *La dynamique de l'Occident*, Paris, Calmann-Lévy, 1975. これらの二冊は次の著作の翻訳である。*Über den Prozess der Zivilisation*（1939）〔ノルベルト・エリアス『社会の変遷／文明化の理論のための見取図』波田節夫ほか訳、法政大学出版局、一九七八年〕。

（3） Jean-Claude Chesnais, *Histoire de la violence*, Paris, Robert Laffont, 1981.

（4） *Cf.* Schmuel N. Eisenstadt and Wolfgang Schluchter,《Introduction : Paths to Early Modernities. A Comparative View》, *Daedalus*, vol. 127, n° 3, 1998, p. 47 ; Nilüfer Göle,《Snapshots on islamic modernities》, *Daedalus*, Multiple Modernities, vol. 129, n° 1, 2000, pp. 91–116.

（5） Alain Touraine, *Critique de la modernité*, Paris, Fayard, 1992.

（6） たとえば、イヴ・ミショーは次のように述べている。「ある相互作用の状況において、ひとりあるいは複数の行為者が、直接的あるいは間接的に、一度にあるいは徐々に行動して、他のひとりあるいは複数の人びとに、その人びとの肉体的完全さ、道徳的完全さ、所有物、あるいは象徴的、文化的参加において、攻撃を加える時、暴力がある」（Yves Michaud, *Violences et politique*, Paris, Gallimard, 1978, p.20）。

（7） ピエール・ブルデューの著作全体を貫いているこの概念に関する批判的議論については、以下を参照。Lahouari Addi, *Sociologie et anthropologie chez Pierre Bourdieu*, Paris, La Découverte, 2002. とくに第七章《La violence symbolique et le champ politique》, p.156–179.

（8） この概念については次のものを参照。Charles Tilly, *La France conteste de 1600 à nos jours*, Paris, Fayard, 1986.

（9） この考え方の最初の表明については、私が指導し次のタイトルで発表した共同研究を参照。*Un nouveau paradigme de* la violence?, Cultures et Conflits*, numéro spécial, 1997.

（10） 他の著作でも取り上げている。Michel Wieviorka, *Sociétés et terrorisme,* Paris, Fayard, 1989, および、（sous la dir. de） *Violence en France*, Paris, Seuil, 1999 を参照。

（11） Georg Simmel, *Le Conflict*, Saulxures, Circé, 1992 [1923], pp.19–20〔ゲオルグ・ジンメル『闘争の社会学』堀喜望・居安正訳、法律文化社、一九六六年、一―二頁〕。非常にはっきりとゲオルグ・ジンメルを援用した紛争の機能主義的アプローチがルイス・コーザーに見られ、彼自身の次の著作の中でその考え方を紹介している。Lewis Coser, *The Functions of Social Conflict*, Glencoe, The Free Press, 1956〔ルイス・A・コーザー『社会闘争の機能』新睦人訳、新曜社、一九七八年〕。たしかに、コーザーが提案しているジンメル読解に対する批判もありえ、とりわけ、Christine Mironesco, *La logique du conflit. Théories et mythes de la sociologie contemporaine*, Lausanne, Ed. Pierre-Marcel Favre, 1982 は、コーザーが言っていることは「ジンメルの思想にそむいている」（三〇頁）としている。

（12） *Idem*, p.35〔同書、一八―一九頁。ただし訳語を一部変えた〕。

（13） ここでの分析は、西洋の工業化社会の経験に的を絞る。この分析では、革命の熱狂下でまさしく労働者の社会的行為が政治的行為と結びつきそれに従属する社会、および、絶対主義のプロセスが極端な暴力を労働者階級の名において出現させるが、実際には、組合をはじめ組織された行為者たちが服従するよう命じられているにすぎない社会は脇に置く。これらの経験について緻密に検討しても、われわれの論証全体が疑わしいものになることはないであろうが、錯綜したものにならざるをえないであろう。

（14） Alain Touraine, *La conscience ouvrière*, Paris, Seuil, 1966； Alain Touraine, Michel Wieviorka, François Dubet, *Le mouvement ouvrier*, Paris, Fayard, 1984.

（15） William Julius Wilson, *The Declining Significance of Race*, Chicago, Chicago University Press, 1979； *The Truly Disadvantaged： The Inner city, The Underclass ant Public Policy*, Chicago, Chicago University Press, 1987.

（16） François Dubet, *La Galère*, Paris, Fayard, 1988.

（17） Paul Lazarsfeld et al., *Les chômeurs de Marienthal*, Paris, Minuit, 1981 [1932].

（18） たとえば、われわれ自身の研究 *Violence en France*, *op.cit.* のほか、次のものを参照。Daniel Lepoutre, *Cœur de banlieue. Codes, rites et langages*, Paris, Ed. Odile Jacob, 1997； François Dubet, *op.cit.*

（19）Louis Chevalier, *Classes laborieuses, classes dangereuses*, Paris, Hachette, 1984〔ルイ・シュヴァリエ『労働階級と危険な階級——一九世紀前半のパリ』喜安朗・木下賢一・相良匡俊訳、みすず書房、一九九三年〕。

（20）Régis Pierret, *Les Apaches à Paris au début du siècle*, Paris, Diplôme de l'EHESS, 1996.

（21）Michelle Perrot, *Les ombres de l'histoire. Crime et châtiment au XIXe siècle*, Paris, Flammarion, 2001, pp.359–361.

（22）この概念は、行為者が社会運動の諸カテゴリーをゆがめ変質させて、ますます抑えのきかない暴力への移行を伴う過激なイデオロギーにそれらカテゴリーをラディカルに変えようとするプロセスを指し示す。*Cf. Société et terrorisme*, *op.cit.*

（23）Alain Touraine, *Qu'est-ce que la démocratie?*, Paris, Fayard, 1994, p.89.

（24）Jean-Pierre Derriennic, *Les guerres civiles*, Paris, Presses de Sciences Po, 2001, p. 42.

（25）Pierre Hassner, *La violence et la paix. De la bombe atomique au nettoyage ethnique*, Paris, Ed. Esprit, 1995, p.55.

（26）Philippe Delmas, *Le bel avenir de la guerre*, Paris, Gallimard, 1995.

（27）たとえば、次のものを参照。François Jean et Jean-Christophe Rufin (dir.), *Économie des guerres civiles*, Paris, Hachette, coll.《Pluriel》, 1996；Pierre Hassner et Roland Marchal (sous la dir. de), *Guerres et sociétés. État et violence après la Guerre froide*, Paris, Khartala, 2003.

（28）Hannah Arendt, *Du mensonge à la violence, essais de politique contemporaine*, Paris, Calmann-Lévy, 1972〔ハンナ・アーレント『暴力について——共和国の危機』山田正行訳、みすず書房、二〇〇〇年、一〇六頁参照〕。

（29）Franz Fanon, *Les Damnés de la terre*, Paris, Maspéro, 1961〔フランツ・ファノン『地に呪われたる者』鈴木道彦・浦野衣子訳、みすず書房、二〇〇四（一九九六）年〕への序文において。

（30）たとえば、次のものを参照。*Violence and Utopia. The Work of Jerome Boime*, ed. by Albert Boime, Lanham-New York-London, University Press of America Inc., 1996. ジェローム・ボイメによると、ソレルにおける暴力は、社会的行為の消滅として理解可能であり、彼において暴力は紛争の反対物であるかもしれない。

（31）Georges Sorel, *Réflextions sur la violence*, Paris, Genève, Slatkine, 1981 [1908], p.110〔ジョルジュ・ソレル『暴力論』上巻、木下半治訳、岩波文庫、一九六五年、一五二—一五三頁〕。先に引用した表現も同書による。

（32）Jacques Julliard, *Clemenceau briseur de grèves*, Paris, Julliard, 1965.

（33）Hannah Arendt, *op. cit.*, p.182〔ハンナ・アーレント、前掲書、一五九頁〕。

(34) ファノンのこの本が出た当時も、その後も、多くの評者が本の著者と序文執筆者〔サルトル〕との隔たりを強調した。たとえばアリス・シェルキは、サルトルが「暴力を正当化しているのに対して、ファノンは暴力を分析している」(Alice Cherki, *Frantz Fanon, Portrait*, Paris, Seuil, 2000, p.260) と述べている。

(35) Frantz Fanon, *op. cit.*〔前掲書、三七頁。原文ではサルトルの序文からの引用となっているが、それは誤りで、本文からの引用〕。

(36) *Cf.* Alice Cherki, *op. cit.*, Paris, Seuil, 2000, p.300.

(37) Irene Taviss Thompson, *In Conflict no longer. Self and Society in Contemporary America*, Lanham, Roman and Littlefield Pub. Inc., 2000, p.2.

(38) たとえば、次のものを参照。Danilo Martuccelli, *Dominations ordinaires*, Paris, Balland, 2001.

(39) Pierre Hassner, *op. cit.*, Paris, Ed. Esprit, 1995, p.11.

(40) Michel Wieviorka, *Sociétés et terrorisme*, Paris, Fayard, 1989.

(41) Raymond Aron, *Paix et guerre entre les nations*, Paris, Calmann-Lévy, 1962.

(42) Francis Fukuyama, *La fin de l'histoire et le dernier homme*, Paris, Flammarion, 1992〔フランシス・フクヤマ『歴史の終わり』渡部昇一訳、三笠書房、一九九二年〕。

(43)「二～三世紀前の領土国家の出現は国家間の戦争と対になっていた。戦争は領土国家の出現を説明するものであると同時に、その出現によって開花したものでもある。それとまったく同様に、領土国家の衰退と内戦の増加は、実際には、互いに助長し合う対になったプロセスをなしている。一方が他方を説明するものであると同時に、促進するものでもある」Ghassan Salamé, *Appels d'empire. Ingérences et résistances à l'âge de la mondialisation*, Paris, Fayard, 1996, p.95.

(44) Hans Magnus Enzensberger, *La Grande Migration*, suivie de *Vues sur la guerre civile*, Paris, Gallimard, 1995 [1993]〔ハンス・M・エンツェンスベルガー『国際大移動』野村修訳、晶文社、一九九三年〕。

(45) Hamit Bozarslan, *La question kurde. États et minorités au Moyen-Orient*, Paris, Presses de Sciences Po, 1997.

(46) Aline Angoustures et Valérie Pascal,《Diasporas et financement des conflits》, in *Economie des guerres civiles*, *op. cit.*, p.495–542.

(47) ホブズボームは次のように書いている。「歴史家たちが民族とナショナリズムの研究を進展させるという事実そのものが、ほとんどの場合、現象がその頂点を過ぎたということをほのめかしている。知恵をもたらすミネルヴァのフクロウは黄昏に飛び立つ、とヘーゲルは言った。いまフクロウが民族とナショナリズムの周囲を旋回しているのは、よい兆候である」と。Eric Hobsbawm, *Nations et nationalisme depuis 1780*, Paris, Gallimard, 1992, p. 238.

（48）この点についての概要は、私の次のテキストを参照していただきたい。《Quatre figures du nationalisme : la question de la violence》dans Pierre Birnbaum (sous la dir. de), *Sociologie des nationalismes*, Paris, PUF, 1977, pp. 369–386.

（49）*Cf*. Michel Wieviorka, *La Différence*, Paris, Balland, 2001, et Michel Wieviorka et Jocelyne Ohana (sous la dir. de), *La Différence culturelle. Vers une reformulation des débats*, Paris, Balland, 2001.

（50）Jean Baudrillard,《Le degré Xerox de la violence》, *Libération*, 2 cotobre, 1995.

（51）*Cf*. Séverine Labat, *Les islamistes algériens*, Paris, Seuil, 1995 ; Luis Martinez,《Les groupes islamistes entre guérilla et négoce. Vers une consolidation du régime algérien》, *Les Études du CERI*, n°3, août 1995. この研究者によると、ＧＩＡ〔武装イスラム集団〕は多くの点で中小企業に属し、国家の監督から開放された輸出入業者に属している。そして、「勃発して三年後に、内戦は、ますます社会的昇進と個人的金もうけの道具に似てくる」――これは、政治が完全にかすんだ極端な視点である。

（52）Jean-Christophe Rufin,《Les économies de guerre dans les conflits internes》, *Économie des guerres civiles, op. cit.*, pp. 43–44.

（53）*Cf*. Fabrizzio Calvi, *Camarade P. 38*, Paris, Grasset, 1982.

（54）*Cf*. Rémy Bazenguissa-Ganga,《Milices politiques et bandes armées. Enquête sur la violence politique et sociale des jeunes déclassés》, *Les Études du CERI*, n° 13, avril 1996. これに匹敵する経験が、Roland Michel《Les mooryaan de Magadiscio. Formes de la violence dans un espace urbain et guerre》, *Cahiers d'Études Africaines*, vol. 33, n°2, 1993, pp.295–320 で研究されている。このタイプの現象はハイチにも見られる。

（55）Cf. Laurent Zecchini,《Les "Freemen" ―― comme très souvent les membres des milices d'extrême droite ―― sont souvent des "paumés" de la société américaine》, *Le Monde*, 30 juillet 1996, p.2.

（56）Farhad Khosrkhavar, *Rupture de l'unanimisme dans la révolution iranienne*, thèse pour le doctorat d'État, Paris, EHESS, 1992 ;《Le Modèle Bassidji》, *Cultures et Conflits*, *op. cit.*, pp.59–118.

（57）Cf. Sylvaine Trinh,《Aum Shinrikyo : secte et violence》, *Cultures et Conflits*, *op.cit.*, pp.229–290. 念のために付け加えると、

オウム教団は、一九九五年三月二〇日に東京の地下鉄でサリンガスを用いて殺人テロを組織し遂行した宗教運動である。

(58) Émile Durkheim, *Les formes élémentaires de la vie religieuse*, Paris, PUF, 1968 [1912]〔デュルケム『宗教生活の原初形態』(上・下) 古野清人訳、岩波書店、一九七五年〕。

(59) Robert Merton, *Social Theory and Social Structure*, revised and enlarged edition, London, The Free Press of Glencoe, 1957〔ロバート・K・マートン『社会理論と社会構造』森東吾ほか訳、みすず書房、一九六一年〕。

(60) David Le Breton, *Passions du risque*, Paris, Métailié, 1991.

(61) *Cf.* Alain Ehrenberg, *L'Individu incertain*, Paris, Calmann-Lévy, 1995.

(62) Frantz Fanon, *Les Damnés de la terre*, *op. cit.*, préface de Jean-Paul Satre〔フランツ・ファノン『地に呪われた者たち』前掲書、ジャン＝ポール・サルトルの序文〕。

(63) *Cf.* Philippe Gavi, Jean-Paul Sartre, Pierre Victor, *On a raison de se révolter*, Paris, Gallimard, 1974〔サルトルほか『反逆は正しい――自由についての討論』鈴木道彦・海老坂武訳、人文書院、一九七五年〕。

(64) 「もうひとつのグローバリゼーション」の立場からのこれらの異議申し立てについては、私が責任編集した共著 *Un autre monde* ..., Paris, Balland, 2003 を参照していただきたい。

(65) ついでに次の逆説に言及しておこう。つまり、この反グローバリゼーションからの抗議は新自由主義を対象にしているのではなく、逆に保護貿易主義の措置を対象にしているということである。

(66) *Cf.* Olivier Roy, *L'échec de l'islam politique*, Paris, Seuil, 1992 ; Gilles Kepel, *Djihad*, Paris, Gallimard, 2000.

(67) Max Weber, *Le savant et le politique*, Paris, Plon,《10-18》, 1963 [1919], pp.124-125〔マックス・ヴェーバー『職業としての政治』脇圭平訳、岩波文庫、一九八〇年、九―一〇頁〕。

(68) 「マックス・ヴェーバーは、完全に分析的な概念と半ば歴史的な概念とを実際には区別しなかった」と、レイモン・アロンは書いている。Ryamond Aron, *Les étapes de la pensée sociologique*, Paris, Gallimard,《Tel》, 1967, cité par Pierre Bouretz, *Les promesses du monde. Philosophie de Max Weber*, Paris, Gallimard, 1996, p.263〔レイモン・アロン『社会学的思考の流れII』北川隆吉ほか訳、法政大学出版局、一九八四年、三三〇頁〕。

(69) この問題については次のものを参照。Jonathan Moore (sous la dir. de), *Des choix difficiles. Les dilemmes moraux de l'humanitaire*, Paris, Gallimard, 1999[1998].

（70） *Cf.* Angelina Peralva, *Violence et démocratie. Le paradoxe brésilien*, Paris, Balland, 2001 ; Paulo Sergio Pinheiro, 《Institutions and Impunity : Violence, Crime and Police System in New Democratic Countries (The Barazilian Experience in the Context of Latin American Countries)》, texte présenté au séminaire international *Strategies of Police Intervention in the Modern State*, São Paoulo, septembre 1996.

（71） *Cf.* Frédéric Ocqueteau, *Déclin de l'État wébérien et recomposition des fonctions policières dans les sociétés de la modernité tardive*, Habiliation à Diriger les Recherches, Paris, 2002.

（72） Jean-Paul Brodeur, *Les visages de la police*, Montréal, Les Presses de l'Université de Montréal, 2003. アングロ＝サクソンの研究については次を参照。Jean-Paul Brodeur, Dominique Monjardet (sous la dir. de), 《Connaître la police. Grands textes de la recherche anglo-saxonne》, *Les Cahiers de la Sécurité Intérieure*, hors série 2003.

（73） Jean-Paul Brodeur, *op. cit.*, p.11.

（74） Jean-Paul Brodeur, 《Violence spéculaire》, *Lignes*, n° 25, mai 1995.

（75） Philip Smith, 《Civil Society and Violence : Narrative Forms and the Regulation of Social Conflict》, in Jennifer Turpin and Lester R. Kurtz (eds), *The Web of Violence. From Interpersonal to Global*, Urbana and Chicago, University of Illinois Press, 1997, p.111.

（76） Philippe Delmas, *op. cit.*, p.9.

（77） Umberto Eco, 《Verso un nuovo Medievo》, in *Dalla periferia dell'imperio*, cité par Pierre Hassner, *op. cit.*, p.56. アスネールは次のように書いている。「たしかに国家が前面にとどまっているものの、一方では世界共同体の、他方では国内的および超国家的な無政府主義の政治的再出現によって、ますます問題にされる形態構成をわれわれは目の当たりにしている。ある意味で、この二重の進展は中世への回帰と見なされうる。」 Pierre Hassner, 《De guerre et paix à violence et intervention. Les contextes politiques et techniques passent, les dilemmes moraux demeurent》, in *Des choix difficiles*, *op. cit.*, p.26.

（78） Ghassan Salamé, *op. cit.*, p.56.

（79） Jean-François Bayart, 《L'historicité de l'État importé》, *Les Cahiers du CERI*, n° 15, 1996, p.21.

（80） Olivier Roy, 《Groupes de solidarité au Moyen-Orient et en Asie centrale》, *Les Cahiers du CERI*, n° 16, 1996.

（81） Pierre Hassner, *op. cit.*, p.26.

(82) Jean Guilaine, Jean Zammit, *Le sentier de la guerre. Visage de la violence préhistorique*, Paris, Seuil, 2001, p.325.

(83) Bronislaw Geremek, *Les marginaux parisiens aux* XIVe *et* XVe *siècles*, Paris, Flammarion, coll.《Champs》, 2001.

(84) Bernard Lempert, *Critique de la pensée sacrificielle*, Paris, Seuil, 2000.

(85) Denis Salas,《Introduction》, *La justice, une révolution démocratique*, Textes présentés par Denis Salas, Paris, Desclée de Brouwer, 2001, p.13.

(86) Simon Chesterman,《Introduction : Global Norms, Local Contexts》, *in* Simon Chesterman (ed.), *Civilians in War*, Boulder (Col.), Lynne Rienner Publishers, 2001, pp.1–6.

(87) 同書収録の次のものを参照。Karma Nabulsi,《Evolving Conceptions of Civilians and Belligerents : one hundred years after the Hague Peace Conferences》, pp.9–24.

(88) Georges Vigarello,《L'invention de la violence morale》, *Sociétés et représentations*, n° 6, juin 1998, p.186.

(89) Renée Zauberman et Philippe Robert, *Du côté des victimes. Un autre regard sur la délinquance*, Paris, L'Harmattan, 1995, p.8.

(90) Stéphane Audoin-Rouzeau, Annette Becker, *14–18. Retrouver la guerre*, Paris, Gallimard, 2000.

(91) Jacky Mamou, *L'Humanitaire expliqué à mes enfants*, Paris, Seuil, 2001, pp.18–19.

(92) Marlene A. Young,《The Crime Victim's Movement》, *in* Frank M. Ochberg MD (ed.), *Post-Traumatic Therapy and Victims of Violence*, New York, Brunner/Mazel Publishers, 1988, pp. 319–329.

(93) *Idem*, p.325.

(94) Élisabeth Badinter, *Fausse route*, Paris, Ed. Odile Jacob, 2003.

(95) Jean-Michel Chaumont, *La concurrence des victimes. Génocide, identité, reconnaissance*, Paris, La Découverte, 1997.

(96) 一九六七年のあるシンポジウムで、「ホロコーストに基づく将来のユダヤ人の価値」をテーマに、著名な四人のユダヤ人、すなわちエミール・L・ファッケンハイム、リチャード・H・ポプキン、ジョージ・スタイナー、エリー・ヴィーゼルが一堂に会した。そこでのスピーチと討論は、その後『ユダイズム』誌に掲載されたが、これが以後の基礎を作ったとショーモンは見なしている。引用したヴィーゼルの言葉は、そのシンポジウム記録に収録された彼の論考からのものである。

(97) 「世紀と赦し」というタイトルでなされた対談〔ヴィヴィオルカとの対談〕は、Jacques Derrida, *Foi et Savoir*, Paris, Seuil,

2000 に収録された。

（98） Cité par Carole Damiani, *Les victimes. Violences publiques et crimes privés*, Paris, Bayard, 1997, p.35.

（99） Carole Damiani, *op. cit.* に、これらの研究、およびより広く、科学としての被害者学の「出現」（彼女の表現）についてのより正確なレファレンスが見いだされる。

（100） アメリカの有名な大富豪の娘パトリシア・ハーストは、自分を誘拐し身代金を要求したグループに自己同一化した〔パトリシア・ハーストは、メディアを傘下に収める新聞王で映画『市民ケーン』のモデルにもなったランドルフ・ハーストの孫娘で、一九七四年二月に、「人民解放」を標榜するＳＬＡ（シンバイオニーズ解放軍）に誘拐されるが、洗脳されてＳＬＡのメンバーとなり、銀行強盗に加担した。なお、原文の本文では一九七二年となっているが、一九七四年の誤りであるので訂正した〕。

（101） Bernard Lempert, *Le retour de l'intolérance. Sectarisme et chasse aux sorcières*, Paris, Fayard, 2002, p.10.

（102） Neil J. Kressel, *Mass Hate. The Global Rise of Genocide and Terror*, Cambridge, Westview Press, 2002 [1996], p.32.

（103） Jean Audet, Jean-François Katz, *Précis de victimologie générale*, Paris, Dunod, 1999.

（104） *Idem*, pp.13-27. 著者たちはまた、「臨床被害者学」と「民族学的被害者学」についても語っている。

（105） これが、ＣＥＳＤＩＰの一環としてフランスで実施されたようなアンケート調査から引き出しうる教訓である。Cf. Renée Zauberman et Philippe Robert, *op. cit.*〔ＣＥＳＤＩＰ（刑法及び刑事制度に関する社会学的研究センター）は、ＣＮＲＳ（国立科学研究センター）と司法省に同時に付属する研究所で、一九八三年に設立された〕。

（106） Renée Zauberman et Philippe Robert, *op. cit.*, p.22.

（107） David L. Altheide, *Creating Fear. News and the Construction of Crisis*, New York, Aldine de Gruyter, 2002.

（108） *Idem*, p.41.

（109） Franck Furedi, *Culture of Fear. Risk-taking and the Morality of Low Expectations*, Londres, Cassel, 1997, p.100.

（110） Robert Hughes, *The Culture of Complaint. The Fraying of America*, New York, Oxford University Press, 1993.

（111） *Idem*, p.10.

（112） Alain Renaut, *La libération des enfants. Contribution à une histoire philosophique de l'enfance*, Paris, Bayard, Calmann-Lévy, 2002, p.317.

(113) Robert Fraisse, 《Pour une politique des sujets singuliers》, *in* François Dubet et Michel Wieviorka (dir.), *Penser le sujet. Autour d'Alain Touraine*, Paris, Fayard, 1997, pp.551–564.

(114) Renée Zauberman et Philippe Robert, *op. cit.*, p.22.

(115) Paul Gilroy, *There ain't no Black in the Unioin Jack*, Londres, Hutchinson, 1987.

(116) Jean-Paul Ngoupandé, 《L'Afrique suicidaire》, *Le Monde*, 18 mai 2002.

(117) Pascal Bruckner, *La tentation de l'innocence*, Paris, Grasset, 1999, pp.14–17.

(118) Élisabeth Badinter, *op. cit.*

(119) Mireille Delmas-Marty, 《Les crimes internationaux peuvent-ils contribuer au débat entre universalisme et relativisme des valeurs?》, *in* Antonio Cassese et Mireille Delmas-Marty (sous la dir. de), *Crimes internationaux et juridictions internationales. Valeurs, politique et droit*, Paris, PUF, 2002, p.65.

(120) Annette Wieviorka, *L'ère du témoin*, Paris, Plon, 1998.

(121) Albert Einstein / Sigmund Freut, *Pourquoi la guerre?*, Institut de coopération intellectuelle, Société des Nations, 1933, p.18〔アインシュタイン、フロイト『ヒトはなぜ戦争をするのか?――アインシュタインとフロイトの往復書簡』浅見昇吾編訳、花風社、二〇〇〇年、一八頁。なお、この往復書簡は、一九三二年にアインシュタインが国際連盟から「人間にとってもっとも大切だと思われる問題を取り上げ、一番意見交換したい相手と書簡を交わしてください」という依頼を受けたことから実現された〕。

(122) この主張を擁護する著作のうちもっとも練り上げられたものの一つとして、次のものを参照。Friedrich Hacker, *Terreur et terrorisme*, Paris, Flammarion, 1976.

(123) Yves Michaud, *Changements dans la violence. Essai sur la bienveillance universelle et la peur*, Paris, Ed. Odile Jacob, 2002, p.101.

(124) Michel Wieviorka, Dominique Wolton, *Terrorisme à la Une. Media, terrorisme et démocratie*, Paris, Gallimard, 1987.

(125) *Idem*, p.95.

(126) *Idem*, p.100.

(127) Tamar Liebes, Elihu Katz, *The Export of Meaning. Cross-Cultural Readings of Dallas*, New York-Oxford, Oxford Univer-

sity Press, 1990.

(128) *Cf.* Mireille Delmas-Marty, *op. cit.*, p.63.

(129) *Cf.* W. James Potter, *On Media Violence*, Londres, Thousand Oaks, Sage, 1999, p.76.

(130) *Cf.* Annette Wieviorka, *Déportation et génocide. Entre la mémoire et l'oubli*, Paris, Plon, 1992.

(131) Sebastian Roché, *Insécurités et Liberté*, Paris, Seuil, 1994 ; Hugues Lagrange, *La Ccivilité à l'épreuve. Crime et sentiment d'insécurité*, Paris, PUF, 1995.

(132) Otto N. Larsen (ed), *Violence and the Mass Media*, Evanston and New York, Harper and Row, 1968. 同じ時期に、「暴力の原因と防止に関する全国委員会」の「マスメディアと暴力に関する専門部会」の報告書が、暴力のテレビ映像と暴力行動との間にある相関関係について問い直し、それはアメリカ合衆国では一九五四年以来議論されている問題であると指摘している。すでに二〇年代末に、アメリカの研究者たちが、若者の非行と映画を見る頻度との間にある相関関係に言及していた。*Cf.* Monique Dagnaud, *Médias et violence. L'état du débat*, Paris, La Documentation française, 2003.

(133) *A Staff report to the National Commission on the Causes and Prevention of Violence*, prepared by Robert K. Baker and Dr Sandra J. Ball, 1969.

(134) Cité par Jean Hatzfeld dans *Une saison de machettes*, Paris, Seuil, 2003, p.110.

(135) National Television Violence Study, *National Television Study : Executive Summary, 1994–1995*, et *Scientific Papers, 1994–1995*, Sudio City (Cal.), Mediascope, 1996. Cité par James T. Hamilton, *op. cit.*, p.19.

(136) Andrea Martinez, *La violence à la télévision : état des connaissances scientifiques*, Direction de la programmation télévisée du CRTC, Canada, 1990.

(137) 当時のこの考え方は、テレビで放映される暴力にさらされることはカタルシス効果、すなわち映像による一種の浄化によって、攻撃性を減少させるというものである。

(138) *Cf.* Jeffrey G. Johnson et *al.*《Television Viewing and Agressive Behavior During Adolescence and Adulthood》, *Science*, vol. 295, 29 March 2002, pp. 2468–2471.

(139) モニク・ダニョー（Monique Dagnaud, *op. cit.*, p.6）は、いくつもの殺人あるいは虐殺の例に言及しているが、その中には、たとえば、『スクリーム』をモデルにしてフランスで起こった少女殺害（二〇〇二年六月四日）の例が挙げられている。

『スクリーム』が若者たちを巻き添えにした以上、彼らに対して「テレビ側あるいは映画側に回答が求められている」〔『スクリーム』は、ウェス・クレイヴン監督のホラー映画のシリーズで、一九九六年に第一作、一九九七年に第二作、二〇〇〇年に第三作が封切られている。二〇〇二年六月、ナント近くで当時一五歳の少女が、『スクリーム』に魅惑された当時一七歳の少年によって、ナイフで四二回刺されて殺された。なお、犯人の少年は二〇〇四年一一月に、イル＝エ＝ヴィレーヌ未成年重罪裁判所によって懲役二五年の判決を受けた〕。

(140) E. Katz,《On conceptualising media effects : another look》, *in* S. Oskamp (ed.), *Television as a Social Issue*, California, Sage, 1988. Cité par Andrea Martinez, *op. cit.*, p.23.

(141) *La violence à la télévision*, rapport de Mme Blandine Kriegel à M. Jean-Jacques Aillagon, ministre de la Culture et de la Communication, Paris, 2002.

(142) *Idem*, p.18.

(143) この分野での先駆的大物はジョージ・ガーブナーである。たとえば彼の次のものを参照。George Gerbner, *Violence and Terror in the Mass Media*, Reports and Papers on Mass Communications, n° 102, Paris, UNESCO, 1988〔ガーブナーは、アメリカのメディア研究者で、一九六〇年代にペンシルベニア大学で「文化指標プロジェクト」を立ち上げ、テレビ番組の定期的な内容分析を行い、テレビが視聴者の現実認識に与える影響を検討した。また、テレビが現実認識を「培養」しているとして、本文後出の「文化培養論」を提唱した〕。

(144) Olivier Mongin, *La Violence des images, ou comment s'en débarasser?*, Paris, Seuil, 1997, p.139.

(145) Divina Frau-Meigs, Sophie Jehel, *Les Écrans de la violence. Enjeux économiques et responsabilités sociales*, Paris, Economica, 1997.

(146) Monique Dagnaud,《Violence des jeunes, violence des images》, *Enfances et psy*, n° 6, mars 1999, pp.41-45.

(147) Donald F. Roberts, Ulla G. Foehr, Victoria J. Rideout, Mollyan Brodie,《Kids meidas. A Comprehensive National Analysis of Children's Media Use》, *A Kaiser Family Foundation Report*, nov. 1999.

(148) *Idem*, p.2.

(149) Todd Gitlin, *Media Unlimited, How the Torrent of Images and Sounds Overwhelms our Lives*, New York, Metropolitan Books, 2001.

（150）Martin Barker, Julien Petley (eds), *Ill Effects. The Media / violence Debate*, Londres, Routledge, 1997.
（151）James T. Hamilton, *Channeling Violence. The Economic Market for Violent Television Programming*, Princeton, Princeton University Press, 1998, p. XVII.
（152）Georges Balandier, *Le pouvoir sur scènes*, Paris, Balland, 1992, p.11.
（153）Carole Desbarats,《La Frontière》*Trafic*, n° 13, hiver 1995, cité par Olivier Mongin, *op. cit.*, p.12.
（154）Olivier Mongin, *idem*, p.118.
（155）James T. Hamilton, *Channeling Viloence. The Economic Market for Violent Television Programming*, *op. cit.*, p.XVI.
（156）ブランディーヌ・クリージェルの報告書は、「あらゆる場所で、あらゆる公衆によって許される有償の暴力が存在することを仮定しているかのような」この呼称の奇妙さを指摘している（Blandine Kriejel, *op. cit.*, p.24）。
（157）Benjamin Stora, *Imaginaire de guerre. Algérie-Viêt-nam, en France et aux États-Unis*, Paris, La Découverte, 1997.
（158）Catherine Millet, *La vie sexuelle de Catherine M.*, *Paris*, Seuil, 2001〔カトリーヌ・ミエ『カトリーヌ・Mの正直な告白』高橋利絵子訳、早川書房、二〇〇一年。著者のカトリーヌ・ミエはフランス現代美術誌『アート・プレス』の女性編集長。この本で自らの性生活をあからさまに描いた〕。ポルノグラフィーについては、次のものを参照。Patrick Baudry, *La pornographie et ses images*, Paris, Arman Colin, 1997.
（159）とくに、次のものを参照。Serge Tisseron, *Les bienfaits des images*, Paris, Ed. Odile Jacob, 2003.
（160）この問題を非常によく例証する事例に関する注目すべき研究として、次のものを参照。Angelina Peralva, Éric Macé, *Médias et violences urbaines. Débats politiques et construction journalistique*, Paris, La Documentation française, 2002.

第二部

（1）Cf. James B. Rule, *Theories of Civil Violence*, Berkeley, University of California Press, 1988 ; Donald J. Shoemaker, *Theories of Delinquency, An Examination of Explanations of Delinquent Behavior*, New York, Oxford, Oxford University Press, 1990 [1984].
（2）たとえば、次のものを参照。Donald J. Shoemaker, *op. cit.*, chap. 12,《Delinquency theory : sommary and integrative approaches》, pp. 293–317.

（3）François Dubet, *La Galère. Jeunes en survie*, Paris, Fayard, 1988.

（4）Talcott Parsons, *Essays in Sociological Theory*, Glencoe, 1954. とくに次のものを参照。《Democracy and Social Structure in Pre-Nazi Germany》《Some Sociological Aspects of the Fascist Movements》《The Problems of Controlled Institutinal Change》.

（5）Robert Merton, *Éléments de théorie et de méthode sociologique*, Paris, Plon, 1965 [1957]. とくに第七章《Anomie et déviance》, pp. 188–189 を参照。

（6）Lewis Coser, *Les fonctions du conflit social*, Paris, PUF, 1982 [1956].

（7）したがって、私はここで、機能主義思想から、個人的あるいは集合的フラストレーションのメカニズムに中心を置いた諸論証にいたる相補性の学説を擁護する。この学説はテダ・スコクポルによって異議を唱えられており、スコクポルは、機能主義モデル（彼女はこれをコンセンサス論と呼んでいる）をフラストレーションの「心理主義化」論に、またテッド・ロバート・ガー（この著者については後で検討する）に、対立させている。Théda Skocpol, *États et révolutions sociales*, Paris, Fayard, 1985 [1979], pp. 27–31.

（8）Alexis de Tocqueville, *L'Ancien Régime et la Révolution*, Paris, Gallimard, coll.《Idées》, 1967〔アレクシス・ド・トクヴィル『アンシァン・レジームと革命』井伊玄太郎訳、講談社学術文庫、一九九七年／『旧体制と大革命』小川勉訳、ちくま学芸文庫、一九九八年。なお引用の訳文は後者による〕。

（9）James B. Rule, *Theories of Civil Violence*, Berkeley University of California Press, 1988, p.200.

（10）Samuel A. Stouffer, *The American Soldier*, Princeton, 1949. Cf. Rayond Boudon, *Effets pervers et ordre social*, Paris, PUF, 1977.

（11）*Idem*, p. 137.

（12）*Idem*, pp. 132–133.

（13）John Dollard (ed.), *Frustration and Agression*, New Haven, Yale University Press, 1939.

（14）*Idem*, p. 1.

（15）「Jカーブとは、次のようなことである。すなわち、革命がもっとも起こりそうなのは、長期間にわたる期待の高まりと満足の増大の後に短期間の急転期がやって来て、その間に期待と満足の間のギャップが急速に大きくなって耐え難くなる時だということである。フラストレーションが大きくなり、社会の中で激しく広がる時、それは暴力行為の中にはけ口を求める。フラストレーションが政治体制に集中されれば、暴力は統一性と方向性を持つものになる。フラストレーションが十分に広がり、激しく、政治体制に集中されれば、暴力は革命となり、支配している政治体制を倒し、社会の権力構造を著しく変えることになろう。あるいは、暴力は制度の内側に抑制され、制度を修正するが倒しはしないこともあろう。この場合は反乱である。」James Chowing Davies,《The J-Curve of Rising and Declining Satisfactions as a Cause of Revolution and Rebellion》, in *Violence in America : Historical and Comparative Perspectives*, Beverly Hills, Sage, 1979, revised ed., p. 415 [1969].

（16）James C. Davies,《Toward a theory of revolution》, *American Sociological Review*, 1962, n° 27, pp. 5–19.

（17）James C. Davies, *op. cit.*, p. 434.

（18）*Ibem*, p. 434.

（19）Ted Robert Gurr, *Why Men Rebel?*, Princeton University Press, 1970.

（20）David. O. Sears, John B. McConahay, *The Politics of Violence*, Boston, Houghton, Mifflin, 1973, cité par J. Rule, *op. cit.*

（21）委員会の最初の成果を紹介している著作に付けられた委員長ミルトン・S・アイゼンハワーの序文を参照。Hugh Davis Graham, Ted Robert Gurr, *Violennce in America, op. cit.*, p.9.

（22）Harry Eckstein,《Theoretical Approches to Explaining Collective Political Violence》*in* Ted Robert Gurr (ed.), *Handbook of Political Conflict*, New York, The Free Press, 1980, p. 158.

（23）C. McPhail,《Civil disorder participation : A critical examination of recent research》, *American Sociological Review*, n° 36, 1971, pp. 1058–1073, p. 1064.

（24）Edward N. Muller,《The Psychology of Political Protest and Violence》, *in* Ted Robert Gurr (ed.), *op. cit.*, p.84.

（25）James C. Davies,《Biological Perspectives on Human Conflict》*in* Ted Robert Gurr (ed.), *op. cit.*, p. 19.

（26）Alexis de Tocqueville, *op. cit*, p. 238〔アレクシス・ド・トクヴィル『旧体制と大革命』ちくま学芸文庫、三一五―三一六頁〕。

（27）Raymond Aron, *L'opium des intellectuels*, Paris, Gallimard, coll. Idées, 1968 (rééd.), p. 301.

（28）たとえば、次のものを参照。Lewis Coser, *Men of Ideas : a Sociologist's View*, New York, The Free Press, 1965. この本は、仲買人と貴族に反抗するサン＝ジュスト、信仰のために公務から引き離されたプロテスタントの牧師ジャン・ボン・サン＝

タンドレ等のすさんだ肖像を描いたり、あるいは、ボルシェビキの人びとのうちに落伍した知識階級の継承者を見ている〔サン＝ジュストは公安委員会のメンバーで、恐怖政治の立役者のひとり。貧民への富の再分配を行った。ジャン・ボン・サン＝タンドレは国民公会議長を務め、また公安委員会のメンバーでもあった。フランス革命前、一七七三年に牧師となったが、一七八二年、カストル（南仏の都市）の宗務局と対立して聖職を辞したことがあった〕。

(29) *Cf.* Michel Confino, *Violence dans la violence, le débat Boukharine-Netchaïev*, Paris, Maspero, 1973.

(30) たとえば、次のものを参照。Harold D. Lasswell, *Psychopathology and Politics*, New York, Viking, 1960 ; E. Wolfenstein, *Revolutionary Personality : Lenine, Trotsky, Gandhi*, Princeton University Press, 1967. 青少年期に蓄積されたフラストレーションによって作られる革命家のパーソナリティという主張が持つ偽りの特徴を論証しているものとしては、次のものを参照。Mostafa Rejai, K. Philipps, *Leaders of Revolution*, Beverly Hills, Sage, 1979.

(31) James B. Rule, *op. cit.* 他の著者たちにとって、ホッブズは、今日とくにアングロサクソンの世界で非常に大きな影響力を持つパラダイムである合理的選択論の創始者でさえある。たとえば、マーク・アーヴィング・リッチバックは、ホッブズは「最初の偉大な合理的選択論者である」と指摘している。Mark Irving Lichbach, *The Rebel's Dilemma*, Ann Harbor, The University of Michigan Press, 1995, p. IX.

(32) Thomas Hobbes, *Léviathan. Traité de la matière, de la forme et du pouvoir de la république ecclésiastique et civile*, trad. de F. Trichaud, Paris, Sirey, 1971 [1651]〔ホッブズ『リヴァイアサン（一）』水田洋訳、岩波文庫、一九六七（一九五四）年、二〇二頁〕。第一三章のタイトルは「人類の至福と悲惨にかんするかれらの自然状態について」である。

(33) C-B. Macpherson, *La théorie politique de l'individualisme possessif de Hobbes à Locke*, Paris, Gallimard, 1971 [1962]〔C-B・マクファーソン『所有的個人主義の政治理論』藤野渉ほか訳、合同出版、一九八三（一九八〇）年、三一頁〕。

(34) Léo Strauss, *La philosophie politique de Hobbes*, Paris, Belin, 1991 [1936], p. 262. この本の本文の後に付録として発表論文が収録されており、この引用はそこから抜き出したものである〔この仏訳書は、*Hobbes' Politische Wissenschaft* を参照しながら英語版 *The Political Philosophy of Hobbes : its basis and its genesis* を仏訳したものであるが、付録として一九三三年発表の《Quelques remarques sur la science politique de Hobbes》（「ホッブズの政治学に関する若干の考察」）と一九五四年発表の《Les fondements de la philosophie politique de Hobbes》（「ホッブズの政治哲学の基礎」）を収録しており、ここでの引用は前者からのものである。なお、これらの論文は邦訳書（レオ・シュトラウス『ホッブズの政治学』添谷育志・谷喬夫・飯島昇藏訳、みすず書房、一九九〇年）には入っていない〕。

(35) Thomas Hobbes, *op. cit.*, p. 127〔ホッブズ、前掲書、二〇六頁〕。

(36) これらの問題については次のものを参照。Pierre Manent, *Naissances de la politique moderne, Machiavel / Hobbes / Rousseau*, Paris, Payot, 1977.

(37) Thomas Hobbes, *op. cit.*, p. 126〔ホッブズ、前掲書、二〇六頁。なお、訳語を一部変えた〕。

(38) Cité par James B. Rule, p. 34.

(39) Mancur Olson, *Logique de l'action collective*, Paris, PUF, 1978, préface de Raymond Boudon [1966]〔マンサー・オルソン『集合行為論――公共財と集団理論』依田博・森脇俊雅訳、ミネルヴァ書房、一九八三年〕。

(40) *Idem*, p. 95〔同書、八五頁。ただし、引用されている仏語訳に合わせて、訳し変えた〕。

(41) *Idem*, p. 96〔同書、八六頁〕。

(42) John D. McCarthy and Mayer N. Zald, *The Trend of Social Movements in America: Professionalization and Resource Mobilization*, Morristown, General Learning Press, 1973. とくに彼らの次の論文を参照。《Resource Mobilization and Social Movements: A Partial Theory》*American Journal of Sociology*, 1977, 82, pp. 1212–1241〔ジョン・マッカーシー、メイヤー・ゾールド「社会運動の合理的理論」（片桐新自訳）、塩原勉編『資源動員と組織戦略――運動論の新パラダイム』新曜社、一九八九年、所収（二一―五八頁）〕。

(43) この思潮の全体的展望については、次のものを参照。Antimo Farro, *Les mouvements sociaux*, Montréal, Les Presses de l'Université de Montréal, 2000. この本は、この思想群と、アラン・トゥレーヌによって表明されたもうひとつの重要な社会運動観との間で、何が違うのかを明らかにしている。

(44) Charles Tilly, *From Mobilization to Revolution*, Addison-Wesley, Reading (Mass.), 1978〔チャールズ・ティリー『政治変動論』堀江湛監訳、芦書房、一九八四年〕。

(45) *Idem*, p. 48〔同書、六七頁〕。

(46) 同じ知的グループに属する研究者の一部（とくにマッカーシーとゾールド）にとって、それでも集合行為は、六〇年代と七〇年代にアメリカ合衆国でそうであったように、職業的活動家に多くを負うことがある。職業的活動家たちは、場合によっては常勤幹部として報酬を与えられることがあり、また、彼らが代表する人びとと無関係でもありうる。

(47) Charles Tilly, 《The Modernization of Political Conflict in France》, *in* Edward B. Harvey (ed.), *Perspectives on Modernization : Essays in Memory of Ian Weinberg*, Toronto, University of Toronto Press, 1972, p. 74.

(48) Charles Tilly, *From Mobilization to Revolution*, *op. cit.*, p. 183〔チャールズ・ティリー『政治変動論』前掲書、二二五頁〕。

(49) *Idem*, p. 176〔同書、二一七頁〕。

(50) *Idem*〔同上〕。この知的グループの中でもうひとりの重要な著者であるアンソニー・オーバショルは、次の本で、ティリーよりももっと暴力に特性を認めている。Oberschall, *Social Conflict and Social Movements*, Englewood Cliffs (N.J.), Prentice-Hall, 1975.

(51) Edward Shorter, Charles Tilly, *Strikes in France : 1830–1968*, Cambridge University Press, 1974.

(52) Anthony Oberschall, *op. cit.*, p.101.

(53) *Cf*. John McCarthy, Mayer N. Zald, *op. cit*.

(54) Anthony Oberschall, *op. cit*.

(55) Didier Lapeyronnie, 《Mouvements sociaux et action politique. Existe-t-il une théorie de la mobilisation de ressources?》, *Revue Française de Sociologie*, XXIX, 1988, pp. 593–619.

(56) このことは、マッカーシーとゾールドの前掲書において非常にはっきりとしているが、アンソニー・オーバショルの次のような説明は、ややあいまいである。「ここで提案されている動員論は、オルソンの理論にいくつかの修正を加えて作り上げたものである。(……) われわれの真の理論的寄与は、対立する集団、社会運動および大衆運動、抗議行動、政治的集合行為の動員論が、本質的に利益集団の動員論と同じであるということ、またこの理論的努力においては、経済理論における合理性の単なる仮説で十分なものであるということにある」(*op. cit.*, p. 118)。

(57) Charles Tilly, *op. cit.*, p. 182〔チャールズ・ティリー、前掲書、二二四頁〕。

(58) アンソニー・オーバショルは、彼が経験的に妥当性を認める一〇の仮説のリストにおいて、警察と軍隊の行動に、大衆とそれらとの衝突の際に現れる暴力行為の源の半分以上を帰している。*Social Movements. Ideologies, Interests and Identities*, New Brunswick, Transaction, 1993, p. 178.

(59) とくに次のものを参照。Gary Marx, 《Issueless Riots》, *in* James F. Short Jr. and Marwin E. Wolfgang (eds), *Collective Vio-*

lence, Chicago, New York, Aldins Atherton, 1972, pp. 47–59.

（60）Charles Tilly, *From Mobilization to Revolution*, *op. cit.*, p. 10〔チャールズ・ティリー『政治変動論』前掲書、二三頁〕。

（61）Graeme Newman, *Understanding Violence*, New York, Harper and Row, 1979, p. 11.

（62）Alain Caillé, *Raison, intérêt et utilité. De quelques limites des sciences sociales*, Thèse de doctorat ès-lettres, Paris, Université Paris VII, 1984 (2 vol.).

（63）*Cf.* Yves Michaud, *Violence et politique*, Paris, Gallimard, 1978. 〝ショーはこの本の中で、暴力は「多様な道具編成の戦略におけるたんなるオプションのひとつで、（……）常に同じ価値を持ち有効性の点でしか違いを持たない諸手段の連続体の中に位置」（p. 57）しうるという考え方に異議を唱えている。

（64）Hannah Arendt, *Du mensonge à la violence*, *op. cit.*, p. 17〔ハンナ・アーレント『暴力について』前掲書、一〇一頁〕。

（65）Pierre Hassner, *La terreur et l'Empire. La violence et la paix II*, Paris, Seuil, 2003, p. 237.

（66）Charles Tilly, *La France conteste de 1600 à nos jours*, Paris, Fayard, 1986.

（67）*Cf.* Alain Touraine, *Critique de la modernité*, Paris, Fayard, 1992.

（68）Theodor W. Adorno *et al.*, *The Authoritarian Personality*, New York, Harper 1960[1950]〔テオドール・W・アドルノ『権威主義的パーソナリティ』田中義久・矢沢修次郎・小林修一訳、青木書店、一九八〇年〕。

（69）この点について、および、人種主義と戦争暴力との関係に関するその他の多くの点については、次のものを参照。John W. Dower, *War without Mercy. Race and Power in the Pacific War*, New York, Pantheon Books, 1986〔ジョン・W・ダワー『容赦なき戦争――太平洋戦争における人種差別』猿谷要監修、斎藤元一訳、平凡社ライブラリー、二〇〇一年〕。

（70）Geoffrey Gorer,《Themes in Japanese Culture》, *Transactions of New York Academy of Sciences*, novembre 1943, pp. 106–124. ジョン・ダワーの指摘によると、この論文は一九四四年八月七日付けの *Time* 誌に《Why are Japs Japs?》のタイトルで再録されている。

（71）ジョン・ダワーの引用によると、ウェストン・ラベアは次のようなリストを提示している。隠し立て、すなわち自分の感情と態度を隠すこと、粘り強さと根気、実直、独善、自分の態度を〔他人に〕投射する性向、狂信、尊大、きちょうめんさと完全主義、儀式張った清潔さ、仰々しさ、規則の遵守、サド＝マゾヒズム的振る舞い、心気症、疑い深さ、嫉妬と羨望、感傷主義、糞尿趣味的猥褻の愛好と肛門性愛、等である（*op. cit.*, p.136）〔このリストは、邦訳書『容赦なき戦争』では訳されていない。原著では、邦訳書二五一頁最後から第二段落目の末尾、「続いて彼は強迫的性格の基本的な特徴一九を列挙し、いかにおのおのが『典型的な日本人の性格構造において終始一貫して』生ずるかを長々と説いた」に続けて紹介されている〕。

(72) とくに次のものを参照。R. Christie, M. Jahoda (eds), *Studies in the Scope and Method of the Authoritarian Personality*, New York, The Free Press, 1954 ; F-I. Greenstein, *Personality and Politics : Problems of Evidence, Inference and Conceptualization*, Chicago, Markham, 1969〔F・I・グリーンスタイン『政治的人間の心理と行動』曽良中清司・牧田義輝訳、勁草書房、一九七九年〕。

(73) *Cf.* Zigmunt Bauman, *Modernité et Holocauste*, Paris, La Fabrique Ed., 2002 [1989].

(74) 私の次の著書を参照。*Sociétés et terrorisme*, Paris, Fayard, 1988.

(75) テオドール・アドルノは、これらの教育とパーソナリティの問題、および権威主義的パーソナリティについての彼自身の研究に、さまざまな論文や講演で興味深いやり方で立ち戻っているが、とくに、《Éduquer après Auschwitz》〔「アウシュビッツ以後の教育」〕（一九六六年の講演）と《Recherches expérimentales aux États-Unis》〔「アメリカにおける学問上の諸経験」〕（一九六八年に英語で発表）を参照。これらは、彼の *Modèles critiques*, Paris, Payot, 1984〔Th・W・アドルノ『批判的モデル集2』大久保健治訳、法政大学出版局、一九七一年〕に収録されている。その中で、彼はとくに文化主義に対して距離を置き、次のように断言している。「たとえばアメリカ合衆国において、ナチズムとアウシュビッツにたいして責任があるとされたのは、おそらく権威と結びついたドイツ精神でありましょう。他の多くのヨーロッパ諸国におけるように、われわれの国においても権威主義的行動方法、盲目的権威が、たとえ形式的民主主義の諸条件下において好んで主唱されているより、はるかに強靱に生き存えているとしても、かかる説明は表面的すぎると、わたしは見なすものです。むしろ仮定すべきことは、ファシズムとそれが引き起こす恐怖とは、古い確立された帝国の権威が朽ち果て崩壊した事実と関連している（……）ということであります」（pp. 238–239）〔一一五頁〕。

(76) Daniel Jonah Goldhagen, *Les bourreaux volontaires de Hilter. Les Allemands ordinaires et l'holocauste*, Paris, Seuil, 1997 [1996].

(77) たとえば、次の雑誌に発表された関係資料を参照。*Le Débat*, n°93, janvier-février, 1997, pp. 121–188.

(78) たとえば、次のものを参照。Marwin E. Wolfgang and Franco Ferracuti, *The Subculture of Violence*, London, Tavistock,

1967. これらの問題を扱った膨大な社会学文献の検討については、次のものを参照。Donald J. Shoemaker, *Theories of Delinquency. An Examination of Explanations of Delinquent Behavior*, New York, Oxford, Oxford University Press, 1990 (2 nd ed.).

(79) Theodor Adolno, 《Eduquer après Aushwitz》 *op. cit.* p. 241〔アドルノ「アウシュビッツ以後の教育」前掲書、一一八頁〕。

(80) Adnan Houballah, *Le virus de la violence. La guerre civile est en chacun de nous*, Paris, Albin Michel, 1996. また、ジャーナリストによる次の本も参照。Patrick Meney, *Même les tueurs ont une mère*, Paris, La Table Ronde, 1986. この本は、レバノン社会の構造破壊が、いかにして、無感覚で非人間化された人物たち、たとえば長い間語り草になったあの若い殺人者、平然と人間の頭でサッカーをしていたあの殺人者に行き着いたかを明らかにしている。しかしながら、常にセンセーショナリズムに突き動かされ、飛語流言と事実を必ずしも厳格に選別することのないこの種のジャーナリズムについては、慎重な考慮が必要である。

(81) Adnan Houballah, *op. cit.*, p. 23.

(82) *Idem*, p. 24.

(83) *Idem*, p. 27.

(84) *Idem*, p. 30.

(85) *Idem*, p. 35.

(86) *Idem*, p. 34.

(87) Claude Barrois, *Névroses de guerre*, Paris, Dunod, 1988.

(88) Adnan Houballah, *op. cit.*, p. 39.

(89) Primo Lévi, *Les naufragés et les rescapés. Quarante ans après Auschwitz*, Paris, Gallimard, 1989 [1986]〔プリーモ・レーヴィ『溺れるものと救われるもの』竹山博英訳、朝日新聞社、二〇〇〇年〕。レーヴィは、〔強制収容所からの〕退避行中に死んだイタリア人の若者アルベルトの家族に自分が見たことを個人的に伝えた時、彼らがどのように彼の言葉を聞こうとせず、息子はソ連で生きているはずだと言ったかを語っている〔邦訳書、三〇頁参照〕。

(90) Stéphane Audoin-Rouzeau, Annette Becker, *14–18. Retrouver la guerre*, Paris, Gallimard, 2000 ; John Horne and Alan Kramer, *German Atrocities, 1914. A History of Danial*, New Haven and London, Yale University Press, 2001.

(91) これとかなり近い指摘が次のものの中に見られる。Didier Anzieu et René Kaës, *Violence d'État et psychanalyse*, Paris, Dunod, 1989. この本の中で、著者たちは、死、拷問、投獄といった現実の脅威に直面すると、個人は、空想世界と現実との区別、危機状態と自分の罪責感との区別をすることができなくなる、と説明しているのである。

(92) John Galtung,《Cultural violence》, *Journal of Peace Research*, 1990, vol. 27, n°23, pp. 291–305.

(93) Robert Brent Toplin,《Violence and culture in the United States》, *in* Kumar Rupesinghe and Marcial C. Rubio (eds), *The Culture of violence*, United Nations University Press, Tokyo, New York, Paris, 1994, pp. 237–305.

(94) *Idem*, p. 243.

(95) Norbert Elias, *La civilisation des mœurs*, Paris, Calmann-Lévy, 1973 [1939]〔ノルベルト・エリアス『文明化の過程（上）ヨーロッパ上流階層の変遷』赤井慧爾・中村元保・吉田正勝訳、法政大学出版局、二〇〇四年〕、*La Dynamique de l'Occident*, Paris, Calmann-Lévy, 1975 [1939]〔同『文明化の過程（下）社会の変遷／文明化の理論のための見取図』波田節夫ほか訳、法政大学出版局、二〇〇四年〕。

(96) Norbert Elias, *La civilisation des mœurs*, *op.cit.*, pp. 292–293〔ノルベルト・エリアス『ヨーロッパ上流階層の変遷』前掲書、三八七頁〕。

(97) Norbert Elias, Éric Dunning, *Sport et civilisation. La violence maîtrisée*, Paris, Fayard, 1994 [1986]〔ノルベルト・エリアス、エリック・ダニング『スポーツと文明化――興奮の探求』大平章訳、法政大学出版局、一九九五年〕。

(98) Norbert Elias, *La civilisation des mœurs*, *op.cit.*, pp. 279〔ノルベルト・エリアス『ヨーロッパ上流階層の変遷』前掲書、三七二頁〕。

(99) 私が組織した円卓会議の際に、アンドレ・ビュルギエールは、エリアスにとって「本性次元の状態としての欲動と、文化次元に属するそれなりに大きな欲動制御は対置させてはならないものである。その二つは本性と文化との一部をなす」と指摘した。《L'oeuvre de Robert Elias, son contenu, sa réception》, *Cahiers Internatinaux de Sociolgie*, n°99, 1995, p. 230.

(100) Norbert Elias, *La civilisation des mœurs*, *op.cit.*, pp. 281〔ノルベルト・エリアス『ヨーロッパ上流階層の変遷』前掲書、三七三―三七四頁〕。

(101) とくに次のものを参照。Hans Peter Duerr, *Nudité et pudeur, le mythe du processus de civilisation*, Paris, MSH, 1998 [1988]〔ハンス・ペーター・デュル『裸体とはじらいの文化史』藤代幸一・三谷尚子訳、法政大学出版局、一九九〇年〕。こ

のデュルの著作自体、厳しい批判に迎えられた。また次のものも参照。Richard J. Evans, *Rituals of Retribution. Capital Punishment in Germany 1600–1987*, New York, Oxford University Press, 1996. エヴァンズは、ドイツにおける文明化のプロセスの欠損あるいは弱さについてエリアスが提示した解釈を問題にして、「エリアスの偉大な仕事は（……）ナチスのユダヤ人絶滅運動の歴史と前史への貢献としてよりも、日常生活の歴史での実践としてのほうがはるかに有効である」（p. 897）と書いている。

(102) この点については、私の次の論文を参照。《Sur la question de la violence》, *in* Simonetta Tabboni (dir), *Nobert Elias : pour une sociologie non normative*, *Tumultes*, n° 15, octobre 2000, pp. 31–44. エリアス思想の進化主義的読解の一例はロジェ・シャルティエに見られる。彼は、エリアスの仕事をフランスに普及させるうえで決定的な役割を果たしたが、『スポーツと文明化――興奮の探求』（前掲書）の仏訳本の序文で、競技場におけるサッカーのサポーターたちの暴力についてエリアスが言っていることを検討する時、そのような例となっているのである。実際、その暴力は、「社会から排除あるいはのけ者にされた立場にあるために、自分たちが身を置く社会の大部分の人が達している文明の発達段階に達していない一部の人びとにおける、情動の自制に対する低い評価と劣った能力」に起因するというのである。「したがって、ひとつの根本的な関係が、禁止されていて非難されるべき乱暴な行動を、攻撃性の必要な抑制を内化するどころか暴力をひとつの価値と認める社会的ハビトゥスに結びつけ、また、個々人を自己制御のメカニズムの中に組み込む制度的あるいは社会的諸装置から距離を置いている、社会の中の〝部外者〟の立場に結びつける」（pp. 22–23）というわけである。ここでの暴力は、したがって、近代社会において文明化のプロセスとの関係でまだ組み込まれていない、あるいはのけ者にされている人びとの行為であるということになろうし、暴力は、このプロセスにおける遅れの印しだということになる〔ハビトゥスとは、社会的適応化を通して無意識的に獲得される知覚、発想、行為などを規定する構造〕。

(103) Norbert Elias, *Norbert Elias par lui-même*, Paris, Fayard, 1991 [1990], p. 78.

(104) *Logique de l'exclusion*, Paris, Fayard, 1998 [1965] において、エリアスはジョン・L・スコットソンとともに、レスター〔イギリスの都市〕の一街区の労働者コミュニティに関する分析の中心を、二つの労働者グループ（ひとつは「定着者」で、もうひとつは最近になって住み込んだ「部外者」）の間での紛争関係に置いている。*Sport et civilisation, op. cit.*, pp. 73–74〔『スポーツと文明化――興奮の探求』前掲書、七八頁〕で、エリアスは次のように説明している。「この集団〔部外者〕に属する子供や若者をもっとよく見てみると、かれらが難しい問題を抱えているのが分かった。かれらは近所の他のすべての人びとから部外者扱いをされていた。かれらは自分たちの親もまた、近所のすべての人たちから軽蔑されていることをよく知っていた。もし子供たちが毎日、自分たちの親が他のだれからもあまり尊敬されていないことを知っているとしたら、かれらが堅固な自尊心やなんらかのプライドを発揮させることはおそらくたやすいことではなかろう。子供たち自身冷たい視線を向けられ、顔を見せるたびに、追い払われたのである。そこで、かれらは、自分たちが歓迎されていないような場所に、特別な快感をもっていつも姿を現すようになったのである。」この若者らは騒ぎ立て、ユース・クラブの玩具や備品をこわすが、「攻撃的」ではなく、むしろ「これら若者たちの攻撃性による説明はそれほど効果がない」。ここで考慮すべきは「定着者と部外者」の関係であり、これは、原初的本能と欲動の攻撃性とは何の関係もないのである。

(105) たとえば、*Sport et civilisation, op. cit.*, pp. 75–76〔『スポーツと文明化――興奮の探求』前掲書、七九―八二頁〕でエリアスが言っているところでは、競技場でのサポーターの暴力を理解するためには、サポーターが〔労働者階級の中でも〕低い層の出身であるということ、同じ社会に属しているという感情を持っているにもかかわらず安定した地位にある人びとから軽蔑されているということを、見ねばならない。彼の生活は単調であり、サッカーの試合は自分の存在を示す機会であり、「希望のない、満たされない生活に」復讐する機会でもある。「復讐が強い動機である。かれらは列車のコンパートメントを引き裂き、パブでテーブルやビンをこわす」。エリアスは、次のように明確に述べている。「より発展したほとんどの大都市の周辺に形成されているわびしい部外者の地域から、人々、特に若い人々が安定した社会の窓を通して見ている。かれらは、自分たちの生活よりもっと意味のある、もっと満たされた生活が可能であることを理解できるのである。その本質的な意味が何であれ、それはかれらにとって意味がある。そして、生涯それが欠如していることをかれらは知っているか、あるいはそう感じているだけかもしれない」。

(106) *The Germans*, Cambridge, Polity Press, 1990 [1989]〔ノルベルト・エリアス著、ミヒャエル・シュレーター編『ドイツ人論――文明化と暴力』青木隆嘉訳、法政大学出版局、一九九六年〕。

(107) *Cf.* Jackie Assayag,《Leçons des ténèbres. Laboratoires de violence, géograhie des terreurs et génocides》, 2003 à paraître. アセヤはエリアスを批判し、「野蛮化」について、「寛容および礼儀作法の規範と自由な精神の漸進的な敗北を印しづける野蛮さであり、第一次世界大戦が間違いなくその象徴となった」(p. 2) と言っている。アセヤはジョージ・L・モッセの思想、とくに *De la Grande Guerre au totalitarisme*, Paris, Hachette, 1990 [1989]〔ジョージ・L・モッセ『英霊――創られた世界大戦の記憶』宮武実知子訳、柏書房、二〇〇二年〕に依拠している。

（108）*Cf*. Jonathan Fletcher, *Violence and Civilization. An Introduction to the work of Norbert Elias*, Cambridge, Polity Press, 1997. フレッチャーにとって、「エリアスの仕事の中には文明破壊のプロセスについての明瞭な理論はない」（p. 176）。同様に次のものを参照。André Burguière《L'œuvre de Norbert Elias, son contenu, sa réception》, *op. cit*. ビュルギエールは、「エリアスは、過去に関する場合には社会を大きな全体としてとらえているが、現在についてのアプローチの場合はもっと一時しのぎ的《カジュアル》で、彼自身惨劇を経験したにもかかわらず、自分が生きた時代の大きな諸現象を声も出さずにくぐり抜けたかのように思われる」（p. 233）と確認している。

（109）*Cf*. Donatella Della Porta (a cura di), *Terrorismi in Italia*, Bologne, Il Mulino, 1984.

（110）*Cf*. Günnar Myrdal, *An American Dilemma. The Negro problem and Modern Democracy*, New York, Harper and Row, 1944, 2 vol. ; Jean Stoetzel, *La psychologie sociale*, Paris, Flammarion, 1963.

（111）Wolfgang Sofsky, *Traité de la violence*, Paris, Gallimard, 1998 [1996], p. 23.

（112）たとえば次のものを参照。Simon Doubnov, *Histoire d'un soldat juif, 1880–1915*, Paris, Cerf, 1988.

（113）Jean Hatzfeld, *Dans le nu de la vie. Récits des marais rwandais*, Paris, Seuil, 2000.

（114）この経験については、イタリアのテロリストたちとの社会学的介入に基づく私の研究を参照していただきたい。*Sociétés et terrorisme*, *op. cit*., pp. 145–246.

（115）*Cf*. Walter Laqueur, *Le terrifiant secret. La《solution finale》et l'information étouffée*, Paris, Gallimard, 1981 [1980].

（116）Zigmunt Bauman, *op. cit*.

（117）Primo Levi, *op. cit*.〔プリーモ・レーヴィ、前掲書〕。

（118）Jasna Adler, intervention au colloque *Violences d'aujourd'hui, violence de toujours*, XXXVIIe Rencontres internationales de Genève, Lausanne, L'Âge d'Homme, 2000, p. 188.

（119）Jean Hatzfeld, *op. cit*., pp. 32–33.

（120）Robert Merton, *Social Theory and Social Structure*, Glencoe, The Free Press, 1957〔ロバート・K・マートン『社会理論と社会構造』森東吾ほか訳、みすず書房、一九六一年〕。

（121）Hannah Arendt, *op. cit*., p. 165〔ハンナ・アーレント、前掲書、一四〇―一四四頁〕。

（1） Hugues Lagrange, *De l'affrontement à l'esquive. Violences, délinquance et usages de drogues*, Paris, Syros, 2001, p. 9.

（2） *Idem*, p. 6 et p. 12. Marc-Olivier Padis,《De l'art du conflit à l'art de l'esquive》*Esprit*, n° 268, octobre 2000.

（3） James Gilligan, M. D., *Violence. Our Deadly Epidemic and Its Causes*, New York, G.-P. Putnam's sons, 1996.

（4） このテーマについては、次のものを参照。Charles Silberman, *Criminal Violence, Criminal Justice*, New York, Random House, 1978, p. 78.

（5） Georges Sorel, *Réflexions sur la violence*, *op. cit.*, p. 153〔ジョルジュ・ソレル『暴力論』前掲書、二〇四頁〕。

（6） Stathis Gourgouris,《Enlightenment and *Paratonia*》, *in* Hent de Vries and Samuel Weber (eds.), *Violence, Identity, and Self-Determination*, Stanford (Cal.), Stanford University Press, p. 144.

（7） Beatrice Hanssen,《On the Politics of Pure Means : Benjamin, Arendt, Foucault》, in *Violence, Identity, and Self-Determination*, *op. cit.*, p. 246. *Cf.* Walter Benjamin,《Pour une critique de la violence》, in *Œuvres I, Mythe et violence*, Paris, Les Lettres Nouvelles, 1987 [1921], p. 121-150〔ヴァルター・ベンヤミン『暴力批判論』（ヴァルター・ベンヤミン著作集1）高原宏平・野村修編集解説、晶文社、一九九四年〕。

（8） Alfonso Pérez-Agote, *Profecia autocumplida y duelo no resuelto. La violencia politica vasca en el siglo XXI*, Center for Basque Studies, University of Nevada-Reno, mars 2002.

（9） Karl Mannheim, *Idéologie et utopie*, Paris, Librairie Marcel Rivière et Cie, 1956 [1929]〔カール・マンハイム『イデオロギーとユートピア』（マンハイム全集第四巻）樺俊雄ほか訳、潮出版社、一九七六年〕。

（10） Hannah Arendt, *Le système totalitaire*, Paris, Seuil, 1972 [1955]〔ハンナ・アーレント『全体主義の起源3　全体主義』大久保和郎・大島かおり訳、みすず書房、二〇〇五（一九七四）年〕。社会学とイデオロギーの関係については、私の次のテキストを参照していただきたい。《An Old Theme Revisited : Sociology and Ideology》, *in* Eliezer Ben-Rafael (ed.), *Sociology and Ideology*, Leiden, Brill, 2003, pp. 79-100.

（11） Hannah Arend, *Le système totalitaire*, *op. cit.*, p.220〔ハンナ・アーレント『全体主義の起源3』前掲書、三一五頁〕。

（12） *Cf.* Itamar Rabinovitch, *The War for Lebanon*, Cornell University, 1984.

（13） Farhad Khosrokhavar, *L'islamisme et la mort, le martyre révolutionnaire en Iran*, Paris, L'Harmattan, 1995 ;《Le modèle

Bassidji》, dans《Un nouveau paradigme de la violence?》, *Cultures et conflits, op. cit.*, pp. 59–118.

（14）*Idem*, p. 18.

（15）Farhad Khosrokhavar, *Les nouveaux martyrs d'Allah*, Paris, Flammarion, 2002.

（16）*Idem*, p. 11.

（17）この現象についていっそう詳しいことは、私の次の論文を参照していただきたい。《Terrorismes. Une rupture historique》, *Ramses*, 2002, pp. 29–41.

（18）Farhad Khosrokhavar, *op. cit.*, p. 88.

（19）André Glucksmann, *Dostoïevski à Manhattan*, Paris, Robert Laffont, 2002, p. 44.

（20）Pierre Vidal-Naquet, préface à Christopher Browning, *Des hommes ordinaires*, Paris, Les Belles Lettres, 1994, p. XXIV-XXV〔クリストファー・ブラウニング『普通の人びと――ホロコーストと第一〇一警察予備大隊』谷喬夫訳、筑摩書房、一九九七年。ただし、引用はフランス語版への序文からであり、この邦訳書には入っていない〕。

（21）Hannah Arendt, *Eichmann à Jérusalem, Rapport sur la banalité du mal*, Paris, Gallimard, 1966 [1963]〔ハンナ・アーレント『イェルサレムのアイヒマン――悪の陳腐さについての報告』大久保和郎訳、みすず書房、二〇〇六（一九六九）年〕。

（22）*Idem*, p. 36〔同書、二〇頁〕。

（23）*Idem*, p. 53〔同書、三三頁〕。

（24）*Idem*, p. 61〔同書、三八頁〕。

（25）Stanley Milgram, *Soumission à l'autorité*, Paris, Calmann-Lévy, 1979, 2e éd. française [1974]〔S・ミルグラム『服従の心理――アイヒマン実験』岸田秀訳、河出書房新社、一九九五年〕。

（26）*Idem*, pp. 12–13〔同書。なお、この部分については引用されているフランス語から訳した〕。

（27）*Idem*, p. 253〔同書、二六七頁〕。

（28）*Idem*, p. 27〔同書、二七頁〕。

（29）*Idem*, p. 75〔同書、八〇―八一頁〕。

（30）Neil J. Kressel, *Mass Hate. The Global Rise of Genocide and Terror*, Cambridge, Westview Press, 2002 [1996], p. 168.

（31）次のものも参照。Martin T. Orne and Charles H. Holland,《On the Ecological Validity of Labatory Deceptions》, *Interna-*

tional Journal of Psychiatry, 6, 1968, pp. 282–293.

(32) 一九八〇年代末にはたとえば次のものがある。Herbert C. Kelman and V. Lee Hamilton, *Crimes of Obedience : Toward a Social Psychology of Authority and Responsability*, New Haven, Yale University Press, 1989.

(33) Hannah Arendt, *op. cit.*, pp. 210–211〔ハンナ・アーレント、前掲書、一四七頁〕。

(34) Gitta Sereny, *Albert Speer : His Battle with Trust*, New York, Albert A. Knopf, 1995.

(35) *Une autre Europe*, Paris, Gallimard, 1964 の中で。自分自身の感情を否定するメカニズムとしての無関心のテーマについては、次の本の興味深い記述を参照。Stanley Cohen, *States of Danial. Knowing about Atrocities and Suffering*, Cambridge, Polity, 2001.

(36) Claude Lanzmann,《Les non-lieux de la mémoire》, *in* Jean-Bertrand Pontalis (sous la dir. de), *L'Amour de la haine*, Paris, Gallimard, Folio, 1986, p. 36.

(37) Hnnah Arendt, *op. cit.*, p.122〔ハンナ・アーレント、前掲書、八三―八四頁。なお、引用されているフランス語に合わせて訳文を一部変えた〕。

(38) Hnnah Arendt, *op. cit.*, p.303〔ハンナ・アーレント、前掲書、二一三頁〕。

(39) *Idem*, p. 314〔同書、二二一頁〕。

(40) Birgit Christensen,《Principe et morale. L'Ère postmoderne et le "droit d'avoir des droits"》, *in* Marie-Claire Caloz-Tschopp, *Hannah Arendt, la《banalité du mal》comme mal politique*, Paris, L'Hermattan, 1998, pp. 58–67. バウマンの引用はこの論文から借用した。

(41) Zigmunt Bauman, *Postmoderne Ethik*, Hambourg, Hamburger Edition, 1995, cité par B. Christensen, p. 64.

(42) Christopher Browning, *op. cit.*, p. 26〔クリストファー・ブラウニング、前掲書、二四―二五頁〕。

(43) *Idem*, p. 38〔同書、三六頁〕。

(44) *Idem*, p. 60〔同書、六二頁〕。

(45) *Idem*, p. 200〔同書、二二三頁〕。

(46) Raoul Hilberg, *La destruction des Juifs d'Europe*, Paris, Fayard, 1988 [1985]〔ラウル・ヒルバーグ『ヨーロッパ・ユダヤ人の絶滅（上・下）』望田幸男・原田一美・井上茂子訳、柏書房、一九九七年〕。

(47) Christopher Browning, *op. cit.*, p. 54–55〔クリストファー・ブラウニング、前掲書、五六―五七頁、なお訳を一部変えた〕。

(48) *Idem*, p. 82〔同書、九二頁〕。

(49) *Idem*, p. 88〔同書、九七頁〕。

(50) *Idem*, p. 96〔同書、一〇五頁〕。

(51) *Idem*, p. 171〔同書、一九〇頁〕。

(52) *Idem*, p. 241〔同書、二六四頁〕。

(53) Pierre Laborie,《Violence politique et imaginaire collectif. L'exemple de l'épuration》, in *Violences et pouvoirs politiques*, textes réunis Par Michel Bertrand, Natacha Laurent, Michel Talillefer, Toulouse, Presses Universitaires du Mirail, 1996.

(54) Wolfgang Sofsky, *Traité de la violence*, Paris, Gallimard, 1998 [1996], p. 49.

(55) Wolfgang Sofsky, *op. cit.*, p. 46.

(56) Bill Buford, *Parmi les hooligans*, Paris, Bourgois, 1994 [1992].

(57) Richard Strayer and Lewis Ellenhorn,《Vietnam Veterans : A Study Exploring Adjustment Patterns and Attitudes》, *Journal of Social Issues*, 31–4, 1975, p. 90. Cité par Joanna Bourke, *An intimate History of Killing. Face-to-Face Killing in Twentieth-Century Warfare*, Basic Books, 1999.

(58) Joanna Bourke, *An intimate History of Killing. Face-to-Face Killing in Twentieth-Century Warfare*, *op. cit.*, p. 3.

(59) John Dower, *War Without Mercy. Race and Power in the Pacific War*, New York, Pantheon Books, 1986, p. 66〔ジョン・W・ダワー『容赦なき戦争』前掲書、一三五頁。この箇所は、邦訳書では「もしも歯や耳や頭皮がドイツやイタリアの兵士の死体から収集され、それが英米国内に報道されたならば、騒然たる状況を引き起こしたに違いない」と訳されている部分である〕。

(60) *Idem*, p. 70〔同書、一四三頁〕。

(61) *Idem*, p. 71〔同書、一四四―一四五頁〕。

(62) Yvon Le Bot, *La Guerre en terre maya. Communauté, violence et modernité au Guatemala* (*1970–1992*), Paris, Karthala, 1992.

(63) Jacques Semelin,《Du massacre au processus génocidaire》, communication au colloque sur les violences extrêmes, Paris, 29–

30 novembre 2001, p. 7. このシンポジウムでの報告は次のものに収められている。*Revue internationale des Sciences Sociales*, n° 174, déc. 2002.

（64）Wolfgang Sofsky, *op. cit.*, p.89.

（65）*Idem*, pp. 158–159.

（66）*Idem*, p. 163.

（67）Clément Rosset, *Le principe de cruauté*, Paris, Minuit, 1988, p. 18.

（68）Jean Hatzfeld, *Une saison de machettes*, Paris, Seuil, 2003, p. 159.

（69）Jacques Derrida, *États d'âme de la psychanalyse. Adresse aux États Généraux de la Psychanalyse*, Paris, Galilée, 2000, p. 12.

（70）Germàn Guzman, *La Violencia en Colombia*, Bogota, Ed. Tercer Mundo, 2 nda ed., 1962.「ビオレンシア」についての参考文献として、次のものがある。Daniel Pécaut, *L'ordre et la violence. Évolution sociopolitique de la Colombie entre 1930 et 1953*, Paris, Ed. de l'EHESS, 1987.

（71）*Cf*. Wilson Rigoberto Pabon Quintero, *La mort et les morts. Rites mortuaires et violence politique en Colombie. XX*e *siècle*, mémoire de DEA, EPHE. この論文は、ヘルマン・グスマンに従って、「サル切開」（《Corte de mica》）、「耳切開」（《Corte de oreja》）、「ガチョウ切開」（《Corte de ganzo》）、「花瓶切開」（《Corte de florero》）――これは、論文の著者によると、被害者の首と四肢が切られ、「ついでその四肢があたかも花のように胴体に差し込まれる」ものである――を挙げている（p. 54）。

（72）*Idem*, p. 85.

（73）Yvon Le Bot, *op. cit.*

（74）Neil J. Kressel, *op. cit.*, p.2.

（75）Cité par Neil J. Kressel, *op. cit.*, p. 37.

（76）Primo Levi, *op. cit.*, p. 124〔プリーモ・レーヴィ、前掲書、一四四頁〕。

（77）Joanna Bourke, *op. cit.*, p. 29.

（78）*Cf*. Stéphane Audoin-Rouzeau, Annette Becker, *14–18. Retrouver la Guerre*, Paris, Gallimard, 2000.

（79）Françoise Héritier (ss la dir. de), *De la violence*, Paris, Ed., Odile Jacob, 1966.

（80）*Idem*, p. 289.

（81）Jan Tomasz Gross, *Les voisins. Histoire de l'extermination d'un village juif*, Ed. Pogranicze, 2000.

（82）Michael Taussig,《Culture of Terror-Space of Death : Roger Casement's Putumayo Report and the Explanation of Torture》, *in* Alexander Laban Hinton (ed.), *Genocide : An Anthropological Reader*, Malden, Blackwell, 2002, p. 176〔マイケル・タウシグ「暴力の文化?-死の空間——ロジャー・ケースメントのプトゥマイヨ報告と拷問の解釈をめぐって」大島康典ほか訳、『現代思想』VOL・二四―一一、青土社、一九九六年、所収、二一三頁〕。

（83）*Idem*, p. 162. イヴォン・ル・ボは、前掲書で、これらの次元の二つ目のものと三つ目のものは完全には調停させえないと示唆している。

（84）Jean Hatzfeld, *Une saison de machettes*, Paris, Seuil, 2003, p. 28.

（85）*Idem*, pp. 273–323.

（86）とくに、Neil J. Kressel, *op. cit.* のほか、次のものを参照。Craig Haney, Curtis Banks and Philip Zimbardo,《A Study of Prisoners and Guards in a Simulated Prison》*in* Elliott Aronson (ed.), *Readings about the Social Animal*, New York, W. H. Freeman, 1995, p. 52–67 (7 th ed.).

（87）*Cf.* Edward Shils and Morris Janowitz,《Cohesion and Desintegration in the Wehrmacht in World War II》, *Public Opinion Quaterly*, 12, 1948, pp. 280–315.

（88）Omer Bartov, *L'Armée d'Hitler*, Paris, Hachette, 1999 [1998] もまた、「野蛮化」の概念を用い、ドイツ兵たちは前線での滞在が長くなるにつれてますます暴力的になったことを指摘している。

（89）George L. Mosse, *De la Grande Guerre au totalitarisme*, Paris, Hachette, 1999 [1990]〔ジョージ・L・モッセ『英霊——創られた世界大戦の記憶』宮武実知子訳、柏書房、二〇〇二年〕。

（90）Georges Lefebvre, *La Grande Peur de 1789*, Paris, Armand Colin, 1932.

（91）John Horne and Alan Kramer, *German Atrocities. A History of Denial*, New Haven and London, Yale University Press, 2001.

（92）*Idem*, p. 53.

（93）John Dower, *op. cit.*, p. 136〔ジョン・ダワー、前掲書、二五一頁。なお、第二部の原注71を参照〕。

（94）Daniel Jonah Goldhagen, *Les bourreaux volontaires de Hitler. Les Allemends ordinaires et l'holocauste*, Paris, Seuil, 1997

[1996], pp. 22, 41, 180.

(95) *Idem*, p. 261. これに呼応するように、ルワンダでのジェノサイドに加担した虐殺者のひとりは、ジャン・アツフェルドに次のように説明している。「羊のように穏やかに狩猟した者たち、残忍に狩猟した者たちがいます。ゆっくりと狩猟した者たちは脅えていたからです。ゆっくりと狩猟した者たちは怠け者だったからです。ゆっくりと殴った者たちは意地悪だったからです。素早く殴った者たちは仕事を早く終えて帰りたかったからです」（*Une saison de machettes*, *op. cit.*, p.47）。

(96) Joanna Bourke, *op. cit.*, p. 71.

(97) *Idem*, p. 72.

(98) Cité par Joanna Bourke, *op. cit.*, p. 175.

(99) John Dower, *op. cit.*, p. X〔ジョン・ダワー、前掲書。ここでの引用は序文からのものであるが、邦訳書では「日本語版への序文」に差し替えられているため、該当する箇所はない〕。

(100) *Idem*, p. 38〔同書、八八頁〕。

(101) Robert Jay Lifton, *The Nazi Doctors : Medical Killing and the Psychology of Genocide*, New York, Basic Books, 1986.

(102) Cf. Stanley Cohen, *op. cit.* スタンリー・コーエンは、ロバート・ジェイ・リフトンを厳しく批判し、残虐行為の張本人たちが、他者（司法、メディア、……）に対してだけでなくとりわけ彼ら自身の目に対して、どのようにしてその行為を否認しうるのかを理解するために、一連の提案を行っている。

(103) 社会学に適用されたこの問題については、私の次の論文を参照していただきたい。《Sociologie post-classique ou déclin de la sociologie?》, *Cahiers Internationaux de Sociologie*, vol. CVIII, juillet 2000, pp. 5-35.

(104) Hans Joas, *La créativité de l'agir*, Paris, Cerf, 1999 [1992], p. 15.

(105) Alain Touraine, Farhad Khosrokhavar, *La Recherche de soi. Dialogue sur le sujet*, Paris, Fayard, 2000.

(106) Alain Renaut, avec Sylvie Mesure, *Aler ego. Les paradoxes de l'identité démocratique*, Paris, Aubier, 1999. アラン・ルノーとアラン・トゥレーヌの間でのやり取りが次のものに見られる。《Rencontre au sujet du Sujet》, *Le Monde des Débats*, novembre 2000, pp. 26-28.

(107) Michael Dillon, 《Otherwise than Self-Determination : The Mortal Freedom of *Oedipus Asphaleos*》, *in* Hent de Vies and Samuel Weber (eds), *Violence, Identity and Serl-Determination*, *op. cit.*, p. 162 ; Robert Fraisse, 《Pour une politique des su-

jets singuliers》, *in* F. Dubet et M. Wieviorka (éds), *Penser le Sujet. Autour d'Alain Touraine*, Paris, Fayard, 1997, pp. 551–564.

(108) Marcos Zafiropoulos, *Lacan et Lévi-Strauss ou le retour à Freud*, Paris, PUF, 2003, p. 89.

(109) Jacques Lacan, *Séminaire, livre XI. Les quatre concepts fondamenteaux de la psychanalyse*, Paris, Seuil, 1973, p. 172〔ジャック・ラカン［述］、ジャック＝アラン・ミレール編『精神分析の四基本概念』岩波書店、二〇〇〇年、二五一頁〕。

(110) Arjun Appadurai,《Dead Certainty : Ethnic Violence in the Era of Globalization》, *in* Alexander Laban Hinton (ed.), *Genocide : an Anthropological Reader*, Malden, Blackwell, 2002, pp. 286–304.

(111) *Idem*, pp. 288–289.

(112) *Idem*, p. 295.

(113) *Idem*, p. 295.

(114) *Idem*, p. 298.

(115) Hannah Arendt, *Eichmann à Jérusalem*, *op. cit*., p. 314〔ハンナ・アーレント『イェルサレムのアイヒマン』前掲書、二二一頁。なお、この引用文の訳は仏語に合わせた。邦訳書では「完全な無思想性――これは愚かさとは決して同じではない――、それが彼があの時代の犯罪者の一人になる素因だったのだ」となっている〕。

(116) Jean Bergeret, *Freud, violence et la dépression*, Paris, PUF, 1995, p. 46.

(117) *Idem*, p. 61.

(118) *Idem*, p. 62.

(119) *Ibid*., p. 62.

(120) Alain Touraine, François Dubet et *al*., *Le Pays contre l'État*, Paris, Suil, 1981〔アラン・トゥレーヌほか『現代国家と地域闘争――フランスとオクシタニー』宮島喬訳、新泉社、一九八四年〕。

(121) Simonetta Tabboni,《Le multiculturalisme et l'ambivalence de l'étranger》, in *Une société fragmentée?*（sous la dir. de M. Wieviorka）, Paris, La Découverte, 1996, p. 244.

(122) *Op.cit*., p.124〔ハンナ・アーレント『暴力について』前掲書、一〇七頁〕。

(123) Yvon Le Bot, *Violence de la modernité en Amérique latine : indianité, société et pouvoir*, Paris, Karthala, 1994, pp. 208–209.

(124) René Girard,《Violence et religion》, in *Violences d'aujourd'hui, violence de toujours*, XXXVIIe Rencontres Internationales de Genève, Lausanne, L'Âge d'Homme, 1999, p. 16.

(125) *Idem*, p. 18.

(126) Bernard Lempert, *Critique de la raison sacrificielle*, Paris, Seuil, 2000.

(127) Ernest Renan, *Qu'est-ce qu'une nation?*, Paris, Presses Pocket, 1992 [1982]〔エルネスト・ルナンほか『国民とは何か』鵜飼哲ほか訳、インスクリプト、一九九七年〕。

(128) 次の本の中に、暴力の体験から出発して、被った暴力、蓄積された恥辱、心的外傷にもかかわらず、また時には、たとえば、加担することを容易に拒絶できないテロリストの運動から受ける暴力の圧力に逆らって、どのようにして主体が形成されるのかを明らかにしているテキストがいくつか収録されている。Veena Das, Arthur Kleinman, Mamphela Ramphele et Pamela Reynolds (eds), *Violence and Subjectivity*, Berkeley, University of California Press, 2000.

(129) Jean-Paul Sartre, *Critique de la raison dialectique*, Paris, Gallimard, 1960, en particulier le livre 1,《De la "praxis" individuelle au pratico-inerte》〔ジャン＝ポール・サルトル『弁証法的理性批判』（サルトル全集第二六―二八巻）竹内芳郎ほか訳、人文書院、一九六二年。とくに第一巻「個人的実践から実践的＝惰性態へ」〕。

(130) 私の次の著書を参照。*Face au terrorisme*, Paris, Liana Levi, 1995. 社会学者ディエトマール・ロシュは、一九九二年に行われたとりわけ興味深いカレド・ケルカルとの対談を *Le Monde*, le 7 octobre 1995 に発表した。

(131) とくに次のものを参照。Émile Durkheim, *Les régles de la méthode sociologique*, Paris, PUF, 1981 [1895]〔エミール・デュルケーム『社会学的方法論』佐々木交賢訳、学文社、一九七三年〕。

(132) *Cf*. Alain Touraine, *Production de la société*, Paris, Seuil, 1973.

訳注

はじめに・第一部

（一）「大きな物語」はジャン＝フランソワ・リオタールの用語で、現実について包括的で明確な説明を与えようとする諸理論のこと。たとえば、マルクス主義は人間の歴史を階級闘争の歴史と見なし、最終的にはプロレタリアート独裁にいたるとするが、これは「大きな物語」のひとつである。なお、リオタールはポスト近代を「大きな物語」の失墜と特徴づけている。

（二）集合的生活とは、たとえば「労働者の生活」など、ひとつの集団あるいはカテゴリーとして認識された集合体の生活。起居を共にする「共同生活」「集団生活」などとは異なる。

（三）クラウゼヴィッツ（一七八〇―一八三一）は、「戦争とは、政治と異なる手段をもってする、政治の継続にほかならない」と戦争を定義している。クラウゼヴィッツ『戦争論』上巻、篠田英雄編訳、岩波文庫、二〇〇一（一九六八）年、五八頁。

（四）テーラー・システムとは、アメリカの技術者フレデリック・ウインスロウ・テーラー（一八五六―一九一五）が提唱した工場管理・労務管理の方式で、労働者の能率を増進させるために、ノルマを設定し、職能別職長制や能率給を導入するなど、今日の管理サイクルの原型となった。

（五）ロス・ペロー（一九三〇―）はアメリカの実業家で、一九九二年に改革党を結成、九二年と九六年の大統領選挙に出馬しクリントンと争い、とくに九二年の選挙では財政改革を唱え、無所属での出馬ながら一般投票で全米の一九パーセントを獲得した。イタリアの北部同盟はミラノを本拠地とし、イタリア北部の独立とイタリア連邦制を主張する政治団体で、一九九二年の総選挙で躍進したが、九六年の総選挙では大敗した。フランスの国民戦線はジャン＝マリ・ル・ペンによって結成された移民排斥などを唱える極右政党で、二〇〇二年の大統領選挙の第一次投票でル・ペンは一七・〇二パーセントを獲得し、社会党のジョスパン候補を破った。ウラディミル・ジリノウスキーはロシアの民族主義者でロシア自由自民党党首で、一九九九年には米英によるイラク攻撃を非難した。

（六）「超ゲットー（hyper-ghetto）」は、ポスト植民地主義論から出た用語で、都市内のゲットー、スラム街など社会問題の焦点になる地区を指す。

（七）大都市、とくにパリ郊外の共産党勢力の強い地域が「赤い郊外」と呼ばれる。移民労働者や低所得者層が多く住む。

（八）フランスの映画監督マチュー・カソヴィッツの『憎しみ』のこと。暴動が発生したパリ郊外に住む三人の移民青年の一日を描くことで、人種対立、麻薬、暴力などフランス社会がかかえる問題を浮き彫りにし、一九九五年、カンヌ国際映画祭監督賞を受賞した。

（九）ここでの「ガレー船」は文字通りの意味でなく、フランスの大都市郊外に住む若者たちが置かれている、希望も生きがいもなく、まとまりも連帯感もない過酷な状況のこと。

（一〇）一九九一年三月三日深夜、ロサンゼルスに住む黒人青年ロドニー・キングが交通違反で検挙される際に多数の警官から暴行を受けた。その暴行現場は偶然ひとりの市民によってビデオ撮影されており、四人の白人警官が暴行罪で起訴されたが、九二年四月二九日、白人によって構成された陪審員団が無罪の評決を下し、これをきっかけにロサンゼルスで暴動が発生した。

（一一）マリーエンタールはウィーン近くの村で、一九世紀以来ひとつの繊維工場を中心に発展したが、大恐慌で工場が倒産し、住民全員が失業した。一九三一年にラザースフェルドの率いる研究チームが村に入り、実態調査を行った。

（一二）七月王政は、ルイ＝フィリップが一八三〇年の七月革命で王位に就いてから、一八四八年の二月革命で退位するまでの王政。

（一三）「アノミー」はデュルケームの用語で、個人または集団相互の関係を規制していた価値体系・社会的規範が崩壊した、社会解体期における無規律状態のこと。

（一四）一八九二年から九四年にかけて、ラヴァショルによるパリのサン・ジェルマン大通りでのダイナマイト爆破テロ（一八九二年三月）、オーギュスト・ヴァイヤンによる国民議会でのダイナマイト爆破テロ（一八九三年一二月）、イタリア移民のカゼリオによるフランス大統領サディ・カルノーの暗殺（一八九四年六月）など、フランスでアナーキストによるテロが相次いだ。一八九四年七月には凶悪犯法が制定され、政府による弾圧と予防措置が取られる一方、同年一〇月にはアナーキストのエミール・プージェが、自分が主宰する『ペール・ペナール』紙で、アナーキストたちが労働組合に加入することの利点を表明する。ところで、労働取引所（保険事業など労働者のための業務を行い、集会所なども備えた会館）が一八八七年にパリに設置されてから、同取引所は一八九二年にはリヨン、マルセイユ、ボルドーなどフランス全土一四カ所に存在し、この年、全国組織として労働取引所連盟が結成される。その一方、労働組合の全国組織としては一八八六年に設立された全国労働組合連合があったが、マルクス主義的社会主義者ジュール・ゲードが社会党の支配下に置こうとしたため、労働者が反発し、一八九四年九月に開催された第六回大会を機に崩壊、労働組合はアナーキストによって主導されることになる。その後、一八九五年にはＣＧＴ（労働総同盟）が結成され、一九〇二年に労働取引所連盟がそれに加盟する。

（一五）「赤い旅団」と「プリマ・リネア」は、それぞれ一九七〇年と七六年に結成されたイタリアの極左テロリストグループ。とくに七〇年代から八〇年代にかけて、政府要人等の誘拐や殺人などのテロ行為のほか強盗などを繰り返した。

（一六）『カマラードＰ・38』はフランスのジャーナリスト、ファビリジオ・カルヴィが一九八二年に発表したノンフィクション作品（Fabrizio Calvi, *Camarade P. 38*, Paris, Bernard Grasset, 1982）で、イタリアの『コリエーレ・デルラ・セーラ』紙の記者ワルター・トバギが八〇年五月二八日、赤い旅団のメンバー六人にミラノで殺害されたテロ事件を題材にし、暴力に魅せられた若者の姿を描いている。

（一七）ソビエト連邦末期から解体後にかけてカフカス地方で紛争が相次いだ。一九八八年には、アゼルバイジャン領ナゴルノ・カラバフ自治州で、アルメニア共和国への併合を求めるアルメニア人とアゼルバイジャン人が対立しナゴルノ・カラバフ紛争が発生、九一年には、アゼルバイジャンとアルメニア共和国とが武力衝突するにいたった。また、グルジアでも、八九年に南オセチア自治州が自治共和国への昇格を求めたことから南オセチア紛争が発生、同年には、グルジアの回復をめざす集会がソ連軍によって武力弾圧されたトリビシ事件が発生、さらに九〇年にはアブハジア自治共和国が分離独立を求めてアブハジア紛争が発生した。そしてソ連解体直前にグルジア共和国、アゼルバイジャン共和国、アルメニア共和国がソ連からの独立を宣言した。九一年一二月のソ連解体後には、翌九二年にグルジア領アブハジア自治共和国が分離独立を目指してグルジア軍と衝突、同じくカフカス地方のチェチェンでは、ソ連解体直前にチェチェン民族会議が独立を宣言し、解体後の九四年にロシア軍が武力侵攻、この戦争は九六年にいったん終結するが、九九年に再びロシア軍が侵攻した。

（一八）一九八三年一〇月にマグレブ系移民の二世・三世によって組織された。マルセイユから一〇人で行進がはじまったが、二カ月後パリに到着した時には参加者が一〇万人に膨れ上がっていた。

（一九）一九五〇年代から六〇年代にかけてアメリカ合衆国では黒人の公民権獲得を求める運動が盛り上がった。六三年八月には、黒人指導者キング牧師らによって組織されたワシントン大行進が行われ、約二〇万人が参加した。翌六四年、公民権法が成立し、キング牧師はノーベル平和賞を受賞した。

（二〇）ヴォー＝アン＝ヴランはリヨン北東の町で、ガラス製造業が行われている。

(二一) 一九九〇年一〇月六日から一〇日にかけてヴォー＝アン＝ヴランで発生した暴動は、八三年頃にも起こっていたとはいえ、現代フランスの大都市郊外で発生した最初の暴動とされる。オートバイに乗った青年トマ・クロディオが警察に追跡されて死亡したことが発端となり、略奪、破壊、警察との衝突などが繰り広げられた。

(二二) アゴラは、トマ・クロディオとその家族の名誉を擁護するために結成された「トマ・クロディオの味方委員会」(Comité des amis de Thomas Claudio) が発展してできた協会で、若者を経済的に、あるいは社会文化的、政治的に、社会に適応させるための活動を行う組織。

(二三) ジョルジュ・ソレル (一八四七―一九二二) は、フランスの政治思想家。マルクスやプルードンらの影響を受け、労働組合の団結と闘争を説いた。主著に『暴力論』(一九〇八年) がある。

(二四) フランツ・ファノン (一九二五―六二) は、西インド諸島マルティニク島生まれの精神分析医で植民地解放運動の理論家。病院勤務についたアルジェリアで独立戦争が勃発すると民族解放戦線に身を投じ、アルジェリア革命のスポークスマン的役割を果たした。暴力による植民地支配からの脱却を説き、一九六〇年代以降の革命思想に影響を与えた。主著に『地に呪われたる者』(一九六一年) がある。

(二五)「もうひとつのグローバリゼーション」あるいは「代替的グローバリゼーション」(altermondialisation) は、市民側からの反グローバリゼーションを意味する。

(二六) 一九七一年から毎年スイスのダヴォスで開催されている「世界経済フォーラム」(ＷＥＦ＝World Economic Forum) のことで、財界人が世界経済について話し合うことを目的にしている。とくに九一年からは、地球規模の経済が対象となっている。

(二七) 一九九九年一二月、シアトルでＷＴＯ (世界貿易機関) の閣僚会議が開かれた際、反グローバリゼーション派による大規模なデモが行われ、閣僚会議を破綻に追い込んだ。二〇〇一年一月には、ダヴォス会議の会期にぶつけて、グローバリゼーションを批判する人びとが、「もうひとつの世界は可能だ」という標語のもとに一堂に会してブラジルのポルト・アレグレで世界社会フォーラムを開催した。この時、ノーム・チョムスキーは「ポルト・アレグレは、新しいインターナショナルの始まりである」と宣言した。その後、このフォーラムは毎年開かれている。また、二〇〇一年七月にジェノヴァで開かれたＧ８会議の際には、二〇万人以上を動員した運動が展開された。

(二八) 主としてイラン、イラク、トルコの国境地帯に住み、独自の言語、文化を持つクルド人は、独立国家を作りえず、いずれの国でも少数派の位置にあり、自治、独立を求める戦いが続けられてきた。イランでは一九四五年にクルディスターン共和国を宣言するが、翌年に崩壊。その後七〇年代末にイランが革命状況に入り混乱状態になった時には一時独立状態を享受したが、革命政府軍によって鎮圧されることになった。イラクでは、イランから本拠地を移したＫＤＰ（クルド民主党）を中心として闘争が続き、一九七〇年に政府と自治協定を結んだ。しかし、ＫＤＰとＰＵＫ（クルド愛国同盟）との利害対立があり、九四年以降両組織の間で武力衝突が続いた。トルコでは一九二四年の共和国成立以来、政府はクルド問題は存在しないという姿勢をとり、武力鎮圧してきた。これに対して七八年に設立されたＰＫＫ（クルド労働党）が八四年からゲリラ戦を開始した。

(二九）ＰＫＫ（クルド労働党）は、一九七八年、トルコで設立されたクルド人組織で、政府との武力闘争を続け、九九年にはオジャラン議長が逮捕され、死刑判決を受けた（二〇〇二年に終身刑に減刑）。

(三〇）アルメニア解放秘密軍は、トルコ領内のアルメニアの分離独立を要求するアルメニア人の組織で、一九七五年以降テロ活動を続けている。

(三一）ドイツ赤軍は、一九六八年の学生運動にその源を持ち、七〇年代から、七七年のルフトハンザ機ハイジャック事件をはじめ、暗殺、爆弾テロ、誘拐などを行ったが、九八年二月、組織の解散と武装闘争の停止を公式に発表した。

(三二）アクション・ディレクトは一九七九年に結成され、とくに八二年から八五年にかけてパリ圏で爆弾テロなどを繰り返したが、八七年二月に中心メンバーたちが逮捕されて以降は活動を停止しており、解散したと見なされている。なお、八五年にはドイツ赤軍と「西ヨーロッパ政治軍事組織」を結成した。

(三三）一九九四年三月の総選挙の結果誕生したベルルスコーニ政権に、ネオ・ファシズムのイタリア社会運動を前身とする国民同盟から五名が入閣した。

(三四）人民革命軍は一九九五年に結成され、ゲレロ州山間部を中心に活動するゲリラ組織で、九六年には五つの州で一斉蜂起、その後、銀行強盗や誘拐などのテロ活動を行っている。

(三五）輝く道（センデロ・ルミノソ）は、毛沢東思想の影響を受けたゲリラ組織で、一九八〇年以来ペルー国内の市長約九〇人を含む数千人を殺害したが、フジモリ大統領によるテロ撲滅運動によって、九二年に最高指導者グスマンが逮捕され停戦宣言を出したことから、急速に勢力を低下させた。しかし、二一世紀に入ってから再び活動を活発化しはじめた。

(三六）フラームス・ブロックは、一九七八年に結党されたベルギー・フランドル地方の極右政党。外国人排斥とオランダ語圏の独立を主張して勢力を伸ばし、九九年の下院総選挙では一五議席を、二〇〇三年の下院総選挙では一八議席を獲得したが、二〇〇四年一一月に人種差別禁止法に違反するとの最高裁判決が出されて解散し、新党フラームス・ベラングが結成された。

（三七）ＦＰＯ（オーストリア自由党）は、ネオ・ナチ政党「独立連盟」の流れを汲む極右政党で、外国人排斥を主張している。一九八三年には社会民主党との連立政権に参加し、また二〇〇〇年には国民党と連立政権を組み、国際的な批判をあびた。

（三八）たとえば、コロンビアのゲリラ組織（コロンビア革命軍、民族解放軍）は、コカインなどの麻薬密売のほか、石油企業を強請ることによっても資金を調達している。

（三九）「トラベンド」とは、アルジェリアの闇取引のことで、とくにフランスとの闇貿易を意味する。

（四〇）一九九二年に、マフィア対策に積極的であった二人の検事ジョバンニ・ファルコーネとパオロ・ボルセリーノが、相次いで爆弾で暗殺された。

（四一）一九六四年にクーデタによって軍事独裁政権が誕生したブラジルでは、六〇年代末から七〇年代にかけて、政治犯の釈放を要求するなどの政治的な誘拐が実行された（六九年のエルブリック米大使誘拐、七〇年のサンパウロ駐在大口信夫総領事誘拐など）。しかし、八〇年代以降は金銭目的の誘拐事件が頻発するようになった。

（四二）コンゴの首都ブラザヴィルには、一九九〇年代から「コブラ」「ニンジャ」といった名前を持つ民兵集団が存在している。

（四三）バシジは、革命防衛隊の指揮統制を受ける志願制の人民動員軍で、イランのイスラム体制を支えてきた。

（四四）ムーサ・サドル師は、一九六〇年にイランからレバノンに移住後、レバノン・シーア派住民の生活水準向上のために、七四年に「収奪された者の運動」を開始し、翌年シーア派の政党アマルを結成。このアマルから分離した一派が八二年にヒズボラ（神の党）を結成し、八三年の在ベイルート米大使館爆破事件などに関与した。なお、ムーサ・サドル師は七八年にリビア訪問中、行方不明となった。

（四五）タリバーンは、イスラムへの回帰を訴えるアフガニスタンのイスラム主義集団。一九九四年頃から勢力を伸ばし、九六年九月に首都カブールを制圧し、暫定政権の樹立を宣言した。その後、アフガニスタンの約九〇パーセントを支配下に置いたが、二〇〇一年九月一一日に起こったアメリカでの同時テロ事件を契機に、米英軍の攻撃を受け、同年一一月から一二月にかけてタリバーン政権は崩壊した。

（四六）第二次世界大戦後のフランスの経済成長期（一九四五―七五）が「栄光の三〇年」と呼ばれ、労働力として大量の移民がフランスへやってきた。

（四七）「チェ」はチェ・ゲバラ（本名エルネスト・ゲバラ〔一九二八—六七〕）のこと。キューバ革命で大きな役割を果たし（一九五六—五九）、カストロ政権下で政府の役職についたが、一九六五年にキューバを離れて南アメリカでゲリラを指導、ボリビアで捕まり処刑された。

（四八）一九九四年一月一日、メキシコ南部のチアパス州で、人権が守られる政治体制の変革を求める先住民が主体となって武装蜂起し、サパティスタ民族解放軍と名のった。「サパティスタ」の名は、メキシコ革命の過程で農民の利害を代表した革命家エミリアーノ・サパタ（一八七九—一九一九）からきている。

（四九）一九九五年一一月から一二月にかけて、社会保障財源の赤字の削減を目的とする社会保障制度改革の動きに反対して、公共部門（交通機関、電気、ガス、水道、病院、学校、銀行等）を中心に大規模なストライキが行われ、都市機能がマヒした。

（五〇）二〇〇一年七月にイタリアのジェノヴァで開催されたG8の際に反グローバリズムを叫ぶデモ隊と治安部隊が衝突し、二三歳のイタリア人男性が射殺され、二〇〇人以上が負傷した。警察に過剰警備があったとして幹部三人が更迭された。

（五一）ATTACはAssociation pour la Taxation des Transactions pour l'Aide aux Citoyens / Association for theTaxation of financial Transactions for the Aid of Citizens（市民を支援するために金融取引への課税を求めるアソシエーション）の略で、反グローバリゼーションの立場から一九九八年にフランスで発足したNGO。二〇〇一年には日本でも設立された。税収を発展途上国援助に用いるために金融取引に〇・一パーセント程度の課税（トービン税）をすることで、金融市場とそのための国際機構を民主的コントロール下に置こうとする国際運動であるが、その活動は、WTOなどの新自由主義的国際機構に対する抗議、遺伝子組み換え生物反対、水道・教育・医療などの公共サービスの擁護、雇用確保、グローバル化と結び付いた侵略戦争に対する反対などへと広がっている。

（五二）GIA（武装イスラム集団）は、アルジェリアをイスラム国家にすることを目指すアルジェリア最大のイスラム主義過激派組織で、一九九二年に暴力活動を開始してから、頻繁に民間人や外国人の大虐殺テロや旅客機のハイジャックなどを繰り返したが、九七年に内紛に陥り、二〇〇〇年以降はほとんど壊滅状態にある。

（五三）一九九五年七月に起こった地下鉄爆弾テロを皮切りに、フランス各地で爆弾テロが相次いだが、同年九月（原文では一二月となっているが、九月の誤りであるので訂正した）、潜伏中の容疑者でアルジェリア移民二世のカレド・ケルカル（一四歳）がリヨン郊外で憲兵隊と銃撃戦の末に死んだ。『ル・モンド』紙は「ケルカルの軌跡は、社会で侮辱の標的となっている青年たちにとって、イスラムが逃げ場となっている傾向を物語っている」と論評した。

（五四）一九九五年四月一九日、オクラホマ・シティーの連邦政府ビル（アルフレッド・ミューラービル）が爆破され、一六八人が死亡した。捜査は当初イスラム主義者の犯行という予断のもとで進められ、中東系の人びとが逮捕されたが、結局は極右グループの活動家であるティモシー・マクヴェイ（主犯）とテリー・ニコラス（共犯）の犯行であることが判明した。

（五五）スイス人アンリ・デュナン（一八二八—一九一〇）が、ソルフェリーノの戦い（一八五九）での惨状を見て、負傷者の救済を世論に訴えた結果、一八六四年に赤十字に関するジュネーヴ協約が成立し、国際赤十字社が発足した。

（五六）ハーグ平和会議は、ロシア皇帝ニコライ二世の呼びかけで一八九九年と一九〇七年に開催された。第一回目には二六カ国が参加し、従来の戦争法規に対する修正・追加、毒ガスなどの兵器の使用禁止、常設仲裁裁判所の設立などを議題とした。第二回目には四四カ国が参加し、具体的な戦闘行動に関する戦争法規の整備などを議題とし、国際人道法の基礎がつくられた。

（五七）「かわいい悪魔」は、フランスの童話作家セギュール伯爵夫人（一七九九—一八七四）の童話のタイトル。主人公のシャルルは両親を失い、意地悪なマック・ミシュ夫人に養われるが、さまざまな虐待を受ける。

（五八）「コゼット」は、フランスの国民的作家ビクトール・ユゴー（一八〇二—八五）の代表作のひとつ『レ・ミゼラブル』に登場する娘。娼婦の私生児で、幼い頃料理店にあずけられて酷使されていたが、ジャン・バルジャンによって引き取られ、紆余曲折の末、彼の犠牲的行為のおかげでマリユス青年と結婚する。

（五九）被害者学は犯罪などの被害者のパーソナリティ、社会心理的状態、被害者の支援などを研究対象とする学問で、日本では一九九〇年に「日本被害者学会」が設立されている。

（六〇）一八九三年は、フロイト（一八五六—一九三九）の師であった神経病学者シャルコー（一八二五—九三）が死去し、フロイトが精神分析を創始した年代。この年にフロイトがブロイアーと共同執筆した論文が拡張されて、一八九五年に『ヒステリー研究』が発表された。

（六一）「喪の作業」とは、精神分析の用語で、愛する人を失った時にその事実を受け入れて自我を組み直す作業のこと。

（六二）一九六八年は、フランスで学生たちを中心に五月革命が起こり、それが世界中に波及した年代。

（六三）ナイジェリアでは、一九六六年のクーデタでハウザ族が実権を握って以降、イボ族への襲撃事件が多発し、イボ族は東部州に流入した。連邦政府が東部州への経済封鎖を実施したため、六七年五月、東部州は「ビアフラ共和国」として独立を宣言したが、これに対して連邦政府が宣戦布告し、内戦がはじまった。内戦は、七〇年一月にビアフラ政府が降伏して終結したが、この内戦中に大量の餓死者が出た。

（六四）マルク・デュトルーが、一九九五年から翌年にかけて、共犯者とともに八歳から一九歳までの少女六人を誘拐・監禁し、性的虐待を加え、うち四人を殺害した事件。デュトルーが過去にも誘拐・強姦で懲役刑を受けていたことや、警察の初動捜査に問題があったことなどが明らかになった。

（六五）「白の行進」は、特定の政治勢力によらない一般市民のデモ行進で、その起源は、一九八一年五月に法王暗殺未遂事件が起こった際、法王の回復を祈る学生らがろうそくを手に白い服を着て行進したことにある。ここで言われている九六年一〇月二〇日の「白の行進」は、デュトルー事件を機にベルギーのブリュッセルで組織されたもので、市民が白い服装で行進し、司法当局の不手際を糾弾した。このデモには三〇万人以上が参加し、第二次大戦後のベルギーで最大のデモ行進であったとされる。

（六六）一九八九年一一月二〇日に、国連で「児童の権利に関する条約（子どもの権利条約）」が採択された。

（六七）ドメスティック・バイオレンスの被害者となった女性のためのシェルター。

（六八）「ポスト・ベトナム症候群（Post Vietnam Syndrome）」とも呼ばれる。ベトナム戦争から帰還した米兵が陥った精神障害を指す。

（六九）NOVAは、犯罪被害者支援活動を行う民間の団体で、全米で被害者支援活動を行っている公的機関および民間機関、司法機関、精神医学関係の専門家、研究者、被害者やその遺族などが会員となっている。

（七〇）「飲酒運転に反対する母の会」（Mothers Against Drunk Driving）は、飲酒運転で事故に遭った被害者の救済と啓蒙活動のために、一九八〇年に組織されたアメリカの団体。

（七一）フランスの刑法典は一九九二年に全面改正され、九四年三月一日に施行された。その第一巻「個人に対する重罪ならびに軽罪」の第二部「人に対する侵害」の中にある第三章「個人の肉体的あるいは精神的完全さに対する侵害」の第三節が「セクシャル・ハラスメント（Des agressions sexuelles）」となっている。

（七二）エリー・ヴィーゼル（一九二八―）は、ホロコーストを生き延びたアメリカのユダヤ人作家。フランス語で著述し、強制収容所のユダヤ人の運命を描いた『夜』（一九六〇年）をはじめ、『エルサレムの乞食』等、多くの作品がある。一九八六年にノーベル平和賞を受賞した。

(七三) ヴィシー時代とは、一九四〇年から四四年まで、ペタン元帥を首班とする親独政権がフランス中部のヴィシーに置かれていた時代。

(七四) 第一次世界大戦中のトルコ(オスマン帝国)で、一九一五年四月、アルメニア人がロシアに味方したとしてトルコ人によるアルメニア人の大虐殺が起こった。多くがロシア領のアルメニアに逃れたが、一〇〇万人以上が死亡したとされる。トルコは、現在でもこの事件を公式に認めておらず、謝罪もしていない。

(七五) ASALA(アルメニア解放秘密軍)は、トルコ領内の分離独立を要求する亡命アルメニア人のテロ組織で、一九七五年から約一〇年間、一九一五年のアルメニア人大虐殺に対する報復などを目的にテロ活動を行った。

(七六) 五月広場は、アルゼンチンの首都ブエノスアイレスの中心部大統領府前にある広場で、軍部独裁時代(一九七六—八三)の末期に、軍部や秘密警察によって逮捕・殺害された子供や配偶者の消息を求め、真実の究明を訴えるために、毎週木曜日に母親たちが集まるようになった。この母親たちが「狂った母たち」と呼ばれ、彼女らの運動は「五月広場の母たち」に受け継がれて現在まで続いている。

(七七) 被害者学は、アメリカに亡命したドイツの犯罪学者ハンス・フォン・ヘンティッヒ(一八八七—一九七四)が一九四八年に公刊した著書『犯罪者とその被害者』(*The criminal and his victim : studies in the sociobiology of crime*)に源を発する。

(七八) 一九七三年八月にスウェーデンのストックホルムで発生した銀行立てこもり事件で四人の行員が人質になったが、解放後に人質たちは犯人を擁護しただけでなく、女性のひとりは犯人と結婚した。この事例がもとになって、被害者が犯人に連帯感、同情、好意を持ってしまう心的現象が、アメリカ人の精神医学者フランク・オクバーグによって「ストックホルム症候群」と名づけられた。

(七九) 一九九二年三月のボスニアの独立宣言後、ムスリム人、クロアチア人、セルビア人の三勢力によるボスニア内戦が勃発した。この内戦において、それぞれの民族が他民族を排除するためにいわゆる「民族浄化」政策を推進し、敵対民族の虐殺や組織的な集団レイプが行われた。なお、本文でこのあと引用されているクレッセルの文は、第二次世界大戦中、セルビア人による独裁体制にあったユーゴスラビア王国で、ドイツの援助で軍事的に優位に立ったクロアチア人がセルビア人に対して大量虐殺を行ったことを指している。

（八〇）ジャスティス・モデル（正義モデル）はメディカル・モデル（医療モデル）に対置して主張されるようになった考え方。メディカル・モデルは、本文でこの直前に書かれている「非行者を『治療する』、あるいは社会に『復帰させる』」ことを目指す立場で、「治療」を前提にすれば刑期が不定期にならざるをえず、処罰が恣意的になるなどの問題があり、これに対する批判、さらに、メディカル・モデルによる受刑者の処遇が何ら効果を上げていないという批判から、ジャスティス・モデルが主張されるようになった。ジャスティス・モデルは非行者を「治療する」のではなく、公平な処罰を重視し、法と秩序を守るために厳罰主義をとるべきであるとする。

（八一）マルク・ブロック（一八八六—一九四四）はフランスの歴史家で、一九二九年にリュシアン・ルフェーブルとともにアナール派の起源となった『経済社会史年報』を創刊、第二次世界大戦中レジスタンスに身を投じ、ナチスの秘密警察に逮捕されて射殺された。『奇妙な敗北——フランス抵抗史家の日記』『フランス農村史の基本性格』『歴史のための弁明——歴史家の仕事』等がある。

（八二）フランスでは、二〇〇一年以降の交通事故による死者数が次のように推移している。二〇〇一年＝七七二〇人、二〇〇二年＝七六五四人、二〇〇三年＝六〇五九人、二〇〇四年＝五二一七人。二〇〇三年から激減しているが、その主要な要因は飲酒運転の罰則と取締りが強化されたことにある。

（八三）一九一五年のアルメニア人ジェノサイドについては訳注七四を参照。フランス議会は二〇〇一年一月に、一九一五年の事件をジェノサイドと認定する法案を可決し、トルコの激しい反発を呼んだ。

（八四）アルジェリア戦争は、フランスの植民地支配に対するアルジェリアの独立戦争で、一九五四年に勃発。その年、FLN（アルジェリア民族解放戦線）が組織され、武装闘争による独立運動が開始された。五八年にシャルル・ド・ゴールによる第五共和制がはじまり、ド・ゴールはアルジェリアの民族自決を支持したが、現地軍人や入植者（コロン）の激しい抵抗に遭い、フランス軍とFLNの戦闘は六二年三月のエヴィアン協定まで続いた。同年七月にアルジェリアの独立が決定し、FLNの創設者ベン・ベラが初代大統領に就任した。

（八五）訳注八四を参照。

（八六）ハルキは、アルジェリア戦争の際にフランスに雇われた現地補充兵、あるいはフランス側についた現地人とその家族で、ピエ＝ノワールは、独立以前にアルジェリアに在住していたフランス人、あるいはアルジェリア生まれのフランス人。

（八七）バーナード・ルイスは、イギリス生まれのアメリカ人歴史家でイスラム史・イスラム研究の権威。一九九三年一一月一六日付けの『ル・モンド』紙に掲載されたインタビュー記事で、ルイスは、「ジェノサイドという言葉を用いるとすれば、それは、一貫した政策、アルメニア民族を組織的に消滅させるという決定があったことを意味する。それは非常に疑わしい。トルコ側資料が証明していることは、国外追放の意思であって、絶滅の意思ではない」と述べたために、「フランスのアルメニア人会フォーラム」によってジェノサイドの真実性を否定したと告発され、パリ大審裁判所で九五年六月に有罪判決を受けた。また、ジル・ヴァンスタンはフランス人歴史家でオスマン帝国とイスラム世界の専門家。『歴史（*L'Histoire*）』誌の一九九五年四月号（第一八七号）に掲載された論文で、一九一五年のアルメニア人虐殺を指して「ジェノサイド」の言葉を用いることは、その虐殺がオスマン帝国当局によって計画されたものであるかどうか確証されていない限り、適切ではないと書いた。このために、とくに在仏アルメニア人たちから誹謗中傷を浴びたり、脅迫や物理的暴力にさらされたりした。

（八八）戦後アイヒマンはアルゼンチンに逃亡して潜伏していたが、一九六〇年にイスラエルの秘密警察によって拘束され、イスラエルに送検された。翌年四月から裁判がはじまり、ナチス・ナチ協力者処罰法によって死刑判決を受け、六二年五月、絞首刑に処せられた。

（八九）「第四の権力」とは、ジャーナリズムのことで、立法、行政、司法の三大権力につぐ四番目の権力という意味。

（九〇）一九六〇年代半ばから、アメリカでキューバへ行くためのハイジャックが頻発、六九年にはピークに達し、一年間に四〇機がハイジャックされた。キューバ人の里帰りや犯罪者の逃亡が目的で、政治的なものではなかった。

（九一）ＰＦＬＰ（パレスチナ人民解放戦線）は、一九六八年七月にローマからテルアビブに向かうイスラエルのボーイング七〇七型エルアル機をハイジャックし、アルジェリアに強制着陸させ、乗員・乗客を人質にイスラエルに拘留されている一六人のパレスチナ人ゲリラの解放を要求した。イスラエル政府が一二人の負傷ゲリラを釈放することで事件は決着したが、これを皮切りに、その後の半年間にＰＦＬＰは一三機の外国航空機をハイジャックした。

（九二）一九七二年のミュンヘン・オリンピックの際、ＰＬＯ（パレスチナ解放機構）を構成していた「黒い九月（ブラック・セプテンバー）」のメンバー八人が選手村のイスラエル選手宿舎を襲撃し、レスリングコーチとウエイトリフティングの選手を殺害後、九人の人質と立てこもった。その要求は、イスラエルで投獄されている仲間の釈放であったが、イスラエル政府は要求に応じず、結局、犯人グループのうち五人と人質の全員が死亡した。

（九三）アルジャジーラは、二〇〇一年九月一一日の同時テロの際、テロの首謀者と見られるアルカイダの指導者オサマ・ビンラディンのビデオ映像を放映するなど、アラブの視点に立った報道をした。また、イラク戦争の際には武装集団の支配地域から報道を続けた。なお、アルジャジーラは一九九六年にカタールで開局された衛星放送局で、世界各地に三〇以上の支局を持っている。

（九四）「ゲート・キーパー」は、コミュニケーションの流れの中で、その内容を取捨選択したり修正したりする位置を占める人のこと。とくにマスコミの関係ではニュースの内容を取捨選択し、編集を行っているジャーナリストを指す。

（九五）旧ユーゴ国際刑事裁判所は、セルビア人勢力によるボスニア・ヘルツェゴビナでの「民族浄化」名目の非人道的行為に対して、一九九三年、国連安全保障理事会によってオランダのハーグに設置された。

（九六）ルワンダでは、一九七三年以来フツ族が政権を握り、ツチ族を支配していたが、九〇年にツチ族はＲＰＦ（ルワンダ愛国戦線）を組織し、内戦が勃発した。九三年には和平協定が締結されたが、九四年四月に、フツ族のルワンダ大統領ハビャリマナが搭乗した飛行機が首都キガリで何者かによって撃墜されると、再び内戦が激化、国際連合が介入して停戦にいたり、同年七月にはツチ族主導の新政権が発足するものの、この間にフツ族によって少なくとも五〇万人のツチ族が虐殺された。ツチ族の大虐殺は計画的で（それゆえ、著者は「ジェノサイド」の言葉を用いている）、フツ族の支配層が政府系列のラジオ放送などを通してツチ族への憎しみをかき立てる扇動を行っていた。二〇〇三年一二月、国連のルワンダ国際刑事裁判所は、メディアを暴力の扇動に利用したとして、千の丘ラジオの責任者を含む三名に、終身刑をはじめとする懲役刑を言い渡した。

（九七）ストレスホルモンとは、ストレスにより分泌の様子が変わるホルモン。

（九八）マグレブ移民は、かつてフランスの植民地であったモロッコ、アルジェリア、チュニジアからの移民で、移民手続の簡略化などの優遇措置を受けている。

（九九）パネル調査とは、市場調査などで、同じ回答者に対して定期的、継続的に行う調査。

（一〇〇）アメリカ憲法が修正される場合には、その修正箇所が憲法末尾に「修正箇条」として付け加えられる。修正箇条第一条は一七九一年に発効したもので、信仰の自由な行為を禁止する法律や、言論・出版の自由（表現の自由）を制限する法律等の制定を議会に禁じたもの。

（一〇一）「外部性」とは経済活動が直接的な関係を持たない第三者に影響を与えることで、「負の外部性」（negative externality / externalité négative）は、たとえば環境汚染のように第三者に不利益を与えること。「外部不経済」とも訳される。

（一〇二）『シンドラーのリスト』はスティーブン・スピルバーグ監督によって一九九三年に制作されたアメリカ映画で、戦争で得た巨額の富を利用してナチに接近し、一二〇〇人のユダヤ人の命を救ったドイツの実業家オスカー・シンドラーを描いたドキュメンタリー風の作品。

（一〇三）『タクシードライバー』は、一九七六年に封切られたマーティン・スコセッシ監督のアメリカ映画。社会の不純さに苛立ちをつのらせたニューヨークのひとりのタクシードライバーが、暴力によって闇の世界に立ち向かい自分を世間に認めさせるプロセスを描いた。このタクシードライバーはベトナム帰還兵という設定になっており、ベトナム戦争の暗い影をも描き出している。

第二部

（一）社会移動とは、社会成員が社会階梯上の地位を変化させるに当たって持つ可能性。

（二）一九世紀初頭となっているが、州会議員トーマス・W・ドーアに指導されて一八四二年にアメリカのロード・アイランド州で起こった「ドーアの反乱」のこと。この反乱は、州の憲法が選挙権を地主かその長男に限定していたことに対する不満から発生した。

（三）一九六五年八月にロサンゼルスのワッツ地区で発生した黒人暴動。白人警官が黒人男性を交通違反で逮捕したのがきっかけで、暴動は六日間続き、死者三四人、負傷者一〇〇〇人以上、逮捕者四〇〇〇人以上を出した。

（四）アメリカの社会心理学者キャントリル（一九〇六―六九）が一九六五年に開発した《Cantril's Self-Anchoring Ladder》のことで、生活についての現在、過去、および予想される未来の満足度について調査対象者に自己採点させる。各項目は一〇段からなる「人生のはしご」として示され、はしごの一番上が一〇ポイント、はしごの一番下が〇ポイントとなる。

（五）モーリス・バレス（一八六二―一九二三）は、フランスの小説家、評論家、政治家。フランス議会の議員を務め、民族主義、個人主義、愛国主義を唱えたが、三部作『自我崇拝』『自由人』『ベレニスの園』で若い知識人の苦悩を描いた。

（六）フランス革命下、一七九三年五月末から六月初めにかけてのジロンド派追放から、翌九四年七月のテルミドール反動までが恐怖政治時代で、公安委員会が中心的な役割を果たした。

（七）ネチャーエフ（一八四七―八二）はロシアの革命家。ペテルブルク大学聴講生時代に自己否定、学問否定のサークルを作り、一八六九年にはモスクワで秘密結社「人民の裁き」を組織した。同年、動揺した同志を殺して（いわゆる「ネチャーエフ事件」）国外逃亡したが、七二年に逮捕され、八二年に獄死した。バクーニンとの共著とされる『革命下の教理問答』（一八六九年）がある。
（八）この節での「国家《レピュブリック》」は、ホッブズの「コモン・ウェルス」の訳語として用いられている。
（九）ヴェーバー的意味での現象理解とは、行為の主観的意味づけを重視して現象を理解すること。ヴェーバーは、現象の分析には行為する人間の動機にまでさかのぼり、個人の行動の意図を「理解」しなければならないとする「理解社会学」を構想した。
（一〇）イギリスの植民地であったナイジェリアでは、第二次世界大戦後に独立への動きが加速した。憲法制定の過程で地域対立が顕在化し、一九五四年憲法の施行後、北部、東部、西部の三州制をとったが、それぞれハウサ族を中心とする北部人民会議、イボ族を中心とするナイジェリア・カメルーン国民会議、ヨルバ族を中心とする行動党が支配政党となった。そして、独立直前の六〇年八月には、ベニン高原地帯の首長ら五〇〇人が自治を要求して暴動を起こした。同年一〇月の独立後も、地域対立は解消されず暴動が繰り返されるなどの政治的混乱の中で、六六年には軍事クーデタが発生した。また、六七―七〇年には、石油をめぐって東部が分離独立を宣言したためにビアフラ戦争が勃発した。
（一一）この「一九四四年一二月のある会議」とは、「日本人の性格構造」を討議するために、社会科学者、精神科医、日本専門家らを集めてニューヨークで開催されたもので、ダワー『容赦なき戦争』（第二部の原注69を参照）の邦訳書二四四―二四六頁に紹介されている。また、同書二四七頁に、この会議でミードが「日本の文化が『子供っぽく』『病的』であることに同意した」とある。
（一二）一九四四年に独立して以来、レバノンではキリスト教徒とイスラム教徒の対立とともに、七〇年にヨルダンを追われてのレバノン南部に拠点を置いたＰＬＯ（パレスチナ解放機構）もからんで内戦が繰り返された。とくに七五年から翌年にかけてのレバノン内戦では死者二万人、負傷者五万人を出した。また、八二年にはイスラエルがレバノンに侵攻（レバノン戦争）、ＰＬＯ勢力を西ベイルートに包囲し、猛爆によって一般市民を含む多数の犠牲者を出したが、レバノンのキリスト教徒によるパレスチナ難民の大量虐殺も発生した。
（一三）チェーザレ・ロンブローゾ（一八三六―一九〇九）は、イタリアの精神病学者で犯罪人類学の創始者。正常人とは異なる犯罪者類型が存在するとした。
（一四）エラスムス（一四六五―一五三六）は、オランダの人文学者で、当時の支配者や宗教家の生活を風刺した『痴愚神礼讃』が有名であるが、エリアスはとくに『少年礼儀作法論』を取り上げている。

(一五) サン＝シモン(一六七五―一七五五)は、フランスの作家・政治家で、一六九〇年から一七二三年までの宮廷生活を描いた『回想録』を一七五二年に出版した。

(一六) 社会ダーウィニズムは、ダーウィンが『種の起源』(一八五九年)で述べた自然選択の原理を人間のさまざまな社会と文化に適用するもので、種と社会の進化は死による選択(生存競争)、多産性の差異による選択の結果として生じると想定する。「一八六〇年代中頃から一八八〇年代に至るにつれて、社会ダーウィニズムは、自由主義的傾向を持つ初期のものから社会主義的・統制主義的傾向の第二のものへとしだいに移行した。そののち第一次世界大戦までは、第二の社会ダーウィニズムが支配的であったが、それはしばしば『優生学的』『人種差別的』であり、場合によっては『帝国主義的』であった」(『ラルース社会学辞典』)。

(一七) イギリスの哲学者スペンサー(一八二〇―一九〇三)は、社会ダーウィニズムの指導的提唱者で、進化論の立場から生物学、心理学、社会学、倫理学を総合的に扱った。

(一八) 一九三八年一一月九日の夜、ナチス政府によって三万人のユダヤ人(内、三六名が死亡)が逮捕され、約二〇〇のシナゴーグが焼かれるとともにユダヤ人が経営する七五〇〇の店が荒らされた。この夜が「ガラス破片の夜(nuit de cristal)」と呼ばれる。

(一九) ここでの「ポピュリズム」はロシアのナロードニキ主義を指す。一八五〇―八〇年代にツァーリズムに反対したロシア知識人の運動で、教育によって農民を専制への抵抗に駆り立て、農村共産主義を築き上げようとした。

第三部・おわりに

(一) ETA(Euskadi Ta Askatasuna, バスク祖国と自由)は、フランコ政権時代の一九五九年に、バスク地方への武力弾圧に対する抵抗運動として創設された。バスクの独立を目指して、しばしばテロ事件を引き起こしてきた。

(二) 中東和平プロセスは、一九九一年一〇月にマドリッドで開催された中東和平国際会議にはじまるが、実質的には九二年にイスラエル総選挙でラビンの労働党が勝利してからで、九三年にラビン政権はノルウェーのオスロでPLO(パレスチナ解放機構)と秘密交渉を開始し、同年八月にオスロ合意として結実、九月にワシントンで調印式が行われた。

(三) バシジ(人民動員軍)は、児童生徒、学生、教師、技師などあらゆる階層の住民で編成されたイスラム体制に忠実な民兵組織で、一九八〇年に勃発したイラン・イラク戦争時にホメイニ師の発議で創設された。

（四）一九七九年、ホメイニ師によるイラン革命によってパーレビ王朝が倒壊し、イラン・イスラム共和国が成立、ホメイニ師を中心とする宗教指導者による体制が樹立された。しかし、翌年にはイラクによるイラン侵攻からイラン・イラク戦争がはじまり、イラクの体制が崩壊してイラン革命の拡大につながることを恐れた周辺諸国や地域外の大国はイラクを支援、八八年にイランは停戦を受諾することになる。

（五）インティファーダは、アラビア語で「蜂起、反乱」の意味。第一次インティファーダは一九八七年一二月にガザ地区で発生し、第二次インティファーダは二〇〇〇年九月二九日に、イスラエルのシャロン首相が武装した兵士らとともにアル・アクサモスクに入場したことをきっかけに発生した。イスラエルはパレスチナ自治区に軍事侵攻し、和平プロセスは停滞した。

（六）「ネオ超国家的イスラム共同体」の原語は、《néo-umma transnationale》。この合成語の中に含まれる《umma》はコーランの用語で、神の計画と救済が適用される人びとの共同体を指し、今日ではイスラム共同体を指す。

（七）エティエンヌ・ド・ラ・ボエシー（一五三〇―六三）はフランスの哲学者。モンテーニュと親交があり、『自発的奴隷状態を論ず』を著し、専制主義を攻撃した。

（八）アルベルト・シュペーアは、ニュールンベルク裁判で死刑を免れ、二〇年の刑を宣告された。

（九）チェスワフ・ミウォシュ（一九一一―二〇〇四）は、リトアニア生まれのポーランドの詩人、文学者。第二次世界大戦中はワルシャワ地下運動に加わり、その後外交部メンバーとなる（一九四六―五〇）が、一九五一年にはパリに亡命、さらにアメリカに移住した。『囚われの魂』（工藤幸雄訳、共同通信社、一九九六年）『真珠の聖歌』『台地の聖歌』などがあり、一九八〇年にノーベル文学賞を受賞した。

（一〇）一六四八年に、三〇年戦争終結のために結ばれたヴェストファーレン（ウェストファリア）条約によってもたらされたヨーロッパの勢力均衡体制がヴェストファーレン（ウェストファリア）体制であり、各国家を主権国家と見なす国際関係システムの基礎となった。

（一一）ジル・ド・レ（一四〇四―四〇）は、ジャンヌ・ダルクとともにオルレアン解放戦を指揮した元帥であるが、戦闘中の暴虐、児童大量虐殺、黒魔術を好む背教の科で絞首火刑に処せられた。

（一二）ジョルジュ・バタイユは一九五九年に、ジル・ド・レを論じた序文と年代記をつけてジル・ド・レ裁判の記録を復元・刊行した。ジョルジュ・バタイユ『ジル・ド・レ論――悪の論理』（『ジョルジュ・バタイユ著作集』第八巻）伊東守男訳、二見書房、一九六九年参照。

（一三）サド侯爵（一七四〇―一八一四）は、とくに『閨房哲学』『ジュスチーヌ、あるいは美徳の不幸』『新ジュスチーヌ、あるいは美徳の不幸』『ジュリエット物語、あるいは悪徳の栄え』などによって、道徳律を否定し悪を賞揚したが、それらの作品には残虐な場面が多く描かれている。

（一四）原文でミライ（マイライ）村となっているが、ミライはソンミ村の一地区（集落）。

（一五）グアテマラでは一九六〇年に内戦がはじまり、九六年一二月に左翼ゲリラの統一組織グアテマラ民族革命連合と政府が和平協定に調印して終結した。この過程で、八〇年代に反政府ゲリラ掃討作戦がマヤ民族絶滅作戦へと変貌し、内戦が三六年間に出した二〇万人を超える死者のうち、大半はマヤ民族であった。

（一六）「ビオレンシア」（Violencia）はスペイン語で「暴力」を意味する。一九四八年に自由党左派のリーダーで大衆の支持を得ていたホルヘ・エリシエルが殺害されたことをきっかけに勃発し、五三年まで続いたコロンビアの内戦が「ビオレンシア」の時代と呼ばれる。

（一七）第二次世界大戦中の一九四一年七月一〇日、ポーランド北東部の町イェドヴァブネで、非ユダヤ系住人がユダヤ人を集めて包囲し、虐殺したが、この事件はナチス親衛隊の特殊部隊によるものと見なされてきた。しかし二〇〇〇年に、ポーランド系アメリカ人の歴史家ヤン・グロスが、それは非ユダヤ系ポーランド人によって引き起こされたものであることを明らかにする研究結果を発表し、翌年、ポーランド大統領アレクサンデル・クファシニェフスキがポーランドを代表して公式にユダヤ人に謝罪した。

（一八）『帰郷』は一九七八年に制作されたハル・アシュビー監督のアメリカ映画。海兵隊大尉の夫を戦場に送り出した妻と、負傷して戦場から帰還した男との関係を通して、ベトナム戦争を間接的に描いた。主演のジェーン・フォンダとジョン・ヴォイトはアカデミー主演賞を獲得した。

（一九）第一部の訳注一〇三を参照。

（二〇）『ランボー』は一九八二年に制作されたデッド・コチェフ監督のアメリカ映画。ベトナム戦争から帰還したジョン・ランボーが社会から疎外され、アメリカの田舎町で戦闘を繰り広げる。

（二一）旧約聖書の「モーセの十誡」で六番目が「汝、殺すなかれ」である。

（二二）日本軍が一九三七年に開始した中国の都市への爆撃を指す。

（二三）インド独立後パンジャーブ地方の多数派を占めていたシク教徒が一九七〇年代から自治権拡大を要求し、中央政府と対立するようになり、八〇年代にはパンジャーブ紛争に発展した。紛争は暴力化しテロや暗殺が横行するようになり、たとえば、八四年六月の政府軍によるシク教徒のゴールデン・テンプル寺院突入に端を発し、一〇月のシク教徒によるインディラ・ガンディー首相暗殺を経て、一一月にはヒンドゥー教徒とシク教徒が衝突して二七一二人が死亡するなど、両教徒の衝突が繰り返された。

（二四）文化大革命中、中国各地で紅衛兵らによる大量虐殺が行われたが、一九六八年に広西壮族自治区の武宣県であった虐殺の際、被害者が食べられたとされる。鄭義（ツェンイー）著『食人宴席――抹殺された中国現代史』黄文雄訳、光文社カッパブックス、一九九三年、参照。

（二五）後成説は、本来生物学の用語であり、生物の形態・構造は最初から仕込まれているのではなく、発生過程中に次第にできあがるとする説であるが、ここでは、心理的・精神的側面について比喩的に用いられている。相互作用的後成説とは、人間相互の関係、とりわけ家族関係の中で精神構造ができあがっていくという考え方を指すのであろう。

（二六）オクシタニーは、オック語とその文化に基礎を置く南フランス地方を指し、一九五〇年代から七〇年代にかけてそのアイデンティティのもとに展開された運動の総称がオクシタニー運動。地域の自立、活性化を目指したが、六〇年代末にブドウ栽培農民の運動が加わり、七〇年代には、農民の経済要求とオクシタン文化復権の要求を組み入れながら、自治、公選地域議会の設置といった政治要求も定式化した。しかし、七六年に機動隊と衝突してから分裂し、弱体化した。

（二七）「全体的社会的事実」という考え方は、マルセル・モースが『贈与論』（一九二五年）で提示したもので、社会現象を、宗教、法、道徳、経済の諸領域に還元できないものとしてとらえようとするものであり、したがって、「全体的社会的事実」における「全体的」とはそのような諸領域の全体を包含することを指し、「グローバルな」と等価な意味ではない。

（二八）「宗教からの開放」の原語は《désenchantement religieux》である。《désenchantement》はヴェーバーの《Entzauberung》（「脱呪術化」あるいは「呪術からの開放」）の仏語訳で、ヴェーバーは西欧近代を特徴づける合理性の発展を古代社会の呪術を脱して宗教（キリスト教）へ移行することのうちに見た。この語に《religieux》（「宗教的」）という形容詞を付けることで、ヴェーバーを踏まえて、一九七〇―八〇年代当時の脱宗教化の風潮を指している。

訳者あとがき

今日、暴力はますます拡散しているように思われる。家庭内や学校から国際的な舞台にいたるまで時と場所を選ばずに、意表をついて出現する。形態においても、単純な肉体的力によるものから高度なテクノロジーを利用したものまでさまざまである。しかも、時として想像を絶する残酷を伴いもする。

二〇世紀は、ナチスによるホロコーストというおそらく人類史上最悪の暴力を経験した。もちろん日本も例外ではなく、南京事件や七三一部隊の人体実験等、さまざまな残虐行為を行う一方で、原爆という最悪の大量破壊兵器による被害者ともなった。そのような経験を経て二一世紀になってもなお、暴力はいっこうに減少する様子を見せない。アメリカにおける二〇〇一年九月一一日の同時テロ、それが引きがねとなったアメリカのアフガニスタン攻撃、さらに二〇〇三年のイラク戦争、そしてそれらが生み出した惨状などは言うに及ばず、イスラエル・パレスチナ紛争はいまだ続いているばかりか、ごく最近では、ミャンマーにおいて僧侶や民衆の運動に対する軍事政権による武力弾圧も発生した。そのような大きな出来事を数え上げるだけでもきりがない。

個人的・私的レベルでの暴力を見ても同様である。もちろん、何を暴力と捉え、何を暴力と捉えないかは、時代や文化によっても異なる。日本の場合を見ても、たとえば学校での体罰が暴力とみなされるようになったのは、それほど遠い過去のことではない。家庭内暴力にしても、殺人のような重罪を除けば少なくとも公の場に出されることはなかった。そのような事情を考慮するにしても、たとえば「いじめ」事件や青少年のホームレス襲撃といった事件などに接するたびに、暴力は減少するどころか増加しているという印象をぬぐえない。否、確実に増加していると断言してよいであろう。

そして、かつては知識人によって擁護されることもあった暴力は、いまやいわば絶対悪とみなされるにいたっている。たとえばある種の現象を「テロリズム」と呼んですませ、「テロとの戦争」を開始することで、いったい何が解決されるというのか。それ自体が暴力であり、しかもさらに暴力を誘発しているだけではないのか。暴力と呼ばれるものを十分に理解することなくして、暴力のない世界を作り出すことはできないであろう。たしかに、とりわけホッブズ以来、暴力に対する多様なアプローチ、暴力理解が試みられてきた。重要な思想家で暴力にまったく言及しなかった者は誰もいないと言いうるほどである。しかし、それらによって今日の暴力現象を十分に理解できるのだろうか。新たなアプローチの仕方が必要なのではないか。本書は、その新たなアプローチに向けての冒険の書とでも言いうるものである。

本書（*La violence*, Balland, 2004）の著者ミシェル・ヴィヴィオルカは、今日のフランスを代表する社会学者のひとりであり、パリ社会科学高等研究院教授で、二〇〇六年七月から国際社会学会会長の座にある。本書がアラン・トゥレーヌに捧げられていることからも分かるように、著者はトゥレーヌの学派に属している。一九七六年に消費者運動に関する論文で国家博士号を取得したのち、一九八一年にトゥレーヌが社会学的分析介入センター（ＣＡＤＩＳ）を創設すると同時にその研究チームに参加し、一九九三年からは所長を務めて現在にいたっている。その著書・論文は枚挙にいとまがなく、最近の一〇年間だけでも優に一〇〇点を越える。「社会学的介入」の方法論に基づいて、まず学生運動など社会運動の分析を行う研究から出発し、一九八〇年代以降は、とくにテロリズムなどの暴力現象や、人種差別、多文化主義などを扱っている。その長年にわたる研究成果に基づいて、暴力研究の新たな地平を切り開こうとするのが本書である。

「社会学的介入」とは、トゥレーヌが一九七八年に『声とまなざし』（梶田孝道訳、新泉社、一九八三年）において明確化したもので、「社会学者の行為であって、その目標とするところは、社会関係を顕現させ、それを分析の主要な対象とすること」（同書、二〇一頁）と定義されている。その方法は、ごく簡単に言えば、ある行為の当事者たちのグループに社会学者が介入して自己分析させることによって、その行為についての解釈・理解を当事者たちと社会学者が共同作業で構築するというものである。詳しくは同書や濱西栄司「社会学的介入の理論と実践――アラン・トゥレーヌ、フランクフルト学派、ヴァンセンヌ学派」（現代社会理論研究会『現代社会理論研究』一四号所収）などを参照していただきたい。

本書の最大の眼目は、行為者の主体性に関心を寄せ、主体概念を拠り所にした著者独自のアプローチ法を提示している第三部にある。すなわち、暴力の行為者の主体は、「浮遊する主体」「超主体」「非主体」「反主体」「生き残りを賭けた主体」という五つの顔を見せると言い、この主体概念を機軸にした主体＝主観的アプローチが暴力理解にいたる道であるとするのである。このアプローチは、分析の中心に非社会的なものを据えることで非社会学的なものとなるが、暴力が現れたり後退したりする条件を考えようとする点で社会学的なものでもある、と著者は言う。

第一部と第二部の展開はすべてこの第三部にいたる予備的考察である。暴力には常に不可解な側面があり、そこに暴力の本質があり、またそのために過去のどのアプローチ法によっても暴力はとらえきれない、と著者は見る。第一部においては、とくに一九六〇年代以降、暴力をとりまく状況および暴力現象そのものがどのように変化してきたかが、検討される。冷戦の終結と労働運動の衰退が暴力現象に与えた影響についての検討からは、著者独自の「紛争」概念が提示される。すなわち、「紛争」は「断絶」の反対であり、暴力を導くよりも暴力を抑制するものだということである。また、グローバリゼーションは暴力のグローバル化をもたらし、国家を中心に据えた暴力理解を不可能にするとともに、暴力の意味作用が変化したとする。すなわち、国家権力の奪取などを目指した政治的暴力から金銭強奪などを目的とする「政治以下的」暴力への変質、あるいは宗教的な側面を前面に押し出した「メタ政治的」暴力への変質といったものがもたらされたということである。さらに、六〇年代末ころから被害者が公的な空間に登場したことの意味や、メディアの役割もまた検討対象とされる。この第一部での検討を通して、キーワードして登場することになるのが、「主体」である。

第二部においては、第一部で検討された現状をふまえて、過去に試みられたさまざまなアプローチがどのような点で有効であり、どのような点で不十分であるのかを具体的に明らかにする。「相対的フラストレーション」あるいは「フラストレーション攻撃説」による暴力理解、「資源動員」論を代表とする暴力の道具的理解、文化やパーソナリティの観点からの暴力理解など、あらゆる暴力理解を俎上に載せる。その検討から浮かび上がってくるのが、「意味の喪失」あるいは「意味の過剰」のプロセスと行為者の主体性を中心に据えるアプローチの必要性である。

そして、上述の第三部における独自のアプローチ法の提示にいたるのであるが、そこにおいて「残酷」あるいは「暴力のための暴力」がとりわけ重視される。「残酷」が暴力のもっとも中心的な核をなしていると著者は見、主体との関係における「意味の喪失」あるいは「意味の過剰」のプロセスを理解するのに大きなヒントを与えてくれるからである。

以上がごく大ざっぱな本書の概要である。本書を読んでいただけば、とりわけ第一部と第二部は錯綜としているように思われるかもしれない。あるいは、焦点が定まっていないかのように思われるかもしれない。しかし、すべては第三部に収斂するための予備的考察であるから、はしょることなくじっくりと読んでいただきたいと思う。

私が本書を訳すそもそものきっかけとなったのは、私が身を置く愛知大学の教員五名で構成している暴力に関する共同研究である。本書をその研究会で紹介するには全訳が必要であると考えていた。内容が複雑で、また思索的であるために、要約による紹介では十分にその内容を伝えきれないと思われたからである。そこに、偶然、新評論の山田洋氏から本書の訳本を出版する企画があることを知らされ、喜んで翻訳を引き受けた次第である。しかし、私は社会学の門外漢であり、また社会学関係の文献の翻訳は初めてでもあるので、専門用語などに細心の注意を払いはしたものの、思わぬ間違いがあるかもしれない。ご指摘、ご教示くだされば幸いである。

なお、引用文については、邦訳が存在する場合は原則としてそれをそのまま使わせていただいた。これは主として、原典がフランス語以外の言語で書かれた文献からの引用が多く、しかもそれら引用はほとんどすべてフランス語訳でなされているので、重訳を避けるためである。ただし、文脈に合わせるために、あえて引用されているフランス語から訳した場合もある。いずれにせよ、利用させていただいた邦訳書の訳者の皆さまにお礼申しあげたい。

最後に、日本語版への序文を寄せてくださった著者ミシェル・ヴィヴィオルカ氏にお礼申しあげるとともに、この翻訳の機会を与えてくださり、校正から出版にいたるまで面倒を見てくださった新評論の山田洋氏、ならびに、翻訳作業の推移を温かく見守ってくださった共同研究メンバーの皆さまに厚くお礼申しあげたい。

訳者

二〇〇七年九月三〇日

ナ行

ハ行

サ行

事 項 索 引

注記：必ずしも項目名がそのまま本文に現れるわけではない。
また、**太字**のページ数はその項目が大きなテーマとして扱われている部分である。

リンドバーク、チャールズ Lindbergh, Charles 247

ル・ブラ、エルヴェ Le Bras, Hervé　17
ル・ブルトン、ダヴィッド Le Breton, David 69
ル・ボ、イヴォン Le Bot, Yvon　17, 247, 252, 255, 290, 335
ルイス、バーナード Lewis, Bernard　106, 349
ルール、ジェームズ・B　Rule, James B. 146, 159
ルナン、エルネスト Renan, Ernest　292, 338
ルノー、アラン Renaut, Alain　99, 273, 336
ルフェーブル、ジョルジュ Lefebvre, Georges 261
レ、ジル・ド Rais, Gilles de　245, 248, 355
レーヴィ、プリーモ Levi, Primo　184, 200, 229, 253–256, 259, 325, 329, 334
レーニン Lénine　48, 165

ロシェ、セバスティアン Roché, Sébastian　118
ロシュ、ディエトマール Loch, Dietmar　338
ロス・L　Ross, L.　214, 215, 251
ロッセ、クレマン Rosset, Clément　249
ロベール、フィリップ Robert, Philippe　85, 97
ロワ、オリヴィエ Roy, Olivier　80
ロンジェリナ、ジャクリーヌ Longérinas, Jacqueline　17
ロンブローゾ、チェーザレ Lombroso, Cesare 188, 353

ペロー、ロス Perot, Ross　33, 339
ヘンティッヒ、ハンス・フォン Hentig, Hans Von　93, 95, 348
ベンヤミン、ヴァルター Benjamin, Walter 217, 330

ボイメ、ジェローム Boime Jerome　307
ボヴェ、ジョゼ Bové, José　72
ボードリヤール、ジャン Baudrillard, Jaean　60
ホーン、ジョン Horne, John　185, 261
ボザルスラン、アミット Bozarslan, Hamit　55
ホッブズ、トーマス Hobbes, Thomas　80, 81, 159–162, 185, 188, 320, 321
ポプキン、リチャード・H　Popkin, Richard H. 312
ホブズボーム、エリック Hobswaum, Eric　59, 308
ホルクハイマー、マックス Horkheimer, Max 178

マ行

マートン、ロバート Merton, Robert　69, 145, 147, 202, 310, 329
マクヴェイ、ティモシー McVeigh, Timothy　74
マクファーソン、C - B　Macpherson, C.-B. 160, 162, 320
マッカーシー、ジョン・D　McCarthy, John D. 166, 321, 322
マムー、ジャッキー Mamou, Jacky　86
マラー、エドワード・N　Muller, Edward N. 152
マルクス、カール Marx, Karl　167, 171, 271, 290, 342
マンハイム、カール Mannheim, Karl　219, 330

ミード、マーガレット Mead, Margaret　179
ミウォシュ、チェスワフ Milosz, Czeslaw　235, 355
ミエ、カトリーヌ Millet, Catherine　133, 317
ミショー、イヴ Michaud, Yves　110, 114, 305, 323
ミッテラン、フランソワ Mitterand, François 42
ミル、ジョン・ステュアート Mill, John Stuart 167
ミルグラム、スタンレー Milgram Stanley　231–233, 242, 259, 282, 283, 331

ムッソリーニ、ベニート Mussolini, Benito　48

メトロン、ジャン Maitron, Jean　38

モース、マルセル Mauss Marcel　298, 357
モッセ、ジョージ・L　Mosse, Geroge L. 184, 192, 260, 261, 328, 335
モンジャン、オリヴィエ Mongin,Olivier　125, 130, 131

ヤ行

ヤング、マーリーン・A　Young, Marlene A. 88, 89

ユゴー、ヴィクトール Hugo, Victor　84, 256, 346

ヨアス、ハンス Joas, Hans　272

ラ行

ラ・ボエシー、エティエンヌ・ド La Boétie, Etienne de　229, 355
ラーセン、オットオー・N　Larsen, Otto N. 119
ライヒ、ヴィルヘルム Reich, Wilhelm　178
ラカサーニュ、アレクサンドル Lacassagne, Alexandre　84
ラカン、ジャック Lacan, Jacques　273, 337
ラグランジュ、ユーグ Lagrange, Hugues　118, 214
ラザースフェルド、ポール Lazarsfeld, Paul 34, 115, 147, 340
ラベア、ウェストン La Barre, Weston　179, 262, 323
ラペロニー、ディディエ Lapeyronnie, Didier 172
ラボリー、ピエール Laborie, Pierre　244
ランシマン Runciman　147
ランズマン、クロード Lanzmann, Claude　235
ランペール、ベルナール Lempert, Bernard 94, 291

リッチバック、マーク・アーヴィング Richback, Mark Irving　320
リフトン、ロバート・ジェイ Lifton, Robert Jay 266, 336
リュデツキー、フランソワーズ Rudetzki, Françoise　101
リュファン、ジャン＝クリストフ Rufin, Jean-Christophe　63

ネチャーエフ Netchaïef 155, 352

ハ行

バーカー、マーティン Barker, Martin 128
バーカート、ヴァルター Burkert, Walter 290
バーク、ジョアンナ Bourke, Joanna 246, 254, 264
ハースト、パトリシア Hearst, Patricia 94, 313
パーソンズ、タルコット Parsons, Talcott 145, 194
ハイデン、ロバート Hayden, Robert 278
ハイマン Hyman 147
バウマン、ジグムント Bauman, Zigmunt 199, 237
パスカル、ヴァレリー Pascal, Valérie 56
バタイユ、ジョルジュ Bataille, Georges 245, 248, 355
バダンテール、エリザベート Badinter, Élisabeth 89, 103, 104
パディ、マルク＝オリヴィエ Padis, Marc-Olivier 214
バディー、ベルトラン Badie, Bertrand 79
ハミルトン、ジェイムズ・T Hamilton, James T. 129, 131
バランディエ、ジョルジュ Balandier, Georges 130
バルトフ、オマー Bartov, Omer 260
バレス、モーリス Barrès, Maurice 154, 352
バロワ、クロード Barrois, Claude 184
バロン、サロ Baron, Salo 106
ハンチントン、サミュエル Huntington, Samuel 55
バンフィールド、エドワード Bamfield, Edward 162

ピエレ、レジ Pierret, Régis 36
ビットナー、エゴン Bittner, Egon 77
ヒトラー、アドルフ Hitler, Adolf 199, 253, 260
ヒムラー、ハインリヒ Himmler, Heinrich 236
ヒューズ、ロバート Hughes, Robert 98
ビュフォード、ビル Buford, Bill 245
ビュルギエール、アンドレ Burguière, André 193, 326, 329
ヒルバーグ、ラウル Hilberg, Raoul 238, 332
ビルンバウム、ピエール Birnbaum, Pierre 79
ビンラディン、オサマ Ben Laden, Oussama 55, 56, 73, 226, 227, 350

ファッケンハイム、エミール・L Fackenheim, Emil L. 312
ファノン、フランツ Fanon, Frantz 44, 46–48, 71, 307, 308, 310, 342
フーコー、ミシェル Foucault, Michel 71
ブードン、レイモン Boudon, Raymond 146–148
フクヤマ、フランシス Fukuyama, Francis 3, 53, 308
プフルークバイル将軍 Pflgbeil (général) 237
ブラウニング、クリストファー Browning, Christopher 229, 232, 233, 237–241, 331–333
フランコ、フランシスコ Franco, Francisco 217
ブランシャール＝ラトレト、クリスティーヌ Blanchard-Latreyte, Christine 17
ブリアンド、パウル・L Briand, Paul L. 119
ブリュクネール、パスカル Bruckner, Pascal 103, 104
ブルデュー、ピエール Bourdieu, Pierre 20, 305
フレス、ロベール Fraisse, Robert 101, 273
フレッチャー、ジョナサン Fletcher, Jonathan 193, 329
フレディ、フランク Furedi, Franck 98
フロ＝メグ、ディヴィナ Frau-Meigs, Divina 125
フロイト、ジグムント Freud, Gigmund 86, 108, 184, 250, 286, 290, 314, 346
ブロー、フィリップ Braud, Philippe 200
ブロイレス、ウィリアム Broyles, William 246
ブロック、マルク Bloch, Marc 99, 349
ブロドゥール、ジャン＝ポール Brodeur, Jean-Paul 77, 78

ヘーゲル、フリードリヒ Hegel, Friedrich 290, 309
ベケマイヤー、ハインリヒ Berkemeier, Heinrich 238
ベケル、アネット Becker, Annette 86, 185, 254
ヘス、ルドルフ Hoess, Rudolph 234
ペトレイ、ジュリヤン Petley, Julian 128
ベヤール、ジャン＝フランソワ Bayart, Jean-François 80
ベルグソン、アンリ Bergson, Henri 44
ベルジュレ、ジャン Bergeret, Jean 285, 286
ペレス＝アゴテ、アルフォンソ Pérez-Agote, Alfonso 218
ペロ、ミシェル Perrot, Michelle 36

Lyndon Baines　26, 95, 119, 150
ジラール、ルネ Girard, René　286, 290–292
ジリノウスキー、ウラディミル Jirinowski, Wladimir　33, 339
ジンメル、ゲオルグ Simmel, Georg　29, 49, 289, 306

スコットソン、ジョン・L　Scotson, John L. 327
スコルポル、テダ Skolpol, Théda　318
スタイナー、ジョージ Steiner, George　312
スタウファー、サミュエル・A　Stouffer, Samuel A.　146, 147
ストラ、バンジャマン Stora, Benjamin　132
ストレイヤー、リチャード Strayer, Richard 246
スペンサー、ハーバート Spencer, Herbert 194, 354
スミス、フィリップ Smith, Philip　78, 79
スムラン、ジャック Semelin, Jacques　247, 248, 255

セギュール伯爵夫人 comtesse de Ségur　84, 346
セレニー、ギッタ Sereny, Gitta　234

ゾーベルマン、ルネ Zauberman, Renée　85, 97
ゾールド、メイヤー・N　Zald, Mayer N. 166, 321, 322
ゾフスキー、ヴォルフガング Sofsky, Wolfgang 198, 245, 248, 249, 253, 255, 256
ソムプソン、アイリーン・タヴィス Thompson, Irene Taviss　49
ソレル、ジョルジュ Sorel, Geogres　44–46, 48, 216, 307, 330, 342

タ行

タウシグ、マイケル Taussig, Michael　255, 335
ダニョー、モニック Dagnaud, Monique　125, 315
ダネ、セルジュ Daney, Serge　121
タボニ、シモネッタ Tabboni, Simonetta　289
タルデュー、アンブロワーズ Tardieu, Ambroise　84
ダワー、ジョン Dower, John　1, 247, 254, 261, 262, 264, 323, 333, 335, 336, 353

チェ（ゲバラ・エルネスト）Che (Guevara Ernesto)　71, 166, 345
チェスターマン、シモン Chestermann, Simon 84, 342
チョムスキー、ノーム Chomski, Noam　54, 342

デイヴィス、ジェームズ・D　Davies, James C. 148, 149, 153
ティリー、チャールズ Tilly, Charles　166–173, 175–177, 322, 323
ディロン、マイケル Dillon, Michael　273
テーラー、フレデリック・ウインスロウ Taylor, Frederick Winslow　31, 32, 339
デバラ、カロール Desbarats, Carole　130
デュナン、アンリ Dunant, Henri　84, 346
デュベ、フランソワ Dubet, François　33, 144, 289
デュル、ハンス・ペーター Duerr, Hans Peter 326, 327
デュルケーム、エミール Durkheim, Émile　37, 69, 146, 147, 167, 291, 299, 310, 338, 340
デリエニック、ジャン＝ピエール Derriennic, Jean-Pierre　40
デリダ、ジャック Derrida, Jacques　92, 250
デルマ、フィリップ Delmas, Philippe　41, 79
デルマ＝マルティ、ミレイユ Delmas-Marty, Mireille　105

ドゥブノフ、シモン Doubnov, Simon　198
トゥレーヌ、アラン Touraine, Alain　17, 19, 31, 39, 272, 289, 299, 321, 336, 337
トクヴィル、アレクシス・ド Tocqueville, Alexis de　37, 146–149, 154, 155, 318, 319
ドストエフスキー、フョードル・ミハイロヴィッチ Dostoïevski, Fedor Mikhaïlovitch 228, 289
トプリン、ロバート・ブレント Toplin, Robert Brent　186, 187
ドラード、ジョン Dollard, John　148
トラップ、ヴィルヘルム Trapp, Wilhelm　233, 239
トロツキー Trotski　167, 171

ナ行

ナウム・グラップ、ヴェロニック Nahoum Grappe, Véronique　254

ニューマン、グレム Newman Graeme　173

ヌグパンデ、ジャン＝ポール Ngoupandé, Jean-Paul　103

33, 340
カッツ、エリフ Katz, Elihu　124
カマー Kammer　239
カリー中尉 Calley (lieutenant)　246
ガルトゥング、ヨハン Galtung, John　185, 186
カント、エマニュエル Kant, Emmanuel　217

ギトリン、トッド Gitlin, Todd　127
ギリガン、ジェームズ Gilligan, James　214, 215, 251
ギルロイ、ポール Gilroy, Paul　103
ギレーヌ、ジャン Guilaine, Jean　81
キング、ロドニー King, Rodney　34, 279, 340

グスマン、ヘルマン Guzman, Germàn　251, 334
グッドウィン、リチャード・N　Goodwin, Richard N.　174
グナーデ少尉 Gnade (lieutenant)　238
クラウゼヴィッツ、カール・フォン Clausewitz, Karl von　29, 80, 217, 339
クラックホーン、クライド Kluckhohn, Clyde　179
クリージェル、ブランディーヌ Kriegel, Blandine　124, 317
グリーンスタイン、F－I　Greenstein, F. -I.　324
クリステンセン、ビルギット　Christensen, Birgit　237
グリュックスマン、アンドレ Glucksmann, André　227, 228
グルグリス、スタシス Gourgouris, Stathis　216
クレイマー、アラン Kramer, Alan　185, 261
クレッセル、ネイル・J　Kressel, Neil J.　94, 233
グロス、ヤン Gross, Jan　255, 356

ゲーテ、ヨハン・ヴォルフガング・フォン Goethe, Johann Wolfgang von　99
ゲーリング、ヘルマン Goering, Hermann　234
ケネディー、ジョン・フィッツジェラルド Kennedy, John Fitzgerald　119
ケルカル、カレド Kelkal, Khaled　73, 295, 338

コーエン、スタンリー Cohen, Stanley　336
コーゴン、オイゲン Kogon, Eugen　182
コーザー・ルイス Coser, Lewis　145, 306
ゴーラー、ジェフリー Gorer, Geoffrey　178
コスロカヴァール、ファラド Khosrokhavar, Farhad　17, 65, 225–227, 272
ゴッフマン、アーヴィング Goffman, Erving　35
ゴッベルス、ヨゼフ・パウル Goebbels, Joseph Paul　199
ゴルドハーゲン、ダニエル・ジョナ Goldhagen, Daniel Jonah　181, 263
ゴルバチョフ、ミハイル Gorbatchev, Mikhaïl　39

サ行

サド侯爵 Sade, maruquis de　245, 356
サドル、ムーサ Sadr, Moussa　66, 222, 344
ザフィロプロ、マルコス Zaphiropoulos, Marcos　273
ザミ、ジャン Zammit, Jean　81
サラ、ドニ Salas, Denis　83
サラト、オースティン Sarat, Austin　267
サラメ、ガッサン Salamé, Ghassan　53, 79
サルトル、ジャン＝ポール Sartre, Jean-Paul　44, 46, 71, 293, 308, 310, 338
サン＝シモン Saint-Simon　189, 354
サン＝ジュスト Saint-Juste　319
サン＝タンドレ、ジャン・ボン Saint-André, Jean Bon　319

シェークスピア、ウィリアム Shakespeare, William　289
シェネ、ジャン＝クロード Chesnais, Jean-Claude　18
シェルキ、アリス Cherki, Alice　47, 308
ジムバルド、フィリップ Zimbardo, Philip　241, 258
ジャノヴィッツ、モリス Janowitz, Morris　260
シャルコー、ジャン・マルタン Charcot, Jean Martin　86
シャルティエ、ロジェ Chartier, Roger　327
シュヴァリエ、ルイ Chevalier, Louis　36, 307
ジュエル、ソフィー Jehel, Sophie　125
シュトラウス、レオ Strauss, Léo　160, 320
シュペーア、アルベルト Speer, Albert　234, 355
シュミット、カール Schmitt, Carl　30
ジュリアール、ジャック Julliard, Jacques　45
ジュレミク、ブロニスロウ Geremek, Bronislaw　82
ショーター、エドワード Shorter, Edward　170
ショーモン、ジャン＝ミシェル Chaumont, Jean-Michel　91, 312
ジョンソン、リンドン・バイネス Johnson,

人 名 索 引

ア行

アーレント、ハンナ Arendt, Hannah 44, 46, 167, 174, 203, 219, 220, 229–236, 241, 242, 282, 283, 290, 307, 323, 329–332, 337
アイゼンハワー、ミルトン・S Eisenhower, Milton S. 319
アイヒマン、アドルフ Eichmann, Adolf 106, 229, 230, 234, 236, 241, 242, 282, 283, 350
アインシュタイン、アルベルト Einstein, Albert 108, 205, 314
アギュロン、モーリス Agulhon, Maurice 244, 245
アスネール、ピエール Hassner, Pierre 41, 51, 52, 79, 80, 175, 311
アセヤ、ジャッキー Assayag, Jackie 328
アッパドゥライ、アルジュン Appadurai, Arjun 275, 276
アツフェルド、ジャン Hatzfeld, Jean 140, 198, 249, 256, 336
アドルノ、テオドール・W Adorno, Theodor W. 178–182, 323–325
アドレール、ジャスナ Adler, Jasna 201
アリストテレス Aristote 146, 217
アルセイド、ダヴィッド・L Altheide, David L. 98
アロン、レイモン Aron, Raymond 52, 74, 80, 155, 310
アングスチュール、アリーヌ Angoustures, Aline 56
アンダーソン、ベネディクト Anderson, Benedict 221, 275

イェンシュ、E-R Jaensch, E.-R. 178

ヴァンスタン、ジル Veinstein, Gilles 106, 350
ヴィーゼル、エリー Wiesel, Elie 91, 312, 347
ヴィヴィオルカ、アネット Wielviorka, Annette 17, 106
ヴィガレロ、ジョルジュ Vigarello, Georges 84
ヴィダル、クロディーヌ Vidal, Claudine 254
ヴィダル＝ナケ、ピエール Vidal-Naquet, Pierre 229
ウィニコット、ドナルド・ウッズ Winnicott, Donald Woods 184
ウィルソン、ウィリアム・ジュリアス Wilson, William Julius 33
ウィンター、ジェイ Winter, Jay 185
ヴェーバー、マックス Weber, Max 52, 74–81, 165, 167, 179, 186, 300, 310, 353, 357
ウバラー、アドナン Houballah, Adnan 182–184

エヴァンズ、リチャード・J Evans, Richard J. 327
エーコ、ウンベルト Eco, Umberto 79
エックスタイン、ハリー Eckstein, Harry 151
エラスムス Erasme 189, 353
エリアス、ノルベルト Elias, Norbert 18, 189–193, 305, 326–329, 354
エリティエ、フランソワーズ Héritier, Françoise 254, 258, 305
エレンホーン、ルイス Ellenhorn, Lewis 246
エンゲルス、フリードリッヒ Engels, Friedrich 18, 217, 305
エンツェンスベルガー、ハンス＝マグヌス Enzensberger, Hans-Magnus 55, 308

オードゥワン＝ルゾー、ステファーヌ Audoin-Rouzeau, Sthéphane 86, 185, 285
オーバショル、アンソニー Oberschall, Anthony 170, 171, 173, 322
オールポート、ゴードン Allport, Gordon 231
オクトー、フレデリック Ocqueteau, Frédéric 77
オクバーグ、フランク Ochberg, Frank 95
オアナ、ジョスリーヌ Ohana, Jocelyne 17
オルソン、マンサー Olson, Mancur 163–165, 172, 177, 321, 322

カ行

ガー、テッド・ロバート Gurr, Ted Robert 149, 151, 318
ガーブナー、ジョージ Gerbner, George 316
カイテル、ヴィルヘルム Keitel, Wilhelm 234
カエ、アラン Caillé, Alain 173
カステル、ロベール Castel, Robert 68
カソヴィッツ、マチュー Kassovitz, Mathieu

著者紹介

ミシェル・ヴィヴィオルカ（Michel Wieviorka）
1946年生まれ。文学・人文科学国家博士。パリ社会科学高等研究院（EHESS）教授。1993年より社会学的分析介入センター（CADIS）所長。2006年７月より国際社会学会会長。*Cahiers internationaux de Sociologie*（「国際社会学誌」）の共同編集長のほか，いくつかの国際雑誌の編集委員を務めている。
著書：*The Arena of Racism*（『人種差別の舞台』）（Sage, 1995），*Le racisme, une introduction*（La Découverte, 1998）〔邦訳『レイシズムの変貌』森千香子訳，明石書店，2007〕，*The Making of Terrorism*（『テロリズムの形成』）（University of Chicago Press, nouvelle éd. 2004），*La différence ; identités culturelles : enjeux, débats et politiques*（『差異，文化的アイデンティティ――争点，議論，政策』）（Édition de l'Aube, 2005），*La violence*（Éditions Balland, 2004）〔本書，邦訳『暴力』田川光照訳，新評論，2007〕，*La tentation antisémite : haine des Juifs dans la France d'aujourd'hui*（『反ユダヤ主義の誘惑――今日のフランスにおけるユダヤ人憎悪』）（Robert Laffont, 2005）など多数。

訳者紹介

田川光照（たがわ・みつてる）
1950年生まれ。愛知大学経営学部教授。現在の研究領域は18世紀フランス文学、現代韓国文学、暴力論。
共著：『人はなぜ暴力をふるうのか』（梓出版社、2003年）。
訳書：ピエール・ダルモン『ロデスのうわさ――19世紀フランスの一大まやかし裁判』（新評論、1993年）、ディディエ・ヌリッソン『酒飲みの社会史――19世紀フランスにおけるアル中とアル中防止運動』（共訳、ユニテ、1996年）、ピエール・ダルモン『癌の歴史』（共訳、新評論、1997年）、同『人と細菌』（共訳、藤原書店、2005年）など。

暴力　　（検印廃止）

2007年11月30日　初版第１刷発行

訳　者　田　川　光　照
発行者　武　市　一　幸
発行所　株式会社　新　評　論

〒169−0051　東京都新宿区西早稲田３−16−28
http://www.shinhyoron.co.jp
TEL 03（3202）7391
FAX 03（3202）5832
振替 00160-1-113487

定価はカバーに表示してあります
落丁・乱丁本はお取り替えします

装　幀　山　田　英　春
印　刷　新　栄　堂
製　本　清水製本プラス紙工

Printed in Japan
ISBN978-4-7948-0729-8